决战金融职场实务指南-1

The Business of Venture Capital

如何成为一名成功的
风险投资人

——资金募集、结构设计、价值创造与退出策略

第二版

原著：马亨德拉·拉姆辛哈尼（*Mahendra Ramsinghanni*）

翻译：路蒙佳

中国金融出版社　WILEY

责任编辑：方　晓
责任校对：张志文
责任印制：丁淮宾

图书在版编目（CIP）数据

如何成为一名成功的风险投资人（Ruhe Chengwei Yiming Chenggong de
Fengxian Touziren）（第二版）/（美）拉姆辛哈尼（Ramsinghani, M.）著；
路蒙佳译. —北京：中国金融出版社，2015. 10
书名原文：The Business of Venture Capital（Second Edition）
ISBN 978 – 7 – 5049 – 8099 – 1

Ⅰ.①如… Ⅱ.①拉…②路… Ⅲ.①风险投资 Ⅳ.①F830.59

中国版本图书馆CIP数据核字（2015）第199003号

出版
发行　中国金融出版社

社址　北京市丰台区益泽路2号
市场开发部　（010）63266347，63805472，63439533（传真）
网上书店　http://www.chinafph.com
　　　　　（010）63286832，63365686（传真）
读者服务部　（010）66070833，62568380
邮编　100071
经销　新华书店
印刷　北京市松源印刷有限公司
尺寸　169毫米×239毫米
印张　21.75
字数　383千
版次　2015年10月第1版
印次　2015年10月第1次印刷
定价　56.00元
ISBN 978 – 7 – 5049 – 8099 – 1/F. 7659
如出现印装错误本社负责调换　联系电话（010）63263947

谨以此纪念我的父母
并献给
迪帕和阿里亚，我的光与歌

Foreword
前言

我经常被问到我是如何成为一名风险投资人（VC）的。我的妻子埃米（Amy）总是提醒我，当我还是一名企业家时，我常常在麻省理工学院作关于创业精神的演讲。我总是非常坦率地告诫大家"远离风险投资人"。我一手创办了我的第一家公司，尽管我们为风险投资人做了大量工作，但从他们身上赚取的费用（他们向我的公司 Feld Technologies 支付服务费），我更喜欢看作是"收入"而非"投资"。

大约 20 年前，Feld Technologies 被收购。接下来两年里，我用出售公司得来的钱做了 40 笔天使投资。在这个过程中，我的银行存款一度不到 100 000 美元——我的大部分净值都被捆绑在了天使投资和我们在博尔德（Boulder）买的一栋房子上。好在埃米对此通情达理——我们当前有足够的收入过我们想要的生活，我们还年轻（当时只有30 岁），而且通常不太在意手头有多少现金。

渐渐地，我作为天使投资人投资的一些公司从风险投资人那里筹到了钱。其中一些对我来说是惨痛的教训，比如 NetGenesis，那是我做的第一笔天使投资。我从一开始就是这家公司的董事会主席，直到两年后它筹得 400 万美元风险投资。得到那笔风险投资后不久，风险投资人雇用了一名新的"职业"首席执行官，他只待了不到一年，就被另一位首席执行官代替，后者为这家公司的发展作出了很大贡献。

1

在此期间，创建这家公司的首席执行官离职了，我决定退出董事会，因为我不支持换掉这位首席执行官，我感到自己对公司不再有影响力，同时也失去了乐趣。

但当时我还不是风险投资人，我用自己的钱做天使投资，竭尽全力帮助一些我参与创建的公司茁壮成长，比如 Interliant 和 Email Publishing。当时我住在博尔德，但不停地奔波于波士顿、纽约、旧金山和西雅图，因为我的多数投资对象都在这些城市里。此时，我开始更多地接触风险投资人，帮助他们做新投资尽职调查，吸引他们关注我的天使投资，并在我受邀投资"企业家副业基金"（Side Funds for Entrepreneurs）时对一些风险投资基金进行小额投资。

查利·拉克斯（Charley Lax）是我在波士顿有过交集的风险投资人之一。查利是一家叫 VIMAC 的公司的合伙人，他当时正在考虑投资于互联网。我是当时（1994—1995 年）波士顿投资互联网最多的天使投资人之一，因此我们的职业轨迹偶尔会交叉。我们从未一起投资过，但我搬到博尔德以后，我在 1996 年年初的某天接到了一个电话，内容大概是这样的：

"嗨——我刚刚加入了这家叫软银（SOFTBANK）的日本公司，明年我们要对互联网公司投资 5 亿美元。你想帮个忙吗？"

呃——好吧——当然。我不太清楚"帮个忙"意味着什么，但下一次到旧金山出差时，我参加了一次早餐会，最后他们对我说："欢迎加入团队。"

我仍然不清楚到底是怎么回事，但无论怎样我还是在做天使投资并乐在其中。而且很快我就成为了一名"软银会员"（SOFTBANK Affiliate），凭借这个头衔，我可以每月拿到一小笔聘金，介绍交易时有交易费，根据我拉来投资的业绩还能获得提成。这对于我是一种很自由的安排，可以干上好一阵。

之后一周，我在波士顿见了两个人，他们至今都是我的密友。第一个人是刚刚创建了 Flatiron Partners 的弗雷德·威尔逊（Fred Wilson）（软银是这家基金的投资人之一），另一个人是 Yoyodyne 的首席执行官塞思·戈丁（Seth Godin）。我隐约记得我们和几个人在 Yoyodyne 进行了一场兴致盎然的谈话，考察了产品并畅谈了互联网和电子邮件作为营销工具的大好前景。

我的正式汇报很简短——大意是"塞思很酷，公司很棒，我喜欢。"几周后，软银和 Flatiron 在 Yoyodyne 达成了投资协议。

忽然之间，我就成了风险投资人。这完全出于偶然。回首过去 17 年，这是一段非常有意思的旅程。

当我开始作为天使投资人投资时，我经常交替扮演投资人和企业家的角色。当我成为风险投资人，开始对更多公司进行更大投资时，我仍然交替扮演这两个角色。我花了几年才适应这种角色，但最终我恍然大悟：我意识到自己不能同时有效扮演投资人和企业家两个角色。我必须二选其一。

一旦我选择了投资人这个角色，也就认定我的任务是全力支持首席执行官或创始人。如果我出于任何原因丧失对他们的信任，我会首先与他们直面这个问题。如果我们能协调一致，我会继续支持他们并为他们工作。如果我们不能协调一致，作为投资人的职责，我会在董事会层面解决问题。

多年来，我意识到成为风险投资人需要具备多种个人特质与才智。与任何其他领域一样，风险投资业有一些优秀的风险投资人，但也有一些差劲的风险投资人。

风险投资业是这样一个行业，每笔投资都会教给你一些新东西——许多可以通过实践学习到的东西。在我写的每本书中，我都强调这样一个基本事实，那就是一本书只能提供一种基本框架，但我们每个人都有能力在这片天地中开辟出一条新路。

在《风险投资业》（The Business of Venture Capital）一书中，马亨德拉·拉姆辛哈尼（Mahendra Ramsinghani）在建立这种基本框架方面做出了杰出的工作。当你阅读这本书时，不管是怀抱成为风险投资人的目的还是了解风险投资业的动向，你都会承认，马亨德拉为你提供了一种基本框架，有助于你理解风险投资业如何运行。尽管风险投资人的个性、风格、行为和成效千差万别，但马亨德拉以一种面面俱到同时又便于理解的方式将风险资本业呈现在我们面前。

——布拉德·费尔德（Brad Feld）

Foundry Group 董事总经理

2014 年 3 月

Preface
序

"如果你自认为已经很完美，就永远提升不到你无疑能达到的高度。"

——石黑一雄，《长日将尽》

在风险投资业中，什么最重要？技巧还是运气？莫琳·威尔科克斯（Maureen Wilcox）可以说是一位非常成功的风险投资人（VC）。她买了两张彩票——一张在马萨诸塞州，另一张在与之接壤的罗得岛州。两张彩票都中了奖。风险投资归根到底就是选择赢家的能力。然而，没有哪本书能教你如何选择赢家或成为成功的风险投资人。它们至多只能帮你建立和识别思维与行为框架。

本书介绍了风险投资整个生命周期的方方面面。募集基金、构建投资组合、发现机会并进行投资、董事的职责，等等。我的目标是传授知识，教育人才，有时甚至包括博君一乐。50多位著名专家在本书中分享了他们的观点和实务建议。书中还总结了学术研究论文的研究结果。不过本书并不包括大量含有希腊字母的公式，学霸们，抱歉。最后，我还介绍了自己十多年投资的亲身经验。

尽管我们生活在大数据时代，但关于风险投资没有什么是可以预测的，或是持久不变的。关于相关性和因果关系的争论一直存在。

对 1974—2010 年的 2 300 多家基金业绩的分析发现，250 多家基金的资本回报率超过了两倍，这些基金的规模为 2.5 亿美元左右。规模为 5 亿美元以上的基金回报率达到两倍的数量极少：只有两家。风险投资人需要追问——两倍的回报率够好吗？在 2000 年至 2010 年这 10 年，风险投资业整体出现了萎缩或规模缩减。活跃风投公司的数量下降了 50%。平均基金规模从 1.7 亿美元（2000 年）下降到 1.4 亿美元（2012 年）。2000—2012 年，规模为 5 000 万美元以下的小风投基金减少了 70%。然而，一些 3 500 万美元级的微型风险投资基金现金回报率呈上升趋势，甚至达到五倍。既然小型风投基金的经理更擅长于选择正确的公司，为什么会出现小型风投基金的全行业萎缩？通过分析退出价值（Exit Value）可以看出，这 10 年退出的 534 家公司中，320 家公司的退出价值小于 1.5 亿美元，而平均耗资为 5 600 万美元。怪不得"超级有限合伙人"克里斯•杜沃（SuperLP Chris Douvos）总是会说"让我看看你们的 RTFE（Return the Fund Exit，基金退出收益率）"。投资人希望看到风险投资组合中某只风投产生超级回报，足以让整个基金收回其全部投资。我接触到一位投资人，他认为 10 年两倍收益率的业绩非常平庸，于是不再投资于风投类资产。这种看法很普遍，以至于机构投资者现在都开始寻找有成功经验的风险投资人。规模很重要，但业绩更重要。

我曾经很困惑的一个问题是：是什么造就了成功的风险投资人？真的存在成功的风险投资人吗？与共同基金和好莱坞明星一样，各种风投基金在人气榜上总是像走马灯似的调进调出——今天的热门明天就会失宠。成功的风险投资人总能选出下一个大赢家吗？他们会在葡萄园里做尽职调查，然后坐上 40 英尺长的双体船驶向夕阳里吗？还是说在企业家队伍里赢得高人气才能称为成功？抑或成功是在谬误定义下的一个偶然结果吗？还是说它是经过深思熟虑后坚定不移执行的计划？这些问题仍然存在——还有一些我没有提到的故事。例如，一位风险投资人曾在他的某个投资组合公司首席执行官的家里安了一台隐藏摄像机。还有一位在桑德希尔路风投（Sand Hill Road VC）工作的超级傲慢的风险投资人，他的行政助手告诉我，她恨不得杀了他。这种八卦无助于推进理性讨论，而且只有酒过三巡之后讲起来才更精彩。但它们都是好故事！

回到成功风险投资人的特质这个问题上来，我已经举了一些例子，他们都选择不接受现状。布拉德·弗尔德（Brad Feld）改变了风险投资人对待企业家和与之打交道的方式（尊重初创）。他与别人合写了一系列支持赋予企业家权力的著作（我有幸与他合写了《初创企业董事会》（Startup Boards）一书），并参与创建了全球加速器网络公司 TechStars。戴夫·麦克卢尔（Dave McClure）的初创 500 公司（500 Startups）希望在各大洲建立有利于创业的环境。再看另一只风投 Andreessen-Horowitz（简称 A16Z），它的风险投资人可以靠 2% 的管理费收入就能发财致富。A16Z 基金的管理费被用于打造一支超过 100 人的团队，目标是更好地服务企业家。他们选择降低这种道德风险，从而成为投资者和企业家等群体追捧的公司。甚至当桑德希尔路的风险投资人抱怨说 A16Z 付的价格过高后，投资者仍在 12 周内心甘情愿地续投了 15 亿美元。还有一些例子表明，有人选择致力于建设创业环境，而不仅仅满足于提成和管理费。这是一群疯狂的人。这种行为需要放弃自我和贪婪，要求具有服务精神和谦逊品德——这些似乎都很稀缺。我的愿望是，作为风险投资人，我们应该找到有意义的方式来推动这种改变。这样，成功的含义就远远不只是物质财富，而是一份遗产，一条值得效法的道路。

本书的第一部分介绍风投基金的募集过程。最初的几章介绍了基金投资周期、不同团队成员的职责、费用与附带权益或利润的经济意义。第一部分旨在帮助解释投资者所处的环境、基金尽职调查、法律条款、基金结构，等等。

第二部分的内容包括筹资、结构化和谈判条款清单、董事的价值增加和投资组合公司的监督。最后一章谈到了人类心理的弱点。戴维·麦克兰尼（David McRaney）是（你并非特别聪明：为什么你在脸谱有太多的朋友，为什么你的记忆太多虚无缥缈，以及 46 条自欺欺人的办法）（You Are Not So Smart: Why You Have Too Many Friends on Facebook, Why Your Memory Is Mostly Fiction, and 46 Other Ways You are Deluding Yourself）的作者，他深刻且妙趣横生的见解、平易近人的著作对我颇有启发。他写道："你愿意相信工作努力、勇于奉献的人将出人头地，而偷懒耍滑、招摇撞骗的人则不然。然而，事情并非总是如此。成功往往在很大程度上受出生时间、成长地点、家庭社会经济地位和随机因素的影响。"这让我们开始思考最后一个问题——运气在风险投资业到底影响几何？

再来看一下我一开始提到的在马萨诸塞州和罗得岛州都买了彩票的莫琳·威尔科克斯。不可思议的是，她的两张彩票都选中了号码，却没得到一分钱。命运在这里捉弄了人，因为她在马萨诸塞州选中的彩票号码是罗德岛彩票的中奖号码，而在给罗得岛州选中的号码是马萨诸塞州彩票的中奖号码。她的选号技巧很高超，但运气却非常差。这让她成为了糟糕的风险投资人，不是吗？

另一个反面的例子。伊夫琳·玛丽·亚当斯（Evelyn Marie Adams）中了400万美元的彩票，四个月后，她又中了150万美元的彩票。唐纳德·史密斯（Donald Smith）则更加幸运。他连续三年三次中了威斯康星州彩票。"超级有限合伙人"克里斯·杜沃经常将风险投资人形容为拥有一张彩票和一个梦想的人。如果你认为这个行业全凭运气，那么你应该去买40张彩票，而不是这本书。如果你希望磨炼自己的技能，那么你可以读下去了。

Acknowledgement
致　谢

编写本书的过程中，一些世界著名风险投资家提供了他们的聪明才智和真知灼见。本书中随处可见他们的名字。没有他们的参与、支持、鼓励、逼迫和有时亟需的鞭策，本书可能只是停留在脑海中的一个创意而已。因此，只是致谢还不够，深挚的感激更为合适。当然，所有优秀的想法和见解都属于他们，任何谬误都由我承担。

第一版问世后，我有幸得到了美国、欧洲和亚洲读者的积极反馈。在此感谢他们拨冗分享这些反馈和评论。

最后，风险投资业终将褪去它的光环，但这是创业力量所致。我向这种力量深深致敬，因为一切都是从这些自认为能改变世界的"疯狂者们"开始的。

旧金山

2014 年 4 月

Contents
目　录

The Business of Venture Capital

如何成为一名成功的

决战金融职场实务指南-1

风险投资人 （第二版）

上篇

募集风险投资基金

募集风险投资基金——尤其是首只基金（first-time funds）——这项工作不适合心理脆弱的人。机构投资者或有限合伙人（LPs）需要考察：

◎ 基金经理的业绩记录与背景

◎ 投资策略及其与（a）基金经理专长、（b）市场条件的相关性

有限合伙人的范围十分广泛。它包括养老基金、捐赠基金、基金会、公司、家族理财会所和个人投资者。各方的动机主要是获取财务回报和实现资产多元化。有限合伙人期望的风险投资回报率至少为公开市场指数等流动性证券的两倍。前四分之一风险投资基金的收益率比内部收益率（IRR）平均要高出20%。

根据 Preqin[①]的研究：

◎ 52% 的风险投资基金在 12 个月内完成募集。其他风险投资基金的募集时间长达 24—36 个月。

◎ 成功起步的风险投资基金中，只有 7% 是首只基金。

◎ 约 70% 的基金成功达到或超过了目标筹资金额。

承销商可以通过有限合伙人关系为新基金提供市场情报，加速基金募集过程。一些有限合伙人不愿投资风险资产，因为这种投资较难保证获得持续回报。一些有限合伙人只投资于经过挑选的一流风险投资基金。还有一些有限合伙人选择投资于母基金或私募股权基金的其他子类别，例如中间市场收购基金。

本书第一部分内容是关于募集风险投资基金的过程。我们将介绍风险投资人如何找到风险投资业的切入点。如果你有足够勇气建立自己的风险投资基金，将能更好地理解机构投资者的世界。本部分将分析机构投资者的资产配置策略和基金尽职调查标准。

[①] 译者注：一家总部位于英国伦敦的研究与咨询公司，主要提供关于私募股权基金、房地产、公共基础设施和对冲基金等资产类别的信息咨询服务。

基础 | 第一章

"成功投资的关键是假设过去都是错的，以后要做前所未有之事，做完全不同之事。"

——唐纳德·瓦伦丁（Donald Valentine），

红杉资本（Sequoia Capital）创始人①

风险投资人的日常生活与创业者类似——风险投资人必须不厌其烦地接触机构投资者，募集基金并执行预定计划。如果计划进展顺利，就可以分配收益，增强自信，开香槟庆祝。然后，合伙人将从头再来，募集下一只基金。如果计划进展非常顺利——这种情况很罕见——合伙人就会退休，加入当地的非营利机构理事会，或者在豪华游艇上消磨时间。风险投资人的职业动力来自三个基本职责：募集风险投资基金、寻找投资机会、创造财务回报。

募集风险投资基金

风险投资人向养老基金、基金会、家族理财会所等金融机构和高净值个人（行话统称为有限合伙人）筹集资金（见图1.1）。投资专家或普通合伙人负责制定投资战略。投资者将根据投资主题、投资时机和投资可靠性投资于风险投资基金。投资者或有限合伙人希望投资对象具备强大的投资专长、令人信服的投资策略和有利的市场条件。投资者的年化目标收益率通常为20%以上。

---

① "VC Titans Tom Perkins and Don Valentine Articulate What Makes a Good VC." Disrupt SF 2013 Conference Web Site. Sept. 11，2013. http：//techcrunch.com/2013/09/11/vc-titans-tom-perkins-and-don-valentine-articulate-what-makes-a-good-vc.

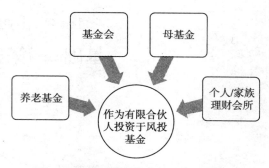

图 1.1　风险投资基金中的有限合伙人

募集基金的过程可能漫长而艰巨，平均有 18 个月之久，它经常被比作踩着碎玻璃爬山。许多风险投资人在这个过程中都要低声下气，当金融机构不回电话、不聆听他们的 7 分钟基金策略陈述、没有反馈、闭门谢客时，他们将能更好地体会到创业者的感受。

风险投资基金是封闭式基金。一旦筹足目标金额或者基金被认购，就不允许新的投资者进入。这种基金的寿命通常为 10 年。[①]10 年后或者在变现所有投资组合后，风险投资基金将会解散。

成功的风险投资公司并不一定要等到上述基金清算；一旦当前基金的大部分资本都已投资或者指定留给现有投资组合公司，它们就会募集下一只基金。著名的风险投资公司每三至五年就会建立一家基金。通常，基金用罗马数字标识，例如 ABC 风险投资基金 Ⅰ、Ⅱ、Ⅲ、Ⅳ，等等。罗马数字是风险投资基金在不同经济周期中生存和创造收益的能力的软指标。风险投资公司真正的成功指标是在多个经济周期中创造持续收益率的能力。

找到合适的投资机会

一旦完成募集基金的过程，风险投资人就面临着资本运筹压力。在这个投资阶段，如图 2 所示，任何基金都会积极寻找 Facebook 这样的投资机会以创造目标收益。投资期可能为三至五年。在此期间，初创企业将上演一出求偶舞蹈，以吸引投资基金。双方将就募资讲稿、风险投资条款清单、估值和董事会等问题进行协商。风险投资基金必须选择能稳定创造高收益的公司建立投资组合。投资组合中的每家公司都必须证明自己有能力创造相当于 8—10 倍投资金额的

[①] 尽管风险投资基金和有限合伙企业一样，寿命为 10 年，但延长一、两年寿命也是标准的，这取决于投资组合的状况。

收益。在投资组合中，风险投资基金的目标是实现 20% 的年化收益率，或者最低为 2—3 倍投资金额的收益。

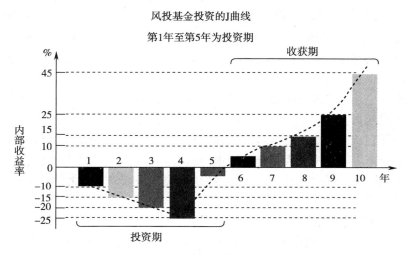

图 1.2 风投基金投资的 J 曲线

典型的基金投资组合规模为 10—30 家公司，具体规模根据部门和投资阶段有所差别。科技部门公司的资本需求较低、风险较高、公司成长速度较快。相比之下，生命科学公司需要更多资本和时间才能达到成熟期。因此，科技风险投资基金的投资组合中最多可能有 30 家公司，而生命科学风险投资基金的投资组合中可能只有十几家公司。

建立投资组合并获得承诺投资后，风险投资公司就可以募集另一只基金。（见图 1.3）

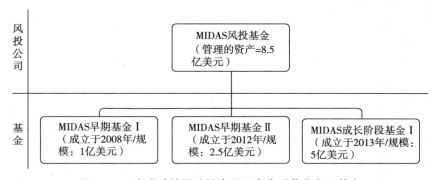

图 1.3 一家成功的风险投资公司会先后募集多只基金

创造财务收益

正如风险投资业内人士所言，傻子都会签支票和投资；重要的是能获得收益。用内部收益率（IRR）衡量的基金收益率是两个因素的函数：时间和资本。投资组合公司出售得越快，卖价越高，内部收益率就越高。风险投资往往难就难在这里。若想迅速退出，就要卖出初创企业，而这可能与现实市场条件和崇高的创业理想有冲突。

理想的退出时机应该在投资之后三至四年，但只有极少数公司符合这条超曲线。退出年限通常为六至八年，根据市场条件还可能更久。延迟退出对基金经理形成了巨大压力，因为如果退出时机不合适，未来继续募集基金的计划就可能成为泡影。风险投资人不能快速退出就会移情别恋，寻找另外的投资机会，因此，如果初创企业不能快速起步，往往就会变成投资组合中的"僵尸"，没人理睬，墓地里堆满了初创企业的尸体。

让我们来看风险投资业的一些行业特征：

◎ **这是风险—回报游戏**：初创企业投资的风险极高。几乎 80% 的投资都会失败。风险投资基金的投资组合天生风险就高，因为它投资的是未经验证的科技、变幻多端的市场和第一次当首席执行官的人。尽管创业者都会描绘初创企业的美好蓝图，但这些优点显而易见——任何风险投资人都会在心里列出这家初创企业可能失败的所有原因。换言之，估计风险和失败原因至关重要。

表 1.1　持有期较短的好处

公司	投资金额（百万美元）	已实现价值（百万美元）	持有期（年）	总内部收益率（%）
公司 1	1.0	5.0	2	123.6
公司 2	1.0	5.0	6	37.9

任何风险投资基金的投资组合最终都会有几家获得巨大成功，几家不好不坏，几家彻底失败。按照经验法则，投资组合中三分之一的公司会创造 5—10 倍于投资的价值；三分之一的公司会创造 1—3 倍投资的价值。投资组合的最后三分之一会计入总亏损，当作"经验。"然而在投资时，人们的期望往往是在三至五年内创造 10 倍的收益。

◎ **时间不是朋友**：初创企业达到关键价值目标所花的时间越久，投资者就会越担心。毕竟，风险投资基金和专业人士赖以生存的衡量标准之一就是内部收益率，而它会随着时间的流逝而迅速下降。

表 1.1 是一个简单的例子。一位风险投资人在第 1 年对一家初创企业投资了 100 万美元，并在第 3 年创造了 500 万美元价值。总内部收益率为 123.6%，这很

正常。现在，假设这家企业不是在第 3 年退出，而是在第 6 年以相同的价值退出：这时内部收益率将降至 37.9%。

表 1.2 说明了风险投资人如何向机构投资者证明他们的业绩。注意，投资组合中的多数公司都被简化为一行统计数据，它主要是用收益倍数和总内部收益率衡量的。

表 1.2 基金业绩

公司	投资金额（百万美元）	已实现价值（百万美元）	未实现价值（百万美元）	投资收益倍数	总内部收益率（%）
成功者（Barn burner）	2.0	180.0	—	90 倍	144
平庸者（Middle of the road）	1.5	0	6.0	4 倍	NM
失败者（Also-ran）	3.0	—	1.5	0.5 倍	NM
枯竭者（Dry hole）	2.5	0.1	—		NM

注：NM= 无意义。

◎ **投资组合管理：** 所有风险投资人都像爱自己的孩子一样爱着他们投资组合中的所有公司，他们有很多孩子，风险投资基金的投资组合中会有多达 10 家以上的公司。尽管如此，他们的关系仍有点奇怪，就像一位和蔼的农夫悉心喂养一只火鸡，是为了在感恩节把它杀掉。风投公司 First Round Ventures 的乔希·科佩尔曼（Josh Koppelman）说："你一定听过猪和鸡在人们吃早餐时的不同境遇。鸡和猪都是早餐食材的来源，但猪却要搭上性命。[1]这有点像风险投资业的真实情况。风险投资人就是这段关系中的鸡。"[2]

◎ **风险投资人只有在投资人赚钱之后才能赚钱：** 风险投资人可以通过两种方式赚钱：基本薪酬和利润分红（称为"分成"或"附带权益"）。通常，基金获得退出阶段实现利润的 20%。有些基金凭借业绩和品牌能获得高达 30% 的利润。根据多数基金的制度安排，要在弥补基金的所有前期亏损后才能分配利润。成功的风投公司会先后募集多只基金：业绩不好的基金将像达尔文法则下的不幸牺牲品一样消失在漫漫历史中。

角色与责任

任何风险投资公司的等级制度都包括普通合伙人（GP、董事总经理或管

---

[1] 译者注：源自谚语"Chickens are happy to contribute to a bacon and egg breakfast, but the pig is fully committed."西方的早餐常用鸡蛋配培根，这句谚语的意思是鸡愿意为"鸡蛋培根"早餐贡献一份力量，而猪不愿意。因为鸡只提供了鸡蛋，自己毫发无损，而猪却把自己都押上了。
[2] 作者的采访，2012 年 1 月。

理 GP）、副总裁、投资总监、投资经理和分析师。投资专家负责投资决策、管理投资组合和创造收益率。投资经理和分析师通常需要支持领投者（Lead investor）的尽职调查或投资组合监督活动，并最终晋升为主导投资决策的角色。

投资团队的基本职责依据职位高低而有所不同。在典型的日常工作中，普通合伙人要处理多种事务：协商投资条款、出席现有投资组合公司的董事会会议、回应有限合伙人/投资人的要求、解决出现的紧急问题。而作为最低层的职位，初级分析师要做的是寻找投资机会，并从中筛选出值得进一步考虑的对象。

风险投资合伙人（Venture Partner）和入驻创业者（Entrepreneur-in-Residence Position）等职位是为有实绩的创业者准备的。这种专业人才可以吸引符合基金投资策略的投资或者提供不同领域的专业知识以协助其他合伙人作出决策。随着风险投资基金的业务日趋专业化，新的职位也不断产生。例如，在大型风险投资基金中，出现了业务发展总监（Director of Business）或项目搜寻总监（Head of Deal Sourcing）等职位。

行政团队——有时也被称为后台部门——负责日常运营与财务。运营团队负责管理工资、税务和投资者沟通等日常事务。根据基金规模，这支团队可能包括办公室经理、首席财务官、首席运营官以及法律顾问、市场营销经理和人力资源经理等其他管理人员。

典型的薪酬包包括工资、年度绩效奖金和利润分红（也称为"分成"或附带权益）。

薪酬

为了更好地理解薪酬及其经济意义，下面以一家规模为 1 亿美元的基金为例。风险投资人的薪酬包括两种类型：（1）管理费；（2）利润分红，也称为附带权益或分成。

投资者每年支付管理费，通常为每年承诺资本的 2%—2.5%。投资者还将获得 80% 的利润，基金经理获得 20% 的利润。五分之一的利润分成模式源自腓尼基人时代（公元前 1200 年），当时他们从交易和运输的货品中抽取 20% 利润。[1]

因此，对于规模为 1 亿美元的基金来说，2% 的年费就是每年 200 万美元。这笔费用将用于公司的日常经营，支付工资、差旅费、租金、法律费用等开销。薪酬包是根据专业人才的职责和经验确定的。成为硅谷风险投资人的优待之一就是享有专有停车位的特权（见图 1.4）。

---

[1] 劳任·费多（Lauren Fedor）：《套期保值的历史》（A History of Hedging），"华尔街日报"2010-06-12。

图 1.4 硅谷风险投资人享有的优待

风险投资基金的主要开支是工资。这笔预算的大部分用于支付投资专家（普通合伙人和团队成员，可能包括投资经理和分析师）和其他人员（审计师、运营人员和后勤人员）的工资。这笔预算还包括服务费（法律费用、审计费用、有时还包括专门的尽职调查费用）、差旅费和杂项运营费用。

典型的薪酬包包括工资、奖金和利润分红，即分成。不同规模基金的薪酬也不同；规模为 2 000 万美元的基金与规模为 10 亿美元的基金的薪酬规模不同。2 000 万美元的基金年均费用收入为 40 万美元，它通常会在两名专业人才之间分配。较大规模的基金有能力支付如表 1.3 所示的薪酬包。

表 1.3 典型的薪酬包 单位：千美元

职位	工资	奖金	分成	总计
执行普通合伙人	700	350	101	1151
合伙人	350	130	20	500
投资总监	206	75	6	287
投资合伙人	185	40	12	237
分析师	100	10	0	110

注：薪酬由基金规模决定。

表 1.4　分成与分期兑现进度表示例　　　　　　　　　　单位：%

	分成	第 1 年	第 2 年	第 3 年	第 4 年	第 5 年	第 6 年—第 10 年
董事总经理 1	8	20	15	15	15	15	20
董事总经理 2	7	20	15	15	15	15	20
投资总监、投资经理和员工	5	20	20	20	20	20	20

附带权益（Carried Interests）

附带权益（即分成）是根据经验和业绩决定的。在表 1.4 的例子中，附带权益是由职位和职责决定的。分期兑现进度表通常涵盖以下各期：（1）投资期，即前五年；（2）收获期，即第 6 年至第 10 年，此时投资组合将被出售。为了留住专业人才，附带权益通常在基金寿命结束时才发放完毕。

分期兑现进度表与基金的投资期绑定。典型的投资期为四至六年。分期兑现进度表可以按照直线法与投资期匹配，每年发放相同份额的分成。扣留 20% 的附带权益并等到最终基金解散时再发放，这有利于专业人才始终留在基金专心工作。

按行业的做法，当合伙人因各种事由或无力履行职责而放弃附带权益时，附带权益将被追回。

共产主义、资本主义与平等合伙企业

标杆资本（Benchmark Capital）是一家平等合伙企业。31 岁的马特·科勒（Matt Kohler）是标杆资本的最新成员，他获得了与 15 年前创建这家公司的鲍勃·卡戈（Bob Kagle）相同的分成份额。这种理念催生出以团队为导向的企业管理方法——内部竞争消失殆尽。当标杆资本宣布这种分成结构时，另一位资深风险投资人抗议道，这种行为等同于"共产主义"。标杆资本的布鲁斯·邓利维（Bruce Dunlevie）当即指出，说这种话的人"一定是高级合伙人"。*

在柏尚投资（Bessemer Venture Partners），一种平衡了经济报酬、业绩反馈和团队精神的方法培养出了"没有一位合伙人离开公司"的环境。**

* Randall E. Stross, *eBoys: The First Inside Account of Venture Capitalists at Work*（New York: Crown Business, 2000），89.

** 资料来源：戴维·科万（David Cowan）在《风险投资杂志》阿尔法会议（VCJ Alpha Conference）上的讲话［半月湾（Half Moon Bay），加利福尼亚州，2013 年 10 月］。

加入风险投资基金 | 第二章

> "年轻的印第安人
> 在他的成人仪式上
> 都会得到这样的忠告：
> 在你生命途中
> 将看到一道大断崖
> 跳过去吧，
> 它没有你想象中那么宽。"
>
> ——约瑟夫·坎贝尔（Joseph Campbell）

当简·加芬克尔（Jan Garfinkle）决定成为一名风险投资人（VC）时，她精心准备简历，接触了多家早期风险投资基金。但每家基金都拒绝了她。此前，加芬克尔花了 20 年培养各种业务能力，并曾在两家风投支持的心血管设备公司工作，从而积累了经验。一家大型上市公司收购了这两家公司，这让加芬克尔更富有、更有头脑也更有雄心。她选择加入这些初创公司的时机是在最初的想法经过检验、公司的战略方向具体化之后。

在职业生涯早期，加芬克尔加入了高级心血管系统公司（Advanced Cardiovascular System，ACS）并担任该公司的产品经理助理；该公司被视为导丝血管成形术（Over-the-Wire Augio-Plasty）——一种不用动大手术就能重新打通狭窄或堵塞的心脏血管（冠状动脉）的技术——的领头羊。这家公司的创始人约翰·辛普森（John Simpson）曾经评论道："当我们创建这家公司时，心脏介入设备还没有形成市场。"①恩颐投资（New Enterprise Associates，NEA，一家世界领先的风险投资公司，现在管理着超过 100 亿美元资产）的创始人 C·理

---

① David Cassak, "John Simpaon: Reluctant Entrepreneur," *In Vivo: The Business & Medicine Report* 21, No.3（Aril 2003）, accessed January 13, 2011, www.denovovc.com/press/denovo-simpson.pdf.

查德·克劳姆利奇（C. Richard Kramlich）当时曾投资于高级心血管系统公司。克劳姆利奇曾经这样评价 ACS："手术过程完全是非侵入性的……人体不用承受以往必须承受的创伤。"[①]

在高级心血管系统公司，加芬克尔花了 6 年时间推销和销售血管成形术。当伊莱·莉莉（Eli Lilly）前来接洽收购公司时，该公司立刻成为了佳腾公司（Guidant Corporation）的基石。"我们当时是'高级心血管系统公司'最大的股东……公司业绩极其优秀，"[②]克劳姆利奇说。这是 25 年前的事了，当时加芬克尔的职业生涯刚刚起步。能在一家由恩颐投资支持的初创企业工作，对加芬克尔的职业道路而言当然是一种运气。[③]

和所有优秀的不停息的创业家一样，加芬克尔来到了约翰·辛普森的下一家公司，血管介入设备公司（Devices for Vascular Intervention）。高级心血管系统公司的创始人如今是下一波心血管技术浪潮的领导者。血管介入设备公司将赌注押在了粥样斑块切除术（Atherectomy）上——这是一种从动脉中切除粥样斑块的手术程序。此时，加芬克尔撰写了第一份商业计划书，在接下来 6 年里，作为市场营销与临床研究总监，她全身心投入临床试验与报批中。一直密切关注这个领域的伊莱·莉莉再次找上门来。这两家公司被伊莱·莉莉收购，并成为佳腾公司的基石（指高级心血管系统公司和血管介入设备公司）。伊莱·莉莉最终剥离了这两家公司，单独在纽约证券交易所（NYSE）上市，代码为GET。2006 年，波士顿科学（Boston Scientific）以 272 亿美元的价格收购了佳腾公司。当时，血管介入业务的价值为 41 亿美元。[④]

当风险投资公司一次次拒绝她时，加芬克尔决定仿效创业者的做法——永远不接受拒绝！她决心成立自己的基金，于是创建了植物园投资（Arboretum Ventures），一家专注于早期医疗保健和医疗设备的公司。她曾经住在安阿伯（Ann Arbor）的尼科尔斯植物园（Nichols Arboretum）附近，而且她天生就是善于培育新事物的类型，因此她认为这个名字很好地概括了她的理念和风格。

和加芬克尔一样，赫默·温布莱德风险投资公司（Hummer Winblad）的创

---

① Peter J·Tanous，*Investment Visionaries：Lessons in Creating Wealthfrom the World's Greatest Risk Takers*（Upper Saddle River，NJ：Prentice Hell，2003），69.

② C.Richard Kramlich，"Venture Capital Greats：A Converstion with C.Richard Kramlich，" interview by Mauree Jane Perry，2006，accessed January 13，2011，http：//digitalassets.lib.berkeley.edu/roho/ucb/text/kramlich_dick_donated.pdf.

③ 恩颐投资（NEA）当时是一家规模仅为 1.25 亿美元的基金。如今，恩颐投资的承诺资本超过 110 亿美元。

④ "Boston Scientific Announces Offer to Acquire Guidant at $80 per Share，" news release，http：//bostonscientific.mediaroom.com/index.php?s=43 & item=376.

始人之一约翰·赫默（John Hummer）接受了五家风险投资公司的面试。"五家公司都拒绝了我——在同一天，"赫默带着得意的微笑回忆道。他没有放弃，而是创建了自己的基金。"像多数人一样，我从窗户爬了进来，做起了风险投资，"身材高大的赫默评论道。他曾经是一名职业篮球运动员。

多数风险投资专家一致认为，通往风险投资业的道路并不平坦。如果只有从窗户爬进来才能成功，你就必须这样做！简·加芬克尔和约翰·赫默成功创建了自己的基金，而另一些人的起点往往是初级职位。

初级职位：分析师和投资经理

丹尼尔·阿克塞尔森（Daniel Axelsen）是恩颐投资（桑德希尔路上的一家著名风投公司）的投资经理。在投资银行业干了两年后，他来到了恩颐投资，在这里，他的工作重点是企业软件投资。"做过一些大型并购——例如惠普收购3PAR——以后，我磨砺了行业分析与财务建模技能，"他说。之后，阿克塞尔森还继续磨炼了在不断变化的市场中寻找投资机会的专业技能。他深入研究了早期风险投资，能将云计算、电脑安全与比特币等行业趋势讲得头头是道。"看到我们公司中多数合伙人如此兢兢业业地工作，我深受触动，"他说。对于想涉足风险投资业的新人，他说："你必须做好每天迎接截然不同的任务的打算。不要以为这很简单。你将很快学会不接受第一个送上门来的机会，而是分析环境，选出最好的机会。"

进入桑德希尔路风投公司需要一些运气、经验和技能；阿克塞尔森获得了在一流风险投资公司工作的机会。但对其他人来说，进入风险投资业的难度要大得多。

以历史悠久（创建于1911年）的美国风险投资公司柏尚投资为尚未获得MBA学历的求职者提供的初级分析师职位为例。650多位求职者经过42次首轮面试、7次二轮面试后，只有一个人能获得这份工作。获得这样一个初级职位的机会只有大约0.15%！这简直让每个初试者望而却步。但领英（LinkedIn）的其他职位仍吸引了大量求职者，每个职位的申请者多至300人。图2.1和图2.2显示了部分职位的需求，它们的申请人数多达300—700人。

图2.1 有影响力的投资基金奥米迪亚网络的投资专家职位收到了300多份申请

图 2.2　嘉思明咨询公司的私募股权咨询师职位收到了 700 多份申请

布兰特·莫克斯利（Brant Moxley）是品尼高国际集团（Pinnacle Group International）的董事总经理，这是一家专注于私募股权和风险投资职业机会的高管招聘公司。他说："需求非常巨大——在风险投资领域，每个工作机会都有十倍的申请人。丰富的运营经验、扎实的专业技能与财务技能或投资银行从业经验都可能成为初级职位的敲门砖。我发现，有意思的是，尽管每个人都想进入风险投资业，但明白如何才能留在这一行的人并不多。"

风险投资人的典型职责

风险投资人的典型职责介绍如下：

主要任务与职责：参与投资过程的各个环节，负责投资组合公司和基金的所有定量与定性分析。

分析：对潜在交易进行定量与定性评估，包括进行详细的部门和公司研究与分析。进行尽职调查，并协助执行和管理交易。对投资组合中的公司进行分析，包括估值和建立财务模型。为投资委员会和其他内部会议准备材料。在必要时征求外部咨询师和顾问对分析的意见。协助交割管理。

组织与执行：与法律团队密切联系，参与建立适当的交易结构。与法律团队合作，起草协议、报价书、购买协议和其他法律与交易文件并协调执行这些文件。

投资后监督：熟悉董事职责和公司治理。了解最新的投资组合业绩，处理具体行动或审批请求。为有限合伙人会议撰写收益率预测、评论和其他投资信息。

寻找交易机会、市场营销和募集基金：为市场营销、寻找交易机会和募集基金进行案头调研。与普通合伙人／投资人／咨询师／顾问建立稳固关系。进行事先安排或未经事先安排的电话推销（通常是作为以具体地区、行业部门或交易类型为重点的团队工作的一部分）。

技能：扎实的相关部门（医疗保健、能源、科技）知识。交易经验和分析能力。高级财务、商业建模和写作技能。

胜任能力：结果导向型、富有雄心、积极主动。有敏锐的战略和商业洞察力。有创业才干、主动性和适应力。擅长团队合作，有高度的职业道德。充分掌握关于市场趋势和主要市场参与者的信息。具备出色的社交技能。

按照设计，初级分析师职位的预计期限为两年。"90% 的情况下，这些职位上的人才都不会晋升为合伙人。分析师至多可以留在公司三年，而不是通常的两年，"莫克斯利说。恩颐投资的莫克斯利·C·理查德·克劳姆利奇曾经这样评论："表面的背后，是极高的人才流动率。"①

柏尚投资有六位全职分析师，其中五人有过不同形式的创业经验。柏尚投资的萨拉·塔韦尔（Sarah Tavel）写道："入选者之所以在筛选过程中脱颖而出，往往是因为他们不仅对风险投资有热情，而且对整个市场环境有热情。"②

比尔·格利（Bill Gurley）毕业时，希望成为一名风险投资人。他人生中第一次去纽约，就是为了请求与风险投资人见面，结果他被告知："想都别想，小鬼。先去工作 20 年，然后再回来。"格利后来成为华尔街最大的卖方分析师之一，他很快将关注焦点缩小到"当时没人了解的互联网"上。微软的创始人比尔·盖茨（Bill Gates）推荐格利到赫默·温布莱德风险投资公司工作，这是他的第一份风险投资工作。格利迫不及待地接受了这个机会，甚至还没听完录用通知书就答应了。③

凯鹏华盈（Kleiner Perkins Caufield & Byers，KPCB）的约翰·多尔（John Doerr）曾经说："我主动给硅谷的风投集团打电话，希望能给某个人当助手。"④他的电话没有让他得到 KPCB 的工作，但是在英特尔（Intel）干了 5 年后，多尔终于来到了这家公司。这里还有个被传为美谈的小故事：曾经奉劝多尔先积累一些经验的布鲁克斯·拜尔斯（Brooks Byers）邀请他清晨 5 点半一起慢跑，以了解他有多渴望这份工作。第二天早晨，多尔准时等在约定的小径上，并得到了这个职位。

和多尔一样，罗伯特·尼尔森（Robert Nelson）也想为布鲁克斯工作，却发现打错了电话。"我记得我给凯鹏华盈的创始人布鲁克·拜尔斯（Brook Byers）打过一百来次电话……我一直对风险投资感兴趣，"尼尔森说。尼尔森后来成为拱门投资（ARCH Venture Partners）的创始人之一，现在这家公司管理着 15 亿

---

① Gary Rivlin, "So You Want to Be a Venture Capitalist," *New York Times*, May22, 2005, accessed January13, 2011, www.nytimes.com/2005/05/22/business/yourmoney/22venture.html.

② Sarah Tavel, Adenturista blog, accessed on July3, 2010, www.adventurista.com/2008/04/vc-pre-mba-hiring.html.

③ Michael Carney, "At Benchmark, Good Judgment Comes form Experience, Which Comes from Bad Judgment," July 26, 2013, Pando daily Web site, http: //pandodaily.com/2013/07/26/at-benchmark-good-judgment-comes-from-experience-which-comes-from-bad-judgement/.

④ John Doerr, "Kleiner Perkins Caufield & Byers," *in Done Deals—Venture Capitalists Tell Their Stories*, ed. Udayan Gupta（Boston：Harvard Business School Pree, 2000）, 347.

美元的资产。在他 20 年的投资生涯中，尼尔森管理过九家价值在 10 亿美元以上的公司。"风险投资是我的职业首选。我曾经得到一本指南——《普拉特风险投资来源指南》（*Pratt's Guide to Venture Capital Sources*）——从而开始了解这个行业，"他说。在商学院度过的第一年中，尼尔森从书中了解到拱门投资的创建过程，并结识了它的创始人史蒂夫·拉扎勒斯（Steve Lazarus）。"我告诉史蒂夫我要免费为他工作。"尼尔森刚从大学毕业，就开始在拱门投资工作。[1]

"我曾经听说，在 20 世纪 80 年代，所有风险投资人都来自桑德希尔路 3000 号，"戴维·考恩（David Cowan）说。桑德希尔路是想成为风险投资人的每个人的终极圣殿，它是一个小街区，上面坐落着许多鼎鼎大名的风险投资公司：凯鹏华盈（KPCB）、恩颐投资（NEA）、红杉资本（Sequoia）、德丰杰（Draper Fisher Jurvetson，DFJ）、巴特利投资（Battery Ventures）和迦南合伙公司（Canaan Partners）。在甲骨文公司（Oracle）短暂工作过两年的考恩渴望在风险投资业谋发展。一个天气晴朗的下午，他驱车前往桑德希尔路，没打招呼就走进了一家风险投资公司。前台的女士很严厉："不，我们没有任何职位空缺。"但考恩坚持道："我相信你知道一些正在招人的公司。"这位女士只好找出了一本西部风险投资人协会（Western Association of Venture Capitalists）名录，并圈出了几个名字。"我给五家公司写了信。五家中的两家给了我工作机会，"考恩回忆道。他在柏尚投资一干就是 20 多年。

主动致电风险投资公司这招很少管用——尤其是在现代社会。"我不认为这种方法如今还能奏效——现在的商业环境比以前复杂得多、竞争激烈得多，"考恩警告说。[2]可能有效的方法包括网络自荐（Web Presence，也称"网络展示"）。一个著名例子是，合广投资（Union Square Ventures）的两年轮转期分析师职位不要求看简历，而是要求"网络展示"。合广投资将网络展示定义为"可以通过网址访问的任何东西。它可以是博客、社交网络个人资料、投资组合、公司、社交书签档案……是你认为最能代表自己网络身份的任何东西。"[3]

初级职位求职者之间的差异很小，竞争异常激烈。网络展示可能是你通往风险投资业的良好开端。

---

[1] Robert Nelsen（ARCH Venture Partners）in discussions with the author, December 2010.

[2] David Cowan（Bessemer Venture Partners）in discussions with the author, December 2010.

[3] Union Square Ventures, "We're Hiring," accessed November 23, 2010, unionsquareventures.com/2008/02/were-hiring.php.

实习与校园招聘

许多风险投资公司都提供实习机会，但很少进行校园招聘。梅菲尔德基金（Mayfield Fund）的合伙人拉耶夫·巴特拉（Rajeev Batra）说："我在哈佛读完MBA后，一些风险投资公司开始与我接触。我甚至没有意识到他们在面试我，直到我们第三次见面。"巴特拉有过一些创业经验，还拿到了电子工程学博士学位，这证明他具备专业知识。"在我的商学院论文中，我写道：我希望最终成长为一名风险投资人，"他说。[①]

求职者常常低估了实习机会的潜力。许多风险投资人都愿意看到有想法的电子邮件或者接到这样的电话："您好，我明年即将毕业，希望找到一份暑期实习工作，我研究过您的投资领域，并发现了一些有趣的机会，很想与您当面讨论这些想法。如果您同意，请和我联系。"这种开场白肯定会得到答复。

⚐ 会说盖尔语带来的好运

特里·麦圭尔（Terry McGuire）是一位有25年从业经验的风险投资人和美国风险投资协会（National Venture Capital Association）的荣誉主席，他还是北极星投资（Polaris Ventures）的创始人之一，这家公司管理着30亿美元资产，投资了100多家公司。

大学毕业后，他在爱尔兰待了一年，学会了说盖尔语。巧合的是，他第一次求职面试的面试官也说一口流利的盖尔语。面试官当时嘟囔了一句"An bfhuil se fluic, amach?"，这是盖尔语"外面潮吗？"的意思。麦圭尔马上用盖尔语回答。两人很谈得来，于是麦圭尔得到了这份工作。*

但这只是运气吗？麦圭尔担任哈佛商学院风险投资俱乐部主席的经历当然有帮助。"我之所以能得到这份工作，学历背景、社交能力和机会都起了作用，"麦圭尔说。在一家芝加哥风险投资公司工作了七年后，麦圭尔创建了北极星投资。

*资料来源：Steve Arnold, Jonathan Flint, and Terrance McGuire, "Polaris Venture Partners," in *Done Deals—Venture Capitalist Tell Their Stories*, ed. Udayan Gupta（Boston：Harvard Business School Press，2000），281.

[①] 拉杰夫·巴特拉（梅菲尔德基金）与作者的讨论，2010年12月。

中层职位：投资总监与董事总经理

对于经验丰富的专家，考夫曼风险投资人学员计划（Kauffman Fellows Program）——一个风险投资人为风险投资人设计的两年期实践培训计划——可以作为跳板。文罗克投资（Venrock）的合伙人布赖恩·罗伯茨（Bryan Roberts）就是通过考夫曼风险投资人学员计划才找到他的风险投资导师并进入这一行的。"我喜欢科学和商业，并希望探索这两个领域的交集——风险投资看上去很有意思。我念完化学生物学博士后，给哈佛商学院的就业办公室打去电话，然后得知了考夫曼风险投资人学员计划。"罗伯茨受邀参加了一场招聘会，其中 30 名入围者竞争 10 个机会。"30 年前开始在文罗克投资做医疗保健投资的托尼·叶夫宁（Tony Evnin）和该领域最初的投资者之一出现在会场，最终他们给了我一份工作，"罗伯茨回忆道。"我那时什么都不知道……我真的很幸运，碰到了一个好人和一家好公司。"①应该说，叶夫宁也选对了他的门徒。在罗伯茨负责的前四笔投资中，三家公司最终上市，第四家公司以 11 亿美元的价格被收购。

"一位好的业内导师是一笔巨大的财富，"布兰特·莫克斯利（Brant Moxley）建议道。"但你应该意识到，在传统风险投资公司中，高级合伙人并非总有时间指导新手。新手好比是鲫鱼——导师们必须为他们找到合适的喂食区。"他笑着补充道。②莫克斯利为许多风险投资基金、母基金以及相关类别的资产管理募资事务。"做鲫鱼也不错，"他说。③

普尼特·奇尼瓦拉（Punit Chiniwalla）申请了梦寐以求的考夫曼风险投资人学员计划，这最终帮助他来到了桑德希尔路这个竞争激烈的风险投资中心。奇尼瓦拉在一家全能型风险投资基金做了他的第一笔投资，这时他甚至还没有从商学院毕业。这段经历加上他的博士学历让奇尼瓦拉入围了考夫曼风险投资人学员计划。这个炙手可热的计划旨在"发现、培养和网聚崭露头角的风险投资业全球领导者，"④它几乎是进入风险投资业的保票。

在风险投资公司全职工作期间，考夫曼风险投资人学员计划的每名入选者

---

① 布赖恩·罗伯茨（文罗克投资）与作者的讨论，2010 年 12 月。
② 鲫鱼也被称为亚口鱼，它可以长到大约三英尺长。它用吸盘将自己附着在更大的鱼（通常为鲨鱼）身上。这种关系被称为共生（Commensalism），它对鲫鱼有单方面好处，但对鲨鱼没有明显好处。鲫鱼搭了顺风车，还能以鲨鱼的食物残渣为食。实际上，鲫鱼主要以宿主的食物残渣还是排泄物为食尚存在争议。
③ 布兰特·莫克斯利（品尼高集团）与作者的讨论，2010 年 7 月。
④ 普尼特·奇尼瓦拉与作者的讨论，2010 年 9 月。

都要进行 24 个月的学徒实践，包括参加七个单元的专业培训，接受资深风险投资合伙人的指导，以及学习为期三年的行业与领导力课程。这个计划认为学员价值可以按投资的三个角度衡量：学徒经验、领导力培养和享有全球人脉。

每年，将从约 200 名申请者中选出 20 至 30 名入选者。申请过程分为两步，其筛选标准从任何方面讲都非常严格。书面申请和面试——面试官包括著名风险投资人——将考察重要的过往成就。创业背景比运营背景重要；实际上，它比任何条件都重要。

在面试阶段，200 名申请人被砍掉大约三分之一。申请者飞到两个风险投资中心之一——硅谷或波士顿，接受由四至五名风险投资人组成的面试委员会的考核。下一个阶段是决选阶段，跨过最后这道门槛的申请者将分配到正在寻找新人才的公司。如果没有公司选出优胜者，这个过程将会结束。对于入选者，资助这项计划的风险投资公司将在两年实习期工资之外为他们再出一笔 60 000 美元的学费。这些未来的学员被分派给来自风险投资公司的导师，接下来两年中，导师们将分享关于风险投资这门艺术与科学的心得，并为他们提供正规培训。

学员的部分共同特征包括"渴望成为创业者，具备精深的科学、技术或商业领域专业知识，不管作为投资人还是初创企业领导者，都有致力于公司发展的抱负；乐于面对风险挑战和纷繁复杂的环境；具有谦逊友爱、甘于服务、刚直不阿的品质。"[1]

⟅ 面试风险投资人职位

准备工作：

◎ 研究风险投资公司的简况。了解它的投资部门和投资阶段、管理的资产和最新基金规模。

◎ 了解投资组合中的主要公司和它们的发展历程。这些公司是否属于战略合作伙伴？它们是否筹集到了后续资本？

◎ 研究重大退出案例。

◎ 浏览创始人和高级合伙人的博客。了解他们的思维模式和理念。

你可以向风险投资公司提出的问题：

---

[1] Society of Kauffman Fellows, "Frequently Asked Questions," accessed January 13, 2011, www.kauffmanfellows.org/faq.aspx.

1. 基金的投资策略是什么？

◎ 当然，你已经做了功课，浏览了网站和在线数据资源。你知道公司的历史和创始人的背景。

◎ 研究一、两笔具体投资，评估其他风险投资公司类似投资的竞争环境。探究投资理由并找出选择这个机会而非其他机会的原因。

◎ 询问基金投资策略的发展变化。基金面临的挑战是什么？如果存在，是寻找投资机会还是筹资？

◎ 了解当前基金的生命周期，是刚刚建立的，或是只完成部分投资的，还是投资周期还剩三年的。所有风险投资基金从建立起都有三至五年的投资期。因此，根据你的入职时间，你可能需要进行投资、管理投资组合或者筹建下一家基金。

2. 公司的日常工作有哪些？我应该向谁汇报？初级员工有哪些自身发展机会？

◎ 找出你能参与各方面业务的机会。

3. 这是相互合作的环境，还是像牛仔一样单打独斗的环境？团队成员如何彼此合作，尤其是当投资组合中的公司陷入困境时？公司何时会裁员？裁员原因是什么？

◎ 找出可能出现的困境以及内部团队如何解决这种困境：做好准备进行平和的对话。你很少能听到像"我们把这笔投资搞得一团糟"或者普通合伙人"气炸了头，一边骂脏话一边把东西扔得到处都是"这样坦诚的话。如果有可能，你应该与同行和投资组合公司的首席执行官交流，获得对公司文化的真实感受。

◎ 你在这个团队中能获得乐趣吗？周五晚上有空闲喝杯啤酒吗？

4. 如何衡量我的业绩？我们有清晰确定的目标吗？我能衡量自己的进步吗？

5. 我什么时候有资格成为合伙人？通常职位介绍会说明该职位是否有希望晋升为合伙人。

在相关领域锻炼投资技能

进入一流风险投资基金十分困难。然而，风险投资人发现，他们可以将相关领域作为实现职业目标的起点。这些相关领域的职业道路的竞争没有那么激烈，每种都有优点和缺点。正如他们所言，没有通往风险投资业的康庄大道。

公司风险投资与天使投资人网络

美国的所有风险投资中，6%—8%来自于公司风险投资人（Corporate Venture Capitalists，CVCs）。除了追求财务收益，公司投资于初创企业的目的还包括了解最新事物。公司风险投资基金由母公司出资，目的是创造财务收益。公司风险投资人的相关目标包括找到能增加收入、提高公司竞争地位的新技术。公司风险投资人的其他目标还包括确认新细分市场，以及挖掘利用公司风险投资组合与公司业务部门之间的关系。约 60% 的公司以有限投资人身份投资于风险投资基金，90% 的公司风险投资人直接投资于初创企业。进入谷歌投资（Google Ventures）或英特尔资本（Intel Capital）等享有盛誉的公司风险投资企业是成为风险投资人的扎实起点。天使投资人网络也能为初级求职者提供难得的机会和锻炼技能的场所。

机构投资者

在机构投资者的工作机会可以成为风险投资人的起点。养老基金（私人养老基金和公共养老基金）、母基金、捐赠基金、基金会和保险公司都必然将一部分资产投资于风险投资基金。家族理财会所也是成为风险投资人的扎实起点。第四章将详细介绍这些内容。

服务公司与媒体

投资银行、律师事务所和市场营销公司都有人才转行做风险投资的先例。其他转行做风险投资的人才还包括科技记者。

从创业者到风险投资人

最近一波投资者浪潮来自于有成功创业背景的人。曾经创建公司、筹集资本、成功退出的经历让你有资格为其他创业者服务。但这并不能保证你会取得成功。

表 2.1 举例说明了各种职业道路的优点与缺点。

表 2.1　风险投资业的起点

道路	机会	挑战
创业者 / 初创企业	与创业者打交道。能理解价值驱动力、技术挑战和团队动力。	对投资组合中的其他创业者没有耐心。当公司业绩不佳时容易指手画脚。可能欠缺专业知识。步伐可能太慢。一位转型为风险投资人的创业者曾经评论道："作为首席执行官，我习惯于在上午 9 点前处理 6 件紧急事务。而当了风险投资人以后，我变懒了。"
公司风险投资 / 天使投资人网络	培养投资经验、提高尽职调查能力、建立投资业绩记录。	不同的行动计划与利益冲突。投资活动可能受公司行动计划或天使投资人利益的限制。决策速度可能令人担忧。
机构投资者	能理解有限合伙人 / 投资者的观点。善于建立关系并具备关于新基金的知识。能找准进入时间。	可能会被认为是资产管理者而不是投资者。投资数量可能受限。投资过程通常很缓慢，并需要不同利益相关方的支持。
服务提供商	能为创业者提供资源。	缺少专业知识，缺少对金融动态的深入了解。

高级合伙人与初级投资经理

通常，初级投资经理会担心创业者是否愿意与他们打交道。网络上充斥着讨论这个问题的博客，不少博主认为：创业者只应该与能做决策的专业人士交流。尽管各种博客都强调投资者地位、经验、决策能力或者交易执行力等重要特征，但接触决策者的起点常常是初级员工。

Y 组合器（Y Combinator）公司的保罗·格雷厄姆（Paul Graham）写道："初级投资经理从互联网上筛选老板可以投资的初创企业。初级投资经理往往对你的公司表示看好。他们不是假装的；他们希望你的公司前景广阔，因为如果老板投资于一家他们发现的公司，这对他们而言将是巨大的成功。不要被这种乐观误导。做决策的是合伙人，他们总是冷眼看待事物。"[1]投资人兼企业家彼得·蒂尔（Peter Thiel）指出，与初级投资经理打交道往往是创业者的有利起点。

从策略上，首要任务是寻找有投资需求的人。这可能意味着首先要找到一名高级投资经理或投资总监，而不是高级合伙人。这与教导人们不应与初级投资经理打交道的传统观点背道而驰。（"不要找那些不能自己签支票的人"）这种观点是错误的。初级投资经理会对创业者以诚相待，因为他们需要成功的交易来建立声誉。如果他们找不到这种交易，就不会成为高级合伙人，而他们非常想成为高级合伙人。因此你应该去找初级投资经理：在某些方面，他们比资深风险投资人更积极……高级风险投资人不必一定要做这个投资。你永远不应忘记这点。你接触的高级风险投资人已经很富有了，他们有许多著名交易可以炫耀。你的公司可能对他不算什么，反而会增加他的工作负担和失败概率。因此，他们在某种程度上对做交易提不起兴趣……平均而言，多数交易不会成功，且很耗时间。[2]

总之，初级投资经理在公司中的作用不应被低估，因为他们往往是创业者接触风投的起点。

运气如何？

对于一些幸运的风险投资人而言，进入风险投资业不是爬山，也不是一系列折磨人的面试。它只是一通电话——嘟嘟响的铃声。布赖斯·罗伯茨

---

[1] http://paulgraham.com/startupfunding.html.
[2] Blake Masters，"CLASS 8 Notes Essay—The Pitch，"May 2，2012，http//blakemasters.com/post/22271192791/peter-thiels-csl83-startup-class-8-notes-essay.

（Bryce Roberts）计划读法学院，在这间隙，他决定在怀俄明州的杰克逊·霍尔（Jackson Hole）开办一家滑雪公司。"我的一个邻居是风险投资人，他邀请我出席项目推介会并提供反馈，"他说。罗伯茨后来成为奥雷利·阿尔法科技投资（O'Reilly Alphatech Ventures）的创始人之一，这家公司对多家著名科技初创企业进行了投资。

提盖普投资（TGap Ventures）的创始人之一杰克·阿伦斯（Jack Ahrens）在风险投资业干了30多年。他最初在伊利诺伊州的一家银行工作时，一天下午，他偶然看到一份内部备忘录，称他的部门将被裁掉。"我很生气，告诉老板我要走人。"他的老板立即提出："我们下面有一家风险投资公司——如果我让你做总裁并给你加薪，你认为如何？""我答应了——我几乎不知道风险投资是什么东西，但三十年后我有了现在的成绩，"阿伦斯说。这30年中，阿伦斯做成了35笔成功的退出交易，包括20笔首次公开募股。有意思的是，罗伯茨和阿伦斯都无意将基金规模提高到可控水平以上。我的观察结果是，如果他们愿意，他们可以轻松筹到许多资本并提高基金规模，但迄今为止，他们一直抑制着扩张野心。对于那些忠实于自己理想的人而言，找到出色投资机会、创造收益和保持增长势头并不难。

正如桑福德·伯恩斯坦（Sanford Bernstein）所言，没有哪种方法能判断出你是否天生适合当风险投资人。伯恩斯坦是投资银行罗伯逊·斯蒂芬斯公司（Robertson Stephens）的创始人，他有20年投资风险投资基金的经验。"有些人干得了这行，有些人干不了，和运动员一样，在他们上场之前一切都无法预料，"他曾经这样评论。[1]

为了证明他们是优秀运动员，风险投资人需要选择合适的投资机会。约翰·多尔（John Doerr）过去常说，培养新风险投资人与为战争培养战斗机飞行员没有什么两样。这个过程要花六至八年，你得做好准备承受约2000万美元的损失。[2]赫默·温布莱德风险投资公司（Hummer Winblad）的第一家基金投资于17家公司，其中16家获得了正收益。简·加芬克尔（Jan Gurfinkle）的植物园创投基金Ⅰ（Arboretum Ventures Fund I）在短期内连续做了两笔退出交易，它们都获得了高收益率——于是这家基金轻松进入了前四分之一强。

理性评论运气是否站在你这边对你会有帮助。当简·加芬克尔决定建立她的第一个植物园创投基金时，她遇到了一位投资于中餐的著名有限合伙人，他们一

---

① Gary Rivlin，"So You Want to Be a Venture Capitalist."
② 同前。

起讨论了她的创业计划。这位有限合伙人承诺对她投资。加芬克尔的日记中现在还贴着一条幸运饼干签，上面写道："你很快就会得到一直想要的东西。"

柏尚投资的戴维·考恩精辟地总结道："成功风险投资人最重要的特征就是运气。"①

---

① Steh Levine's VC Adventure blog，"How to Become a Venture Capitalist，" accessed on November 23，2010，http：//www.sethlevine.com/wp/2005/05/how-to-become-a-venture-capitalist.

Chapter Three

成为风险投资人

　　"在加州，开车和买枪都要执照，但是做风险投资人无需执照。"①

　　　　　　　　　　　——马克·安德森（Marc Andreessen），
　　　　　　　　　　　　安德森·霍罗威茨风险投资公司
　　　　　　　　　　　（Andreessen Horowitz）创始人

　　进入风险投资业完全没有障碍，确实如此。

　　自20世纪70年代末以来，随着风险投资业的发展，多数风险投资人都来自于科技、商业开发、金融和投资银行背景。红杉资本的创始人丹·瓦伦丁（Don Valentine）最初在半导体行业工作。凯鹏华盈（KPCB）的创始人汤姆·珀金斯（Tom Perkins）最初是惠普公司的研究部行政总监。近年来，各行各业都涌现出了风险投资人：例如，红杉资本的董事会主席迈克尔·莫里茨爵士（Sir Michael Moritz）曾是《时代》杂志的记者。柏尚投资的戴维·考恩（David Cowan）获得MBA学位之后就开始做风险投资，他在20年间做了许多笔成功的投资。而马克·安德森（Marc Andreessen）、本·霍罗维茨（Ben Horowitz）、布拉德·费尔德（Brad Feld）和彼得·蒂尔（Peter Thiel）等创业者都是在自己的初创企业成熟后才开始创建风险投资基金。

　　如果风险投资人具有创业背景和运营专长，他们就能比其他不具备这些背景的人更好地为投资组合公司服务。但这不一定是成功的

---

① Marc Andreessen，"A Panorama of Venture Capital and Beyond." Stanford Univer sity's Entrepren eursnip corner，May 13，2010，http：//ecorner. stanford.edu/authorMaterialInfo. html?mid=2457.

必备指标。合广投资（Unin Square Ventures）的弗雷德·威尔逊（Fred Wilson）就没有创业背景。他曾投资于一些著名科技初创企业，并获得了骄人收益。

思想启发与财务回报

优秀的风险投资人一致认为，他们被这一行吸引，是因为它能启发思想，提供财务回报，有自由/自主性，并给人以创业的兴奋感。[①]

思想启发

风险投资工作"是你穿上衣服能做的最有趣的事，"迦南合伙公司（Canaan Partners）的迪帕克·卡姆拉（Deepak Kamra）说。[②]风险投资人在日常生活中，经常与改变世界的创业者进行有启发性的对话。在创业过程中的不同阶段，创业者都会找投资人验证他们的理念。通常，老练的创业者会把投资人拉出来喝咖啡，探讨他们的想法是否可行。在充斥着咖啡因的梦想中，投资人要面对陡峭的科技变革学习曲线、瞬息万变的市场环境、五花八门的机会和竞争约束。如果你喜欢不确定性、快节奏，喜欢与一流创业者和"异想天开者"碰撞出火花，那么风险投资这种职业能满足上述所有条件。SAP 投资（SAP Ventures）的董事总经理，伊丽莎白·"比泽"·克拉克森（Elizabeth "Beezer" Clarkson）说："我们忘了这个职业有多么不寻常。我们手握特权。看看那些滚滚而来的能量和创造力吧，其他行业与之相比是多么苍白。这简直让人上瘾。"

对于主要寻求物质回报的人而言，这条路可能不是最理想的，至少从短期看是如此。风险投资是一种根本上具有不对称性的"反脆弱"（Antifragile）行业。在尼古拉斯·纳西姆·塔利布（Nicholas Naseem Taleb）的著作《反脆弱》（*Antifragile*）中，他将不对称性定义为有利因素多于不利因素，并且有从波动性、随机性、紧张刺激、谬误、时间和不确定性中获益的趋势。风险投资人渴望信息不确定性。他们能最先见证科技的未来，他们投资的公司常能成为下一代巨擘。财务回报被视为价值创造的副产品，且只有在发现不对称性并且经过5—7 年的期限才会获得财务回报。

风险投资人导师

有成功创业经历的人通常将风险投资视为向下一代传授经验的途径。"在职业生涯的某一刻，帮助创业者比成为创业者更能令人满足，"安德森·霍罗

[①] Geoffrey H. Smart, Steven N. Payne, and Hidehiko Yuzaki, "What Makes a Successful Venture Capitalist?" *The Journal of private Equity* 3, no. 4（Fall 2000）: 7-29, doi: 10.3905/jpe.2000.319948.

[②] 作者的采访，2010 年 10 月。

威茨风险投资公司的创始人之一马克·安德森（Marc Andreessen）说。[1]斯科特·韦斯（Scott Weiss）把自己的公司钢端系统（IronPort Systems）卖给思科（Cisco）后加入了安德森—霍罗威茨风险投资公司。"成为风险投资人给了我指导创业者并为他们指明方向的机会。他们信任我的判断，因为我以前走过这条路，"他说。在互联网泡沫崩溃后的经济衰退时期，他创办的钢端系统创造了 2 亿美元收入，六年后，该公司以 8 亿美元的价格卖给了思科。他之前在微软和 Hotmail 的工作经历帮助他走出了自己的创业道路。多位风险投资人一致认为，通过帮助其他创业者创业，风险投资人可以继续生活在创业的感受中。

创新大潮的一分子

"瞧，几句话就可以概括风险投资。你必须乐于应对变化，你还必须承认变化不可避免，"[2]红杉资本（Sequoia Capital）的创始人唐纳德·T·瓦伦丁（Donald T. Valentine）说。当任何科技环境发生范式的变化时，正是风险投资人雄心勃勃，点燃创业斗志之时。熊彼特（Schumpeter）将其形容为创造性的破坏力量，当创新潮流出现时，旧有行业将大批消亡。另一方面，创造性的建设力量、创业者和风险投资人开始活跃。投身于创造崭新事物会给人带来极大满足感。

成功风险投资人的天资与态度

"成功的风险投资人不一定是成功的创业者或经营者——相反，他们是市场的学生，他们很耐心，并将这份职业视为团队工作，"做过风险投资人、现在管理着一家母基金的克里斯托弗·里齐克（Christopher Rizik）说。[3]

优秀的风险投资人有三个品质：第一个品质是对所处环境及其变化有很强的感知力和判断力。毕竟，我们将金钱投资于改变世界的新想法、新点子上，满足那些未满足的需求。你必须眼界开阔，对未来始终好奇。

第二个品质是耐心——欲速则不达。当公司遇到困境时，聪明的风险投资人永远不会恐慌或放弃。耐心的人不仅会获利，而且最终将取得成功，这种成功是用牺牲恐慌者的利益换来的。耐心应该与智慧并存——如果你不能坚持

[1] CNNMoney, "The Keys to Andreessen Horowitz's Success," YouTube video, February 6, 2012, www.youtube.com/watch?v=pbW-lk3ZOA4.

[2] Donald T. Valentine, "Early Bay Area Venture Capitalists: Shaping the Economic and Business Landscape," an oral history conducted by Sally Smith Hughes in 2009, Regional Oral History office, ihe Bancroft Library, University of California, Berkeley, 2010.

[3] Christopher Rizik, Renaissance Venture Fund, in discussions with the author, December2010.

到最后，就需要果断放弃并承认你做不到。你得吞下苦果，并意识到损失了几百万美元。

第三个品质是一视同仁。不论发生什么事，出现什么机会——说到底，最优秀的风险投资人是公允、聪明和一视同仁的人。很少有人愿意与只考虑自己的人合作。

选择正确投资的能力

选择正确投资的能力往往是在许多错误投资后培养起来的。正如一句名言所说：准确判断来自于经验，而经验来自于错误判断。"经验磨炼出的优秀直觉造就了优秀的风险投资人。最难的是应对不确定性，"[1]恩颐投资（NEA）的董事会主席兼创始人之一 C·理查德·科拉姆奇（C. Richard Kramlich）说。优秀的风险投资人应具备的特质包括：

◎ **把握市场趋势：** 这是首要而基本的标准，风险投资人理解市场发展变化和发现投资机会的能力是这个行业的核心。阿瑟·朔彭豪尔（Arthur Schopenhauer）曾经写道："每人都用有限的视角看有限的世界。"优秀的风险投资人能认识到他们的局限性。同等重要的是把握市场时机的能力。"20 世纪 90 年代，手写式电脑（Pen Computing）遭遇惨败——它就像 iPad 一样是当时的新鲜玩意，不过早了 20 年。这种电脑的电池寿命只有 20 分钟，旁边还有一个发电用的手摇曲柄，"马克·安德森说。[2]

◎ **优秀的管理团队：** 风险投资人应能准确判断人物性格和创业能力。"我们见过许多有想法的高管。我们的工作就是判断它是远见还是幻想，"[3]凯鹏华盈（KPCB）的名誉合伙人弗兰克·考菲尔德（Frank Caufield）说。

◎ **判断力：** "许多优秀的风险投资人都有'态势感知能力'（Situational Awareness）——他们走进任何会议，都能在大约几分钟内指出谁在对谁做什么，问题到底是什么，直切主题并预测出走向。当你观察某个环境时，应该能合理地预测出它的发展轨迹，"[4]阿塞尔合伙公司（Accel Partners）的创始人詹姆

---

① C.Richard Kramlich，"Venture Capital Greats：A Conversation with C. Richard Kramlich，" interviewed by Mauree Jane Perry on August 31，2006，in San Francisco，California，National Venture Capital Association，Arlington，Virginia.

② PandoMonthly，"A Fireside Chat with Marc Andreessen，" available at "PandoMonthly San Francisco with A16Z's Marc Andreessen，the Full Interview，" streaming video，October 4，2013，http：//pandodaily.com/2013/10/04/pandomonthly-san-francisco-with-a16zs-marc-an-dreessen-the-full-interview.

③ Peter Tanous，*Investment Visionaries*（Upper Saddle River，NJ：Prentice Hall，2003）.

④ National Venture Capital Association，"Venture Capital Oral History，" project funded by Charles W.Newhall Ⅲ，interview conducted and edited by Mauree Jane Perry，2006.

斯·R. 斯沃茨（James R. Swartz）说。准确判断来自于经验。"如果你在其他领域积累相当经验以后再进入风险投资业，会很有好处。我认为你最好在三四十岁而不是二十多岁时进入这一行，因为你需要建立参考框架，用它去判断人，判断机会，从而能够判断市场和经济形势，"[①]机构风投合伙公司（Institutional Venture Partners）的创始人里德·丹尼斯（Reid Dennis）说。

◎ **速度：** "拥有良好声誉是一个好开始。迅速决策也同等重要，"软科技风投（SoftTech VC）的杰夫·克拉维尔（Jeff Clavier）说。[②]

◎ **乐观：** "你必须相信世界会变化……在保持乐观的同时务实而谨慎，不沉浸于浪漫幻想，"[③]北极星创投（Polaris Ventures）的创始人之一、美国国家风险投资协会（National Venture Capital Association）的名誉主席特里·麦圭尔（Terry McGuire）说。"你必须善于聆听。我发现，如果风险投资人只会侃侃而谈，就无法很好地了解投资对象。聆听……和观察判断谁真正具备创建公司所需的素质十分重要。如果你坚持多聆听才下结论，最终就会成为一种本能。"柏尚证券（Bessemer Securities）前首席执行官兼美国风险投资协会前主席保罗·"皮特"·班克罗夫特（Paul "Pete" Bancroft）说。[④]

VC= 价值创造

"我不认为存在万能的预测标准，比如只有具备运营背景或创业背景的人才能成为优秀的风险投资人。相反，没有这些背景也不意味着你不能成为优秀的风险投资人，"著名风险投资公司安德森·霍罗维茨风险投资公司（Andreessen Horowitz）的创始人之一马克·安德森在斯坦福创业论坛上说。[⑤]安德森·霍罗维茨风险投资公司的合伙人有丰富的创业和运营经验。"风险投资人应该根据实际经验指导公司。如果你做过市场营销而且做得很好，就比 MBA 更有优势。MBA 对于风险投资业来说有点太泛泛了。我们公司的合伙人会对创业者说'我

---

① Reid Dennis, "Early Bay Area Venture Capitalists: Shaping the Economic and Business Landscape," interview conducted by Sally Smith Hufhes in 2009, Regional Oral History Office, The Bancroft Library, University of California, Berkeley, 2009.

② 杰夫·克拉维尔（软科技风投）与作者的讨论，2013 年 9 月。

③ 特里·麦圭尔（北极星风险投资公司）与作者的讨论，2010 年 12 月。

④ Paul Bancroft III, "Early Bay Area Venture Capitalists: Shaping the Economic and Business Landscape," interview conducted by Sally Smith Hughes in 2010, Regional Oral History Office, The Bancroft Library, University of California, Berkeley, 2010.

⑤ Stanford University's Entrepreneurship Corner, Marc Andreessen, "A Panorama of Venture Capital and Beyond," accessed January 13, 2011, http://ecorner.stanford.edu/authorMaterialInfo.html?mid=2457.

们做过你要做的事'，这是实话，"①美国风投合伙公司（US Venture Partners）的创始人小威廉·K·鲍尔斯（William K. Bowers Jr.）说。

具有相关实际创业经验让投资者能更好地理解初创企业面对的挑战。这是成为成功风险投资人的必要条件，但不是充分条件。"合广投资（Union Square Veutures）的弗雷德·威尔逊（Fred Wilson）没念过经营这本经——但他对公司的帮助非常大，"星火资本（Spark Capital）的风险投资人比詹·萨比特（Bijan Sabet）说。②

任何风险投资人的主要目标都是为创业者和投资者创造价值。"我们这个行业旨在帮助公司实现重要事业目标。能否选对道路关系到生存问题：我们的工作是精心选出这条重要道路。风险投资人的一个明确特征就是要能够解析出这些重要目标，"③美国风险投资协会（National Venture Captal Association）前主席、阿塞尔合伙公司（Accel Partners）的詹姆斯·布赖尔（James Bryer）说。

成功的风险投资人具备创业者思维，懂得价值创造。然而，从一些优秀风险投资人的背景中我们并没有看出清晰的模式。要成为一名成功的风险投资人，你可能具备运营专长，也可能不具备，但仍然可以成功。

戴维·考文甚至不同意创业经验是先决条件这个看法。"创业者拥有某些领域的专长。但是风险投资涉及的领域随时都在变化。当面临机会时，有运营专长的人往往会尝试解决问题——有时这会适得其反，"他说。事实的确如此。一些具有成功创业背景的风险投资人一致认为，对他们而言，最难的部分就是从参与者转变成教练——放手让其他人经营自己的公司。他们表现得不耐烦，并对执行速度或发展方向提出质疑。如果不加控制，风险投资人的成功创业经验可能变成对投资组合公司首席执行官挑不完的刺。

梅菲尔德基金（May field fund）的名誉合伙人吉布森·迈尔斯（Gibson Myers）支持这种观点。"有些人只适合做运营。风险投资业是一种完全不同的工作，一种创造性工作。这种人无法顺利过渡到风险投资业，因为他们想要运营，想要事无巨细。在风险投资业中，你需要后退一两步，你的角色是顾问。你有关系要维护，你有许多公司。你不能浪费时间，因此由于这个原因，有些

---

① William K. Bowes, Jr., "Early Bay Area Venture Capitalists: Shaping the Economic and Business Landscape," interview conducted by Sally Smith Hughes in 2008, Regional Oral History Office, The Bancroft Library, University of California, Berkeley, 2009.

② 比詹·萨比特在波士顿东部《风险投资杂志》阿尔法会议上的讲话，2013 年 4 月。

③ Gupta Udayan, *Done Deals—Venture Capitalists Tell Their Stories* (HBS Press, 2000).

◥ 我们能否达成一致？

请考虑以下两种关于风险投资人的截然相反的观点：

"我认为要成为风险投资人，首先应该是一个成功的创业者。只有身为成功的创业者，你才更清楚如何为创业者的事业服务。因此，我不认为自诩天生就是风险投资人的商学院学生能成为优秀的风险投资人。我认为他们应该到高科技公司或者初创企业工作。然后看他们是否愿意从实务性工作回到我所在的行业——风险投资业的工作更间接，主要是支持创业者。"

——约翰·多尔（John Doevr），凯鹏华盈（KPCB）*

"当我完成 MBA 学业时，人们告诉我'你没有什么真本事。首席执行官最讨厌的就是 MBA 的小屁孩告诉他如何经营企业。你应该去积累实际经验'。我必须拒绝这种忠告，走我自己的路。运营经验是短期优势。它有助于风险投资人评估和管理投资机会，但仅限于他们的专业范围内。"

——戴维·考文（David Cowan），柏尚投资（Bessemer Venture Partners），与作者的讨论，2010 年 12 月。

---

* Stanford University's Entrepreneurship Corner, John Doerr, "How to Be a Venture Capitalist," http: //ecorner.stanford.edu/authorMaterialInfo.html?mid=1281（accessed November 26，2010）.

人不喜欢这种工作，有些人做得不像个风险投资人。"[1]

红杉资本（Sequoia Capital）的迈克尔·莫里茨（Mickael Moritz）既没有创业经验，也没有运营经验。他是《时代》杂志的商业记者，在写一本书时遇到了红杉资本的创始人丹·瓦伦丁（Don Vatentine）。

---

[1] Gibson S. Myers, "Early Bay Area Venture Capitalists: Shaping the Economic and Business Landscape," interview by Sally Smith Hughes, 2008, accessed January 13, 2011, http: //digitalassets.lib.berkeley.edu/roho/ucb/text/myers_gib.pdf.

20 岁的风险投资人

　　亚历克斯·巴内安（Alex Banayan）是一个 20 岁的学生，他的生活异乎寻常的忙碌。作为奥尔索普·路易合伙公司（Alsop-Louie Partners）的投资经理，他要与怀揣创业梦想寻找风险投资的年轻创业者见面。那么，南加州大学（University of Southern California，USC）的大三学生、甚至还不到上金融课年龄的巴内安是怎样当上投资经理的呢？情况是这样的，马克·扎克伯格（Mark Zuckerberg）和 Facebook 的成功诱使风险投资人将目光投向了 20 几岁的大学生创业者，希望从他们中间发现下一个伟大创意。奥尔索普·路易合伙公司是一家创建于 2006 年的公司，管理着 1.5 亿美元资产，该公司希望有人帮其跟踪未来的洛杉矶初创企业。风险投资人喜欢年轻的联系人，因为年轻人比四五十岁的风险投资人更能吸引年轻创业者。普通合伙人斯图尔特·艾尔索普（Stewart Alsop）说，他雇用巴内安，是因为他在这个二十几岁的年轻人身上看到了比科技专长更重要的东西：干劲与自信。

　　由巴内安和其他四人组成的"学生风险投资人"小组负责关注麻省理工学院、斯坦福大学和南加州大学的校园初创企业。公司将这些学生分为两类，极客（Geek）和捣蛋鬼（Gadfly）。巴内安是个天生的捣蛋鬼，他总是提一些恼人或新奇的问题，与现状抬杠。签约一年半后，他仍在寻找虚无缥缈的第一笔交易。

　　巴内安希望改变世界。"我讨厌被人说我有野心，"他对《财富》杂志的斯科特·森德罗斯基（Scott Cendrowski）说。* "生活的意义不在于职位，而在于目标。乔布斯来了又走了，但如果你坚持自己的目标，就会发现生活的真正意义。"谈到谦虚，这位风险投资人在 TechCrunch① 上写道，** "谦虚是一种态度，它意味着你承认今天的所有机遇都要感谢前人铺的路。"将自己形容为败犬的巴内安不喝酒也不去派对，因为他希望专心工作。他的宏伟目标是建立一个像可汗学院（Khan Learning Academy）一样的社群，让未来的创业者能从成功者那里获得建议。

　　* Fourtune，http://money.cnn.com/2013/06/13/technology/alex-banayan-vc.pr.fortune/index.html.

　　** http://techcrunch.com/2012/06/10/how-i-became-a-19-year-old-associate-vc/.

通才与专才：博与精

　　尽管没有指标能准确预测某人能否成为优秀的风险投资人，但还是有些规律可循。不具备丰富初创经验或运营经验的人也可能在风险投资业中取得成功。但

---

① 译者注：TechCrunch 是一家聚焦信息技术公司报道的新闻网站。

存在更矛盾的现象——通才与专才——两者都可能成为非常优秀的投资人。"回想我刚入行的 20 世纪 70 年代，通才也能在这一行取得成功。随着过去 50 年业务的发展变化，风险投资业变得更注重专业领域，现在你需要成为某些相关领域的专家才行，"凯鹏华盈（KPCB）的弗兰克·考菲尔德（Frank Coufield）说。[1]

尽管专业经验可能很重要，但从长期看它并不那么重要。最终起决定作用的是你的业绩。"在我 20 年的风险投资人职业生涯中，我投资过各种领域和各种公司。为了在这一行内长盛不衰，你必须从更宽广的角度思考，迫使自己走出自己的安乐窝，迎接挑战，愿意重新塑造自己，"戴维·考文（David Cowan）说。

塞思·莱文（Seth Levine）不管理他在方铸集团（Foundry Group）的投资时，会在自己的博客 VC Adventure 上写文章。他写道：

成为优秀风险投资人的关键是要迅速而且不放慢步伐地从一件事转换到另一件事的能力，这些事通常毫无关联。我很少有时间坐下来花几个小时干一件事（任何事）而不被打断；因为老是被打断，以至于最近如果我在一件事上花了太多时间，自己都会打断自己，但多数情况下这是因为每天都不断出现新事务。我操心着八家公司，因此总得被五花八门的事打断——比如帮一家公司卖掉业务部门，帮另一家公司筹资，帮第三家公司规划一项战略外部活动，帮第四家寻找高管。脑子里同时思考这些事很难，比如，你得像换挡一样从讨论某笔并购事项的税务问题一下子跳到考察另一家公司的新垂直市场。[2]

莱文说，优秀的风险投资人都得有点 ADD（Attention Deficit Disorder）——注意力缺陷症。在他的博客中，他开玩笑说，注意力缺陷症可能是成为优秀风险投资人的必要条件和有利条件。

不屈不挠：别让任何事阻挡你前行

如果你注意戴维·考文、植物园创投（Arboretum Ventures）的创始人简·加芬克尔（Jan Garfinkle）或维诺德·科斯拉（Vinod Khosla）等成功的风险投资人，就会发现他们都有一种特质：不屈不挠。不达目的誓不罢休！

一次，考文在商学院放假时去希腊度假。当他在国际航班起飞前几小时到达机场时，发现护照在一天前已到期。[3]考文决定排除万难更新护照，赶上这班

---

[1] Frank Caufield（partner emeritus, KPCB）, in discussions with the author, August 2010.

[2] Seth Levine, "How to Become a Venture Capitalist," VC *Adventure*（blog）, May 20, 2005, www.sethlevine. com/wp/2005/09/attributes-of-a-good-venture-capitalist.

[3] David Cowan, "Heracles' Marathon to Olympus, Athena Awaits," *Who Has Time for This?*（blog）, November 3, 2005, http://whohastimefor-this.blogspot.com/2005/11/heracles-marathon-to-olympus-athena.html.

飞机。这种时候，多数国际旅客都会着急发火，然后扭头回家或者去酒吧。而考文跳进一辆出租车，冲进护照办公室，填好申请表，才意识到他没有必需的照片。他又冲出去拍照，然后回到护照办公室……他挥舞着胳膊……续签了护照，并火急火燎地赶回机场。他发现飞往达拉斯然后转机到雅典的飞机刚刚离开洛根机场。但是等等……他发现自己能搭上另一班飞往达拉斯的飞机。在飞往达拉斯途中，他甚至问空乘人员他们能否"飞快点。"就像马拉松选手凭冲刺录像定胜负一样，他在登机口关门前几秒——对，几秒——登上了飞往雅典的航班。登上这趟航班后，他发出了胜利的大笑。

优秀风险投资人需要具备什么条件？帮助公司成长的能力

"风险投资人需要具备各种能力。种子阶段投资的能力要求不同于中晚期投资的能力要求。在种子阶段，我们面对的是企业创始人。风险投资人需要具备了解风险、判断想法可行性和寻找市场的能力。在这个阶段，探索和求证是主要步骤。初创企业没有名气——招聘管理人才和招徕客户时，风险投资人的信誉和过往业绩是可靠保障。能帮助公司成长的人才通常炙手可热，甚至千金难求。"

"在早期阶段，风险投资人帮助初创企业找到客户的能力非常重要。遗憾的是，财富 100 强公司——所有初创企业都想获得的大客户——不愿与初创企业打交道。他们对小公司能躲就躲，只与久经考验的企业打交道……即使这些公司愿意考虑你，它们也需要时间和能力评估新产品。这是重大的投资承诺……这些高管都超级忙碌，请他们考察新产品需要高超技巧。"

"随着公司进一步发展，组成投资辛迪加的能力变得至关重要。其他投资者会看你如何阐述投资理由和领投。"

——西北风投合伙公司（Norwest Venture Partners）管理合伙人普罗穆德·哈奎（Promod Haque）与作者的讨论，2012 年 11 月

考文在每一步遇到的每个人——出租车司机、航空公司工作人员、护照办理员、摄影师，一共超过 15 个人——都说："你绝对赶不上那趟航班。"而考文只是坚定不移地追逐着他的目标。你能从中深刻体会到他多么不在意别人的观点或条条框框，也从不沉溺于自怜或懊悔。在考文的博客[①]上看过这个故事的人会把它与福克斯电视台的著名电视剧《24 小时》相比。还有人说应该给孙辈看这

---

① David Cowan, "Heracles' Marathon to Olympus, Athena Awaits," *Who Has Time for This?*（blog）, November 3, 2005, http://whohastimefor-this.blogspot.com/2005/11/heracles-marathon-to-olympus-athena.html., accessed December 12, 2010.

个故事。他的博客下面全是"真棒""多美的故事""我从始至终为你喝彩"这种评论。考文身上的创业精神再明显不过了——那就是排除万难实现目标。

沃顿商学院的招生负责人认为简·加芬克尔（Jan Garfinkle）不适合读 MBA。她的工程学背景与经济学的主流方法不匹配。当时，加芬克尔是工程学专业的唯一女生，也是少数希望读 MBA 的人之一。尽管加芬克尔在 GMAT 考试中得了高分，但招生负责人建议她另寻出路。她最终被列入候补名单。加芬克尔失望地出去慢跑散心，30 分钟后，她回到招生办公室，又做了一次努力。加芬克尔很好地掌握住分寸，既表现出坚定意愿，又不会令人讨厌，她重申自己希望进入沃顿商学院，并请招生负责人重新考虑。"他看着我，有些不知所措，然后说，好吧，明天再来，我们搞定这件事，"加芬克尔回忆道，她后来在沃顿商学院拿到了 MBA。在礼来公司（Eli Lilly and Company）的暑期实习中，她认识了盖丹特（Guidant）和美敦力（Medtronic）两家公司未来的首席执行官，他们都在植物园投资（Areboretum Ventures）——她的风险投资基金——的发展中起了重要作用。如果加芬克尔当初放弃，她的职业道路可能会通往不同方向。

如果维诺德·科斯拉（Vinod khosla）不那么坚持，他可能就留在了匹兹堡。在卡内基梅隆大学（Carnegie Mellon University）学习时，他渴望进入硅谷工作。"对我来说，硅谷有一种美国其他地方无法比拟的创业吸引力，"他说。他申请了斯坦福大学商学院，但是被拒绝了。"他们让我先积累一些工作经验。我在匹兹堡得到了一份工作，并再次申请，当然，他们又拒绝了我，"[①]科斯拉叙述道。"我冲着招生总监大喊大叫，火冒三丈。为了把我打发走，他将我列入了候补名单。"第三次尝试让科斯拉灰心丧气。"那个夏天，我认识了招生办公室的每个人；他们成为了我的朋友。但就算这样，招生总监也不肯招我。开学注册前一天，我给他打了电话，说我明早就会离开匹兹堡。不管你喜不喜欢，我都会出现在你门口，"他回忆道。

招生总监最终让步了，几小时后，科斯拉就打包离开了匹兹堡。"我没地方可去，因此招生办公室的人收留了我一个月，"他回忆道。于是，他来到硅谷，创建了一家令人瞩目的初创企业，太阳微系统（Sun Microsystems），在凯鹏华盈成功工作了一段时间后，他建立了自己的基金——规模达到数十亿美元的科斯拉投资（Khosla Ventures）。

---

① Vinod Khosla, "Career: Learning from Failure Early On," Stanford University's Entrepreneurship Corner, accessed January 2.2011, http: //ecorner.stanford.edu/authorMaterialInfo.html?mid=19.

◤ 优秀风险投资人需要具备什么条件？头脑、活力、个性……

"作为风险投资人你需要的是头脑、活力和个性。"

"你需要能够吸引别人的人才，因为通常优秀创业者可以选择的风险投资不止一个。如果他聪明的话，他就不会只盯着资本——钱。他会问：你能为我做什么？你能提供什么帮助？通常，他还会思考，我真的愿意和这家伙合作吗？我能忍受得住这家伙的吹毛求疵，不断回答他挑剔的问题吗？这家伙人有清晰的构想吗？我与他合作会愉快吗？我们能处得来吗？任何时候在与创业者交流时，在诸多的事情中，我们强调的一件事是——我们想要我们的合作有意思！"

"虽然，你想找到的是一个绝对诚实的人，一个道德高尚的人，一个对完成工作有强烈自豪感的人。"

"我还没有提到分析层面——这种分析不全是指书面分析——书面分析很重要，它能摸清市场是什么、满足这一个市场需求的概率有多大，以及市场的规模等。所有这些都很重要。"

——萨特·希尔投资（Sutter Hill Ventures）创始人威廉·德雷珀三世（William Draper，Ⅲ）

资料来源：William H. Draper，Ⅲ，"Early Bay Area Venture Capitalists：Shaping the Economic and Business Landscape，" oral history conducted by Sally Smith Hughes in 2009，Regional Oral History Office，The Bancroft Library，University of California，Berkeley，2008.

风险投资人面临的挑战

苹果公司名人史蒂夫·乔布斯似乎对风险投资人不以为然，他曾经说，风险投资这行在我看来"就像狗屎。"[1]讽刺的是，报道这段话的不是别人，正是迈克尔·莫里茨（Michael Moritz），他当时是一名记者，现在是风险投资人和红杉资本（Sequoia Capital）的主席。提到做风险投资人的切身体验时，他说："每天都像在上演一百部肥皂剧——在这行生活和工作很过瘾。"[2]

---

[1] Michael Moritz，*Return to the Little Kingdom*：*How Apple and Steve Jobs Changed the World*（New York：Overlook Press，2009），89.

[2] Michael Moritz，*Inside the Minds*：*Venture Caoitalists*，ebrandedbooks.com，2000.

作为风险投资人，你没有创造什么新东西，只不过在为创新和新企业的出现催生。风险投资人常常被比作光鲜体面的金融家——他们大多数都把创业者的成功归功于自己，掩饰亏损或把亏损归咎于他人。只不过，有些风险投资人担得起成功的盛名。以下是做一个风险投资人要面临的一些挑战。

◎ **这个行业对情商和智商要求很高，需要千万次地说"不"**：这个行业要求有百折不挠的精神——只要不生硬粗暴，不管你对创业者说多少次不，拒绝多少人或者优秀的创意，都不能垂头丧气。应对众多的投资机会和复杂情况，保持动力和自律，按照轻重缓急安排任务，适应不确定性，这些都是这个职业的特征。"我已经放弃管理日程了，"有 30 年从业经验的风险投资人杰克·阿伦斯（Jack Ahrens）说，"而是随时准备应对可能在任何时间出现的紧急情况。"

◎ **大浪淘沙的竞争环境**：一旦入行，只要你能创造卓越的收益率，留在风险投资业中就很容易。成功的风险投资人需要不断让自己适应经济周期。做好出局的准备——你的业绩数字将说明什么时候轮到你离开。

◎ **合伙人的业绩**：风险投资业的唯一衡量指标就是财务收益率。收益率是投资与时间的函数。时间是你的敌人，当钟表指针滴答作响时，业绩指标——内部收益率（IRR），时间的函数——将不断下降。更糟的是，在市场不景气和经济衰退时，退出投资的能力将下降，更不用说实现潜在收益率了。但是投资者根本不管有什么理由。正如红杉资本的鲁洛夫·博塔（Roelof Botha）提到让他夜不能寐的事时所说："一言以蔽之，下一笔投资的业绩有多好，你就有多优秀。"[1]

◎ **公司业绩**：在成功往往昙花一现的风险投资业中，持续的业绩表现很重要。收益高的一流风险投资人会迅速募集下一家基金并获得高额分成——高达 30%，而不是标准的 20%。马克·安德森（Marc Andreessen）曾经说："我认为没有哪个行业和风险投资业一样。每出现 40 家投资表现优异的公司，就会有 600 家投资表现糟糕的公司。少数公司创造了所有收益，许多公司都想创造这种收益。"[2]

◎ **市场力量**：有时，市场趋势变化会重创高度专业化的公司。不久以前，

---

[1] Blake Masters，"Peter Thiel's CS183：Startup—Class 7 Notes Essay，"April 26，2012，http：//blakemasters.com/post/21869934240/peter-thielscs183-startup-class-7-notes-essay.

[2] Marc Andreessen，"A Panorama of Venture Capital and Beyond."Stanford University's Entrepreneurship Corner，May 13，2010，http：//ecorner.stanford.edu/authorMaterialInfo.html?mid=2457.

清洁科技①投资受到了空前追捧。这一波风潮减退后，清洁科技风险投资人不得不修改简历。一些人将自己重新定位为通才。也有些人回到了科技部门，并寻找类似于"清洁网络"（Clean Web）②的机会。通常，当科技／软件投资势头高涨时，生命科技部门就会遭受重创。科技投资的退出时间较短，而生命科学投资的退出时间较长，通常还伴随着科技风险、监管风险和金融风险。

◎ **等待财务回报的耐心：**什么？没有分红？在美国的8000多位风险投资人中，只有极少数能获得利润，即他们所说的"分红。"换言之，多数风险投资人都靠来自于管理费的工资谋生。这是有限合伙人（LPs）妒火中烧的另一个原因，他们认为如此不合理的激励机制是错误的。

◎ **理性诚实（或者说缺乏理性诚实）：**有限合伙人都会对风险投资人的劣行津津乐道。但让投资者愤怒的关键在于风险投资人玩弄数字夸大业绩。这是个老套的技巧：将数据大卸八块再加以包装，使业绩"看上去很美，"然后找到下一个愿意投资于这家基金的倒霉蛋。狂妄、傲慢和充满偏见的风险投资人很少认错。没有哪位心智正常的风险投资人会说："我们让你亏损了，我们得到了教训。"通常，风险投资人会把糟糕的业绩归咎于他人。一些有限合伙人用"故意隐瞒"这个词形容风险投资人。母基金旗帜资本（FLAG Capital）将其总结为乌比冈湖（Lake Wobegon）③效应④，意即在乌比冈湖的VC岛上，所有女人都很强壮，所有男人都很英俊，所以他们的孩子（风险投资人）自然都比常人优秀。

风险投资业的压力来自多个方面：资本供给、投资机会、变现时限、监管变化。SAP投资的董事总经理伊丽莎白·"比泽"·克拉克森（Elizabeth "Beezer" Clarkson）说："通常，你不知道是你的能力还是运气起了作用。保持谦逊很重要。"在名气和财富这两个骗子横行无忌的任何职业中，阴谋手段、卑鄙陷害和投机行为肯定少不了。正如他们所言，风险投资业不适合心理脆弱者。

说穿了，做风险投资实际上就是做学徒。经过多年指导，你才能学会评估

---

① 译者注：清洁科技是指在提高经营业绩、生产率或效率的同时降低成本、投入、能源消耗、废弃物或环境污染的产品或服务。
② 译者注：指将信息科技和社交网络与清洁科技相结合的新兴领域。
③ 美国明尼苏达州的一座虚构小镇。在广播小说《牧场之家好作伴》（*A Prairie Home Companion*）中，盖瑞森·凯勒（Garrison Keillor）曾报道乌比冈湖的新闻，这个词由此广为人知。
④ 译者注：指倾向于高估自己的实际水平。

投资机会、制定价格和策略、建立和激励管理团队、应对企业面临的不可避免且不可预测的威胁、筹集更多资本和找到更多战略伙伴、并最终把这些非流动性投资变现（不论好坏）。"优秀的风险投资人将其视为使命而非职业，"投资于部分著名风投基金的母基金旗帜资本（FLAG Capital Management）的黛安娜·弗雷泽（Diana Frazier）说。

歌手鲍勃·迪伦（Bob Dylan）曾说："我接受混沌的世界，但我不确定它是否接受我。"这句话精辟地总结了上述观点——你能接受风险投资业，可它能接受你吗？

"全垒打"者胜的行业

"只有少数初创企业能成功。风险投资公司也是如此。我预期多数风险投资公司都会破产。风险投资业的目的说穿了就是找到出类拔萃的公司。如果你每五年就能找到这么一家公司，那么其他一切都不重要。"

——迈克·梅普尔斯（Mike Maples），水闸基金（Floodgate Fund）

资料来源：Tarang Shah and Sheetal Shah, *Venture Capitalists At Work*（A Press, 2011）.

有限合伙人 | 第四章

"我的生活很单调，"狐狸说。"我猎捕小鸡，猎人猎捕我。所有小鸡都一样，所有猎人也一样。因此，我有点厌倦了。"

——安东尼·德·圣—埃克苏佩里（Antoine de Saint-Exupéry），《小王子》

风险投资人（VCs）寻觅机构投资者（称为有限合伙人），创业者寻觅风险投资人。如果风险投资人了解有限合伙人以及不同有限合伙人面临的约束和动力，对寻觅者和被寻觅者来说，筹资过程可能就没那么枯燥了。风险投资基金的潜在投资人（即有限合伙人）包括机构投资者（例如，养老基金、基金会、捐赠基金、银行和保险公司）和家族理财会所（包括高净值个人（High-Net-Worth Indiriduals，HNWIS））。如图4.1所示，风险投资基金的大部分资本通常来自于养老基金。考虑对风险投资基金投资时，每个有限合伙人都会根据下列标准对投资机会进行评估：

◎ **资产配置策略：** 旨在为有限合伙人创造目标整体收益率的投资原则与投资组合构建指南。风险投资被视为另类资产项下的私募股权投资子类别。

◎ **投资标准：** 帮助有限合伙人在每类资产中选择目标投资的因素。

◎ **投资过程：** 每位有限合伙人作出每类资产的投资决策时需要遵循的时间安排和步骤。

所有有限合伙人的目标都是最小化风险和实现目标财务收益率。对于风险投资基金而言，选择合适类型的有限合伙人有点像相亲：了解潜在投资者及其决策过程是有效募集基金的第一步。例如，新

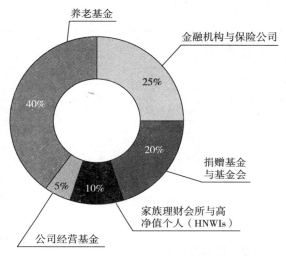

图 4.1 有限合伙人：风险投资基金资本的典型来源

手经理发起的首只基金更可能从个人和家族理财会所筹资，很少得到机构投资者的注意。在本章中，我们将考察这种现象的原因，并了解不同有限合伙人的资产配置策略。这或许有助于总结出找到合适有限合伙人的方法。审慎起见，风险投资基金应该知道，竞争不一定来自于其他风险投资基金，还可能来自于为有限合伙人提供更高的风险调整后收益率的其他资产类别。

另类资产概览

四种主要资产类别为股票（上市股权）、债券（固定收益来源）、另类资产（私募股权、风险投资、对冲基金、房地产）和现金。投资者根据全球经济趋势制定资产配置策略，确定每类资产的最优配置百分比。

资产配置是一种审慎的风险和收益管理方法，它由每个投资者对风险、回报和流动性的偏好决定。图 4.2 的风险投资是私募股权投资的子类别，属于另类投资资产类别，对于多数有限合伙人而言，它只是他们整个投资组合的一小部分。

另类资产是股权的替代品，它包括日益丰富的期权，如表 4.1 所示。

某些类别的另类资产（例如私募股权投资/风险投资）是非流动性的，没有股票或对冲基金的优点。投资者的资本被长期套牢，对私募股权投资和风险投资而言，这段时期可能长达 10 年，在此期间转售是不划算的。流动性因素影响了资产配置格局，投资者通常会要求低流动性溢价，也就是要求这类资产有更高的收益率。

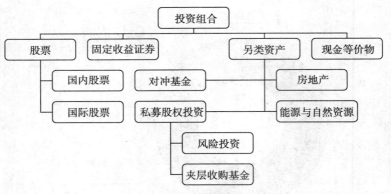

图 4.2　典型的机构投资组合

资产配置与另类资产的影响

　　假设投资者的资产配置为 60% 的股票和 40% 的债券，平均年收益率为 4.8%。如果在全球范围内分散配置资产，收益率将增至 7.1%。如果在投资组合中加入另类资产，收益率将变为 8.21%。

　　风险调整后的业绩用夏普比率（Sharpe ratio）衡量，结果如图 4.3 所示。

　　资料来源：State Street Center for Applied Research and The Fletcher School at Tufts University，By The Numbers：The Quest for Performance www.statestreet.com/centerforappliedresearch/doc/CARFletcherPaper.pdf（Accessed on April 5，2014）.

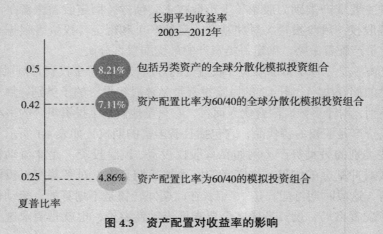

图 4.3　资产配置对收益率的影响

表 4.1　另类投资的种类

类别	子资产类别	投资目标
私募股权投资	风险投资、杠杆收购基金（LBOs）、不良债权、夹层基金、特殊情况投资与国际私募股权投资	提高收益率与分散化
对冲基金	全球宏观基金、绝对收益基金、市场中立基金、多／空策略基金、130/30基金、事件驱动基金、衍生工具	提高收益率与分散化，与私募股权投资相比流动性较强
房地产、基础设施	房地产投资信托基金（REITs）、私人房地产基金	分散化
大宗商品	能源、石油、天然气、木材、农业和管理期货	来自于其他资产的收益／现金收入

　　流动性使投资者可以高效顺畅地退出投资，近年来人们对这个概念仍有争议。1964 年，著名经济学家约翰·梅纳德·凯恩斯（John Maynard Keynes）指出，存在"对流动性的反社会……崇拜，"它驱使投资机构将持有的资产集中于流动性资产。他补充道："从整个社会看，不存在投资流动性这种东西。"[1] 耶鲁大学的首席投资官戴维·斯文森（David Swensen）赞同凯恩斯的观点。他写道："投资者重视流动性，是因为它有利于证券交易。遗憾的是，流动性往往在最需要的时候蒸发。"[2] 1987 年和 2008 年的股票市场崩溃就说明了这种问题，当时的流动性蒸发殆尽。

　　流动性造成市场波动无常和投资者的三心二意，从而危害像私募股权和风险投资这样的长期资产。"现代投资市场的这一异常现象有时让我得出这样的结论，即一旦投资，就当永久且不可撤销，就像婚姻，除非出现死亡或其他重大原因，这可能是救治当代社会种种丑恶现象的有用方法。因为这将迫使投资者将注意力投向长期因素，并且只投向长期因素"，约翰·梅纳德·凯恩斯写道。[3] 遗憾的是，如今没有人将婚姻和投资当作永恒。

---

[1] John Maynard Keynes, *The General Theory of Employment, Interest, and Money*（New York: Harcourt Brace, 1964）, 139.

[2] David F. Swensen, *Pioneering Portfolio Management: An Unconven-tional Approach to Institutional Investment*（New York: Free Press, 2000）, 92.

[3] John Maynard Keynes, *The General Theory of Employment, Interest, and Money*（New York: Harcourt Brace, 1964）, 143.

除了流动性风险，影响人们投资私募股权和风险投资的其他因素包括高昂的费用和开支、价值跟踪、监管挑战和对投资决策有限控制。

尽管另类资产有这些缺陷，市场调查仍然证明另类资产是有吸引力且不断壮大的资产类别。这类资产的主要优点包括投资组合的高收益率和高分散性，此外它还能对冲通货膨胀风险。投资者将另类投资视为降低投资组合整体风险、同时不放弃高收益机会的一种投资方式。另类资产的平均配置比例约为 20%，私募股权投资和风险投资约占 7%。

投资者预期私募股权投资和风险投资组合的收益率比公开股票市场的收益率高 4%。表 4.2 显示了各类资产的典型收益率中值。风险投资属于私募股权投资类别。

尽管风险投资引起了有限合伙人的兴趣，且配置比例逐渐增加，但风险投资面临着另类资产类别内部其他资产的激烈竞争。七家风险投资基金的有限合伙人克里斯·杜沃（Chris Douvos）做了一个有趣而谦虚的类比。"如果把公开市场比作海洋——有数万亿美元运作的海洋——私募股权投资就是一个浴缸……其中的资金只有，比方说，每年 3 000 亿美元……而风险投资就像一个小洗手池。"[1]恩颐投资（NEA）的创始人迪克·克拉姆里奇（Dick Kramlich）曾说："我们这个行业每年只募集 200 亿美元至 300 亿美元，而私募股权业每年募集 3 000 亿美元。对冲基金业每年募集 2 万亿美元。所有这些资源都属于同一范畴……然而如何获得收益率、与谁竞争则是完全不同的概念。"[2]

机构有限合伙人协会（Institutional Limited Partners Association）的前主席蒂莫西·雷克（Timothy Recker）说："机构投资者的投资机会不断增加。风险投资逐渐成为一个孤立群体，在私募股权投资/风险投资类别内部争取地位。我认为，如果他们蒙上眼睛，不与其他另类资产竞争，很快就会因为价格过高而在另类资产面前败下阵来。"[3]只要与之竞争的资产类别提供更高的流动性、更低的费用，相同或更高的收益率，就能轻松取代风险投资。克里斯·杜沃（Chris Douvos）更是将这种竞争延伸，引入地区选择。"作为资产配置者——我认为在 80 年代至 90 年代，风险投资就像'新兴成长类'资产，它的法律结

---

① 克里斯·杜沃（Chris Douros）与作者的讨论，2010 年 12 月。

② C. Richard Kramlich， "Venture Capital Greats：A Conversation with C. Richard Kramlich，" interviewed by Mauree Jane Perry on August 31，2006，in San Francisco，California，National Venture Capital Association，Arlington，Virginia（p.69）.

③ 蒂莫西·雷克（Timothy Recker）（美国机构有限合伙人协会主席）与作者的讨论，2010 年 12 月。

构和监管结构容易理解。除了风险投资没有其他选择。如今，我可以投资于新兴市场并获得不错的收益率——风险投资的垄断时代过去了。"[1]对于多数机构有限合伙人而言，风险投资是一个资产子类别，只占整个投资组合的一小部分。

表 4.2　公共养老基金不同资产类别的收益率中值

资产类别	1 年（%）	3 年（%）	5 年（%）	10 年（%）
公开上市股票	21.4	8.8	-0.8	8.9
固定收益证券	9.0	8.2	7.6	6.5
对冲基金	6.2	4.8	0.8	5.3
私募股权	**6.7**	**14.8**	**4.0**	**11.5**
房地产	11.1	9.4	-1.4	8.1
投资组合总计	15.5	9.4	1.9	7.7

资料来源：Preqin，截至 2012 年 9 月。

资本来源：有限合伙人

风险投资基金的资本来源于养老基金、大学捐赠基金、基金会、金融公司和高净值个人。尽管养老基金是最大的资本来源，但它对风险投资配置也很保守。捐赠基金和基金会相对更进取，配置于风险投资的比例更高。金融公司是专业性中介机构，按照出资人确定的方针投资。母基金（FoF）是让大型机构投资者得以研究、接触和管理风险投资的中介机构。在这些市场参与者中，有些更偏好私募股权投资（PE）和风险投资，它们的行为往往会偏离其归属群体。

养老基金

迄今为止，风险投资最主要的资本来源是养老基金。上市公司或私人公司会建立养老基金以管理员工的投资。员工在独立账户中存入一部分薪水作为储蓄和退休金。雇主的目标是吸引人才，鼓励储蓄，将员工缴款与养老金计划匹配。因此，养老基金的两个资金来源加起来就是个人缴款与雇主缴款之和。随着员工增多，缴款金额稳定增长，日积月累便成为一笔可观的资金。养老基金的目标是为员工及其受益人提供财务保障。养老基金通常是独立实体，由受托人委员会管理。

这些资本的典型资产配置策略取决于养老基金计划的现金需求。养老基金的现金流出基于支付给退休人员的福利。以美国最大的公共养老基金加州退休

---

[1] 克里斯·杜沃（Chris Douros）与作者的讨论，2010 年 12 月。

养老基金（California Pension Retirement System，CalPERS）为例，该基金管理的资产超过 2 000 亿美元。[1]CalPERS 有 160 多万名受益人，他们每月获得养老金和医疗福利。养老基金的投资团队必须尽量兼顾现金流入与现金流出。由于养老基金必须每月向退休人员发放规定的退休金，因此对现金头寸的要求很高，因此养老基金的很大一部分资产都配置于流动性较高的上市股票。典型的养老基金将 10%—15% 的资产配置于另类资产，包括对冲基金、自然资源（例如石油和天然气合伙企业）、私募股权投资和风险投资。表 4.3 显示了美国公共养老基金的典型资产配置和这些资产类别的预期收益率。

养老基金可以分为固定福利计划（Defined Benefit，DB）和固定缴款计划（Defiend Contri bution，DC）。固定福利计划出资人承诺在员工退休后支付特定的现金福利，其金额取决于工龄和薪资等级。在美国，州政府养老基金通常提供固定福利计划。固定缴款计划在美国也称为 401（k）计划，该计划的出资人同意仅向员工的养老基金缴款。[2]

固定福利计划和固定缴款计划的差别对资产配置有重要影响。对于固定福利计划，出资人的缴款政策与资产配置策略必须结合起来，保证按期提供出资人福利所需的资金。这将转化为长期负债。近年来，美国的固定福利计划数量稳步下降，越来越多的雇主认为养老金缴款是一项高额支出，并通过取消固定福利计划或改为固定缴款计划避免这种支出。

表 4.3　美国公共养老基金的资产配置

资产类别	典型配置（%）	CalPERS（%）	预期收益率（%）
股票——国内股票与国际股票	52	54.6	7.5—9.5
固定收益证券	28	23.1	4.5—7.5
房地产	5	7.1	8.0
另类资产	14	13.9	6.0—8.5
现金 / 现金等价物	1	1.3	3.5
加权平均预期收益率			7.0

资料来源：Karl C. Mergenthaler and Helen Zhang，"Public Pension Funds：Allocation Strategies，" J. P. Morgan，accessed January 23，2011，www.jpmorgan.com/tss/General/Public Pension Funds Asset Allocation Strategies/1289431691010.

---

[1] Asset Allocation，CalPERS，accessed on January 23，2011，www.calpers.ca.gov/index.jsp?bc=/investments/assets/assetallocation.xml.
[2] 固定缴款计划下的退休福利最终价值随着雇主和员工的缴款金额和投资业绩的变化而变化。固定缴款计划在员工对投资政策的控制程度上有差异，但员工通常要承担与可变投资业绩相关的大部分风险，同时也享有与可变投资业绩相关的大部分回报。

相形之下，固定缴款计划没有类似的资产负债匹配问题。除了事先规定的缴款义务，出资人没有额外义务。相反，固定缴款计划的理论最优投资政策取决于参与者对风险和收益的偏好以及在其他账户中所持资产的结构。[1]

除了退休人员的现金流需求，影响养老基金的其他约束还包括不断增加的医疗费用、法律和政治形势变化。美国多个州政府已经采取措施管理日益增加的医疗费用和长期负债，保护养老基金资产，并产生稳定的收入用于支付退休人员福利。

在许多情况下，政府会对投资活动作出强制性规定，并要求养老基金"最大化收益率且不得存在不合理风险。"[2]养老基金也面临着政治压力，政治干预可能严重影响养老基金的生存能力。所有这些因素都会影响养老基金对风险投资基金进行投资的能力。

捐赠基金与基金会

大学的现金流入是学费、拨款和捐款之和。平均而言，学费和拨款占大学收入的48%，由于这些资金来源不确定，大学希望建立捐赠基金使其财务状况免受不确定性的影响。[3]耶鲁大学的收入中，来自学费的比例不到10%，但该校运营收入的40%以上来自于捐赠基金。[4]

捐赠基金能产生投资收入，并为潜在的不确定性提供了缓冲。有了捐赠基金，大学就可以将主要目标放在促进社会公益事业与增进知识的教学和研究等活动上（或者建设足球场，这取决于事务优先次序）。拨款与捐款既不稳定，也不足以支持学校的运营——它们都不是可预测的收入。研究拨款主要取决于政府与政治优先考虑的事务，这会随着执政党的心血来潮而变化。在耶鲁大学首席投资官戴维·斯文森（David Swensen）的著作《机构投资与基金管理的创新》（*Pioneering Portfolio Management*）中，他指出，1755年，康涅狄格州殖民地由于耶鲁大学的宗教立场拒绝进行年度拨款，并以筹集战争经费为理由搪塞。他写道："没有永久性财务来源的机构只能用临时性资金支持日常运营，这限制了机构的未来发展能力。"

---

[1] Working Group Established bu the Committee on the Global Financial System，*Institutional Investors*，*Global Savings and Asset Allocation*（Basel，Switzerland：Bank for International Settlements，2007），accessed January 23，2011，www.bis.org/publ/cgfs27.pdf.

[2] Asset Allocation，CalPERS

[3] David F. Swensen，*Pioneering Portfolio Management：An Unconventional Approach to Institutional Investment*（New York：The Free Press，2000），18.

[4] Yale University，"The Yale Endowment 2009," accessed January 23，2011，www.yale.edu/investments/Yale_Endowment_09.pdf.

大学或文化机构与宗教机构等其他非营利机构得到的捐款将存入捐赠基金以实现特定的投资目标。捐款人经常指定捐赠的特定用途，例如聘请教授，开展教学，举办讲座，资助学者，研究员和提供奖金，维护设施，购买书籍和其他杂项开支。

表 4.4 显示了典型的美国大学捐赠基金的资产配置。在这 25 年中，耶鲁大学的捐赠基金对私募股权投资的资产配置比例显著增加。[①]

表 4.4　耶鲁大学捐赠基金的资产配置：私募股权所占比例稳定增长

单位：%

年份 资产类别	1985	1995	2010
绝对收益基金	0	20%[a]	19%
国内股票	65	30	7
固定收益证券	15	20[b]	X[c]
外国股票	10	10	9
私募股权投资	0	10	33
不动产 [d]	10	10	28
现金	0	0	4[c]

a. 1995 年，耶鲁大学将绝对收益基金资产类别定义为对冲基金。
b. 1995 年，固定收益证券资产类别被归类为美国债券。
c. 2010 年，债券和现金被归为一类，所占比例为 4%。没有资产配置于固定收益证券。
d. 不动产包括持有的房地产、石油和天然气、原木。
资料来源：Yale Endowment，"Yale endowment grows by 8.9%，a gain of $1.4 billion，" Yale News，September 24，2010，http：//opac.yale./edu/news/article.aspx?id=7789.

通常，超过 90% 的捐赠基金每年使用大约 5% 的资产。他们用这些开支维持大学运营或支付资本性支出。由于对现金支出的需求有限，捐赠基金更适合另类资产投资策略。捐赠基金的资产中投资于另类资产的比例是养老基金的 4 倍。在完美世界中，捐赠基金可能永远存续下去，而养老基金可能由于当期负债的还款需求而花光资金。

和捐赠基金一样，基金会是私募股权的重要投资力量。基金会存在的目的是支持慈善活动和非营利公益事业。基金会受美国联邦法律和美国国税局（IRS）

---

① YaleNEWS，"Yale Endowment Grows by 8.9%，a Gain of $1.4 Billion，" September 24，2010，Asset Allocation Data as of June 30，2010，http：//opac.yale.edu/news/article.aspx?id=7789.

管辖，由受托人管理。基金会支持的项目是那些不太可能得到美国联邦政府或州政府拨款的项目，例如儿童保育、艺术和教育、医疗保健、气候和环境、宗教和社会公益事业等。重点关注医疗保健的比尔和梅琳达·盖茨基金会（Bill and Melinda Gates Foundation）就是其中一个例子。基金会为不同非营利组织提供拨款，以执行这些项目。

美国有 75 000 多家基金会，管理着超过 5 000 亿美元资产。私人基金会由公司 [例如福特基金会、凯洛格基金会（W.K.Kellogg Foundation）]、家庭、或个人（例如比尔和梅琳达·盖茨基金会）建立和捐资，为捐助人重视的项目提供资金。为了符合美国国税局的要求，私人基金会每年的拨款比例必须达到资产的 5%。剩下的 95% 根据资产配置策略进行投资。根据美国国税局的强制披露规定，基金会必须公开报告财务信息。[①]

除了私人基金会，其他类型的基金会还包括社会基金会（它吸引的是大量来自某个地区的个人捐赠者）和公司基金会。公司基金会旨在实现捐赠公司确定的目标，资金来自于公司利润。美国的 2 000 多家公司基金会持有超过 100 亿美元资产。[②]其他形式的基金会还包括运作型基金会，与资助型基金会的业务不同，这种基金会的业务包括进行研究或提供服务。

与捐赠基金相比，基金会的短期现金需求没有那么大。因此，配置于长期资产——例如另类资产（包括风险投资）——的比例往往高于养老基金。

金融公司

在有限合伙人中，金融公司和保险公司的投资占风险投资和私募股权投资的 25%。在本书中，金融公司范畴极广，以确保书中叙述的清晰性。金融公司包括银行、非银行财务公司、母基金，以及美国教师退休基金会（TIAA-CREF），集中资产用于投资的投资信托）等其他实体。每家金融公司都有自己的内部标准，例如目标收益率、波动率、持有期 / 投资期，它们有助于制订资产配置计划。

以通用电气的财务公司通用资本（GE Capital，Equity）为例，它将自身定位为"通过结合丰富的股票投资经验与通用电气的专业技术、经营经验和全球业务分布最大化通用电气的投资收益率"的机构。通用资本投资于 500 多家有

---

① 美国国税局表 990 提供了基金会资产公允市场价值等年度财务信息。风险投资基金筹资时，可以在 foundationcenter.org 等网站上查阅此类信息，以评估基金会的质量并找到合适的基金会。

② Joanne Fritz，"Corporate Foundation，" accessed January 23，2011，http：//nonprofit.about.com/od/c/g/corpfound.htm.

限合伙人基金，现在管理着超过 50 亿美元资产。[①]

保险公司

和养老基金一样，保险公司管理着大量现金流入和现金流出。保险公司的职责是管理风险。投保人定期——例如，每月、每季或者每年——缴纳保费。保险公司用保费进行投资，但基本目标是对未来可能出现的保险事故进行赔偿。如果发生保险事故，投保人将获得赔偿。保险公司的商业模式可以简化为通过保费和投资收益获得收入。承保费用和已发生损失是主要的现金流出。保险公司的业务范围和保障要求决定了目标收益率。这些因素确定了保险公司的资产配置策略。表 4.5 举例进行了说明。

表 4.5　保险业的资产配置

单位：%

资产类别	寿险与健康险	财产险与意外险
债券	63.4	64.8
股票	26.0	16.1
现金	4.7	8.0
其他	5.8	11.1

数据来源：Research Report-2010 Institutional Investment Report，The Conference Board（2009 data）. www.shareholderforum.com/e-mtg/Library/20101111_ConferenceBoard.pdf accessed on January 6，2012.

保险公司的商业模式具有独特优势：客户提前付款，最终在未来某个时间可能获得赔偿。在某些情况下，客户获得的只是众所周知的心理安慰。投资公司创造投资收益的主要机制是管理浮存金——作为保费浮在保险公司账面上，等待在投保人索赔时支付的资金。[②]

保险公司需要保留特定水平的资本；如果它们破产，监管机构将会采取行动。清偿能力要求是一个重要因素，因而有必要保留特定水平的现金。因此，保险公司必须根据对风险和负债的精算评估确定现金需求模型。在保险公司中，会计团队和精算团队负责制订决定现金流入与现金流出的整体计划。现金流入是可以预测的，但现金流出并非完全可预测。

[①] GE Capital，Equity，"Info Center，" accessed January 23，2011，www.geequity.com/GEEquity/InfoCenter/infoCenter.html.
[②] 沃伦·巴菲特喜欢此类商业模式，他在奥马哈互助保险公司（Mutual of Omaha）中持有大量股份。1967 年至 2010 年，伯克希尔·哈撒韦公司（Berkshire Hathaway）的浮存金从 2 000 万美元增至 658 亿美元。

精算师投入大量时间建立火灾、洪水、意外事故和其他天灾的人口统计模型，以找出保费和赔款——或者说风险和回报——之间的相关性。因此，保险公司试图有效管理现金头寸和流动性，是因为可能发生意外事件，影响它们的清偿能力。所以，保险公司的资产配置非常偏重于债券等低风险投资。风险投资的等级较低，多数保险公司将其归为"其他"类别。

家族理财会所与高净值个人

10%的私募股权投资或风险投资资产来自于家族理财会所和高净值个人（HNWIs），如表4.6所示。家族理财会所是由某个富有家族拥有和经营的私人公司，目标是管理该家族的投资和信托。单家族理财会所（Sing-Family Office，SFO）或者多家族理财会所（Multifamily Office，MFO），正如它们的名字所示，是由专业人士管理、服务于富裕家庭的投资服务公司。传统家族理财会所的主要职能之一是将财务管理与保存财富、产生收益和降低税收对家庭财富的影响相结合。由亲信组成的小型管理团队（包括专业投资经理）负责管理家族资产和家族理财会所。家族理财会所的其他主要任务包括税务管理、财产管理、会计、薪资处理和其他管家型服务，例如旅行安排。

表 4.6　高净值个人和家族理财会所的典型资产配置

资产类别	配置比例（%）
股票	35
固定收益证券	30
不动产	14
现金	13
另类资产	8

家族理财会所可以根据管理结构分为A类、B类或C类。A类家族理财会所由一个接受家族受托人或指定管理人监管的独立公司经营。B类家族理财会所由会计师事务所、银行或律师事务所经营，C类家族理财会所直接由有小型员工支持团队的家族经营。

多家族理财会所将多个富裕家族的活动与最小化经营成本的目标相结合。家族财富联盟（Family Wealth Alliance）估计，美国有大约3 000个单家族理财会所和150个多家族理财会所。单家族理财会所管理的资产从4 200万美元至15亿美元不等。多家族理财会所管理的总资产接近3 500亿美元，平均客户规模为

5 000 万美元。多家族理财会所的资产规模中值接近 10 亿美元。①

根据沃顿商学院进行的一项研究，单家族理财会所最重要的目标是跨代财富管理。②单家族理财会所还让家族成员能在追求自己事业的同时享受高成本效益的资金管理。随着家族企业不断产生财富，58% 的家族选择将重点放在增强自身实力上，并且仍然亲自经营企业，77% 的家族是所持股公司的主要利益相关者。③从投资决策角度看，这是有意义的。

凯捷全球财富报告（Capgemini World Wealth Report）披露了高净值个人和家族理财会所的典型资产配置。与捐赠基金和基金会的资产配置相比，这类机构倾向于保守，对另类资产的投资比例为 8% 左右。然而，也有一些家族理财会所明显倾向于大量投资风险投资类资产。

20 世纪 70 年代初，宾夕法尼亚州匹兹堡的希尔曼（Hillman）家族理财会所在凯鹏华盈（KPCB）基金 I 的创建中起了重要作用，它的投资占该基金所有投资的一半。KPCB 基金 I 对 17 家公司 [包括一些非常成功的公司，如应用材料（Apllied Materials）、基因泰克（Genentech）、天腾电脑（Tandem Computers）和一家不那么成功的公司斯诺—乔布（Snow-Job）] 投资了 800 万美元，给投资者带来了 3.45 亿美元的回报。43 倍的估计现金收益率让希尔曼家族非常满意。

在欧洲，63% 的单家族理财会所的投资决策是在家族内部，而在美洲，这个比例是 47%。因此，如果由专业人士管理家族理财会所，投资决策和时间安排可能有所不同。由于资产规模和潜在的保守倾向，对私募股权投资和风险投资的投资决策周期相对较长。

家族理财会所和高净值个人是风险投资基金的重要资本来源。根据凯捷美林全球财富报告（Capgemini Merrill Lynch World Wealth Report），全世界的富裕家族和个人控制着大约 42.2 万亿美元。

在美国，100 000 多人拥有估计超过 1 000 万美元的资产。

北美仍是高净值个人最多的地区，310 万名高净值个人占全球高净值个人的 31%。从全球高净值个人总数来看，它仍然呈现高度集中的特征，美国、日本和

---

① The Family Wealth Alliance, *Seventh Annual Mulitfamily Office Study '10 Executive Summary*, accessed January 23, 2011, www.fwalliance.com/store/exec-summary-7th-annual-mfo.pdf.

② "SFOs in Action: How the Richest Families Manage Their Wealth," *Knowledge@Wharton*（blog）, May 14, 2008, http://knowledge.wharton.upenn.edu/article.cfm?articleid=1964.

③ 然而，不同地区的家族参与家族企业的水平有很大差异。样本中，仅有 40% 的美国家族参与家族企业，相比之下，欧洲家族中有 70% 参与家族企业，世界其他国家的家族中有 89% 参与家族企业。

德国的高净值个人占全球高净值个人的 53.5%。高净值个人增长最快的地区是亚洲或者说"中印"。①

公司经营基金

公司对风险投资基金的投资约占风险投资所有资金来源的 2%。SAP、陶氏化学（Dow Chemical Company）和 IBM 等公司作为有限合伙人投资于外部人管理的风险投资基金。还有一些公司建立了内部人管理的公司风险投资基金，例如谷歌投资（Google Ventares）和英特尔资本（Intel Capital），它们直接对公司进行投资。

母基金

母基金（Fund-ffunds，FoFs）基本上是基金的一种变型，机构投资者（尤其是大型养老基金和基金会）通过它以间接投资方式投资风险投资基金，而不是直接调研和投资基金。如图 4.4 所示，养老基金和基金会等有限合伙人希望利用母基金有效配置资本，最大化收益率。

风投基金 SAP 投资（SAP AG VENTURES）

SAP 投资（SAP Ventures）是年收入为 160 亿美元的德国软件巨头 SAP AG 的下属公司风投基金。这家风险投资基金管理着超过 10 亿美元资产。它投资于一些公司以及 10 家早期风险投资基金。它的母基金投资组合由种子基金 SV 天使投资（SV Angel）、桑德希尔路上的大数据投资基金八月资本（August Capital）和种子基金数据集合（Data Collective）等基金组成。在国际上，重点关注"软件即服务"的、市场和移动通信投资的柏林种子基金零点九（Point Nine）以及以色列特拉维夫的种子与早期基金岩浆基金（Magma）得到了 SAP 投资的投资。SAP 投资的董事总经理伊丽莎白·"比泽"·克拉克森（Elizabeth "Beezer" Clarkson）说："SAP 的全球软件市场和 50 000 名客户对任何基金或初创企业来说都是一个强大优势。我们知道企业软件会实际影响初创企业的市场进入策略。"

---

① Capgemini Consulting，World Wealth Report 2010，accessed January 23，2011，www.us.capgemini.com/services-and-solutions/by-industry/finan-cial-services/publications/world-wealth-report-2010.

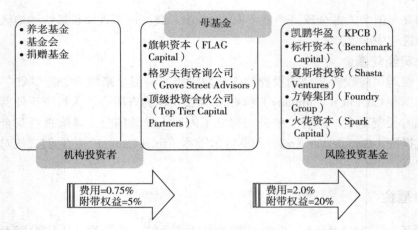

图 4.4　母基金模式

母基金模式出现在 20 世纪 80 年代末，目的是满足大型金融机构的资产配置和分散化需求。各种母基金层出不穷——从雅登投资（Adams Street Partners）、瑞士信贷（Credit Suisse）和万神殿（Pantheon）等大型分散化全球基金，海港投资（HarbourVest）、霍斯利—布里奇（Horsley Bridge）等投资于特定部门的投资机构，到以欧洲中间市场收购为重点的瑞士 LGT 母基金等小型基金。

母基金吸引的资本通常约占全部私募股权投资金额的 10%—20%，每年约为 250 亿美元。

对于机构投资者而言，母基金具有下列优点：

◎ **是投资于不同类别资产 / 风险投资基金的有效机制**。机构投资者拥有得天独厚的研究或管理某些资产类别的资源。例如，规模为 500 亿美元的养老基金投资于私募股权的比例可能不到 10%。这部分投资可以进一步分为夹层基金、收购基金和风险投资基金。进一步使用另一层风险分散化结构——按部门、地区、规模和成立年份进行分散，你就将拥有一个相当复杂的诸多小型投资的组合。能否有效管理这种投资实际上对养老基金经理形成了挑战。在这种情况下，母基金让大型机构可以有效进行风险投资，而不会显著增加管理费。

◎ **可以接触到业绩优秀的基金经理**。母基金提供了投资于优秀基金的途径，它们也更了解有业绩潜力的新兴基金。由于母基金经常密切关注市场动态、崭露头角的基金经理和业绩出众者，因此它是这些资产领域内当仁不让的专家。

◎ **分散化**。私募股权投资和风险投资基金经理的投资领域随着经济趋势和投资机会的涨落而变化。这些领域包括：风险投资、不良债权基金、房地产基金、产业基金、重组基金。母基金是有吸引力的投资策略，因为它能让投资者在不同资产之间分散和摊薄风险（如典型的母基金投资于 10—20 个基础基金，而这些基金投资于上百个投资组合公司）。

◎ **进行研究与积极建立关系**：尽管机构投资者可能拥有丰富的私募股权投资经验，但它们通常缺少进行研究和积极建立关系的能力或资源。母基金的专长还包括跟踪和监测行业趋势，发现处于领先地位的基金，与重要基金经理建立关系以及掌握最新投资条件动态。

◎ **成本结构**。对于机构投资者而言，母基金是一种成本效益很高的解决方案，因为尽职调查、投资协议谈判和投资后投资组合管理被外包给母基金的经理。典型的母基金费用结构为 5% 的附带权益加上约 0.75% 的年管理费。在这种结构中，机构投资者实际上要支付两级费用：一级是在母基金层面，另一级是在私募股权／风险投资基金层面。

母基金根据地区（如美国、欧洲、亚洲）和资产子类别（如风险投资、收购基金、不良债权基金、二级市场基金）决定投资目标。

母基金每年募资约 300 亿美元。第一家母基金最后成为了雅登投资（Adam Street Partners），它在 1976 年募集了 6 000 万美元。如今，雅登投资管理着 200 亿美元资产，每年约募集 20 亿美元，进行 15—30 笔新合伙投资。它的目标资产配置通常包括 30% 的风险投资，其中最大一部分是收购基金（40%），其余是夹层基金和不良债权基金。

最大的母基金包括高盛（Goldman Sachs）和海港投资（Harborvest Partners）等。图 4.5 显示了一家知名的母基金的典型资产配置策略。[1]

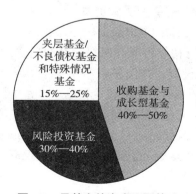

图 4.5　母基金的资产配置策略

---

[1] "US Fund of Funds," accessed March 25, 2011, www.adamsstreetpart-ners.com/investment-programs/us-fund-of-funds.html.

母基金的模式：投资主题的差异

每家母基金都致力于帮助投资者和希望获得投资的风险投资基金实现特定目标。重要的是要了解每家母基金的投资策略是否与你一致。以下三家母基金全都投资于风险投资基金，但它们的投资策略相去甚远。表 4.7 比较了这些母基金的模式。

表 4.7　母基金对比

	顶级资本 （Top Tier Capital Partners）	山达纳资本 （Cendana Capital）	复兴风险投资基金 （Renaissance Venture Capital Fund）
管理的资产（美元）	26 亿美元	8 800 万美元	1 亿美元
母基金的投资策略	投资策略不同、历史业绩稳定、历史业绩优异的基金经理	历史业绩优异的创业者和种子投资人	地区联系紧密、了解地区环境、历史业绩优异的基金经理
基金的平均投资规模	2 500 万美元	500 万—1 000 万美元	500 万—1 000 万美元
重点地区	只有美国，高度集中于加州和纽约	只有硅谷和纽约	投资于密歇根州的东西湖畔地区的基金
投资组合	25 家以上的基金	10 家基金	10 家基金
投资部门	主要是科技部门和一部分的生命科学部门	只有科技部门	科技部门和生命科学部门

瞄准投资类别中的佼佼者：顶级资本

顶级资本（Top Tier Capital Partners）是旧金山的一家利基市场①母基金。该基金对风险投资基金进行初级市场和二级市场投资。1999 年成立以来，顶级资本已经募集了 24 亿美元投资，并代表 61 个普通合伙人群体投资于 175 家基金。

该基金在风险投资领域有成熟的投资程序、丰富的经验、广泛的关系和良好的声誉，因而能招揽到安德森·霍罗维茨风险投资公司（Andreessen Horowitz）、阿塞尔合伙公司（Accel Partners）、巴特利投资（Batlery Ventures）、凯鹏华盈（KPCB）和真实投资（True Ventures）等著名风险投资基金的基金经理为其管理投资组合。

这家基金的团队由 10 位投资专家组成，包括 4 位管理总监、2 位投资总监

---

① 译者注：利基市场（niche market），指那些被市场中的统治者 / 有绝对优势的企业忽略的某些细分市场或者小众市场。

和 2 位背景不同但互补的分析师。该团队代表 29 家风险投资公司积极参与 54 个基金顾问委员会。

顶级资本的风险投资历史始于菲利普·保罗（Philip Paul）的基金和对匹兹堡希尔曼家族（KPCB 基金 I 的最初投资者之一）的直接投资，并在菲利普·保罗从二级市场上购买基金充实进保罗资本（Paul Capital）后得以发展壮大。顶级资本在保罗资本的基础上建立，于 2011 年剥离出来。

专注于微型风险投资基金：山达纳资本（Cendanq Capital）

山达纳资本是一家专门投资于机构种子基金或微型风险投资基金的母基金。微型风险投资基金（规模通常小于 1 亿美元）的投资目标为处于种子阶段的公司。根据某些估计，微型风险投资公司现在对初创企业的投资多达 16 亿美元。山达纳资本是专门投资于微型风险投资基金的第一家母基金，其创建者迈克尔·金（Michael Kim）从 20 世纪 90 年代就开始涉足硅谷的初创企业投资。他是桑德希尔路的摩根士丹利并购团队的成员，并担任旧金山雇员退休基金（San Francisco Employees Retirement System，SFERS）的总裁兼投资委员会主席，后者是一家规模为 170 亿美元的公共养老基金。

在山达纳资本，随着微型风险投资基金的发展步伐加快，金的目标是精挑细选。过去三年，金接触了全球大约 250 名基金经理，最后只选择投资于 10 家基金。"多数基金由曾做过创业者的人管理。我过去 10 年既做过有限合伙人又做过普通合伙人，显然有限合伙人和普通合伙人创造收益的方式差别巨大，"金说。

山达纳资本管理着 1 亿美元，其中平均 500 万—1 000 万美元投资于微型风险投资基金，并力求在任何微型风险投资基金中保持有实际意义的头寸。

激励创新和地区增长：复兴风险投资基金

复兴风险投资基金（Renaissance Venture Capital Fund，RVCF）是一家主要投资于密歇根地区风险投资基金的母基金。除了创造收益，这家母基金的目标还包括在投资人——主要为财富 500 强公司——与初创公司之间架起桥梁从而促进创新。

复兴风险投资基金的经营模式是，从密歇根的私人公司筹资然后投资于美国各地的风险投资基金。然后，复兴风险投资基金将投资组合中的风险投资基金介绍给初创企业和未来的创业者。尽管这些基金没有地理限制，但这家基金 1 670 万美元的初始投资最后吸引到了 20 家密歇根公司的 3 亿美元。复兴风险投资基金的基金组合包括三家密歇根基金、四家其他州的基金：它们分别来自加利福尼亚州、伊利诺伊州、佛罗里达州和休斯敦。

　　"随着母基金模式的发展变化，两个因素开始起作用——接触优秀风险投资人的渠道和增加价值的能力。复兴风险投资基金专注于为三方成员创造价值——有限合伙人、风险投资基金和投资组合中的公司，"复兴风险投资基金的首席执行官克里斯托弗·里齐克（Christopher Rizik）说。里齐克雇用了一名全职业务开发总监，帮助投资组合中的风险投资基金及其公司向基金投资者拉投资，目标是增进两个群体之间的互动。

　　募集复兴风险投资基金时，里齐克必须冲破障碍：负责审慎投资的大公司财务人员和养老金管理人员不一定能充分意识到初创公司的创新和技术给他们带来的战略价值。但是现在，该基金的公司有限合伙人将推动创新和公司成功提上了日程。"大公司需要着眼于新科技发展，而初创企业需要财富500强客户。这种客户往往能改变初创企业的命运，能让其反败为胜，"里齐克说。健康数据分析公司亚伯麦特里克斯（ArborMetrix）的投资方是复兴风险投资基金投资组合中的基金，植物园投资（Arboretum）。它与复兴风险投资基金的有限合伙人投资者之一，密歇根的保险公司蓝十字蓝盾（Blue Cross Blue Shield）有往来。尽管购买决策是基于技术价值作出的，但这种关系通常能将销售周期摩擦减少6至9个月。对于初创企业而言，这是巨大的价值。

　　复兴风险投资基金的模式结合了财务收益与地区影响，这种模式引起了人们的广泛兴趣：复兴风险投资基金经常接到来自美国各地的电话，希望复制推动创业精神的密歇根模式。其中一个例子是辛辛那提州的母基金辛特里福斯（Cintrifuse），它是由宝洁公司（P&G）的一次锚定投资（anchor investment）创建的。宝洁公司的目标是将辛特里福斯发展为创业中心，其中的风险投资部分以复兴风险投资基金模式为基础。辛特里福斯募集了超过5 000万美元投资，帮助32家公司起步或茁壮成长。

　　这种模式的魅力在于，与政府资助的基金不同，它对当地投资金额没有限制。另一方面，复兴风险投资基金模式遵循的前提是，所在的州有充足的机会、创意、资产和人才，没有必要用监管方面的条条框框增加风险投资公司的负担。里齐克说："我们冲破了许多类似基金的旧习俗和保护规则，着眼于积极汇聚我们所在地区的卓越资产。"

　　复兴风险投资基金这类基金对希望支持创业和增加创新公司数量的地区至关重要。过去40年中，美国的风险投资业是谷歌和微软等创新公司的关键增长动力。环球透视公司（Global Insights）[①]最近的一项研究显示，美国的GDP的

---

① 译者注：一家为客户提供各国经济与金融信息和专业数据分析的公司，成立于2001年3月。

21% 以上来自于有风险投资背景的公司。有风险投资支持的公司，其增长速度比其他公司快 50%，雇用的员工人数是其他公司的 8 倍。[①]

出于这种原因，许多州将重点放在增加风险资本供给以推动创新、就业和增长上。复兴风险投资基金预测，它将在存续期间吸引超过 10 亿美元投资。根据美国风险投资协会（National Ventuve Capital Association）提供的数据，复兴风险投资基金创建 4 年后，密歇根州的风险投资在美国各州中排名第 15，与前一年的第 25 位相比有巨大进步。在 5 年中，密歇根州的风险投资增加了 69%，而美国的风险投资平均增长率仅为 3%。

有限合伙人的比较

表 4.8 比较了不同的有限合伙人，他们对另类资产的配置比例各有不同，投资的主要动因也有所不同。希望筹资的风险投资人需要考虑投资人的另类资产规模、决策标准和每个投资人的时间安排。

表 4.8　有限合伙人的比较

投资者类型	另类资产通常所占的比例（%）	决策者	动力	约束
养老基金	14	投资组合经理、首席投资官（CIO）、投资委员会；州财政部长可能是最后签字人	财务收益	流动性与风险管理、投资团队规模、监管与政治因素
保险公司	6	首席投资官	资本保值	负债、流动性、清偿能力、监管
捐赠基金与基金会	51	首席投资官	财务收益	投资团队规模；社会与政治因素
高净值个人、家族理财会所	8	董事总经理；家庭成员可能是最后签字人	收益和关系	范围有限；策略和资产配置可能高度不稳定
公司经营基金	根据机会决定	企业发展总监、首席财务官和首席执行官	了解科技发展和新收入来源	资产配置比例有限，需要董事会批准，不太可能长期参与
母基金	无法获得数据	董事总经理	财务收益、过往业绩、经营能力	现有关系与新基金机会的权衡；视可用于新投资的资本而定

---

① Keynes, *The General Theory of Employment, Interest, and Money.*

任何风险投资人都有必要了解另类资产的投资人群体，因为每位投资人都有自身的约束条件。风险投资占比最大的是捐赠基金和基金会，因为它们的短期现金需求相对较低。风险投资占比最小的是保险公司。

优秀的创业者会精心挑选风险投资人作为创业伙伴，而风险投资人不会这样挑选投资人。法利斯投资（Felicis Ventures）的艾丁·森库特（Aydin Senkut）发出了这样的思考："有限合伙人不会总问我们能否适应或者能否建立抗压力的长期平台。我们的目标是成为反脆弱（Autifragile）的风险投资公司。"①

---

① Aydin Senkut（Felicis Venturss），in discussions with the author，October2013.

有限合伙人如何进行基金尽职调查 |

> "如果花 1 000 万美元才能造就优秀的风险投资人，那么这 1 000 万美元最好来自于隔壁的有限合伙人。"
>
> ——一位不愿透露姓名的有限合伙人

　　基金的尽职调查由团队而始，由团队而终——这个团队就是普通合伙人（GPs）团队。如果投资团队有过硬的业绩记录和相关专长，并采用令人信服的策略，募集基金就是一件容易事。

　　基金的尽职调查过程类似于初创企业的尽职调查过程：找到几千个投资机会，投资于几家公司，然后从一小部分公司中获得回报。

　　有限合伙人（LPs）孜孜不倦地寻找审慎而有经验的基金经理，他们能成为出色的资金管理者并创造高收益。但有限合伙人不会把这种要求像告示一样贴在门上，而是通过非正式渠道进行沟通。有经验的专业人才炙手可热，他们是在多个基金周期中业绩优异，跻身于前四分之一的经理。然而，还有些人对另一些基金经理感兴趣：他们是方法新颖、活力充沛、可塑性强的新兴基金经理。募集基金的过程依赖于市场——如果市场给力，即使团队水平一般，基金也可能被超额认购。

　　对于希望投资于风险投资基金的有限合伙人，典型的投资过程包括下列步骤：

　　◎ **寻找并筛选基金经理：** 寻找合适的基金经理的才能。

　　◎ **基金尽职调查：** 评估基金的各种风险收益指标以作出投资决策的能力。

　　◎ **投资谈判与成功交易：** 对不同投资条款的了解、确保投资条款的中立性和成功达成投资的能力。

◎ **投资后基金监管：**与基金经理建立实质关系、进行公开、坦诚、及时交流的能力。

本章考察了基金尽职调查的各个相关要素，包括业绩、人才（普通合伙人的专长、稳定性和技能）和策略（投资部门、市场时机和投资组合构建）。

寻找机会与首次筛选

尽管有些人希望投资于有实绩的前四分之一基金，但也有些人将目光投向新兴基金经理。一些人按部门寻找投资机会，并根据附加标准筛选基金经理。对于有限合伙人而言，基本的筛选条件——业绩——始终非常重要。

莉萨·埃德加（Lisa Edgar）是母基金顶级资本（Top Tiper Capital Partners）的董事总经理，她更愿意从业绩开始筛选。"在由变化决定的环境中，重要的是评估基金经理在不同科技与经济周期中实现优异收益率的能力，"她说。[1]顶级资本与一些著名基金建立了关系。

只有在风险投资公司创建并投资了一些基金之后，普通合伙人在不同周期实现优异收益率的能力才能得到证明。费舍尔·林奇资本（Fisher Lynch Capital）是一家母基金（FoF），它的董事总经理耶奥加娜·珀金斯（Georganne Perkins）也希望找到有实绩的普通合伙人。"不妨从不低于罗马数字 V 的基金开始"，她指出。[2]V 表示这家公司已经进行了四轮基金投资。这种公司在投资领域已经建立了业绩记录和品牌。曾经负责管理斯坦福大学私募股权（PE）投资的珀金斯每年要审阅 200 多份基金文件或私募备忘录（Private Placement Memorandums，PPMs），以选出少数几家基金进行投资。

多数机构投资者通常每年审阅 200—600 份基金文件。在这么多文件中脱颖而出的最佳方式是通过引荐建立关系。没有热情的引荐，送进门的基金文件常常转手就被丢进垃圾桶，但引荐者也同样重要。如果你有值得信赖的熟人——最好是另一位同业有限合伙人、目前的普通合伙人或受尊敬的律师——这个过程将更加容易。如果起点没选对，事情可能很快会搞砸。"对于州养老基金经理来说，接到政治家——包括州长办公室——的电话是常事。使用施压策略的人，不管业绩多么出色，一开始就犯了错，"曾担任密歇根州和印第安纳州退

---

[1] 莉萨·埃德加（顶级资本）与作者的讨论，2011 年 3 月。
[2] 耶奥加娜·珀金斯（费舍尔·林奇资本）与作者的讨论，2011 年 1 月。

休计划私募股权总监、管理着超过 500 亿美元资产的罗伯特·"鲍勃"·克隆（Robert "Bob" Clone）说。①机构投资者通常喜欢慢慢来，逐渐熟悉新基金经理，细心观察基金的发展和业绩。某家族理财会所的全球私募股权投资董事总经理 G·托马斯·多亚尔（G. Thomas Doyal）说："我们在与基金经理打交道之前，会观察他们在历年多个投资周期中的表现。" 多亚尔每年审阅大约 50 份基金文件，他只有在与投资团队建立密切关系后才会审阅他们的文件。"对于我们来说，冷眼对待一切是常事，"他说。②

对于新基金经理而言，通过引荐接触机构投资者并与之积极建立关系的能力很重要。如果他们能提供有价值的投资与业绩最新动态，将有助于建立这种关系。"就像创业者总在寻找下一个最佳机会，我们也一直在寻找未来最有前途的基金经理，"③陶氏化学（Dow Chemical Company）的公司养老基金总监，管理着 100 亿美元资产的肯尼思·范黑尔（Kenneth Van Heel）建议道。

机构有限合伙人顾问亚历克斯·班加什（Alex Bangash）观察吸引优秀创业者的基金经理，从而发现他们之中的佼佼者。"创业者想要怎样的风险投资人？他们需要你的服务吗？"他问。④班加什是卢姆逊咨询集团（Rumson Consulting Group）的创始人。该公司帮助客户投资于 50 多家基金，包括那些曾经支持当今一些大公司的主要风险投资基金，投资额超过 10 亿美元。如今，凭借基金经理吸引最优秀创业者的能力，往往就能辨别出他们之中的佼佼者。

评估风险投资公司

机构投资者根据两个基本标准评估风险投资公司：第一条标准包括基金经理的专长和他们的投资策略。第二条标准包括投资条款和市场条件，如图 5.1 所示。

---

① 罗伯特·克隆与作者的讨论，2011 年 1 月。
② 托马斯·多亚尔与作者的讨论，2011 年 1 月。
③ 肯尼思·范黑尔（陶氏化学）与作者的讨论，2010 年 6 月。
④ 亚历克斯·班加什（卢姆逊咨询集团）与作者的讨论，2013 年 10 月。

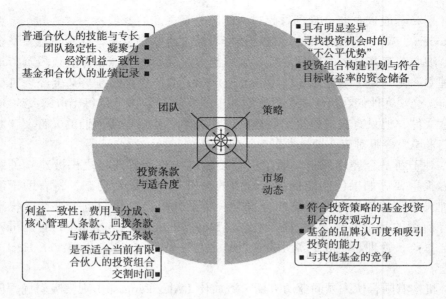

普通合伙人的技能与专长 ■
团队稳定性、凝聚力 ■
经济利益一致性 ■
基金和合伙人的业绩记录 ■

团队

■ 具有明显差异
■ 寻找投资机会时的
  "不公平优势"
■ 投资组合构建计划与符合
  目标收益率的资金储备

策略

投资条款
与适合度

市场
动态

利益一致性：费用与分成、 ■
核心管理人条款、回拨条款
与瀑布式分配条款
是否适合当前有限
合伙人的投资组合
交割时间 ■

■ 符合投资策略的基金投资
  机会的宏观动力
■ 基金的品牌认可度和吸引
  投资的能力
■ 与其他基金的竞争

图 5.1　有限合伙人的投资标准

◎ **基金经理的专长**：作为最重要和最基本的标准，有限合伙人希望了解基金经理的创业经验 / 专业能力。业绩是最重要的标准。

◎ **投资策略**。基金的投资策略是什么？它与其他风险投资基金的投资策略有何区别？这种人才与策略的组合给风险投资带来了哪些独特因素 / 差异或"不公平优势"？

尽管以上列出的所有标准都很重要，但是尽职调查过程的目的是回答莉萨·埃德加（Lisa Edgar）提出的一个基本问题："这家基金能否让我们赚钱？"[1]著名私募公司普罗比塔斯合伙（Probitas Partners）的凯利·德蓬（Kelly DePonte）同意这种观点："有限合伙人对风险投资人提的第一个问题很简单：它能让我赚钱吗？"[2]

在《风险投资基金的募集动力》（*What Drives Venture Capital Fund Raising*）中，作者保罗·A·冈珀斯（Paul A. Gompers）和乔希·勒纳（Josh Lerner）得出结论，基金业绩和声誉是募集基金的关键决定因素，其他决定因素还有宏观

---

[1] Lisa Edgar，"Are We Going to Make Money in This Fund？" *PEHub*（blog），September 7，2010，www.pehub.com/81521/are-we-going-to-make-money-in-this-fund.

[2] 凯利·德蓬（普罗比塔斯合伙）与作者的讨论，2010 年 12 月。

经济和监管。[1]除了业绩，最重要的尽职调查标准包括团队稳定性和投资策略持续性。[2]

在不同流派的学术文献中，"业绩最重要"这一主题多次出现。在一项关于投资标准的调查中，200多位美国有限合伙人都认为业绩很重要。[3]按照从低到高的投资标准，有限合伙人将最低内部收益率设为12%，将理想内部收益率设为30%。收益率通常与一个基准指数挂钩，用于进行业绩比较。高于罗素3000指数或标准普尔500指数等基准指数400个基点的业绩通常是机构投资者设定的门槛值。其他标准包括持续的业绩记录、有限合伙人的多元化、团队经验和基金策略。

有限合伙人终于有了自己的社交网络

信赖透视（Trusted Insight）是一个另类资产机构投资者平台，拥有98个国家的60 000多位有限合伙人会员。该平台让有限合伙人可以公开、坦诚地分享关于基金经理的情报。信赖透视这个有限合伙人社交网络是由亚历克斯·班加什（Alex Bangash）发起的，目标是分享不同部门和地区的有限合伙人的专业知识和尽职调查。"我们的目标是在2014年拥有100 000位有限合伙人，"班加什说。30 000个机构投资者每周使用信赖透视。信赖透视的直接竞争对手是彭博（Bloomberg），后者对每个终端收取24 000美元的年费。信赖透视正在成为有限合伙人的"天使名录"（AngelList）[4]。

资料来源：亚历克斯·班加什与作者的讨论，2013年9月。

在《超越J曲线》（*Beyond the J Curve*）一书中，作者托马斯·迈耶（Thomas Meyer）和皮埃尔-伊夫·马托内（Pierre-Yves Mathonet）建议采用定性评分标

---

[1] Paul A. Gompers and Josh Lerner，"What Drives Venture Capital Fundraising?" January 1999，available at http：//ssrn.com/abstract=57935.

[2] Private Equity International，*The Guide to Private Equity Fund Investment Due Diligence*（London：PEI Media，2003），91. The survey included responses from 313 institutions，70 percent North America-based，with primary investing in PE and venture capital.

[3] Sources of capital for Michigan Venture Capital Firms and Entrepreneurial Companies. Research Report，Professor Zsuzsanna Fluck，Director—Center for Venture Capital，Private Equity and Entrepreneurial Finance，Michigan State University，2007.

[4] 译者注：一家为初创企业和天使投资人搭建起合作平台的美国网站。

准，将基金管理团队和基金策略作为权重最高的因素，如表 5.1 所示。

表 5.1　基金选择标准

编号	角度	权重（%）	标准
1	管理团队的技能	30	投资与运营经验、部门专长、地区关系、团队规模和互补技能
2	管理团队的稳定性	10	明确的职位、职责、决策、历史关系和稳定性，经济动机一致性、基金财务稳定性、后续计划
3	管理团队的动机	10	普通合伙人的承诺出资比例、激励结构、声誉、团队独立性、外部活动和利益冲突
4	基金策略	15	寻找投资机会、投资阶段 / 部门、基金规模、退出策略、整体策略适合度
5	基金结构	10	成本 / 费用、监管与合规性
6	外界认可	10	过往基金的业绩记录、类似基金的业绩、投资伙伴的质量与投资人"回头客"
7	整体适合度	15	考虑整体情况。例如，团队、基金规模和策略的适合度

资料来源：Thomas Meyer and Pierre-Yves Mathonet, *Beyond the J Curve—Managing a Portfolio of Venture Capital and Private Equity Funds*（Chichester，UK：John Wiley & Sons，2005），221.

　　对这些选择标准进行尽职调查时，需要考察各种因素，以后的章节将分别讨论这些问题。

确定基金投资策略 | 第六章

> "我认为许多投资策略都如出一辙，基金很少有真正突破性的投资策略。"
>
> ——艾戈·罗森布利特（Igo Rozenblit），一家规模数十亿美元的基金的有限合伙人[1]

投资策略——任何风险投资公司的生存之本——旨在将基金经理的技能专长与特定市场机会相结合，以创造上佳的财务收益。多数风险投资人都采用应急策略，即公司按照预定策略投资，但也保留足以应对意外情况的灵活性。公司会定期调整界限，当出现例外情况时，合伙人将根据收益率潜力决定是否投资。

投资策略很重要，但满眼都是人云亦云的策略，未免让有限合伙人（LPs）厌倦——有时甚至会生气。毕竟，为了抓住下一波重大机会，有什么是普通合伙人（GPs）不想投资的呢？曾担任多家著名基金有限合伙人的克里斯·杜沃（Chris Douvos）指出："风险投资业中有许多聪明人，但他们不一定有自己的特点：成为聪明人很容易，但它不是充分条件。合伙人常常无法证明自己的背景与投资策略相辅相成。"[2]全球最大的母基金之一雅登投资（Adams Street Partners）希望找到"交易质量过硬的团队，所谓的质量既指内在素质，也指争取投资机会的实力。"[3]母基金（FoF）复兴风险投资基金（Renaissance Venture Capital Fund）的基金经理克里斯·里齐克

---

① 伊戈尔·罗森布利特与作者的讨论，2010 年 12 月。

② 克里斯·杜沃（TIFF）与作者的讨论，2010 年 12 月。

③ "For Fund Managers, Seeking the Highest Quality," Adams Street Partners Web site, accessed March 25, 2011, www.adamsstreetpartners.com/investment-interests/fund-managers.html.

（Chris Rizik）的眼光更长远："一切都可归结为两个因素：人才以及投资策略。"①

成熟的投资策略结合了宏观部门趋势数据和基金经理的洞悉与分析。综合这些信息，基金经理就可以抓住未来的机会，创造高收益。有限合伙人很少制定基金策略。"有经验的风险投资公司和技术娴熟的基金经理通常是投资策略制定者。基金经理提供思路，有限合伙人照做，我认为这样要好得多，"卢姆逊集团（Rumson Group）的亚历克斯·班加什（Alex Bangash）对机构投资者提出资产配置建议时说。不过，他提醒有限合伙人关注基金规模。"过去业绩最好的基金规模都很小，比如5 000万美元。业绩会随着基金规模上升而迅速下降。在任何部门中，只要业绩不好，你就会人尽皆知。"

基金的投资策略包括以下内容：

◎ **市场机会、增长动力：**哪些重要宏观趋势提出了尚未解决的挑战？市场规模是否足以提供投资机会？

◎ **在市场机会中的竞争优势：**基金在相关领域内是否有显著的不公平优势？在硅谷，阿塞尔合伙公司（Accel Partners）、安德森 - 霍罗威茨风险投资公司（Andreessen Horowitz）和格雷洛克（Greylock）等公司由于优异业绩和品牌吸引力而炙手可热。奥塞治大学合伙公司（Osage University Partners）就是拥有结构性竞争优势的一个例子，这家基金有著名大学衍生企业的优先投资权。

◎ **基金经理的背景和相关专长：**投资团队是否有相关背景或经营 / 创业专长？安德森—霍罗威茨风险投资公司等基金重新定义了风险投资公司为投资组合公司增值的方式。

◎ **资本效率、投资周期和目标财务收益率：**资本是否足以构建强大的投资组合，包括资金储备？这种方法能否创造类似于风险投资的收益？

◎ **风险与降低风险的计划：**基金经理很少能消除团队和投资策略内部的相关风险。多数基金文件都列出了所有风险的细目清单，包括天灾。

许多基金经理没有制定出有效结合上述所有内容且令人信服的策略。"考察了500多家基金后，我会见了一群普通合伙人，他们试图让我相信他们发明了这类资产。他们是有悟性的聪明人，但是……他们真该知道，这种东西我都看过300次了。身为有限合伙人，有时你感觉自己就像酒吧中的漂亮女人。每个人都跟你搭讪，这真让人厌倦。你做成了许多大买卖，团队动力十足……真

---

① 克里斯托弗·里齐克（复兴风险投资基金）与作者的讨论，2011年2月。

了不起……现在，你是不是也要说我的眼睛很漂亮？"克里斯·杜沃说。克里斯·里齐克（Chris Rizik）同意他的观点："普通合伙人把'专有'和'独特'这些词都说滥了——过去 30 天里，我见到了 10 家毫无区别的基金。"

基于部门的投资策略

有些部门在一段时期内显得前途无量，而另一些部门则受到冷落。以科技部门的潮流为例。随着笨重的电脑主机变为走入千家万户的台式机，硬件和软件业的机遇来了。20 世纪 80 年代早期，热情的投资者支持了 100 多家主要生产磁盘驱动器、台式机和相关产品的硬件初创企业。随着台式机浪潮跌至谷底，网络浪潮兴起，催生了思科、瞻博网络（Juniper Networks）、海湾网络（Bay Networks）、3Com 等公司。

随着风险投资公司的发展进入 20 世纪 70 年代和 80 年代，资本迅速涌入这一领域，因此当时的部门策略并不像今天那样重要。阿塞尔合伙公司（Accel Partners）的创始人詹姆斯·斯沃茨（James Swartz）曾说："生物科技业的处境极其困难。服务业——我不清楚，我们只是被通信业和软件业所吸引。我想说我们很聪明，知道该走哪条路，但事实并非如此。我们只不过是感觉做这类投资得心应手罢了。"[1]

当前，社交媒体、游戏和云计算如日中天，主要投资者已经发现了在这些部门创造高收益的机会。

下面来分析市场机会的内在动力。市场的结构性变化创造出新投资机会了吗？管理学宗师彼得·德鲁克（Peter Drucker）会给出肯定的答案。德鲁克将系统创新定义为"有目的、有秩序地寻找变化，并且……应系统分析这种变化可能提供的机会。"[2]他概述了七个创新性机会来源，并认为这些来源之间的界限很模糊而且有大量重叠（见表 6.1）。

---

[1] James R. Swartz, interview by Mauree Jane Perry, 2006, "National Venture Capital Association Venture Capital Oral History Project," accessed January 30, 2011, http: //digitalassets. lib.berkeley.edu/roho/ucb/text/swartz_james_donated.pdf.

[2] Peter F. Drucker, *Innovation and Entrepreneurship*（Oxford：Butter-worth-Heinemann, 1985）, xiv.

表6.1 德鲁克提出的七个创新性机会来源：它们能为普通合伙人创造投资机会吗？

来源	定义	示例
意外事件	产生机会的意外事件、意外成功或意外失败	金融危机和比特币的兴起、空中食宿（Airbnb）①和共享经济
不一致性	现实与理想的矛盾和不一致；包括四个领域：（1）行业的经济现实（市场）（2）行业的其他现实（在本地非主要领域实现优化而不是实现系统性优化）（3）客户预期与行业对客户预期的认识（4）过程中的内部不一致	美国医疗保健业的成本、流程和质量。数字健康工具产生了新机会。
过程需求	过程中的缺失环节或未满足的需求，它能让过程更便宜、更方便或者在技术上或经济上更可行	支付处理/信用卡/金融科技业
行业与市场结构	行业或市场变化，如出现新竞争者、新客户、差异更明显的产品、新制造工艺或营销流程、新替代品或者互补产品或服务	从企业软件转向云/软件即服务（SaaS）
人口变化	人口结构、年龄结构、文化结构、就业、教育和收入	人口老龄化与医疗需求
认识变化	认识变化："杯子半满"与"杯子半空"	清洁科技失宠
新知识	发现新知识，如新技术或新材料	3D打印、触摸屏、低能耗蓝牙、物联网

资料来源：改编自 Peter F. Drucker, *Innovation and Entrepreneurship*（Oxford: Butterworth-Heinemann, 1985）。

投资机会存在于四个来源（意外事件、不一致性、过程需求和结构变化）中，它的动力来自于三个外部因素（人口变化、认识变化和新知识）。②

与其说是找出市场机会，不如说是将基金经理专长和投资策略执行能力相结合的机会。正如鲍勃·迪伦（Bob Dylan）在《隐秘的乡愁布鲁斯》中唱的那句："你不必成为天气预报员才能知道风怎么吹。"

投资阶段与地区

影响投资策略的其他因素包括地区（未开发地区由于价格优势而有更多机会）和投资阶段（处于早期阶段的公司的资本需求较少，但投资风险较高）。最终的投资策略结合了基金经理的专长、部门内的市场机会、地区优势、投资阶段和基金规模。没有哪个因素像普通合伙人的专长那么重要。表6.2列出了几种基金投资策略示例。

---

① 译者注：一家成立于2008年的旅行房屋租赁社区，其用户通过网络或手机应用程序发布、搜索度假房屋租赁信息并完成在线预定。

② Peter F. Drucker, *Innovation and Entrepreneurship*（Oxford: Butter-worth-Heinemann, 1985），xiv.

表 6.2 不同的风险投资主题：风险投资公司的投资策略差异

基金	市场机会与增长动力	投资机会来源	基金的竞争优势	机会优势	资本效率和目标收益率	其他基金的竞争水平
密歇根州安阿伯市的植物园投资(Arboretum Ventures)	医疗保健是欣欣向荣的广阔市场，它面临着效率低下和美国食品与药品管理局的监管等挑战。	中西部大学、研究型医院、公司和创业者。	业绩记录、团队专长和与美国各地风险投资人的关系。	未开发领域/地区。	医疗保健领域的早期投资机会至少需要2 000万美元，并在规模达到1.5亿美元时退出。平均退出时间为7年。	中等
宾夕法尼亚州巴拉辛维德的奥塞治大学合伙公司(Osage Univevsity Partners)	大学研发预算不断增加。科技转让让办公室是主要的机会来源。	前十位研究预算充足的大学。	与大学科技转让办公室建立合作关系。	签订合同。	不固定。择优选取资本需求低、投资周期短的机会的能力。	低
科罗拉多州博尔德市的方铸集团(Foundry Group)	科技对社交媒体、网络、人机互动的冲击。	快速发展的市场空间。	关系与人脉/与创业者的关系。	普通合伙人的品牌认知度。在各大城市(纽约、波士顿)推出科技明星企业。	达到盈亏平衡点所需的资本较低。短期目标收益率可能很高。	高
加利福尼亚州门洛帕克市的北西投资(Norwest Venture Partners)	GDP增长率、基础设施、科技应用和监管的全球变化。	对多个部门和地区的大额多阶段投资。	品牌和业绩记录；关系。	企业的关系网。地区扩张。	不固定。能源部门需要较高资本而回报不确定。	高

一旦确定了投资策略，优秀的风险投资人就不仅要寻找现有机会，还要根据市场空白、路线图或市场开放领域引领公司创业。

市场空白领域投资：作为创始人的风险投资人

施乐公司（Xerox）的首席研究员约翰·西利·布朗（John Seely Brown）将市场空白领域研究定义为"积极……投身于某个问题，并始终关注它的发展动向。唯一的指引者是问题本身；如果它需要你离开自己的专业领域，你就得跟着它走……大学里很少出现这种研究，因为同行评审和任期机制对成熟学科中的研究更有利。"[①]

已有多位优秀风险投资人运用这种市场空白领域研究策略创办了初创企业。拉尔夫·沃尔多·埃默森（Ralph Waldo Emerson）秉持的信条与这些头脑敏捷的智者们不谋而合："不要沿着路走，去那些没有路的地方，走出一条路来。"门罗投资（Menlo Ventures）的普通合伙人约翰·耶尔夫（John Jarve）坚称："我们投资的公司中，超过一半诞生于我们的研究——门罗投资是一家高度研究集中型的公司。"获得麻省理工学院电子工程学科科学硕士学位的耶尔夫说："这种事我们不会雇人来做，我们有强大的技术和分析能力。再加上我们的投资和市场意识，我们经常能找到全新的新兴市场，并掌握这个市场。"[②]

柏尚投资（Bessemer Venture Partners）的戴维·科万（David Cowan）率先提出了制定投资路线图的概念。这些路线图作用各异，但只有深入了解技术和市场的挑战才有助于建立这种路线图。凯鹏华盈（KPCB）的汤姆·铂金斯（Tom Perkins）在他的回忆录《峡谷少年》（Valley Boy[③]）中写道："技术问题不会难倒我。我认为我能学会它。"考察基因泰克（Genentech）时，铂金斯没有深究科学细节，他承认这对他来说太难了。相反，他将问题集中于设备需求和证明技术可行的步骤上。铂金斯扮演的是经典的项目经理角色：制定目标、确定时间表、提供重要资源——人力和资金。[④]和多数精明的风险投资人一样，随着技术的发展，他掌握了多种技术：激光、电脑和基因工程。

---

① John Seely Brown, *Seeing Differently: Insights on Innovation*（Boston: Harvard Business Press, 1997）, xxv.
② 约翰·耶尔夫（门罗投资）与作者的讨论，2010 年 12 月.
③ 译者注：该词原意是指 20 世纪 70 年代后期至 80 年代初迁居加利福尼亚州圣费尔南多山谷地带的男性少年，他们大多富有革新的精神。
④ Tom Perkins, *Valley Boy: The Education of Tom Perkins*（New York: Gotham Books, 2007）, 120-121.

路线图投资

"在柏尚投资，我们以最严肃的态度对待路线图投资方法，"柏尚投资（Bessemer Venture Partners）的戴维·科万（David Cowan）写道。*

"刚从商学院毕业，我就加入了柏尚投资（1992 年），随便一个毫无价值的投资计划都令我跃跃欲试。幸运的是，在我搞砸之前，老板及时干预，建议我在投资之前好好思考几个月。我列出了 38 个高科技部门的潜在投资机会，接下来三个月我把它削减到 5 个。我删掉了需要高深专业知识的部门——起步太早、竞争激烈、技术未经检验的部门……我向我能找到的最聪明的专家征求建议。我参加各种会议、对买家进行调查，"科万写道。

这让他眼光日益敏锐，学会抓住重点，并将投资对象缩小到数据和通讯类别。

"每个柏尚投资者的路线图都从分析颠覆性催化因素开始，这种催化因素有可能使经济发生翻天覆地的变化。它们可能属于科技型（如网络脆弱性）、人口型（如美国人口老龄化）、监管型 [如频谱拍卖（Spectrum Auctions）或萨班斯 - 奥克斯利法案（Sarbanes-Oxley）]、心理型（如消费者对安全性的担忧）或地缘政治型（如中国吸引外资），"他写道。

科万的路线图列出了利用这种冲击的具体策略或"提案"。"对每个提案，柏尚都会进行一笔投资，让我们能找到的最佳团队来解决问题———一些是后续团队……，一些是我们在公司内部培养的新团队。"制定路线图可以让风险投资人发现成长机会和科技领域中的空隙。

资料来源：David Cowan，"Road Map Investing，"*Who Has Time for This*?（blog），August 12，2005，http://whohastimeforthis.blogspot.com/2005/08/road-map-investing.html.

对于风险投资人而言，评估科技环境和预测各方的协调互动是一种重要的脑力活动。"当竞争者满心欢喜等待万事俱备的商业计划和团队找上门时，我们却正在自己培养新企业，然后建立团队来适应需求。我们已经找到了驾驭急躁的方法。我从来不擅长枯等，"铂金斯（Tom Perkins）在他的回忆录《峡谷少年》（*Valley Boy*）中说。①

---

① Tom Perkins，*Valley Boy*：*The Education of Tom Perkins*（New York：Gotham Books，2007），131.

投资策略的转变

好莱坞的昨日明星梅·韦斯特（Mae West）曾说："我曾经是白雪公主，但我已经变了。"任何有限合伙人都害怕策略变化——即，基金经理投资于核心专业领域之外的地方。但是，如果基金拥有完备的计划，那么投资策略转变也可能有好处。

"即使有出色的路线图，也不应该放过优秀的投资机会，"科万写道，他为柏尚投资没能在 20 世纪 90 年代末[1]退出电信投资而感到遗憾。维诺德·科斯拉（Vinod Khosla）则退出了科技部门，并抛弃了旧的科技投资路线图，凭借主要从事能源投资的科斯拉投资（Khosla Ventures）重整旗鼓。科斯拉成为了这个新部门前沿的思想领袖，他挑战人们的既有观念并与普林斯顿大学的科学家就未来的生物燃料展开了激烈辩论。[2]当清洁科技部门丧失吸引力时，这家公司将重点转移到科技投资上。然而，另外几家公司却固守清洁科技领域，以至于无法灵活转向，募集新基金。

在募集新基金时，改变策略、制定新路线图是正确的做法。但在现有基金中，如果基金经理试图大幅改变策略，投资人将视其为明显的负面信号。毕竟，投资人看中的是初始的投资主题，除非有限合伙人同意改变投资策略，否则基金经理应该抑制大幅改变投资策略的冲动。

"策略变化是有限合伙人始终关心的问题。投机取巧的普通合伙人会巧妙地将某家公司定义为符合其投资策略的公司。这往往变成概念之争，我一直对背离基金核心投资策略而取得的成功感到好奇，"陶氏养老基金（Dow Pension Fund）的肯尼思·范黑尔（Kenneth Van Heel）说。

每家基金都有一项条款，允许普通合伙人对核心投资标准以外的公司投资最多 10% 的资本。"在我周围，普通合伙人并未因为这些投机性的非常规投资取得成功而获得好评。更糟的是，如果只有不合常规的投资才会成功，就说明普通合伙人有严重问题。"

位于科罗拉多州博尔德（Boulder）的风险投资公司方铸集团（Foundry Goup）的创始人之一布拉德·费尔德（Brad Feld）写道："许多风险投资人都对他们的'流程'、'投资主题'、'公司建设模式'、'增值模式'或其他

---

① David Cowan，"Road Map Investing，" *Who Has Time for This*?（blog），August 12，2005，http：// whohastimeforthis.blogspot.com/2005/08/road-map-investing.html.

② Vinod Khosla，Timothy D. Searchinger，and R.A.Houghton，"Biofuels: Clarifying Assumptions，" *Science* 322（October 17，2008）：371-374.

类似陈词滥调津津乐道。一些优秀风险投资人的确能说清楚他们设想的模式，而另一些风险投资人则说不清这种模式（或者不愿说）。然而，多数没那么优秀的风险投资人自有'其他方法'来拟定投资方针。"[1]

一些优秀专业人士往往得出结论，认为风险投资公司的投资策略总是不断变化且随机应变，这些说法只是为了安抚投资者。还有些人说，业绩胜过一切。

为一家欧洲金融服务公司管理投资的伊戈尔·罗森布利特（Igor Rozenblit）认为投资策略对他们公司并不重要。"我们使用的四条标准是：投资策略、业绩记录、业务可持续性和利益一致性——策略是最不重要的。我认为许多投资策略都相同，如果普通合伙人真有突破性的投资策略，那么他（她）应该去高盛，那里的人精明老练，足以理解这种策略并会乐于提供资金。我们对风险的偏好程度较低，"他笑笑说。

格斯·朗（Gus Long）说："如果基金经理的确有一种创新策略但收益率很平庸，那么没有投资者会感兴趣。创新需要与业绩匹配。"[2]自然，当投资策略未经实践检验时，投资者不会愿意承担风险。

---

① Brad Feld, "A Mental Model for VC Investments," *FeldThoughts*（blog）, May 21, 2006, www.feld.com/wp/archives/2006/05/a-mental-model-for-vc-investments.html.
② 格斯·朗与作者的讨论，2010 年 7 月。

Chapter Seven

机构投资者如何评价基金经理 | 第七章

"在绿荫如盖的栗树下，我出卖你，你出卖我。"
——乔治·奥威尔（George Orwell），《一九八四》

从机构投资者或有限合伙人（LPs）的角度看，风险投资合伙关系就像被套牢在 10 年期的盲资池（blind pool）①中——投资者几乎无法控制这种长期关系，退出这种关系的能力有限，回报也不甚清晰。因此，投资者希望找到有实绩的基金经理。图 7.1 为专业人士的能力层次。

有实绩的基金经理是指在多个经济周期中创造持续收益率的基金经理。很少有风险投资人能证明他们具有在多个经济周期中寻找机会和投资的能力、作为董事会成员增加看得见价值的能力，以及退出能力。这种有实绩的基金经理是风险投资业炙手可热的明星。他们不必夸大或推销自己的背景、专长或科学知识。只要他们能获得高收益率，有限合伙人并不在乎他们是如何做到的。急于入行的毛头小伙子才必须证明自己。

如果新基金经理有创业经验——创办过一家公司、进行过多轮风险融资、主导过公司退出过程——募集基金之路就会变得更加容易。证明你有选择优秀投资的能力是最重要的。

"如果你属于'新人经理'或者你管理的是'首只基金'，投资者应该根据什么做出决策呢？"凯利·德蓬（Kelly DePonte）问道。一些投资者对新人基金经理不感兴趣也不支持。"说到底，我为什么要掏钱培训你成为风险投资人？"还有些人很快指出，投资者需要花 1 000 万美元才能培训出一位普通合伙人（GP）。"我要让其他有限

---

① 译者注：先募集投资资金，但尚无特定投资目标的一种投资模式。

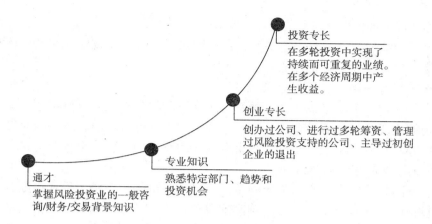

图 7.1 普通合伙人的专业能力：让收益说话

合伙人为这种培训出钱，"他们说。"曾为多家基金带来高收益率、经验丰富的经理对任何有限合伙人都有吸引力，"德蓬说。[1]

评价基金经理和投资团队的部分重要标准如下：

◎ **业绩：** 基金经理是否有投资业绩记录？他是业绩排在前四分之一、有实绩的基金经理，崭露头角的新基金经理，还是处于二者之间？

◎ **团队技能：**

- 运营能力和背景如何？基金经理是否对运营能力起到了重要作用？
- 基金经理的专长是什么：他（她）是通才还是专才？他（她）能发现趋势或分析机会吗？
- 基金经理是否有担任董事的经验？如果有，请描述他（她）的具体价值 / 职责。
- 每个团队成员的职责和投资重点是什么？在多部门 / 多阶段大型基金中，这条标准更重要。

基金管理团队动态：稳定性、技能组合和一致性

投资者使用多种方法评估基金管理团队的稳定性、一致性和动态。团队稳定性——合伙人在顺境和逆境中合作的能力——被视为与没有经验的基金经理或新基金合作的主要风险。当资深经理选择保留大部分利润时，可能无法保持利益一致性，导致年轻合伙人离职。最后，有限合伙人经常问的一个重要问题

---

[1] 凯利·德蓬（普罗比塔斯合伙）与作者的讨论，2010 年 9 月。

是，团队成员如何协调彼此的任务和职责。

这里，我们认为通过稳定性、一致性和技能组合（软技能、专家和社交网络）能更深入地了解基金经理的尽职能力。

稳定性与一致性：团队能否持久？

人们通常认为新组成的合伙关系风险很高。团队凝聚力或稳定性风险是这种公司的主要风险。如果合伙人由于某种原因不和或者退出，对基金而言将是致命信号。有限合伙人经常评估每个合伙人的背景和专长，更重要的是，这些因素如何凝聚起来形成合力。

重复的技能组合或水火不容的个性也是危险信号。但是，尽管有限合伙人能够轻松确定职责分工，却无法预测这段关系能否持续。因此，"首只基金"必须证明它们具备业绩记录和凝聚力与稳定性等无形要素。

为了评估团队凝聚力，有限合伙人将考察下列因素：

◎ **动机一致性：**每个团队成员的薪酬结构、职责和回报。

◎ **关系持久性：**他们的合作时间以及历练这种关系的环境或危机。

◎ **与有限合伙人财务目标的一致性：**基金经理是否出资或"风险共担"——基金经理用自己的钱进行投资。

◎ **干扰因素：**其他收入来源、退休时间。一位有限合伙人曾懊悔地说："有些普通合伙人永远不会死——他们只是换了套行头回来而已。"

正如格罗夫街基金（Grove Street Advisors）的克林特·哈里斯（Clint Harris）所言："我们的一位团队成员能判断出基金低级职员是否在与猎头接触。如果他们在回电话，你就知道出问题了……这位团队成员会打五个电话，他将很快得到一个诚实的回答……"[①]

◤ **当摇滚明星成为合伙人**

普通合伙人当面和背后都需要尊重合伙人。最近的一次会议上，我称赞一位高级合伙人引来了一位明星。他靠过来低声说："你不明白，他是我们的仆人。"[*]

*内容来自作者 2013 年 10 月对一位不愿透露姓名的有限合伙人的采访，该有限合伙人投资于 50 多家风险投资基金、管理的资产超过 10 亿美元。

---

① AltAssets，"Institutional Investor Profile: Clint Harris, Managing Partner, Grove Street Advisors," September 4, 2002.

稳定性和利益一致性密切相关——如果高级合伙人不愿意提供有价值的分成比例，下级团队成员往往会"用脚投票"，离开基金。

表 7.1 是养老金咨询联盟（Pension Consulting Alliance，PCA）提出的范例，它显示出早期基金不同投资总监的利益一致性。警告信号包括：

1. 基金经理没有投入大量资本。

2. 不成比例的分成安排，尤其是对高级合伙人的分成安排。

3. 其他来源的薪酬过高。

表 7.1 范例：评估利益一致性

投资总监姓名	预期出资额（美元）	分成比例（20%）	该基金的年度预期薪酬总额（美元）	其他来源的年度预期薪酬总额	基金实现目标时的附带权益报酬（美元）
董事总经理 1	450 000	10%	400 000	无	10 000 000
董事总经理 2	450 000	8%	300 000	无	8 000 000
投资总监	100 000	2%	200 000	无	200 000

"当我们组建夏斯塔投资（Shasta Ventures）时，三个创始人彼此非常了解，但从未在同一家公司工作。为了像一个团队一样合作，我们付出了巨大努力。我们一边讨论一边商量着编写运营手册，手册中详细规定了每件事——从分成到出差和餐费决策。我们对此深思熟虑，而这正是有限合伙人欣赏的。看到我们准备得如此充分，有限合伙人就能放心让我们管理这家基金，"硅谷的早期阶段科技风险投资公司夏斯塔投资的创始人兼董事总经理拉维·莫汉（Ravi Mohan）说。

辨别互补技能组合

风险投资要求团队具备不同的技能：筹资能力、寻找投资机会的能力、作为董事会成员增加价值的能力、主导退出的能力。排在这些技能前面的是创业专长、科技专长、认识未来市场趋势的能力和在不明朗与困难时期保持稳定的能力。有限合伙人还会密切关注普通合伙人互动的时间长度与力度——作为投资专家，而不是高尔夫球友。

表 7.2 列出了早期医疗保健基金的互补技能组合。请注意在两个独立基金周期中董事总经理吸引初级合伙人与高级合伙人的能力。

软技能的重要性

在对 145 多位优秀风险投资人进行的调查中，受访者一致认为，倾听技能是比量化技能更重要的风险投资成功要素。

表 7.2　风险投资公司的互补技能

职位（在该公司的工作时间）	募集基金	早期投资	运营能力	董事会职位	退出
董事总经理1（创始人—8年）	成功募集过两家基金，总额1亿美元	过去8年中完成了20笔投资	过去20年在医疗设备公司推出了20多种产品；具备市场营销、临床研究和销售专长	7个董事会职位	一次退出，经营的两家初创企业被公开上市公司收购
董事总经理2（8年）	共同制定投资策略，支持性角色	过去8年中完成了20笔投资	9年咨询服务经验；具备投资银行专长	5个董事会职位	两次退出，一次首次公开募股和一次收购
投资总监（4年）	无资料	过去4年中完成了3笔投资	曾在大型汽车公司工作8年；具备投资、制造业和战略专长	3个董事会职位	无资料
风险投资合伙人1（1年）	无资料	无资料	曾担任上市公司的首席执行官	3个董事会职位	两次退出，退出时的身份为风险投资支持公司的首席执行官
风险投资合伙人2（1年）	无资料	无资料	有13年的心脏外科医生工作经验，具备医疗设备开发经验，熟悉美国食品与药品管理局的监管趋势	观察员	无资料
投资经理（2年）	无资料	完成了两笔投资的尽职调查	有在大银行从事投资银行业务的经验	观察员	无资料

被评为最重要的技能包括：

◎ 倾听技能

◎ 招聘有才干的管理团队的能力

◎ 定性分析技能

◎ 指导／咨询／建议技能

"你要成为一个出色的倾听者。我发现，如果风险投资人只顾自己说个不停，就无法很好地了解他的潜在投资对象。倾听……以及判断谁看上去或感觉上能把一家公司带向成功是非常重要的。如果你经常这样做，它就会变成本能，"柏尚证券（Bessemer Secucities）前首席执行官兼美国风险投资协会（National Venture Capital Association）前主席保罗·"皮特"·班克罗夫特（Paul "Pete" Bancroft）说。[1]

风险投资人认为财务和技术能力是最不重要的，而能从首席执行官的角度看问题被视为有价值的能力。[2]通过对组合投资企业首席执行官进行背景调查，有限合伙人能够识别出一般合伙人在软技能方面的能力。

有限合伙人还能深入了解企业文化。"通常，普通合伙人在公司里听到的都是好消息，但当我与投资经理交谈时，能了解到不同信息。我学会了如何快速掌握真相，"克里斯·里齐克（Chris Rizik）说。曾投资于美国多家基金的鲍勃·克隆（Bob Clone）会留出时间与前台工作人员谈话，包括行政人员和接待员。"这些人看似无关紧要，但他们每天都在一线工作。他们了解整个公司如何运作——高级合伙人、低级合伙人以及他们与创业者的交往。他们会直言不讳地告诉你真实情况。"

通才与专才

在一项研究中，保罗·冈珀斯（Paul Gompers）、安娜·科夫纳（Anna Kovner）和乔希·勒纳（Josh Lerner）证明企业的人才专业化程度与企业成功之间存在强正相关关系。专业公司的专业投资人才的业绩表现优于通才。他们总结道，通才的业绩之所以不佳，是由于行业之间的资金无效配置和行业内部不恰当的投资选择。换言之，通才选择投资的能力普遍较差。但如果你把专才放

---

[1] Paul Bancroft Ⅲ，"Early Bay Area Venture Capitalists：Shaping the Economic and Business Landscape，" interview by Sally Smith Hughes，2010，accessd January 13，2011，http：//digitalassets.lib.berkeley.edu/roho/ucb/text/bancroft_pete.pdf.

[2] Geoffrey H. Smart，Steven N.Payne，and Hidehiko Yuzali，"What Makes a Successful Venture Capitalist？" *The Journal of Private Equity* 3，No. 4（2000）：7-29.

在一家非专业化公司中，业绩也会很差。[1]因此，有限合伙人的第一反应就是强调专业领域知识。另一项对 222 家首只风险投资基金的 482 位风险投资人的调查得出了相同的结论：专才的业绩优于通才。专才的业绩更优秀，尤其是对早期投资而言。这项研究还得出结论，两个最有效的基金业绩预测指标是创业经验和专业知识。

然而，MBA 在风险投资业的优势也很明显。80 家大型风险投资公司的 615 位普通合伙人中，58% 有 MBA 学位。其中，64% 的人毕业于哈佛大学、斯坦福大学和沃顿商学院。[2]但有 MBA 学位不一定预示着业绩优异。相反，一项研究表明，MBA 越多的基金与其他基金相比业绩越糟糕。"我们发现，至少从一方面看，聘用 MBA 可能是不利因素，"研究者总结道。[3]

社交资本：人脉很重要

风险投资中的社交资本可以帮助风险投资家获得机会、开展尽职调查、进行辛迪加投资和加速退出。风险投资人之间的强大社交网络能提高他们对创业者的议价能力吗？根据研究，情况的确如此！[4]有限合伙人密切关注强大的社交网络，认为风险投资人的人脉具有无形价值。

对于任何有限合伙人，风险投资人脉都是专长领域和财务实力的指标。无须多言，强大的人脉能获得定价优势；人脉密集的市场上定价较低就是证据。实证已经说明，人脉强大的风险投资人能获得更好的业绩[5]，而进入时的较低定价也被认为是人脉的作用。

"坦率地说，我的成功主要归功于两个因素：第一，作为首席财务官……在生物科技和医疗设备变为资本密集型产业时，我是公司理财专家……我具有这个行业需要的专业知识；我还与风险投资基金保持着良好关系。每个人都需要天使，它们就是我的天使；我有人脉，"[6]弗雷泽医疗投资（Frazier

[1] Paul Gompers, Anna Kovner, and Josh Lerner, "Specialization and Success: Evidence from Venture Capital," *Journal of Economics & Management Strategy* 18, No.3（2009）: 817-844.

[2] *Young Venture Capital Society Newsletter* 1, no.2.

[3] Rebecca Zarutskie, "The Role of Top Management Team Human Capital in Venture Capital Markets: Evidence from First-Time Funds," *Journal of Business Venturing* 25（2010）: 155-172.

[4] Yael V. Hochberg, Alexander Ljungqvist, and Yang Lu, "Networking as a Barrier to Entry and the Competitive Supply of Venture Capital," *Journal of Finance* 65, no. 3（2010）: 829-859. 作者总结道，当市场上现有风险投资人彼此之间的关系更加紧密时，进入风险投资市场的人会减少。这种关系因素似乎在两个方面都发挥作用：如果某家风险投资公司之前曾经邀请目标市场上现有的风险投资公司加入自身所在市场上的辛迪加，从而与之建立了联系，就更可能进入目标市场。换言之，风险投资公司不会与外部人合作，除非它们可以平等地进入外部人所在的市场。

[5] 同前。

[6] Alan Frazier, "Venture Capital Greats: A Conversation with Alan Frazier," interview by Carole Kolker, 2009, accessed January 13, 2011, http://digitalassets.lib.berkeley.edu/roho/ucb/text/frazier_alan_donated.pdf.

Healthcare Ventures）的创始人艾伦·弗雷泽（Alan Frazier）曾说。

焦点投资（Focus Ventures）的史蒂夫·伯德（Steve Bird）这样形容风险投资业中人脉的重要性：

> "管理质量"实际上意味着普通合伙人在业内逐渐建立的关系质量。管理意味着与其他一流风险投资人建立关系，让双方能不断组成辛迪加，做最好的交易。它意味着在创业者群体内建立人脉，使普通合伙人了解仍处于实验室阶段的革命性科技，而不是在公司启动第一轮融资之后才后知后觉。它意味着认识重要客户、供应商和科学家，帮助刚起步的公司实现首个盈利季度。它意味着与广大金融界人士建立信任，使投资组合公司需要获得贷款、筹集更多资本或者上市时，公司管理层不必重头来过。[①]

我只是个很有钱的蹩脚演员

阿什顿·库彻和 A 级投资（A-Grade Investments）

阿什顿·库彻（Ashton Kutcher）的投资包括斯盖普（Skype）、声破天（Spotify）、空中食宿（Airbnb）、四方网（Foursquare）、飞博网（Fab）、优步（Uber）和飞丽博（Flipboard）。他是《时代》杂志评出的 2010 年最具影响力 100 人之一。同年，他参与创建的内容提供商"催化剂网络"（Katalyst Networks）被《快速成长公司》（*Fast Company Magazine*）杂志评为十大创新公司之一。这一成绩在风险投资人中可谓出类拔萃。

库彻与科技投资的关系可以追溯到他在爱荷华大学（University of Iowa）求学的岁月，当时他计划主修生物化学工程专业。他在赢得"爱荷华州新面孔"模特比赛后退学，开始了模特职业生涯。几年后，他对科技投资愈加感兴趣。"我意识到互联网的发展迅速，使流媒体视频的发展成为可能，于是我开始研究这方面的资料并进行数字分析，"他告诉至顶网（ZDNet）。"同时，我接触了其他许多有意思的初创企业——尤其是社交媒体初创企业，它们之所以吸引我，是因为它们促进了人际交流，并提供了全新的创意、产品、电影和音乐推销方式。"[②]他最早的科技投资，奥玛（Ooma）和话痨女孩（Blah Girls）失败了。但他的积极参与让他得到了马克·安德森（Marc

---

① Steve Bird，"Private Equity...or Personal Equity?Why Who You Know Still Drives Venture Capital Returns，"July 7，2005，accessed February 20，2011，www.go4venture.com/content/Case%20for%20Late%20Stage%20VC%20（July%20 2005）.pdf.

② David Shamah，"How can startups get their first VC investment?Ashton Kutcher has some tips，"originally for *Tel Aviv Tech*，*May* 20，2013，accessed on ZDNet，www.zdnet.com/how-can-startups-get-their-firstvc-investment-ashton-kutcher-has-some-tips-7000015604/ accessed on January 4，2014.

Andreessen）等硅谷重量级人物的注意。安德森鼓励他投资于斯盖普，当时斯盖普的市值为 27.5 亿美元，这被认为是个相当高的数字，但当微软以超过 80 亿美元收购斯盖普后，阿什顿·库彻高兴坏了。库彻结识了有趣和真正聪明的人，因此能提早发现有潜力的投资。

他的尽职调查方法很简单。他接受《时尚先生》（Esquire）杂志的采访时说："有人专门帮我从互联网上搜集信息。每隔一段时间就会有大事发生——当苹果通过地图服务实现垂直化后，亚马逊收购了一家地图公司［3D 地图公司"下一站"（UpNext）］。这可能意味着地图应用程序接口有了跨平台的开放市场……当这些公司拿着项目找我投资时，这条信息可能很有价值。"①

他参与创建了 A 级投资（A-Grade Investments），并对 33 家硅谷初创企业投资了 2 亿美元。A 级投资看重的是面向消费者的软件技术，公司解决的问题的复杂性，充满热情、不屈不挠的优秀创业者以及他们的技术秘诀。

库彻是飞博网的咨询委员会成员。他还是空中食宿（Airbnb）的"盟友和值得信任的顾问，"帮助其提高社区参与度。旧金山旅游初创企业嬉芒网（Hipmunk）的创始人之一亚当·戈尔茨坦（Adam Goldstein）说："他有敏锐的产品嗅觉，而且精通品牌建设与市场营销创意。我从他身上学到的东西比任何其他投资人都多。"②他的另一项投资优步媒体（UberMedia）刚刚发布了台式机免费程序 A Plus，它专门关注阿什顿的一切——他的推特更新、照片、他签字的材料、他自己的推特信息源以及其他信息。很少有投资组合公司能为风险投资人这样做。

"对我来说，最快乐的夜晚就是和创业者坐在一起，谈论他们如何建设公司，"库彻说。"我只是一个很有钱的蹩脚演员。"③

资料来源：《时尚先生》、至顶网和《晨间财经》（Money Morning）等不同媒体的采访，详见章末附注的参考资料。

---

① Tom Chiarella，"The All New Ashton Kutcher Story!" Esquire，February 14，2013.
② David Zeiler，"What Ashton Kutcher Can Teach You about Tech Investing，" Money Morning（Web site），June 19，2013，http：//moneymorning.com/2013/06/19/what-ashton-kutcher-can-teach-you-about-tech-investing/accessed on January 12，2014
③ Tom Chiarella，"The All New Ashton Kutcher Story!"

⬈ 我仍未得偿所愿

作为摇滚明星，U2 主唱博诺（Bono）的全球音乐会一直是一票难求。他的乐队被列入摇滚名人堂，赢得了 22 座格莱美奖，并在 35 年的职业生涯中创下销量 1.5 亿张的纪录。作为社会活动家，他也声名显赫：他获得过诺贝尔和平奖提名，2005 年时代周刊年度人物、国际特赦组织良心大使奖，还是债务减免和艾滋病防治的热情倡导者——这些仅仅是他许多工作和荣誉的一部分。

他的外表和行为当然像个叛逆者，尽管他的叛逆颠覆了我们对摇滚乐手的既有观念。他娶了高中时代的女友并相守至今。他们有四个子女。不像许多艺术家，他的乐队仍控制着多数作品的版权，显示出卓越的管理能力和商业天分。

博诺仍在颠覆人们的传统观念，他最近的摇滚明星做派是担任高地风险投资公司（Elevation Partners）的董事总经理和创始人之一，这是一家投资于脸谱网（Facebook）和耶普（Yelp）等公司的风险投资公司。对于这位叛逆的摇滚歌手活动家来说，这种刻板严格、剖析财务数据的右翼资本主义原则与随心所欲、要做爱不要战争的信仰背道而驰，而正是后者让他成为了一名成功的艺术家。

但是人们关注的问题是，高地风险投资公司的周一晨会是什么样？博诺会参加有限合伙人年会然后给大家签名吗？有限合伙人会质疑他对投资组合增值的贡献或个人能力吗？一些问题仍未得到解答。

多数有限合伙人更愿意对财务业绩优秀的基金经理而不是好莱坞名人进行投资。阿什顿·库彻和博诺可以说是两者兼备。评价这种基金经理需要的不仅仅是读懂内部收益率（IRR）表的能力。

基金规模与投资组合结构　第八章

"我承认，二二得四是不错；但平心而论，二二得五有时更加妙不可言。"

——费奥多尔·陀思妥耶夫斯基（Fyodor Dostoyevsky），
《地下室手记》（*Notes from Underground*）

　　基金规模是由投资组合的构成和维持基金所有权所需的资金决定的。基金规模还由目标部门决定——生命科学部门的资本密集性尤为明显。机构投资者，尤其是管理着数十亿美元资金的机构投资者，更愿意投资于规模至少为 1 亿美元的基金。这让它们能够保持效率并能适当地管理关系。

　　设计投资组合结构时需要考虑规模和投资时机，目的是平衡现金流并降低风险。投资组合结构设计包括以下内容：

　　◎ 公司总数，它通常是一个范围，如 8 家至 12 家。科技基金的这个范围往往较大，为 20 家至 30 家。

　　◎ 每家公司的平均投资总额，通常不超过基金投资额的 10%。

　　◎ 进入时的平均投资额。通常，它是每家公司平均投资总额的三分之一。资本将被预留用作未来投资。

　　◎ 退出时的平均目标权益，通过目标退出价值可以估计出目标内部收益率（IRR）。

　　◎ 投资阶段——种子阶段、早期阶段还是成长阶段。这些阶段需要不同金额的资本，并提供不同的风险—收益组合。应该根据公司所处阶段、留作未来投资的资本和预期投资时间估计投资金额。

　　与投资策略相对应的基金规模是机构投资者的重要考虑因素。以美国中西部一家早期阶段生命科学公司的投资组合构建策略为例。

植物园投资基金 I（Arboretum Ventures I）是一家规模为 2 000 万美元，投资重点为医疗部门的基金。该基金规模允许最多投资 200 万美元于 8—10 家早期阶段公司。相比之下，科技基金最多可以投资于 25—30 家公司，因为科技部门的资本效率较高。另一个极端是北西投资（Norwest Venture Partners）等大型基金。北西投资的投资目标是全球不同阶段（风险投资阶段和成长阶段）的公司。

尽管基金的法定寿命为 10 年，但只有在投资期内才会使用资本，这段时期通常为前五年。基金经理积极寻求在这段时期内投资并建立投资组合。目标是在一段时间内（如从投资起 4—6 年）迅速创造收益。不过，科技投资的市场周期较短，并遵循既有的资本需求模式、公司成熟过程和退出时间。另一方面，医疗设备和生物科技投资需要更多资本和更长的成熟时间。

基金经理建立投资组合时，需要确保其满足以下要求：

◎ **有效筹资**：现有投资组合的质量决定了募集下一家基金的可能性和时间。风险投资人通常只会投资所考察的公司中的 1%。举例来说，如果风险投资人的理想投资规模为 10 家公司，它就意味着风险投资人平均至少需要考察 1 000 家公司才能达到理想投资组合规模。平均一天一家公司！因此，市场上必须有很多创业机会。如果市场环境贫瘠，广撒网就很重要。

◎ **建立高质量的投资组合**：理想情况下，建立基金四、五年后，基金的投资组合就将完全成型。之后几年，普通合伙人将寻找在较短时间内退出的机会。对于新经理而言，能否找到一家退出窗口为三至五年且能提供高收益率（如 10 倍）的公司至关重要。没有高收益率，基金就面临着发展受阻的风险。

◎ **做好亏损准备**：优秀的投资组合经理知道应该留下哪家公司，放弃哪家公司。许多普通合伙人被无法实现价值创造目标或者经过很长时间（如五至七年）才创造出目标收益率的投资组合公司所拖累。你越快确认这些亏损，就能越快将时间和资源用于合适的投资组合公司。在构建投资组合时，普通合伙人往往会自我陶醉，却忽视了下行轨迹的明显信号。许多因素——自大、爱面子、对明明不该继续投资的对象投资——都会拖延这个过程，成为负累。正如戴维·科万（David Cowan）所言："你应该只关注最好的五家公司——其余公司都会让你分心。"对于投资者来说，最难的是判断何时该退出。一位老练的风险投资人——迦南合伙公司（Cannan Partners）的塞思·鲁德尼克（Seth Rudnick）指出，这一行天生就有风险，需要小心平衡各种因素，有限合伙人（LP）应该对此有所准备。

不管你有多少先见之明和后见之明，你都可能失误。这就是干这行的难处。环境、市场、科技、监管机构都是风险来源。你必须不断审视这些因素并调整预期结果。如果你看到一家投资组合公司总是蹒跚不前，那么你作为董事，可能感到必须帮它一把。但作为风险投资人，你可能会想："我不能再这么干了，应该任其破产。我还不如专心去帮那些有前途的公司。"这对风险投资人来说很难。即使你内心希望多付出一些精力和时间，也不一定能拯救公司。①

◎ **时间是敌人：** 投资组合公司常常要花双倍资本、双倍时间才能退出。早期阶段公司很少按计划完成目标，烧钱的速度比预期更快。如果资本市场遇冷，退出遥遥无期，继续筹资就会变得很困难。多数早期阶段投资者都担心"未来融资风险，"到时他们会失去投资者的青睐和在投资组合公司中的所有者地位。外部因素和市场条件必然会增加这种风险。你应该制订应对意外情况的计划。机构投资者希望基金经理具备在这种环境下保护其投资的实际经验。你应该按部就班、审慎管理预留资本以确保实现目标，并保留完整的所有权直到退出。

◎ **最后，并非所有退出都如出一辙：** 并非所有退出都将如你所愿是首次公开募股。分阶段投资能够最小化风险，但也会降低潜在收益。

⌐ 越小越好

"以规模为 4 亿美元的典型基金为例。为了在 6 年中获得 20% 的收益率，你必须使资本增至原来的三倍，将 4 亿美元变成 12 亿美元。如果时间比 6 年更长，你还得加上管理费和分成，因此 4 亿美元的基金大约要返还给投资者 15 亿美元，才能获得 20% 的收益率。退出时，基金最多拥有公司所有权的 20%。这意味着 4 亿美元的风险投资基金必须创造 75 亿美元的市场价值，才能向有限合伙人返还 15 亿美元以创造 20% 的收益率。"

——乔希·科佩尔曼（Josh Koppelman），首轮资本（First Round Capital）

基金的投资组合证明了基金经理按照自己的想法执行投资策略的能力。"投资组合是你执行的投资策略：你可以接触到投资组合，感知它，观察它。我花了许多时间造访投资组合中的公司。我能说出何时工作进展顺利，何时投资组合公司分享了风险投资人的价值以及如何实现这种价值。这就像一个棱镜：我看见投资组合像是一支正在演奏的交响乐队，希望它的各个组成部分和谐地交织互动，"有十几年机构投资者经验的克里斯·杜沃（Chris Douvos）说。

---

① 塞思·鲁德尼克（迦南合伙公司）与作者的讨论，2010 年 9 月。

顶级资本（Top Tier Capital Partners）的莉萨·埃德加（Lisa Edgar）简明扼要地总结了投资组合管理艺术：

作为有经验的有限合伙人，我们的决策过程取决于模式识别，目的是找出成功与失败的特征——这也是普通合伙人应该做到的。我希望了解基金经理认为哪些公司像赢家，哪些公司不能很好地完成目标，以便有效管理投资组合，只支持值得追加投资的公司。我认为这是一项极其艰巨的任务——尤其是对很早期阶段的公司或者非成功即失败的公司而言，如许多医疗保健投资。我认为，从输家中选出赢家——更重要的是，有效管理基金资本——是普通合伙人的任务（有限合伙人正是为此支付管理费）……我希望了解风险投资人对每家公司的微观观点和对退出环境的宏观观点如何引导整体资本配置。这就是我们所谓的"投资组合管理"，对有限合伙人而言，有效的投资组合管理是我们用来评价基金经理的核心标准之一。[1]

与有限合伙人现有投资组合的适合度

任何机构投资者都要管理多个投资组合。他们将资本分配于不同的资产类别以平衡风险和收益。在《超越 J 曲线：管理风险投资组合与私募股权基金》（*Beyond the J Curve：Managing a Portfolio of Venture Capital and Private Equity Funds*）中，作者托马斯·迈耶（Thomas Meyer）和皮埃尔-伊夫·马托内（Pierre-Yves Mathonet）指出，机构有限合伙人通常会采用自上而下的方法或自下而上的方法。[2]在自上而下的方法中，有限合伙人首先将选择部门（科技部门或生命科学部门）、地区（硅谷、北京、以色列）、基金类型（私募股权基金、风险投资基金、收购基金）和阶段（早期阶段、夹层阶段、多阶段）。

自下而上的方法是视机会而定的，它首先找出合适的基金，然后进行全面分析、开展尽职调查并完成投资。多数有限合伙人往往会结合这两种方法。"我们以两种方式考察每笔有前景的交易：首先是在隔绝外界因素的条件下，考察它能否靠自身条件生存；其次，我们将考察这笔交易是否适合我们现有的投资组合。我们显然不希望投资组合中有太多采取相同策略的（普通合伙人），但在某些领域我们会积极寻求发展，"管理着 1 200 亿美元资产的好事达投资

---

① Lisa Edgar, "Are We Going to Make Money in This Fund?" *PEHub*（blog）, www.pehub.com/81521/are-we-going-to-make-money-in-this-fund.

② Thomas Meyer and Pierre-Yves Mathonet, *Beyond the J Curve：Managing a Portfolio of Venture Capital and Private Equity Funds*（West Sussex：John Wiley & Sons, 2005）.

（Allstate Investment）的另类投资总监彼得·基恩（Peter Keehn）说。①

关系矩阵内容广泛，错综复杂，如图 8.1 所示。因此，普通合伙人应该对比目标有限合伙人当前的投资组合来对其进行评价。尽管有限合伙人不会公开披露其投资组合，但肯尼思·范·黑尔（Kenneth Van Heel）提出了一个简单方法："和其他人一样，我们想建立人际关系。如果我收到一封电子邮件，问我们是否打算投资于早期阶段科技基金，我会毫不犹豫地坦率回答。"

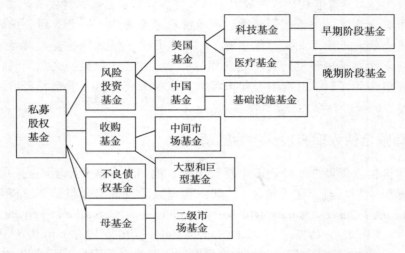

图 8.1 有限合伙人的私募股权投资组合示例——"拥挤的餐桌"

为规模为 500 亿美元的州养老基金管理投资组合的鲍勃·克隆（Bob Clone）指出："我们设计自己的投资组合，但通常我们总能找到容纳好机会的空间。我们对私募股权基金的子类别使用自上而下的方法，它们包括风险投资基金、收购基金、夹层基金、不良债权基金和成长权益基金。当我们增加一家新基金时，我对此类基金的配置比例会从 9% 变为 10%，因此差别并不大。但如果我们对某个部门的投资比重过高，比如拥有八家生物科技基金，我们就无法投资第九家生物科技基金，这是显而易见的。我们会观察每个子类别内的资产配置，以确保达到平衡。"

克里斯·杜沃（Chris Douvos）指出了在有限合伙人投资组合中新增基金

① AltAssets，"Instituional Investor Profile：Peter Keehn，Head of Alternative Investments，Allstate Investments，LLC，"June 29，2006，accessed February 20，2011，www.altassets.com/private-equity-features/by-author-name/article/nz8835.html.

的挑战："所有普通合伙人都像我的孩子一样：我爱他们所有人，但出于各种原因，他们让我彻夜难眠。我的钱有限。在餐桌上，我只能舀出这么多汤。如果你想分一杯羹，我就得把一个孩子送去上大学或少年感化院——我的餐桌很挤。如果你的策略是老一套，就无法吸引人。你打算施什么招让我把一个孩子送走？"

任何机构花在建立关系网上的时间都很长。在一项对 100 位著名机构投资者进行的调查中，只有约 40% 的受访者愿意考虑建立新关系。

"投资者已经投入了精力，完成了尽职调查，并许下了婚誓，"格斯·朗（Gus Long）说。对投资者而言，对现有关系追加投资更容易，这通常被称为补仓。对任何机构投资者而言，新基金经理都意味着更多工作、更多风险和更多不确定性。因此，多数新基金经理面临的竞争并非来自于其他与之竞争的新基金，而是来自于现有关系——或者按杜沃的说法："拥挤的餐桌"。

市场时机

任何投资策略都建立在市场条件成熟、随时可以被创业者和风险投资人（VCs）利用的前提上。但是，如果机构投资者没能作出反应，机会之窗往往就会关上。机构投资者经常对新市场机会感到厌倦，行动缓慢而谨慎。募集基金时，市场时机至关重要。投资者很快会指出："为什么我应该投资于你的基金？"并不如"为什么我现在就该投资？"这个问题重要。为什么我现在就该投资于你的基金？你的投资策略适合当前的市场环境吗？

"我们时常会在通常有序的投资组合结构中使用市场导向的机会主义方法，"[1]摩根·士丹利另类投资合伙基金（Morgan Stanley Alternative Investment Partners）的克里斯托夫·尼古拉（Christophe Nicolas）评论道。这是一家管理着超过 65 亿美元的母基金。图 8.2 显示了私募股权投资基金中不同的资产子类别如何竞相争夺投资者的资本。

---

[1] AltAssets，"Investor Profile：Christophe Nicolas，Executive Director，Morgan Stanley Alternative Ivestment Partners，" December 8，2009，accessed February 20，2011，www.altassets.com/private-aquity-investor-profiles/article/nz17499.html.

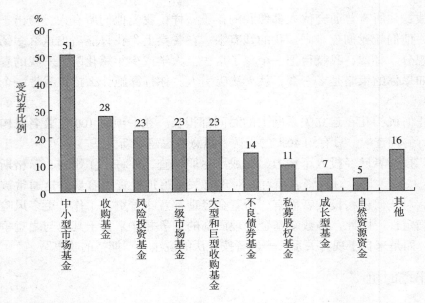

资料来源：Preqin，2013 年。

图 8.2　有限合伙人的理想投资对象

　　在有利的市场条件下，如果机构投资者希望重新平衡投资组合或者降低承诺投资额，基金经理可能就没有太多心情讨论募集基金的问题。"我们曾经几度退出投资关系，原因就是我们对某些类别的资产投资过多。有时，我们发现投资关系太多反而不利于有效监督，"范·黑尔（Van Heel）说。在另一些情况下，基金经理对募集新基金的时间选择主要取决于机会。"如果我刚完成一次大型退出之后马上就收到一份新基金文件，我会一笑了之。业绩或许看起来不错，但我们多数人不愿意理睬短期好消息，"一位机构投资者俏皮地说。

　　对于准备募集下一家基金的基金经理而言，市场时机很重要，但转变的幅度必须与有限合伙人的感受合拍。成功的基金募集与业绩和宏观市场条件密切相关。

有限合伙人为何会终结现有关系

　　格罗夫街基金（Grove Street Advisors）是一家管理着超过 60 亿美元资产的母基金（FoFs），该基金创始人凯瑟琳·克罗克特（Catherine Crockett）说："终结一段关系是最难的部分。"克罗克特和她的团队每年要筛选 500 多位基金经理，投资 5 亿美元。

终结一段关系的主要原因是业绩、合伙人动力和基金规模。

◎ **基金业绩：**当业绩停滞不前时，作出决策很容易。没人会补仓，说再见轻松得很。

◎ **合伙人动力与一致性：**当合伙人成功之后，他们就丧失了动力——欲望减退、志得意满的高级合伙人应该躺在沙发上，而不是出现在私募备忘录（Private Placement Memorandum，PPM）的显要位置。他们对这一次买卖已经不再有太大的关心。重要的是确保与所有投资委员会成员和初级成员共享回报。最后，合伙人需要了解最新市场趋势和技术进步。

"这是笔好交易，布拉德（Brad），你也是个好人，但我刚刚退出一段糟糕的有限合伙关系，我还有没准备好作出这种承诺。"

© *The New Yorker Collection from cartoonbank.com.* 版权所有。

◎ **基金规模：**成功的基金往往增长过快，变得过于庞大。有限合伙人担心，当基金变得臃肿时，将更难找到合适的投资机会并创造收益。实际上，小即是美。尽管随着更多有限合伙人找上门，成功的基金也会孕育出成功机会，但更聪明的有限合伙人会安静地从侧门离开。

在瞬息万变的世界中，市场在变化，产生收益的能力也在变化。"如果三个变量——投资团队、投资策略和市场环境——静止不变，那么做出补仓决策很容易。但是这些因素都在不断变化，"顶级资本（Top Tier Capital Partners）的莉萨·埃德加（Lisa Edgar）说。

募集基金是一项极具竞争性的工作。在一个案例中，400 多家基金竞争 800亿美元的总投资。[①]只有大约三分之一基金能吸引到资本。因此，任何基金经理都需要展现与众不同之处。

首只基金向机构投资者筹资的能力有限，但它们受某些母基金的青睐。历史表明，从小型基金起家，向高净值个人和当地基金会筹资并有业绩记录的基金经理能够实现成功。有限合伙人的"求爱"过程是一场漫长、缓慢的舞蹈。正如多数有限合伙人所言，引荐是最好的开始方式。融资代理的作用至关重要。新基金经理从首次接触到获得投资承诺的时间长度通常约为 12 个月，长则三年。

新基金总会受到最严格的审查。尽职调查的要求更高：调查内容包括业绩记录、背景等。"我们将每条相关信息送到资料室，让有限合伙人按他们希望的方式进行剖析，"夏斯塔投资（Shasta Ventures）的拉维·莫汉（Ravi Mohan）说。"我们不会选出一批引荐人，而是给出所有共过事的合作者。我们没有筛选——而是让他们决定给谁打电话。"最后，这个方法奏效了。夏斯塔投资在六个月后建立了基金 I。这家基金最后被超额认购。

最后，成功会催生成功。标杆资本基金 I 创造了令人艳羡的 92 倍现金回报率。标杆资本基金 II 的募集时间很可能短于基金 I。

---

① Preqin Investor Outlook：Private Equity，"The Opinions of 100 Leading Private Equity LPs on the Market and Their Plans in 2011."

> "人们最爱用这一种糊涂思想来欺骗自己;
> 往往当我们因为自己行为不慎
> 而遭逢不幸的时候,
> 我们就会把我们的灾祸归怨于日月星辰……"
>
> ——莎士比亚,《李尔王》,第一幕第二场

投资者主要在基金层面上评估业绩并将基金业绩与一系列基准进行比较。下面将考察业绩评估的不同方面和其中的挑战。但在我们分析基金业绩之前,首先让我们来分析个人业绩。

个人业绩与贡献

风险投资业的本质类似于跳伞———一小群人组成美丽的图案,但每名跳伞者都必须保持自己的姿势。他们经常会分成不同小组。尽管一些人能成功迎风翱翔,但也经常有坠落失事的状况。其余的跳伞者无法阻止坠落的伙伴,因此他们继续组成不同的图案。风险投资业在个人层面上的本质是竞争的,它是崇拜胜者、淘汰败者的游戏,个人品牌往往比公司品牌更重要。

谈到个人贡献时,风险投资人经常在个人简历中写上一连串成功经历。向有限合伙人(LPs)介绍个人业绩时,风险投资人通常会提供一页每家投资组合公司的案例研究。表9.1给出了另一种格式范例,该表总结了每位专家管理的投资组合公司。

个人业绩的衡量标准如下:
◎ 投资机会的数量与类型以及是否担任主导角色。
◎ 基金投资金额。

表 9.1　格式范例：风险投资人的个人业绩

投资组合公司的名称（投资日期）	投资金额与辛迪加投资者	投资主题	当前状况
加利福尼亚州圣克拉拉的蜘蛛云无线公司（SpiderCloud Wireless Inc.），（2013 年 2 月）信息科技	5 500 万美元查尔斯河投资（Charles River Ventures）、麦特里克斯合伙公司（Matrix Partners）、杰作资本（Opus Capital）	针对无线运营商的户内手机宽带网，帮助解决手持设备导致的网络过载问题。AT&T 等运营商能够满足办公场所手机宽带日益增长的需求	最近完成了 2 500 万美元的 B 轮投资。该公司被《华尔街日报》评为风险投资支持公司 50 强。可能通过出售给思科或瞻博网络（Juniper Networks）实现退出
印第安纳州印第安纳波利斯的精准目标（ExactTarget），（2009 年 5 月）信息科技	7 000 万美元巴特利投资（Battery Ventures），斯盖尔投资（Scale Venture Partners），科技汇投资（TCV）	用于电子邮件和社交网络营销的科技工具	该公司已经募集了 1.55 亿美元并准备了首次公开募股，但市场挑战仍很严峻。该公司处于快速成长阶段，在过去 12 个月完成了三笔收购

◎ 其他投资者的投资金额，包括公司介绍。

◎ 参与的董事会数量。

◎ 退出业绩与收益率。

谈到个人才能时，基金经理不仅应该抑制只介绍成功投资业绩的冲动，还应该做好详细介绍所有投资业绩的准备。"只拣好听的说有损于你的可信度：现实生活中，我们往往离知道真相只有几步之遥，"母基金复兴风险投资基金（Renaissance Venture Capital Fund）的基金经理克里斯托弗·里齐克（Christopher Rizik）说。对于投资者来说，重要的不仅是投资机会清单，还有普通合伙人（GP）的价值创造作用。才能挑战还会导致公司内部竞争并破坏和谐氛围。在英雄崇拜压过团队合作的行业中，很容易了解合作伙伴为何希望进入快速成长的投资组合公司的董事会。在一家基金中，一位希望一步登天的新合伙人把自己安排进一家快速成长的投资组合公司的董事会，挤走了更年轻的合伙人。这一行要求有敏锐的思想，而不是排挤人的手腕——年轻合伙人最终离开公司，另谋他职。曾经如日方升的机会可能很快烟消云散。投资者也非常熟悉这种聪明的手段。"浑水摸鱼者会很容易被识别出来；在多数情况下，找到机会并培养机会的人将成为首位董事。我们还会与所有投资组合公司的首席执行官谈话，验证基金经理的说辞。在这些讨论中，首席执行官会帮我们了解谁是真正的价值创造者，谁只会出现在圣诞节派对上，"肯尼思·范·黑尔（Kenneth Van Heel）说。

有限合伙人也要注意业绩不佳的情况。如果合伙人的业绩不尽如人意，有限合伙人会坦白地向更强大的合伙人讲出自己的担忧，甚至规定投资的先决条件。这将在有限合伙人承诺投资前剔除较弱的合伙人。例如，几位在其他著名基金公司中合作过的风险投资人建立了一家新基金。但当潜在有限合伙人对他们深入进行调查，他们头顶的光环立刻黯然失色。实际上，他们被挤出了自己的公司。"这些普通合伙人不是他们自己标榜的明星，"母基金格罗夫街基金（Grove Street Advisors）的克林特·哈里斯（Clint Harris）在接受高调资产（AltAssets）[1]的采访时说。[2]尽管如此，哈里斯说，一些有限合伙人还是在新基金门口迅速排起了长队，盼着向这些业绩不佳者投资。

基金业绩

有限合伙人严格评估基金层面的业绩记录和每位投资专家的贡献。衡量基金业绩的主要指标有两个：内部收益率（IRR）和现金（CoC）收益倍数。表 9.2 显示了独立的基金业绩，但有限合伙人通常既会评估独立业绩，也会与基准业绩进行比较；而且有限合伙人更愿意选择基准比较法。（见表 9.3，表中所有基金都是投资于美国某个地区的早期阶段基金。）

有限合伙人分析业绩数据的方法有很多种，但都是从收益率开始。"如果我们得到的不是总体业绩数字，而是每个投资组合公司的现金流，分析起来会容易得多，"与超过 75 个普通合伙人有合作关系的鲍勃·克隆（Bob Clone）说。有限合伙人经常抱怨数据共享程度无法令人满意。机构有限合伙人协会（Institutional Limited Partners Association，ILPA）制定了解决这些问题的基金业绩报告指引和模板。[3]

投资者既评估一般业绩指标，也评估具体数据。他们用不同方法分析这些数据，以了解风险和普通合伙人遵守规定策略的能力。

◎ **寻找机会**：机会是通过你的积极努力获得的，还是通过专属关系获得的？这些机会是否符合基金的核心投资标准？

◎ **投资分析**：对于成熟基金，有限合伙人将考察收益率并按照资金、年份、行业子部门、投资阶段、领投 / 共同领投角色和董事会任职情况等进行分析。"有时，基金的业绩记录可能是'一次性'事件造成的——我们希望看到基金在多个经济周期中持续呈现良好业绩，"范·黑尔（Van Heel）说。一次性事件也

[1] 译者注：一家重点关注私募股权业和风险投资业的金融新闻网站，成立于 2001 年。
[2] AltAssets, "Institutional Investor Profile: Clint Harris, Managing Partner, Grove Street Advisors," September 4, 2002, accessed February 20, 2011, www.altassets.net/features/institutional-investor-profile-clint-harris-managing-partner-grove-street-advisors.html
[3] 这些模板可以从以下网址下载：http://ilpa.org/ilpa-standardized-reporting-templates.

表 9.2　基金业绩示例：独立格式

公司	投资日期	实现日期	总投资（百万美元）	已实现收益总额（A）（百万美元）	未实现现值（B）（百万美元）	总价值＝A+B（百万美元）	收益倍数（×）	交叉内部收益率（%）
已实现投资								
成功投资	2008年12月	2009年11月	18.6	60.0	—	60	3.2	38.1
失败投资	2009年1月	2010年6月	8.20	1.0	3.1	4.1	0.5	NM
总计			26.8	61.0	3.1	64.1	2.39	24.2
未实现投资								
潜力投资	2009年3月	N/A	5.0		9.0	9.0	1.8	9.2
中间道路投资	2009年6月	N/A	8.20		4.1	4.1	0.5	NM
总计			13.2		13.1	13.1	0.99	NM
基金投资总额			40.0	60.0	17.1	77.1	1.92	24.2

（NM=无意义）

表 9.3　基金业绩示例：基准格式

基金	创始年份	基金规模（百万美元）	类型	重点投资地区	资本调用率（%）	分红与实现投资本之比（%）DPI	残值与实现投资本之比（%）RVPI	收益倍数（×）	净内部收益率（%）	基准内部收益率（%）	四分位排序	报告日期
阿瓦隆投资基金Ⅵ（Avalon Ventures Ⅵ）	1991年	9	早期阶段	美国	100.00	748.00	0.0	7.48	47.7	25.3	前四分之一	2010年3月31日
阿瓦隆投资基金Ⅶ（Avalon Ventures Ⅶ）	2004年	75	早期阶段	美国	94.6	1.2	95.6	0.97	-1.2	-4.6	前四分之二	2009年12月31日
阿瓦隆投资金Ⅷ（Avalon Ventures Ⅷ）	2007年	150	早期阶段	美国	36.5	0.0	378.5	3.78	182.0	-10.9	前四分之一	2009年12月31日

资料来源：改编自 Preqin，仅用作举例说明。

被称为"一记全垒打"，它是指一家投资组合公司创造出整个投资组合的大部分收益率。"风险投资业的确是全垒打者得天下，但我们的目标是剖析基金的整体方法和策略。有时，我们会从风险投资基金的投资组合中剔除异常者，并对其进行压力测试，以了解投资组合其余部分的表现。在泡沫时期，我们甚至会更进一步——我们会剔除业绩排在最前两位和最后两位的公司，考察收益率的稳健性。"砍掉两个极端让严格的投资者可以更平衡地审视投资组合。有些有限合伙人同意用这种方法对收益率进行压力测试。还有些人不一定认同这种方法。"你投资风险投资基金是为了其中业绩最好的公司：基金也好，企业也好，行业也好，收益率都来自前十分之一。收益率没有持续性，"费舍尔·林奇资本（Fisher Lynch Capital）的铂金斯（Perkins）说。一些有限合伙人还希望评估亏损比率：亏损金额与基金规模之比。该比率受投资部门和投资阶段的影响。例如，早期阶段科技基金的亏损比率可能高达 50%。晚期阶段医疗基金的亏损比率可能较低。"高于 20% 的亏损比率就会让我紧张，"机构投资者伊戈尔·罗森布利特（Igor Rozenblit）说，他投资的风险投资基金亏损比率为 3%。

投资者寻找所有数据来预测普通合伙人创造持续收益率的能力。"我们使用多种数据——从自己的内部文件开始，考察基金的季报、网络研究报告，参加业界会议和投资组合公司会议——进行多角度评估。这种评估提高了我们对公司实现理想收益率概率的预测能力，"莉萨·埃德加（Lisa Edgar）说。预测未来业绩对任何投资者来说都是艰巨的挑战，但普通合伙人需要准备好说明他们现在就能取得成功的原因。"如果你无法令人信服地答出你计划如何创造持续收益率，就不该费力去敲任何人的门，"斯丹威治咨询公司（Stanwich Advisors）的格斯·朗（Gus Long）说。

比较基准

投资者会比较基金业绩与整个风险投资资产类别产生的总收益率。例如，如果某年成立的基金产生了 24.2% 的内部收益率，投资者就应该比较该收益率与相应的基准收益率。

以下是选择基准收益率的一些注意事项：

◎ **创始年份：** 基金经理可能愿意提到他开始募集基金的创始年份而非最终交割年份。

◎ **基准来源：** 数据来源很重要，基准的选择也很重要。多家数据提供商，包括康桥汇世（Cambridge Associates）、Preqin 和 *Venture Economics* 都收集收益率数据。基准的来源可能同样庞大。聪明的基金经理会将自己定位为下列类别基金的明星：

- 所有私募股权基金
- 所有风险投资基金
- 所有早期阶段风险投资基金
- 所有早期阶段科技风险投资基金
- 合适创始年份的所有北美早期阶段科技风险投资基金

◎ **已实现价值与未实现价值：** 当你试图比较苹果和橘子时，数据可能会变得混乱。未实现收益率往往会转化为风险：私人公司股票价值经常会大幅波动。

◎ **数据真实性 / 自我报告：** 由于风险投资业要求自我报告，心存怀疑的有限合伙人指出，风险投资业最差的基金经理和最好的基金经理从不报告他们的数据——只有平庸的基金经理会报告数据。母基金旗帜资本（FLAG Capital Management）的高管黛安娜·弗雷泽（Diana Frazier）说："最优秀的基金经理不会把他们的数据提交给任何数据库。"因此，在试图评价创始年份的真实业绩时，这又增加了一层复杂性。罗森布利特（Rozenblit）说："由于真实性问题，我们从来不使用任何公开数据库。我们建立了自己的内部评估工具，它为我们提供了一些非常有力的信息。我相信多数有限合伙人都有类似的内部工具。"罗森布利特的公司每年至少收到 200 份私募备忘录（CPPMs）。他的分析师会输入这 200 家公司的所有投资数据，建立大型数据库，并用多种方法分析这些数据。里齐克（Rizik）对情报真实性的建议是：

"很简单，给我看你做的每笔投资。如果我们发现任何猫腻，那就没戏了。普通合伙人应当实话实说，对过去直言不讳。"

业绩指标：内部收益率、现金收益倍数、总价值与实收资本之比还是分红与实收资本之比？

麦肯锡进行的一项非正式调查发现，只有 20% 的高管了解内部收益率的重要缺陷。[1]

内部收益率有其吸引力，它提供了一种看上去直观的比较方式，比如将 30% 的内部收益率与 8% 的内部收益率相比。内部收益率看上去很不错，但它在计算中没有考

---

① John C.Kelleher and Justin J.MacCormack，"Internal Rate of Return：A Cautionary Tale，"McKinsey Quarterly，October 20，2004，accessed February 20，2011，www.cfo.com/printable/article.cfm/3304945.

虑投资者的再投资风险和转投其他投资机会的情况。

由于内部收益率表示为百分比，因此小额投资可能产生三位数的内部收益率。尽管这起初看来很有吸引力，但从净现值（NPV）角度看，内部收益率较低的大额投资可能更有吸引力。将内部收益率解释为给定投资的年等效收益率简单而直观，但它只在没有期间现金流时才成立。多数风险投资可能都是这种情况，但在生物科技或制药类风险投资的退出中，内部收益率可能很容易在协商盈利能力付款计划时产生误导。

母基金（FoF）旗帜资本指出，有限合伙人经常通过综合分析内部收益率（一种金额加权收益率，受现金流产生时间和规模的影响）、现金收益倍数、总价值与实收资本之比（TVPI）或分红与实收资本之比（DPI）衡量基金业绩。每个指标都能反映不同内容，独立来看都很重要。但没有哪个指标能全面反映业绩。①

资料来源：McKinsey Quarterly and FLAG Capital Management（详见章末附注）。

公开市场等价

尽管内部收益率和现金收益倍数是主要指标，但公开市场等价（Public Market Equivalent，PME）也能衡量风险投资基金相对于标准普尔 500 指数（一种公开市场业绩指数）投资的业绩。如果风险投资基金的公开市场等价大于 1，投资者投资于风险投资基金的业绩就优于投资于公开上市股票的业绩。

芝加哥大学布斯商学院（Booth School of Business）的教授史蒂文·卡普兰（Steven Kaplan）研究了不同的风险投资数据来源，例如 Preqin、康桥汇世（Cambridge Associates）和《风险投资经济学》。他的结论是，Preqin 和康桥汇世的数据集最接近机构有限合伙人观察到的实际数据，后者在博格斯（Burgis）中管理他们的数据集。博格斯的数据集真实得多，因为它完全来自于机构投资者（有限合伙人），博格斯的系统为他们提供记录和业绩监控服务。这项服务为 200 多个机构投资者投资的近 1 400 家私募股权基金记录了详尽确实、经过交叉检验的投资历史。②通过比较博格斯多年来的数据，表 9.4 给出了一些结论。30 年来，风

---

① FLAG Capital Management, "Behind the Benchmarks: The Art of Private Capital Performance Assessment," November 2009, accessed February 20, 2011, http://www.flagcapital.com/media/3870/insights_2009_november_-_behind_the_benchmarks.pdf

② Robert S.Harris, Tim Jenkinson, and Steven N.Kaplan, "Private Equity Performance: What Do We Know?" (July 2013). *Journal of Finance*, forthcoming; Fama-Miller Working Paper; Chicago Booth Research Paper No. 11-44; Darden Business School Working Paper No.1932316. Available at SSRN: http://ssrn.com/abstract=193216 or http://dx.doi.org/10.2139/ssrn.1932316

险投资基金的表现平均优于标准普尔 500 指数，其中 20 世纪 90 年代的表现轻松超过标准普尔 500 指数，而 20 世纪 80 年的业绩稍好于标准普尔 500 指数。

▶ 公开市场与私募市场：为什么公开市场等价很重要

公开市场等价是最简单、最有效的风险投资业绩指标。假设一位投资者对一家风险投资基金投资了 1 亿美元，并获得了 2 亿美元收益。相比之下，如果这位投资者在相同时期内对标准普尔 500 指数投资 1 亿美元，他将获得 2.07 亿美元收益。因此，总公开市场等价 =2 亿美元 /2.07 亿美元 =0.97，净公开市场等价 =1.80 亿美元 /2.07 亿美元 =0.87。在这个例子中，投资者投资于该风险投资基金将产生损失。

表 9.4　风险投资基金的业绩是否优于公开市场

创始年份	数据集中的基金数量	已实现资本（%）	内部收益率 *	投资收益倍数	公开市场等价
平均值	775	85.8	19.3	2.46	1.45
21 世纪头十年	423	33.0	0.3	1.07	0.95
20 世纪 90 年代	251	97.8	38.6	3.76	2.12
20 世纪 80 年代	101	100.0	15.8	2.37	1.08

* 内部收益率为加权平均值（每家基金的承诺投资额占每个创始年份的总承诺投资额之比）。

资料来源：Robert S. Harris，Tim Jenkinson，and Steven N. Kaplan，"Private Equity Performance：What Do We Know?" *Journal of Finance*（July 2013）.

寻找最优秀的四分之一经理

对所有风险投资基金而言，跻身于同类中的前 25% 都是梦寐以求的。有限合伙人和普通合伙人将这个黄金点视为最理想的位置。研究表明，前四分之一公众股权（Public Equity，PE）基金能保持业绩并产生比股票指数基准高 50% 的收益率。[1]在一项研究中，前四分之一公众股权基金在 25 年中创造了 39% 的年收益率——是同期标准普尔 500 指数（12.1%）和纳斯达克指数（12.3%）收益率的三倍多。[2]表 9.5 和图 9.1 进一步证明了两种极端情况之间的差异。尽管图 9.1

---

[1] Oliver Gottschalg and Robert M. Ryan，"Advanced Private Equity Benchmarking，" Private Equity International，February 2008，accessed February 20，2011，www.peracs.de/report/PEI_61_Guest5.pdf.

[2] Private Equity Growth Capital Council，"Private Equity FAQ，"July 2008，accessed February 20，2011，www.pegcc.org/just-the-facts/private-equity-frequently-asked-questions.

为 2001 年的数据，但它说明选择基金经理造成的内部收益率差异远远比其他指标更明显。由于差别如此巨大，有限合伙人显然会寻找最优秀的基金经理。

表 9.5　最好与最差：风险投资基金的业绩差异

创始年份	内部收益率最大值	内部收益率最小值
2003	21.1	−4.6
2002	43.2	−27.7
2001	29.0	−100.0
2000	29.0	−25.4
1999	18.0	−40.6
1998	1 025.1	−46.1
1997	213.0	−35.0
1996	133.3	−33.3
1995	447.4	−19.9
1994	73.2	−23.2
1993	87.4	−14.8
1992	110.4	−20.1
1991	346.4	1.2

资料来源：Preqin Median Benchmarks，数据截至 2009 年 9 月，为来自所有地区的风险投资基金类别中 648 家基金的计算结果。收益中扣除了管理费、费用和附带权益。

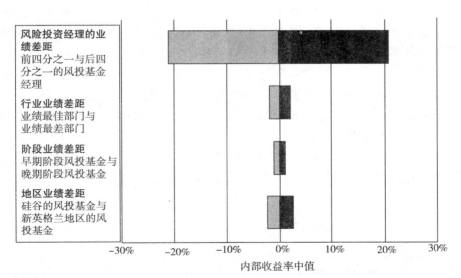

资料来源：General Motors Investment Management Company。

图 9.1　基金经理的选择与收益率差异：选择基金经理比其他一切都重要

无疑，收益率出众的公众股权基金 / 风险投资基金是极具吸引力的投资——投资者为了最大化收益率而优中选优。耶鲁大学的戴维·斯文森（David Swensen）写道："选择私募市场上最优秀的四分之一经理能获得高得多的回报——前四分之一风险投资人的年收益率超过中值 30.1%，对投资组合业绩作出了巨大贡献。"[①]

凯利·德蓬（Kelly DePonte）称，投资者最看重的是接触高业绩基金的能力。[②]但是多数投资者很难接触到最优秀的基金。少数基金能持续创造卓越收益率。这种业绩的最大受益人是大型机构——公共养老基金和私人养老基金、捐赠基金和基金会——它们的公众股权投资业绩胜过了公开市场指数。

一家规模数十亿美元的法国机构投资者是经营多种金融产品、颇具实力的金融机构，该公司来到硅谷，急切希望与业绩排在前四分之一的基金建立关系，却受到冷遇："打了几个电话后，一家一流风险投资基金同意与我们会面。他们分享的全部信息就是一张净收益率报表。没有投资组合公司或投资额的细节，没有总收益率。我们也没有得到更多的尽职调查资料。显然，这家基金对尽职调查过程惜字如金，也隐瞒了费用收入。他们这种爱要不要的态度体现出供求状况。"[③]这家法国投资者放弃了投资于这家排名前四分之一的基金的机会。

所有基金经理的业绩都优于平均值

按旗帜资本（FLAG Capital Management）的说法，声称自己位列前四分之一的现象类似于乌比冈湖效应（Lake Wobegon Effect），即所有基金经理的业绩都高于平均值。"和多数有限合伙人一样，我仍在等待'另 75%'出现——没人知道他们在哪儿，"母基金复兴风险投资基金（Renaissance Venture Capital Fund）的基金经理克里斯·里齐克（Chris Rizik）打趣地说。

人们发现，为了跻身于前四分之一，77% 的公众股权基金修改了关键数据，如选择的参考基准和对基金创始年份的定义。[④]在这方面，一位有限合伙人嘲讽道："当然——你自己选择基准，与在 10 月某个周一满月最明亮的时候退出的所有基金相比时，任何基金的业绩都会是前四分之一。"

① David F. Swensen, *Pioneering Portfolio Management: An Unconventional Approach to Institutional Investment*（New York: Free Press, 2009）, 75.

② Kell Deponte, "Lack of Access to Top Funds Is No.1 LP Concern," *Venture Capital Journal*, May 1, 2007, accessed February 20, 2011, www.probitaspartners.com/pdfs/Lack_of_Access.pdf.

③ 不愿透露名字的机构投资者与作者的讨论，2010 年 9 月。

④ FLAG Capital Management, "Behind the Benchmarks".

　　确定业绩基准的标准存在不一致性和不确定性，而且判别前四分之一私募基金的指标也有很大差异。尽管公众股权基金经理可以参考标准普尔 500 指数等指标，但私募基金经理没有简单明了的基准可供参考。旗帜资本在新闻稿中进一步指出"前四分之一基金可能意味着其最新基金的净内部收益率为所属基金类别的前 25%"或者基金的"现金收益倍数"为所属基金类别的前四分之一。但当你考虑更细致的标准时，情况可能变得复杂。例如，收益率诱人的基金如果快速变现，现金收益倍数可能很低。基金也可能业绩预测令人瞩目，但不分配现金。风险投资公司可能拥有多家业绩强劲的基金和一家业绩糟糕的基金，如果把后者剔除，就能提升其他基金的业绩，使其跻身于梦寐以求的前四分之一。实际上，从历史业绩中剔除某些投资以提升业绩指标是基金常用的把戏。①

　　由于公众股权基金没有完美的业绩基准，投资者无法一直作出准确的投资决策。咨询公司柏拉克斯（Peracs）的创始人之一奥利弗·戈特沙尔格（Oliver Gottschalg）这样说："从某种程度上讲，跻身于'前四分之一'之列不是有意义的普通合伙人质量评价标准。"②评价业绩既是一门艺术，也是一门科学。由于存在这些挑战，有限合伙人势必需要更好的指标。

　　但正如旗帜资本指出的事实，业绩最优秀的基金经理没有动机提供业绩数据。而业绩最差的基金经理会掩盖数据以避免陷入尴尬。剩下的只有市场上中等基金经理的数据。有限合伙人都会遇到这个难题——最后可能是"矬子里面拔将军。"从节选自旗帜资本通讯《深度解析》（Insights）的文字中，你可以感受到这种挑战：

　　确定业绩基准时的一个重大问题是搜集和汇总财务数据，因为私人公司缺少透明度和公开披露的信息。通常，这种数据包含在季报中，而季报只发送给一部分人。另一个信息来源是基金经理本身自愿披露的信息或者客户或咨询服务公司的业绩报告。专业投资顾问常常会编制业绩基准，但这些基准也有缺陷，因为其中一大部分基金往往来自于高质量基金经理，而他们的基金正是公司希望向客户推荐的基金。另一个内在问题是，来自养老基金等大型机构投资者的数据往往是根据大型基金比例过高的样本编制的。

　　不管来源为何，显著的偏差都会对建立数据基准的工作造成负面影响。依赖难以获得的数据来源或有选择的数据来源导致公众股权基金的样本不具代表性。最后，报告动机也可能产生误导。

---

① FLAG Capital Management，"Behind the Benchmarks".
② 同上。

以一流基金经理的选择为例。他们没有动机向指数提供基金数据，这样做只会抬高基准，让自己的基金业绩看上去比同行更差。另一方面，业绩糟糕的基金经理也没有动力向第三方披露数据，因为他们不太可能再募集另一家基金。正如一位有限合伙人的评论："成立两家业绩糟糕的基金，你就出局了。"

因此，现有的业绩基准是投资者所能获得的最好的基准，但需要以谨慎态度对待它。业绩评价仍然很重要；关键是谨慎选择基准，尤其是对普通合伙人自己选择的基准。有限合伙人应该深入分析基金经理的业绩记录、找出绝对水平和相对水平的定量和定性业绩指标，并密切监督基金除了静态指标（如看似不可违反的前四分之一基准）以外的表现。①

---

① FLAG Capital Management，"Behind the Benchmarks".

新兴基金经理：美好前景 | 第十章

"我们最好的投资是对一家首只基金的投资。"[1]

——谢尔盖·舍舒亚克（Sergey Sheshuryak），

母基金（FoF）雅登投资（Adamsstreet Partners）

　　脸谱网（Facebook）的第 40 名员工、风险投资基金社交资本（The Social+Capital Partnership）的创始人查马斯·帕里哈皮蒂亚（Chamath Palihapitiya）是一位打破传统因而广受欢迎的风险投资人。机构投资者可能会给他贴上"新兴基金经理"的标签。在 2012 年硅谷最有影响力的 100 人名单中列第 39 位的帕里哈皮蒂亚生于斯里兰卡。[2]他的家人为了躲避内战移民到加拿大。在滑铁卢大学（University of Waterloo）获得电子工程学一级荣誉学位后，他搬到了加利福尼亚州。创办风险投资基金社交资本之前，他曾在美国在线（AOL）和脸谱网担任高管。他加入脸谱网时，该网站的用户刚刚超过 5 000 万名。他离开脸谱网时，该网站已经有了 7.5 亿名用户。在脸谱网时，他个人曾经投资于游戏公司游多（Playdom）和软件公司立体桌面（Bumptop）等初创企业。他的投资获得了回报：迪士尼购买了游多，立体桌面卖给了谷歌。这些投资的回报和脸谱网的经历在他心中种下了投身风险投资人（VC）的想法。

　　"最优秀的风险投资人就像最优秀的创业者——他们可以快速筹到钱。查马斯有过硬的产品市场技能，作为脸谱网的第 40 名员工，这项技能得到了进一步磨练，"一位机构投资者说。帕里哈皮

---

[1] AltAssets.com interview，2008.

[2] The Silicon Valley 100，*Business Insider*，www.businessinsider.com/the-silicon-valley-100-2012-1?op=1.

蒂亚用天使投资加上他自己投资的大约 6 000 万美元（占资本的 20%）创建了自己的基金。

　　和典型的风险投资公司不同，社交资本不是由几名基金经理组成，由一群被动的机构投资者投资，而是像投资者公社一样经营。帕里哈皮蒂亚给自己开的是固定工资，没有奖金激励。他的理念是，传统风险投资公司太过重视奖金，而这种机制是由投资者驱动的。他认为，这种传统结构促使基金经理追求多筹资，快退出。相反，固定工资加上自己重金投资有助于将重点放在长期目标上，并投资于真正有信心的领域。帕里哈皮蒂亚将自己看作积极投资者，希望打破传统的风险投资方法，他认为传统风险投资方法漏洞很多而且不透明。帕里哈皮蒂亚在某次全国大会上发言时尖锐地指出，初创企业的质量处于历史低点，人们都不注重解决"实际"问题。他提出，正确配置的风险投资可以解决世界上最大的问题，并能提振全球正在降低的科学热情。社交资本的投资主要限于三个部门——医疗保健、金融和教育服务。帕里哈皮蒂亚尤其看好医疗保健，并希望借平价医疗法案（Affordable Care Act）承诺的 5 万亿美元支出获利。他还是一名热衷于扑克的玩家，最近他参加全球首个百万美元奖金扑克锦标赛的消息成为了新闻。他的推特——"我改变了生活。我还有一架飞机"——很好地总结了他的人生观。

　　然而，对于多数机构投资者和有限合伙人而言，帕里哈皮蒂亚是一位新兴基金经理——持续获得卓越收益率的能力有待证明的基金经理。以拱门投资（ARCH Venture Partners）的创始人史蒂文·拉扎勒斯（Steven Lazarus）为例。当拉扎勒斯开始募集拱门投资基金 I 时，投资者说"你连业绩记录都没有。"[1] 这些投资者将拉扎勒斯归为新兴基金经理，对他不予理会。拱门投资基金 I 进行了四次首次公开募股和四次收购，创造了 22% 的内部收益率（IRR）。[2]

　　瞬息万变的风险投资业给投资者提供了从主流风险投资公司以外获得投资的新机会。对于投资者而言，在有名气的基金经理和新兴基金经理之间取得平衡并稍微偏向于新兴基金经理日益成为常规做法。建立由著名基金经理和新兴基金经理管理的混合投资组合时，投资者可以使投资组合动态化、分散化，以确保在长期实现风险调整后收益率。

---

① Robert Finkel and David Greising, *The Masters of Private Equity and Venture Capital*（New York：McGraw-Hill，2009），210.
② Steven Lazarus，"From IP to IPO，Key Issues in Commercializing University Technology，" in "The VC View，" supplement，*Intellectual Asset Management Magazine*，March 2005，accessed March 12，2011，www. archventure.com/archview.html.

人们经常用几条标准识别新兴基金经理。[①]凯利·德蓬（Kelly DePonte）称，他们可能是"首只基金、首次投资者"——一群缺乏重大投资经验的专业人士。他们还可能是一群有经验，但缺乏团队合作业绩记录的专业人士。还有些基金经理是从现有成熟基金中分出来另起炉灶的。有逐笔交易筹资经验并积累了业绩记录的合伙人是募集基金的合适人选。

但是，有限合伙人（LPs）更喜欢有经验的投资者。正如斯丹威治咨询公司（Stanwich Advisors）的格斯·朗（Gus Long）指出的："首支基金是可以接受的，但首次投资者不可接受。"随着风险投资基金的成长，合伙人需要处理激励分享和后续问题。[②]这些问题可能导致更优秀的合伙人离职并创建新公司，在那里他们能更好地掌控自己的命运、品牌和资金。

最后，在风险投资和私募（PE）市场上习惯性被忽视的女性和少数族群也常被称为新兴基金经理。

有限合伙人寻觅新兴基金经理的原因

新兴基金经理能为投资者提供独特的优势，从而在许多方面弥补他们的不足。

期权

帕克街资本（Park Street Capital）的肯尼思·史密斯（Kenneth Smith）说："我寻找新兴基金经理的主要方法是找出很难接触到的最新基金中业绩极为优秀的经理。"[③]他们通常更有雄心，渴盼着投资于新平台或巴西和中国等新兴市场。格罗夫街基金（Grove Street Advisors）提出了一种建立新兴基金经理组合的简单有效的方法（见图10.1和图10.2）：进行小额投资，并随着业绩提高增加投资规模。克罗克特（Crockett）解释道："能够支持花岗岩全球投资（Granite Global Ventures，GGV）是我们的幸运。格罗夫街基金是GGV基金I的早期投资者，它为中国的许多著名公司——如阿里巴巴——提供了资金支持。对GGV和格罗夫街基金来说，这都是不能再好的时机。"

---

① Kelly DePonte, "Emerging Managers: How to Analyze a First-Time Fund," accessed February 20, 2011, www.probitaspartners.com/pdfs/emerging_manager_due_dilingence_2005.pdf.

② Grove Street Advisors, "Case Study 1," May 10, 2001, accessd February 20, 2011, www.grovestreetadvisors.com/news/gsa_case_study_01.pdf.

③ 肯尼思·史密斯在风险投资阿尔法西部大会（Venture Alpha West）上的讲话，2013年10月。

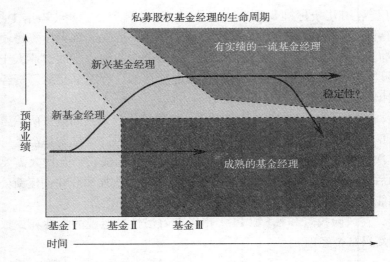

资料来源：Grove Street Advisors。转载已得到许可。

图 10.1　母基金的新兴基金经理配置

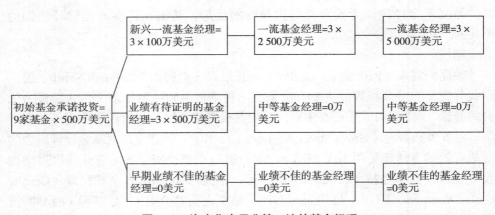

图 10.2　资本集中于业绩一流的基金经理

资料来源：Grove Street Advisors。转载已得到许可。

创意、雄心与业绩

　　母基金景顺（Invesco）的凯尔文·刘（Kelvin Liu）写道："由于他们都没有经历过业绩低迷的历史挑战，因此能采用独特的投资策略。"[1]作为资本市场中的标新立异者，他们的动力通常更强。

① Kelvin Liu，"The Growing Importance of New and Emerging Managers in Private Equity，"accessed February 20，2011，www.institutional.invesco.com/portal/.../II-IPCEM-IVP-1-E%5B1%5D.pdf.

GGV 的创始人之一哈尼·纳达（Hany Nada）说："我们创建 GGV-I 时，是在 2001 年互联网泡沫崩溃之后——那是建立新基金最困难的时期之一。我们令人信服的投资策略是一个重要因素，但我们能挺过困难经济时期的唯一原因是我们'全力以赴'——为了让这家基金成功，我们 110% 地投入。我们背水一战，没有 B 计划。有限合伙人能感受到这种决心。"

因此，新兴基金经理更热衷于实现高业绩，这导致他们刚起步就变为头脑敏捷的决策者。凭借创业敏感，他们常常能抓住让更有经验的同事犹豫不决的市场机会。从许多方面讲，他们都比大型市场参与者动作更快，由于他们负担更少，因此明智的投资将让他们获利更多。

业绩不佳的基金经理希望证明自己，他们与投资者合作时往往更加灵活，因此与投资者的利益一致性更高。有限合伙人和投资者在这些基金中的份额往往较高——高于典型的上限：10%。投资者拥有权力后，就能对决策、投资条款和费用施加影响。[1] "我们不在意在基金中的份额不成比例——某些情况下，我们对 4 000 万美元的基金投资 500 万美元，而在另一些情况下，我们对 5 000 万美元的基金投资约 1 900 万美元，"行健资本集团（StepStone Group）的约翰·科埃略（John Coelho）说。[2]

通常，新兴基金经理有不同的文化思维方式。他们开放得多，有些人在博客上分享自己的观点，生活方式透明。他们经营企业的方式让成熟的基金经理显得平淡乏味甚至是落伍。

对新兴基金经理的一个常见错误认识是，他们缺少经验和业绩记录。机构有限合伙人普遍认为投资于新兴基金经理的风险很高，因为他们被认为是能力欠缺、缺少实践检验、没有经验的初学者。新泽西州普林斯顿的卢姆逊咨询集团（Rumson Capital Advisors）发现，创造出排在前四分之一的收益率的新公司不到 7%。[3]实际上，主宰一切的大公司对他们不屑一顾，认为他们只是无足轻重的一小群。

所有这些特征——较小的基金规模、对非传统投资策略的偏好、动力和创新——让新兴基金经理在追寻不同成功道路的投资者中脱颖而出。[4]

---

[1] Ann Grimes, "New Kids Arrive On the Venture-Capital Block," *Wall Street Journal*, February 25, 2005, accessed February 20, 2011, http://online.wsj.com/article/0, SB110928737299763683, 00.html.
[2] 约翰·科埃略在风险投资阿尔法西部大会（Venture Alpha West）上的讲话，2013 年 10 月。
[3] Ann Grimes, "New Kids Arrive on the Venture-Capital Block."
[4] 同上。

七年内创造价值 43 亿美元的 47 笔退出

短短七年内，法利思投资（Felicis Ventures）的艾丁·森库特（Aydin Senkut）投资于全球部分著名公司并完成了 47 笔退出，创造了 40 亿美元价值。这一业绩使他迅速跻身于福布斯最佳创投人排行榜（风险投资业名人榜）最有前途的风险投资人前十位。

"身为移民，我们必须努力工作适应这个行业，我们非常努力，"森库特说。他出生于伊斯坦布尔，能说五门语言，包括土耳其语、葡萄牙语、德语和法语。作为谷歌首位国际产品经理，他创建了谷歌前十家国际网站，并在谷歌翻译服务中起到重要作用。后来，他转向国际业务开发。七年后，他离职并创建了法利思投资，投资额仅为 450 万美元。

七年时间里，法利思投资于 90 多家公司，现在管理着超过 1.1 亿美元资产。建立第一家天使基金四年后，法利思建立了一家规模为 4 100 万美元的超级天使基金，该基金超额认购了 30%。两年后，森库特重回市场，建立了一家规模为 7 000 万美元的小型基金，该基金超额认购了 42%。借助 47 笔总额为 43 亿美元的退出，森库特在早期阶段基金领域声名大振。

投资者如何对新兴基金经理排序

有限合伙人很少只因为普通合伙人（GP）属于新兴基金经理而作出投资决策——这给了普通合伙人机会，是个好开始。如图 7.1 所示，啄食顺序（pecking order）决定了募集机构基金的可能性。

有限合伙人起用新兴基金经理的基本风险是职业风险。毕竟，有限合伙人为什么要拿资本（和工作）冒险去与没有实绩的基金经理打交道？"投资于基金 V 要安全得多，"行健资本集团（Step Stone Group）的约翰·科埃略（John Coelho）说。[1]影响有限合伙人的因素包括：

◎ 区分市场炒作与市场现实的能力
◎ 扎实的知识基础／专业领域敏感性
◎ 独树一帜的基金策略
◎ 保持差异性：其他竞争投资者的进入障碍
◎ 团队动力与凝聚力

---

[1] 约翰·科埃略在风险投资阿尔法西部大会（Venture Alpha West）上的讲话，2013 年 10 月。

新兴基金经理基金的噪声信号比率很明显。"过去八年中，我们考察了1 100家新兴基金经理基金，只投资了其中36家，"景顺私人资本（Invesco Private Capital）的总监阿米特·蒂瓦里（Amit Tiwari）说。[1]一些基金经理费尽心思挤进"新兴"类别以期获得有限合伙人的注意，但这种策略不一定有利。被一家基金烦扰许久后，一位有限合伙人尖刻地评论道："你们做新兴基金经理做得太久了——当你们真正成为不太新的新兴基金经理时再给我打电话！"

机构投资者的新兴基金经理配置

新兴基金经理往往受高净值个人、家族理财会所和政府基金而不是某些机构投资者的青睐。[2]

母基金对新兴基金经理的态度更开放并且有具体要求（见图10.3）。大型机构投资者，如加州公务员退休基金（California Public Emplyoyees' Retirement System，CalPERS）和加州教师退休基金（California State Teachers' Retirement System，CalSTRS）积极投资于新兴基金经理领导的基金。这种做法被称为"建立能利用加利福尼亚和美国的人口变化和新兴人才的投资组合"。[3]对于加州公务员退休基金和加州教师退休基金的投资负责人来说，这个决策让受益人可以接触未开发的活跃市场。加州公务员退休基金的首席投资官拉塞尔·里德（Russell Read）指出："很容易错过仍然苦苦筹资的新兴公司……多数大公司都是从小市场开始的，我们希望从它们所在的资产类别中选出这些小公司。这样，我们以后就不必在大市场中排队等待它们的服务。"[4]根据对有限合伙人的调查，在全球排名前100的有限合伙人中，有42%愿意考虑首只基金。投资者与新兴基金经理合伙有许多好处——提前接触到行业领导者，获得更高的收益率，更高的专享交易比例，以及以最大化利润而不是增加管理资产为重的管理理念。[5]

---

① 阿米特·蒂瓦里在风险投资阿尔法西部大会（Venture Alpha West）上的讲话，2013年10月。

② Jean-Pierre Pipaud，"Emerging Managers：Elizabeth Flisser, Capital Zasset Management," *Emerging Managers Incubation*（blog），September 22, 2008, http://emerging-managers.blogpot.com/2008/09/emerging-managers-elizabeth-flisser.html.

③ "CalSTRS AND CalPERS Unveil Emerging Managers and Financial Services Database," January 17, 2007, accessed February 20, 2011, www.calsters.com/newsroom/2007/news011707.aspx.

④ 同上。

⑤ Women in Investments, Alternative Investment Management Program（CalPERS）presentation, February 10, 2009, www.calpers.ca.gov/eip-docs/.../womens/.../wiic-private-equity.pdf.

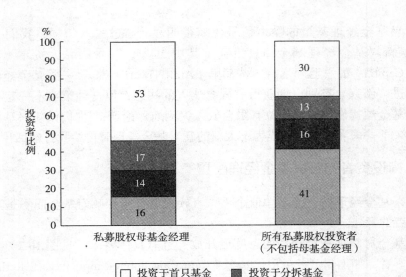

资料来源：Preqin.

图 10.3　有限合伙人对首只基金的投资偏好

养老金表现出对新兴基金小众代表的坚定支持。因此，"新兴"的定义扩展到包括人口因素和业绩在内。加州教师退休基金的另类投资管理（AIM）计划明确表示，其目标是投资于女性拥有或少数族群拥有的基金。加州教师退休基金的投资负责人与景顺私人资本组成合伙公司，代表州教师养老基金投资 3 亿美元，为期五年。景顺的总监兼首席执行官克里斯廷·勃兰特（Kristine Brandt）说："近年来，经济日益全球化，因此你必须具备全球化思维……如果普通合伙人内部没有多元化，那么多元化思维从何而来？为了打造更优秀的公司，为了抓住下一个新锐产品投资机会，我真的认为需要多元化。"①

两个新兴基金经理的故事

有两家基金成立于同一年和同一个地区，但它们的道路截然不同。两家基金都有一个良好的开端。

某州经济开发局承诺投资于两家早期阶段基金，有 12 家基金申请。两家基

---

① Sara Behunek and Mary Kathleen Flynn，"Closing the VC Gender Gap，" *The Deal*，July 2，2010，accessed February 20，2011，www.thedeal.com/newsweekly/dealmakers/weekly-movers-and-shakers/closing-the-vc-gender-gap. php.

金最终入围，它们 25% 的基金投资来自于州政府。最终，州政府的收益率为投资的 1.5 倍。因此，如表 10.1 所示，其他有限合伙人可以按比例分配高于 1.5 倍的超额收益率。

这个例子很好地说明了州政府如何刺激早期阶段风险投资的发展。在这种模式中，州政府可以设定收益率上限，刺激私人部门积极参与。

假设规模为 1 500 万美元的基金创造了 4 500 万美元收益，即现金收益倍数为 3 倍。该基金从州政府获得了 500 万美元投资，州政府的收益率上限为 1.5 倍。在州政府得到 750 万美元后，投资者就可以分享剩下的资本，这可以使它们的收益率提高 25%。

表 10.1　有上限的有限合伙人收益率促进了新兴基金经理的发展

	收益（美元）	
	上限为 1.5 倍	无上限
资本收益率	15 000 000	15 000 000
利润	30 000 000	30 000 000
有限合伙人的分成比例为 80%	240 000 000	24 000 000
州政府份额	2 000 000	8 000 000
可供其他有限合伙人分配的余额	21 500 000	16 000 000
有限合伙人的超额收益率	25.58%	None

结果，休伦河投资（Huron River Ventures）和密歇根加速器基金（Michigan Accelerator Fund）这两家基金吸引到了投资者并得以启动。它们的策略迥然不同，有助于州政府实现投资收益率目标和经济多元化目标。

两家基金的重点都是种子阶段投资。而休伦河投资的目标为科技投资，密歇根加速器基金的目标为医疗设备、医疗保健和诊断技术投资。

两家基金都拥有兼具创业经验、投资经验和交易经验的强大团队。密歇根加速器基金的约翰·克申（John Kerschen）拥有并购专长。他完成过超过 75 笔交易，总交易价值高达 5 亿美元，他非常了解并购者如何看待机会。他的合作伙伴戴尔·格罗根（Dale Grogan）与他互补，戴尔熟悉初创企业，曾为初创企业和早期阶段风险投资基金募资超过 3 000 万美元。休伦河投资的瑞安·沃丁顿（Ryan Waddington）精通能源和科技知识，在 15 年中进行了 20 多笔种子投资。蒂姆·斯特赖特（Tim Streit）在 JP 摩根大通形成了自己的投资风格，执行过的交易价值超过 100 亿美元。

在地理上，这两家基金覆盖半径超过 120 英里，都利用了该地区内的机会。密歇根大学地处安阿伯，休伦河投资可以投资于从密歇根大学衍生的初创企业。密歇根加速器基金所处的大急流城（Grand Rapids）人气兴旺，因此有许多医疗保健机会。两家基金都建立了强大的投资组合——结果仍有待观察——但是如果没有州政府提供的刺激措施，这些基金经理要走的路会漫长艰难得多。

放眼全球的新兴基金经理：500 创投

500 创投（500 Startups）的创始人戴夫·麦克卢尔（Dave McClure）或许很快就要把他的基金改名为 1 000 创投（1 000 Startups）。三年中，他对 40 个国家的 500 多家公司投资了 5 000 万美元，折合每年投资 150 多家公司。麦克卢尔认为，尽管他的方法不同于传统，但他和他的团队坚信，广撒网式的投资策略可以获得更持续的业绩，尽管收益率可能较低。

戴夫·麦克卢尔希望像棒球界的比利·比恩（Billy Beane）[1]那样，在对科技初创业的投资中取得成功。比恩通过使用统计分析重新定义了如何选择棒球运动员，和他一样，麦克卢尔希望创造并利用新指标来区别业绩一流的基金经理与一般基金经理。500 创投不是对少数初创企业进行寥寥几笔价值数百万美元的投资，而是希望对大量初创企业进行小额投资。

初始投资规模最高为 250 000 美元。据麦克卢尔称，这样规定意在使破产付出的代价更小。软件初创企业的破产率为 70%—80%，因此目标是快速廉价地淘汰掉弱小企业。除了投资规模较小，该公司还将投资分散于不同行业和地区，从而降低有限合伙人投资者的风险。

得到融资的公司来自于日本、巴西、中国、中国台北、越南、智利、墨西哥、瑞士、加纳、约旦、以色列、乌克兰和西班牙。然而，50% 的投资专门投向美国的科技企业，尤其是硅谷的科技企业，25% 投资于美国其他地区的企业，其余投资于全球其他国家和地区的企业。

500 创投的投资对象需要有清晰的客户需求和简单可规模化的商业模式。例如，投资组合中约 20% 的公司都是食品公司。投资于食品科技企业的秘诀很简单："每人都要吃，每人都上网。"除了要求有简单的商业模式，麦克卢尔和他的团队还要求公司拥有功能性产品，且团队具备扎实的科技与营销技能。这

---

[1] 译者注：比利·比恩是美国职棒大联盟奥克兰运动家球队的总经理。他擅长用统计分析决定球员阵容，2002 年曾用此方法创下美国职棒大联盟破纪录的 20 连胜。

种非传统方法已经屡次取得成功。

该公司已经募集了承诺投资为 4 410 万美元的第二家基金，目标是投资于 300 多家初创企业。第一家基金交割时的价值为 2 960 万美元，投资于 263 家初创企业。

这家基金和加速器由 25 名员工管理，包括 14 名非投资员工。首席运营官乔治·凯勒曼（George Kellerman）说，500 创投的模式旨在将创业文化带到世界所有角落，而不仅限于硅谷。"在世界上最遥远的地方还有未被发现的创业者。我们希望主动接近这些人才，而不是让他们来找我们，"他说。这家基金发展迅猛，在它的最近一批加速器，也是成立以后的第七批加速器中，1 200 多家初创企业递交了申请，30 家被选中。它的机会优势很明显，200 多名导师提供的增值支持也同样诱人。"速度很重要，但我们必须保证质量，"凯勒曼说。迄今为止，他们已进行了 24 笔退出。随着退出数字上升，有限合伙人很快就会将 500 创投视为机构级基金，而不是新兴基金经理基金。

Chapter Eleven

风险投资公司、经营与文化 | 第十一章

> "我认为风险投资业是由一系列个性纷呈的人而非一系列公司组成的。"[1]
>
> ——詹姆斯·布雷耶（James Breyer），
>
> 阿塞尔合伙公司（Accel Partners），
>
> 美国风险投资协会（National Venture Capital Association）前主席

风险投资公司是个包罗万象的词，它至少可以概括为两种独立实体———一般合伙企业（在美国，它通常采取有限责任公司的形式）和有限合伙企业。一般合伙企业雇用基金经理并赚取年管理费和附带权益。有限合伙企业允许多位投资者按他们持有的基金所有权负担"有限责任，"基金由普通合伙人管理，如图11.1所示。

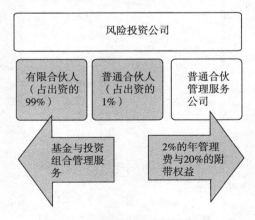

风险投资公司

| 有限合伙人（占出资的99%） | 普通合伙人（占出资的1%） | 普通合伙管理服务公司 |

基金与投资组合管理服务　　2%的年管理费与20%的附带权益

图 11.1　风险投资公司及其实体

---

① Gupta Udayan，*Done Deals—Venture Capitalists Tell Their Stories*（HBS Press，2000）.

本章后面将详细介绍基金治理和经营。首先让我们来看风险投资公司的组成要素。

风险投资公司的组成要素

和任何初创企业一样，风险投资公司需要确定经营范围并树立品牌形象。然而，许多公司都认为网站和漂亮的商标就足以树立品牌形象。在这个年代，创业者有许多选择，风险投资公司需要认识到正确树立风险投资公司品牌的重要性。风险投资公司可以发展为三种模式：

◎ 牛仔团伙
◎ 代理机构
◎ 服务平台

牛仔团伙式风险投资公司

多数风险投资公司都像粗放的牛仔团伙一样经营：每个合伙人自行其是。每个合伙人都单独工作，寻找机会并把这些机会摆出来。周一的合伙人晨会上，每个牛仔都试图向其他牛仔显示自己带回来的猎物有多棒。通常会爆发一场争斗，决定各人的地位高低。聪明的合伙人通常会在这种争斗中先下手为强，他们在幕后活动，拉拢选票，排除反对意见。讨论过程往往敷衍了事、令人尴尬。

这些牛仔本质上需要彼此的帮助进行筹资，因为有限合伙人投资的是团队，而不是独行侠。于是独行侠们假装合作筹集资金，然后立即回到他们最擅长的老样子——当牛仔。

在这个过程中，只要投资机会进展不顺，其他牛仔的脸上就会挂出"我早告诉过你会这样"的表情。现在，牛仔们不得不继续在这条孤独的道路上走下去，试图抓住正在消亡的机会。而其他人只是袖手旁观，叹口气，接着往前走。

⭸ 谁是我的顾客？

多数风险投资公司都绞尽脑汁让自己的品牌与众不同。它们应该摆出成功的投资记录来迎合投资者吗？还是应该试图吸引最优秀的创始人和创业者？这两种受众看重的东西截然不同。

投资组合公司的首席执行官常常搞不明白他们为何得不到公司中其他合伙人的帮助。在对 150 多名首席执行官进行的调查中，首席执行官和其他风险投资人的观点差异显示出二者之间存在的分歧。[1]

首席执行官更关心合伙人而不是整个公司，更别提投资组合公司的声誉了。然而，多数风险投资人都在网站上吹嘘过往的成功案例——首次公开募股或收购。合伙人炫耀自己的一桩桩投资成功，而首席执行官并不一定关心这些。

有限合伙人关心的是公司整体的后续发展和实力。他们需要的是不断创造高收益率的印钞机，不会被个人魅力和某段时期的表现打动。但是对于创业者而言，重要的是个性和声誉而不是后续发展。合伙人对创业者的吸引力和金钱对创业者的吸引力不相上下。公司品牌影响其吸引最优秀、最聪明的创始人的能力。但是与公司网站相比，创业者更看重同行或者第三方对公司的印象。明星号召力仅仅是开始：重要的是创业者如何从公司受益。

代理机构式风险投资公司

安德森—霍罗威茨风险投资公司（Andreessen Horowitz）的经营模式很简单：你希望世界如何变化，自己就如何变化。该公司的风格正是如此，它结合了一家人才中介和两家金融公司的价值观：人才中介创意艺人经纪公司（Creative Artists Agency，CAA）、金融公司艾伦公司（Allen & Company）和 J.P. 摩根。"我们渴望成为像它们一样的公司。艾伦公司是一家小型投资银行，20 世纪 20 年代以来，它的领导层和战略几经变化，但仍保留着自己的文化和价值体系——作为一家华尔街公司来说，这很了不起。1910—1920 年，建立之初的 J.P. 摩根在建设现代美国的融资中起了基础性作用，"马克·安德森（Marc Andreessen）说。

⬆ 制定服务标准

"我们看到了创建风险投资公司的机会，如果它当时存在，创业者就可以从中获得投资。"

——马克·安德森，安德森 - 霍罗威茨风险投资公司

资料来源：CNN Money，2013 年 2 月 6 日，网址访问时间为 2014 年 1 月 3 日，www.youtube.com/watch?v=PbW-1k3ZOA4。

---

[1] NVCA，Branding and Venture Capital：Research Preview，July 2013，Survey conducted by DeSantis Breindel.

创意艺人经纪公司（CAA）是一家好莱坞人才中介，据称它是娱乐业最具影响力的公司，管理着约 1 400 名表演业顶尖艺人。他们的合伙关系基于团队合作，收入平均分配。门上没有名牌、没有正式头衔、没有代理人客户名单。公司经营遵守两条"戒律"：团队合作、立即回电话。据安德森称，在 CAA 迅速成长的 1975 年至 1990 年，创始人迈克尔·奥维茨（Michael Ovitz）的领导对人才管理领域产生了巨大影响。[1]

以下是安德森 - 霍罗威茨风险投资公司从这些公司中汲取的部分经营经验：

◎ **聚焦思想领袖和最优秀的人才：** 多年来，CAA 留住了好莱坞最优秀的客户，从而保持了对市场的掌控。它几乎垄断了一流演员、导演和编剧。CAA 在吸引人才上表现得非常积极，正如安德森 - 霍罗威茨风险投资公司吸引有才华的首席执行官时一样。有时，如果 CAA 得不到想要的演员，就不惜开出三倍工资挖来管理他们的经纪人，并一举获得他们的客户。与之类似，艾伦公司每年举办太阳谷（Sun Valley）大会，它吸引了媒体和科技领域的思想领袖以及政治家和政策制定者。在 2013 年的会议上，就有鲁珀特·默多克（Rupert Murdoch）、比尔·盖茨（Bill Gates）和马克·扎克伯格（Mark Zuckerberg）等人出席。

◎ **创建一站式商店：** CAA 最开始的收入模式依赖于客户支付的佣金。当业务开始由于各种原因下降时，它积极扩展为一站式娱乐业商店。现在，它的部分服务包括品牌管理、传媒、市场研究、趋势预测和战略营销。CAA 甚至会帮助旗下名人变成 Web 2.0 时代的社交达人。与之类似，安德森 - 霍罗威茨风险投资公司的目标是以多种方式服务于投资组合公司。该公司有 11 名招聘专家帮助投资组合公司招聘人才。创始人之一本·霍罗威茨（Ben Horowitz）称其为"人力资源包厢，"该公司用"被推荐人录用比率"衡量这种方法的成效。[2]

◎ **不以自我为中心 / 团队精神：** CAA 的公司文化结合了东方哲学与团队运动精神。公司鼓励团队成员为团队利益牺牲自我。每周一早上，100 位代理人都在一起开会分享各自的日程计划和行业发展。CAA 不愿意接触媒体，而是喜欢低调经营。谷歌和推特的上市承销商之一艾伦公司甚至没有网站。安德森 - 霍

---

[1] NVCA，Branding and Venture Capital：Research Preview，July 2013，Survey conducted by DeSantis Breindel.

[2] Nicole Perlroth，"Forbes Q and A with Andreessen-Horowitz's [sic]Secret Agent，"*Forbes*，February 2011，accessd on January 3，2014，www.forbes.com/sites/nicoleperlroth/2011/02/04/forbes-q-and-a-with-andreessen-horowitzs-secret-agent.

罗威茨风险投资公司无法回避网络（毕竟，马克·安德森发明了浏览器），并有一名全职合伙人管理公司及其投资组合公司的媒体关系。

服务平台式风险投资公司

大型公司能更轻松地配置资源。小型基金的管理费常常约束了它们组建大型团队的能力。首轮资本（First Round Capital）采用了一种不同的方法解决这些问题。"我们认为自己正在建立一个社群，而不是一个投资组合。从历史上看，增加的价值主要来自于与首席执行官合作的风险投资合伙人。我们认为建立创始人社群可以创造更多价值，在这个社群中，投资组合的每个首席执行官、每个首席技术官、每个首席财务官、每个招聘人员和每个工程师都能彼此帮助，"乔希·科佩尔曼说（Josh Koppelman）。[1]

首轮资本有一支六人全职团队，工作重点是开发产品、举行活动和提供服务，以帮助公司彼此联系。"如果你是一家初创企业的搜索引擎优化师（SEO），你的工作可能非常孤单，无法向很多同事寻求帮助和建议。但我们的投资组合中有30多人专门从事搜索引擎优化，我们还开发了软件——包括一种非常活跃的网络社交工具——帮助他们互动。现在，我们每投资于一家公司，它都能为我们之前的投资增加价值，因为有新的聪明人加入对话而不是退出对话，"乔希·科佩尔曼指出。

首轮资本的平台总监布雷特·伯森（Brett Berson）说，这种在线同行教学模式改变了行业生态。"我们所做的不是积累知识，而是去掉中间环节。让最优秀的创意来自于最优秀的人，"他说。这个平台包括类似于耶普的系统，你可以从中找到会计师和律师等服务提供者，它对于投资组合公司很有帮助。各家投资组合公司的首席执行官、首席技术官和首席财务官都建立了联系，并发贴讨论各种问题，例如如何激励心不在焉的创始人、设计薪酬计划、制定网络广告优化方案或评估举借风险债务[2]的优点。"作为风险投资人，我们现在已经转型为服务平台，"伯森说。

平台模式后来居上。红杉资本（Sequoia Capital）建立了一个类似的开放在线平台Grove，创业者可以在这个平台上分享关于建设初创企业的信息和创意。然而，开放平台和封闭系统的使用方法不同。最后，平台不能替代指导，后者在个人交流中更有效。

---

[1] Mark Boslet, "*The New Full Service VC*," *VCJ*, June 2013, https://www.fenwick.com/FenwickDocuments/VCJ%20June%202013_cover%20story.pdf.
[2] 译者注：负债融资的一种，主要针对风投资本支持的企业提供用于营运资本或技术设备资金的贷款。

公司治理

公司治理主要是创始人或董事总经理的任务。因此，在正式建立合伙关系之前，基金创始人需要就不同经营问题达成一致。这些问题包括董事名单、所有经营问题的决策方针等细节，例如：

◎ 员工事务：薪金、招聘和解聘

◎ 投资委员会的构成

◎ 风险投资人和入驻创业者的选择

◎ 服务提供商的选择：律师、会计师 / 审计师事务所、市场营销和人力资源相关活动

◎ 预算分配

公司创始人还可以制定关于下列问题的方针：

◎ 经营问题、道德问题和保密问题

◎ 投资委员会成员的任命与选择过程

公司创始人可以制定董事会参与方针：

◎ 让最适合的人做董事还是让找到投资机会的人做董事

◎ 参与有利益冲突的公司董事会

◎ 参与上市公司董事会

公司的经营方针

创始合伙人制定的方针确定了如何做出下列决策：

◎ 新人成为普通合伙人的进入标准和退出标准是什么？

◎ 获得当前成员的多数票赞成

◎ 获得按分成分配百分比计算的多数票赞成

◎ 增加新成员后，将如何稀释现有成员的分成或经济利益？

◎ 按比例调整所有成员的利益份额

◎ 有选择地调整部分成员的利益份额

◎ 投资决策需要一致投票通过还是多数票通过？合伙人如何就对投资组合公司追加投资达成一致？

◎ 成员在什么情况下可以撤资或退出？

◎ 原因：工作疏忽、违反行为准则、欺诈、违反证券交易委员会的规定或偷漏税、个人财务状况出现问题，如破产

● 成员在困难环境——残疾或死亡——下撤资

● 自愿撤资

在上述每种情况下，都要重新审定撤资成员的经济利益：

◎ 保留可追回的附带权益

◎ 保留现有投资中的附带权益，但不提供新的附带权益

◎ 完全上缴附带权益

◎ 需按比例缴付资本

◎ 留在 / 退出投资组合公司董事会

◎ 投资委员会结构，决策标准和投票权

附带权益

并非所有有限合伙人都接受所有成员享有相同附带权益的基准模型。另一些人感到，如果成员没有获得有意义的分成比例作为激励，他们就不会留下。如表 11.1 所示，分成分配比例可能建立在以下基础上：

◎ 投资专长

◎ 在公司的资历

分成的平均现金价值具有高度投机性，过去 10 年，只有很少公司真正获得了分成利润。

如果整体分成比例为 20%，普通合伙人的典型初级分成为 5%，投资经理的分成比例将低于 0.5%（如果有分成的话）。在某些情况下，公司会按投资组合公司逐家分配分成。担任投资组合公司董事的首席合伙人的附带权益比例可能是事先确定的。

表 11.1　分成与分期授予进度表示例　　　　　单位：%

	分成	第 1 年	第 2 年	第 3 年	第 4 年	第 5 年	第 6 年—第 10 年
董事总经理 1	8	20	15	15	15	15	20
董事总经理 2	7	20	15	15	15	15	20
投资总监、投资经理与员工	5	20	20	20	20	20	

关于分期授予进度表的附注：

分期授予进度与基金的投资期密切相关。典型的投资期为四年至六年。分期授予进度表可以按直线法与投资期匹配，每年分配相同份额。

等到基金最终解散再发放预扣的 20% 分成有利于使专业人才始终留在基金中。

由于违法、死亡或残疾导致追回分成的情况按照行业标准实务处理。

在虚拟世界中抢占先机的柏尚投资

柏尚投资（Bessemer Venture Partners，BVP）是一家全球风险投资公司，在美国的硅谷和波士顿，以及巴西、以色列和印度都设有办公机构。现在，该公司再度扩张，在……"我的世界"（Minecraft）①开设了一间办公室？没错，柏尚投资借鉴了多年前所有风险投资公司都在第二人生（Second Life）②中挂牌开业的做法（那时人们都玩第二人生）。合伙人戴维·科万指出，最初开设这间"办公室"是为了与爱玩"我的世界"的创业者交流（并与游戏开发者建立某种关系），同时也是为了更好地与广大游戏玩家交流。例如，该公司计划按营业时间在网站上办公，甚至用它进行公司内部交流。柏尚投资在"我的世界"中的办公室是由科万的两个还在上学的孩子设计的。当被问到为什么他的孩子有兴趣设计贝柏尚投资在"我的世界"中的办公室时，他答道："我想许多父母都在自问，为什么他们的孩子对'我的世界'感兴趣。"这个虚拟办公室甚至有一间"纪念"消亡公司的地下室和一间服务器室，这在云时代看来可能很古怪，但它自有其存在的道理。

——丹·普里马克（Dan Primack），《财富》"风险投资协议"专栏报道

2014 年 1 月 8 日

*你可以访问以下网址，查看柏尚投资在"我的世界"中的办公室：http：//www.youtube.com/watch?v=3JQXdWtdsCQ。

管理与经营：后勤部门

后勤部门与中间部门的经营对基金的成功至关重要。投资者更注重细节；糟糕或低效的后勤部门管理往往是投资者放弃投资基金的原因。母基金费舍尔·林奇资本（Fisher Lynch Capital）的耶奥甘纳·铂金斯（Georganne Perkins）坦白道："如果普通合伙人运作他人资金时有良好的后勤保障，这是一个优点。"换言之，如果初创企业具备必要的技术与财务监督和控制（首席

---

① 译者注：一款来自瑞典的沙盒建造独立游戏，玩家可以在一个三维世界里用各种方块建造建筑物。最初由瑞典人马库斯·阿列克谢·泊松（Markus 'Notch' Persson）单独开发，后成立 Mojang 公司来开发此游戏。（摘自维基百科，http：//zh.wikipedia.org/zh/%E6%88%91%E7%9A%84%E4%B8%96%E7%95%8C）

② 译者注：一个基于互联网的虚拟世界，在 2006 年末和 2007 年初由于主流新闻媒体的报道而受到广泛的关注。通过由 Linden 实验室开发的一个可下载的客户端程序，用户，在游戏里叫作"居民"，可以通过可运动的虚拟化身互相交互。这套程序还在一个通常的元宇宙的基础上提供了一个高层次的社交网络服务。居民们可以四处逛逛，会碰到其他的居民，社交，参加个人或集体活动，制造和相互交易虚拟财产和服务。（摘自维基百科，http：//zh.wikipedia.org/zh-cn/%E7%AC%AC%E4%BA%8C%E4%BA%BA%E7%94%9F）

财务官），它对任何普通合伙人都有吸引力，这同样适用于有限合伙人。

　　"业务设计合理的后勤部门与中间部门让基金投资总监和投资者有信心认为他们得到的数据是正确的——数据真实——并可以用来做出基础决策，"《私募股权：历史、治理与经营》（*Private Equity：History，Governance and Operations*）的作者哈里·森德罗斯基（Harry Cendrowski）说。[1]森德罗斯基也是森德罗斯基咨询公司（Cendrowski Corporate Advisors）的创始人，这是一家后勤服务公司，业务包括提供金融服务、税务服务以及维护与私募股权基金和风险投资基金的投资者关系。据森德罗斯基称，后勤部门可以提供下列服务：

　　◎ **财务报告：** 基金与投资组合公司为有限合伙人和基金经理提供财务报告，并监督投资组合公司的业绩。

　　◎ **会计：** 会计服务是后勤部门与中间部门的重要组成部分。基金投资总监依赖会计系统产生的信息进行决策（例如，应该向投资者分配多少现金？基金的未来开销需要多少现金？）、激励投资者信心（资本账目是否准确及时进行了沟通？），以及他们自身的经济利益（管理费计算正确吗？激励分配的计算正确吗？）

　　◎ **一般核算：** 账目记录、日记账分录、会计对账、编制财务报表、管理营业现金、管理总分类账（包括列出所有交易）都是恰当的财务与税务报告所必需的。

　　◎ **资本核算：** 跟踪现金收入、实体依据、维护投资者资本账户、计算分配金额。

- 维护投资者资本账户是一个重要职能，因为它是投资者进行投资评估时采用的主要指标。它代表了投资者在基金中的经济利益，通常还是确定分红、利润分配和亏损分担的重要因素。
- 维护投资者资本账户包括正确计算和记录催缴资本与分配。计算和记录催缴资本让基金能够偿还债务、支付基金开销和进行投资组合投资。计算和记录分配对投资者信心很重要，因为它表明基金投资总监遵守了经营协议。此外，基金投资总监需要知道投资金额，催缴金额和投资者的收益金额。
- 恰当维护资本账户另一个很重要的原因是，这样做有利于恰当分配经济利润和亏损与应税利润和亏损。经济收入会影响投资者的分配权利。

---

[1] Harry Cendrowski, *Private Equity：History，Governance，and Operations*（Hoboken，NJ：John Wiley & Sons，2008）.

◎ **商业估值**：后勤部门与基金投资总监会就投资组合的投资价值进行交流。基于公认会计准则（GAAP）的财务报告必须反映投资的公允价值而非历史成本。后勤部门和中间部门可以在估值过程中提供协助，并必须确保总分类账中的数值记录准确。遵从《会计准则汇编》第 820 条（之前的《财务会计准则》第 157 条）的盯市投资组合公司估值方法对计算基金收益率至关重要。

◎ **撰写投资者通讯**：投资者通讯中包括基金收益率的计算、投资者报告和资本催缴通知。

◎ **审计与税务**：后勤部门负责协调基金的年度财务报表审计工作，是基金与审计师的主要联系人。它是所有审计师在审核过程中所评估信息的来源。因此，不仅后勤部门及时提供必要信息的能力很重要，它对审计师要求的信息提供解释和答疑的能力也很重要。后勤部门通常需要参与编制基金的纳税申报表和投资者 K-1 表格。此外，后勤部门还负责计算和记录计税基础——基金投资的计税基础以及投资者在基金中的计税基础。一些后勤部门还将服务扩展至咨询服务，内容包括确定合伙人和投资总监的应纳税款和目标、制定最小化应纳税款的计划，以及（或者）提高税后投资收益率。

将这些工作交由独立第三方负责，可以让有限合伙人确信他们得到的信息及时、准确。基金的管理资源得到解放，让基金经理可以将重点放在物色机会、筛选机会和执行交易上。基金的成本进一步降低，因为这些工作通常是由基金而非普通合伙人负责的。因此，建立强大的业务体系符合所有有限合伙人的利益。

尽管打造基金品牌很重要，但让经济利益、所有权和企业文化有机结合是一项大工程。对于许多首只基金而言，募集基金的活动通常早在正式建立这种结构之前就已经开始了。

Chapter Twelve

基金募集过程 ｜ 第十二章

　　"世界上没有什么值得拥有或值得做，除非它意味着努力、痛苦、困难……我这辈子从未羡慕过生活轻松的人。我羡慕许多过着艰苦生活却应对自如的人。"

——西奥多·罗斯福（Theodore Roosevelt）

　　考察过投资者的投资标准、投资条款和基金结构以后，我们将来到终点——交割基金——允许投资者进入基金的过程。多数基金的交割过程分为两步：首次交割之后是最终交割，除非你是安德森-霍罗威茨风险投资公司（Andreessen Horowitz）、方铸集团（Foundry Group）或格雷洛克（Grey Lock），并能在几周内筹集到资本。①基金交割后，令人兴奋或令人精疲力尽的筹资过程就结束了。

　　如图 12.1 所示，交割过程或首次交割通常发生在基金规模达到40%—70% 时。例如，目标规模为 2 000 万美元的基金可以在规模达到 1 000 万美元或更高时进行首次交割。最终交割理想上发生在首次交割 12 个月内。进行首次交割让普通合伙人可以开始进行投资并收取费用。

　　获得足够的投资承诺后，律师将规定交割日期。在交割之前，必须满足以下先决条件：

　　◎ **私募备忘录**（**Private Placement Memorandum，PPM**）：敲定私募备忘录及附录，并发给所有将要注资的投资者。

　　◎ **认购协议**（**Subscription Agreement**）：每位投资者审核认购

---

① 在多数情况下，募集基金的软工作开始于全面工作之前 6 至 12 个月。媒体只会显示出其光明的一面。理智的基金经理不会承认他们在"上山"途中经历的漫长艰辛。

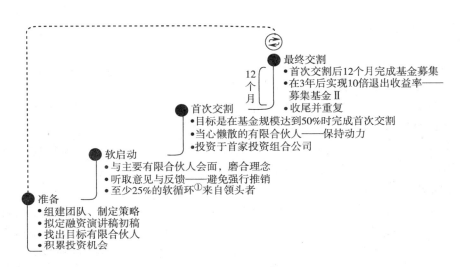

图 12.1 基金交割步骤

协议时都要确保其准确性、完整性并遵守证券法。总承诺投资额将在首次交割时确定。

◎ **有限合伙协议（Limited Partnership Agreement）**：完成所有与有限合伙人（LDs）的协商，将终稿发给所有投资者。

◎ **一般合伙协议（General Partner Agreement）**：完成普通合伙人（GP）有限责任公司（Limited Liability Company，LLC）协议（基金经理内部文件）并发给所有基金经理。

◎ **附函（Side Letters）**：必须完成所有已经过协商的附函并发给相关投资者。[2]

交割步骤通常由律师 / 律师事务所主导，有限合伙人（LPs）执行全部有限合伙协议后，律师将获得存续证明书。该"存续"日期将成为交割日期。基金经理执行认购协议并接受最终认购。接下来的程序是完成汇款，有时这笔款项暂由律师保管，直到收讫所有有限合伙人的全部汇款。这个过程需要多方通力协作，优秀的律师将在交割前至少 60 天提供一份清单。这份清单可以帮助普通合伙人有效协调所有参与方的行动。

---

① 译者注：当有意向投资确定金额的投资人也愿意将融资项目引荐给其他投资人时，就称为实现了软循环（soft circle）。

② 本人谨对加利福尼亚州著名法律事务所威尔逊·桑西尼·古奇·罗沙迪律师事务所提供的这条信息表示感谢。

筛选目标投资者

如表 4.8 所示，筛选和定位潜在有限合伙人可以显著提高普通合伙人募集基金的能力。筛选有限合伙人时考虑的部分条件如下：

◎ **新兴基金经理和成熟基金经理的吸引力**：尽管一些母基金致力于与新兴基金经理合作，但其他一些母基金更希望找成熟基金经理。一位有限合伙人讽刺道："还是奶娃娃的普通合伙人人不了我的眼——等他们建立基金 IV 以后再给我打电话，"这表明他要求基金有建立四轮基金的历史记录。

◎ **规模：**

- 管理的资产：如果目标有限合伙人规模太大，如是一家规模为 500 亿美元的养老基金，那么较小的基金，如规模为 1 亿美元的基金就可能很难说服有限合伙人投资 1 000 万美元。这种养老基金的投资规模通常为 5 000 万美元以上。
- 最小投资规模：大型有限合伙人不愿意进行太多小额交易，以提高投资组合的内部管理效率。

◎ **投资阶段偏好**：一些有限合伙人认为投资于中间市场收购基金是合适的投资策略；相反，另一些有限合伙人认为投资于早期阶段风险投资基金是合适的投资策略。

◎ **投资部门**：有限合伙人是否希望建立科技投资组合？

◎ **过往投资活动**：目标有限合伙人是否曾投资于类似基金？平均投资金额是多少？以下是对新兴基金经理的告诫：如果有限合伙人没有投资过这类资产，就要做好花很长时间说服他们进行投资的准备。往往在你费尽唇舌后，却发现这位有限合伙人决定不投资于这类风险投资资产——或者更糟，决定投资于另一项资产，可能它属于另一家业绩更好的基金。至少你从这位有限合伙人身上获得了一些业力点[①]！

各种客户关系管理（Customer Relationship Maragement CRM）服务商（如 Salesforce.com）为风险投资基金提供了定制工具。这些工具可以用来追踪和管理基金募集过程。根据品牌、业绩和市场条件，这个过程最多要花 18 个月。在图 12.2 中，可以看到不同基金规模的有限合伙人的投资支出差异。在小型早期阶段基金中，高净值个人（HNWIs）投资占比非常高。

---

① 译者注：遇到坏事或事情进展不如预期时一种乐观诙谐的说法，有"攒够霉运就该轮到好运"之意。

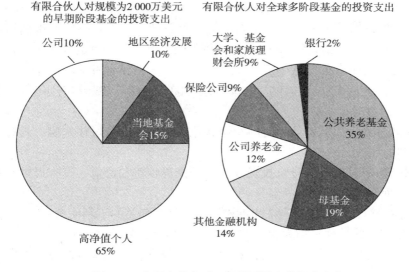

图 12.2　有限合伙人对不同类型基金的投资支出

你的有限合伙人应该是什么样？通常，正确的做法是以特定类别的有限合伙人为目标，因为他们能提供内在优势。"我们想吸引 20 位有限合伙人，它们可能是母基金、基金会、家族理财会所、养老基金的合理组合。经过 8 个月、开了 200 次会后，我们完成了这项工作，"夏斯塔投资（Shasta Ventures）的拉维·莫汉（Ravi Mohan）说。夏斯塔投资的基金 I 目标规模为 1.75 亿美元，近 7 个月后交割时规模达到了 2.1 亿美元。

基金市场营销资料

一份私募备忘录、一份大致相当于商业计划书的文件、一场简洁的融资演讲 / 幻灯片演示和两页纸的高管总结（Executive Summary，ES）都是重要的市场营销工具。优秀的私募备忘录至少应该具备以下关键要素：

◎ 投资团队——普通合伙人背景

◎ 投资策略

◎ 投资组合构建

◎ 业绩——过往业绩记录

◎ 投资机会条款与条件的简要总结

这些要素很重要，而其他辅助要素，如过往投资的投资过程和投资总结，也可以锦上添花。其他硬性要求包括风险因素、税收与监管、国外证券法等，它们是纯法律文件模板，旨在保护双方利益。

尽管私募备忘录是最主要的资料，但高管总结（ES）和融资演讲稿幻灯片（PPT）——都摘自私募备忘录——也被用作吸引潜在投资者的开场白。据加利福尼亚州著名法律事务所威尔逊·桑西尼·古奇·罗沙迪律师事务所（Wilson Sonsini Goodrich and Rosati）称，遗漏信息可能与虚伪陈述一样有害。[①]其他需要注意的问题包括：

◎ **团队：** 夸大团队资质、时间承诺和业绩记录，以及过往经验、教育水平和其他条件。

◎ **财务信息：** 没有区分总投资收益与净投资收益和价值、没有提供完整的投资列表，而只是强调其中一部分。

◎ **其他资料：** 没有披露与法律诉讼、监管行为相关的不利信息。

私募备忘录的长度平均为 50—75 页，包括以下内容：

◎ **高管总结（3—5 页）：** 有限投资人应该投资于这家基金的主要原因——主推点

- 市场机会
- 公司的背景、历史和业绩
- 管理团队
- 投资重点领域
- 投资条款总结

◎ **市场机会和投资策略（5—8 页）**

◎ **投资过程（3—5 页）**

◎ **组织机构与管理团队（5 页）**

◎ **交易案例／投资总结（5—8 页，每笔交易一页）**

◎ **投资条款（10 页）**

◎ **风险与监管因素（20 页）**

私募备忘录——约 30 页——充斥着投资条款和法律术语。潜在投资者的注意力需要被吸引到团队、业绩和策略等内容上。普通合伙人应该格外注意确保市场营销资料内容得体，不刻意强调视觉效果，不能出现错误。"我见过许多出现排印错误的基金文件——这不是一个好开始，"美国中西部的一位有限合伙人指出。

---

① "Due Diligence in the Preparation of Private Placement" memorandum，WSGR fund Services Group.

幻灯片演示

基金在融资演讲中使用的幻灯片不应多于 12—14 张，长度应为 12—20 分钟。"融资演讲稿不应长于 15 页，"奥克西莫斯集团（Auximos Group）的董事总经理约翰·克罗克（John Crocker）说。"他们总是掏出一本《战争与和平》，指望你逐页翻看。"[1]

你应该想尽方法避免使用形容词，并抑制过度沉溺于自我表扬的冲动。让行动（数字、业绩）证明一切。演示中应该强调的要点包括：

◎ **团队：**显示出专业知识（投资笔数、收益率）、牢固的团队人际关系（凝聚力）和互补技能。

◎ **投资策略与市场机会：**展示有吸引力的投资主题，说明在这种市场条件和投资策略下，投资于这支团队正是时候。

◎ **过往投资与新投资：**证明普通合伙人至少可以找到六至八个优秀投资机会，并在最初五年将其置于辛迪加的管理之下。普通合伙人应该注意：为了投资于六至八个机会，需要证明你能获得相当于其 100 倍的投资机会。

◎ **收益率：**团队必须有业绩记录并（或）证明其具备进行投资和创造高收益率的能力。证明你能找到机会并按照有利条款投资，稳步发展并成功退出。

做融资演讲：把握机会

普通合伙人应该考虑从以客户为中心的角度接触有限合伙人：有限合伙人应该清楚看到对你投资的好处。"风险投资人对投资组合公司的要求是，价值定位应该严格以客户为中心。但普通合伙人接触有限合伙人时很少有价值定位。如果普通合伙人的价值定位符合有限合伙人的利益，他们就可能希望投资于这家基金。可惜如此简单的一点，很多普通合伙人似乎都做不到，"克里斯·里齐克（Chris Rizik）惋惜地说。他曾作为普通合伙人募集了两家风险投资基金，现在管理着母基金复兴风险投资基金（Renaissance Venture Capital）。

实际上，这就是你的电梯游说！有限合伙人耐着性子听完冗长乏味的介绍——普通合伙人总会在这个过程中进入自我夸耀模式——后常有这种反应。当普通合伙人说着"让我向您介绍这家公司……"一张接一张地放无聊的幻灯

---

[1] Luisa Beltran, "GP Tips to Make Fundraising Easier: Don't Fall Asleep or Look Bored During LP Presentations," Reuters PEHub, April 4, 2013, accesssed on January 6, 2014, www.pehub.com/2013/04/04/tips-gps-making-fundraising-easier-dont-look-bored-during-lp-presentations.

片时，许多有限合伙人都会开始不耐烦。普通合伙人在会议开始时，应该自问有限合伙人希望如何最好地利用这段时间。如果有机会做融资演讲，就要竭尽全力把握机会。还记得你责骂创业者演讲冗长离题的时候吗？你的融资演讲不应超过十几张幻灯片和 15 分钟。这是非常基本的常识，但很少有人遵守。

"普通合伙人希望创业者怎样接触他们，就应该怎样接触有限合伙人。我惊讶地发现，没有几个普通合伙人真正相信自己做演讲时吹嘘的那些大话，"克里斯·里奇克说。长达 40 页的幻灯片、宏观趋势分析和离题的信息并不能帮你达成目的。做过风险投资人的里奇克对普通合伙人面临的挑战深有同感。协方差资本管理（Covariance Capital Management）的高级投资经理、私募股权与风险投资经理丹尼尔·费德（Daniel Feder）说，有些融资演讲稿太长了，甚至长达 60 页，他看了就"想退出会议"。费德说，普通合伙人可以只提供宣传材料。公司在会议上不应该太依赖融资演讲稿，他说："不妨试着脱稿。我喜欢这样。"[1]

伊戈尔·罗森布利特（Igor Rozenblit）补充道："会议目标是让有限合伙人向普通合伙人获取信息。普通合伙人不应该把时间浪费在说明他们为投资组合增加的价值上。依我看，多数有限合伙人并不认为普通合伙人能增加价值。因此，普通合伙人最好把时间用于在会议上回答有限合伙人的问题。"

⌐ 与有限合伙人开会时的注意事项

路透社的 peHUB 列出了与潜在投资者开会时基金经理应该做或不应该做的十件事：

◎ 会议时长不要超过 90 分钟。不要在第一次会议上推销。

◎ 不要在自我介绍中使用"最"这个字眼。

◎ 询问有限合伙人的投资计划和投资方式。对其表示出兴趣。

◎ 明确说明你不愿投资的对象以及原因。对你专业领域以外的问题保持怀疑/自律是适当的做法。

◎ 对你的成功和不成功(亦称为失败)尽可能据实相告。对两方面都给予适当评价。

◎ 不要只提听众中的熟人。

◎ 不要命令房间里的第一位女性给你"拿一杯加了牛奶和糖的咖啡"。

◎ 不要迟到。

---

[1] Luisa Beltran, "GP Tips to Make Fundraising Easier: Don't Fall Asleep or Look Bored During LP Presentations," Reuters PEHub, April 4, 2013, accessed on January 6, 2014, www.pehub.com/2013/04/04/tips-gps-making-fundraising-easier-dont-look-bored-during-lp-presentations.

◎ 对你的工作表现出真诚的热情。你应该表现出即使拿不到分成，仍会每天全身心投入工作的样子。

◎ 确保做演讲时你的团队中没有人睡着或显得无聊。

资料来源：Luisa Beltran，peHUB reporting from Venture Alpha East Partner Connet panel，"Roadshow Workshop：Dos and Don'ts Advice from Top LPs，"April 2013.

吸引领投者：你的"关键人物"

许多普通合伙人从寻找领投者开始募集基金的过程，领投者是指能向基金进行第一笔重要投资的有限合伙人。如果基金经理是新人，这将是一个很大的挑战。某些机构有限合伙人，尤其是养老基金和母基金，很少考虑业绩记录有限的基金。捐赠基金和基金会可能愿意考虑这种机会，但是这完全取决于每个有限合伙人的理念、细微感受和喜好。

以拱门投资（ARCH Venture Partners）为基金 I 寻找领投者的经过为例。当时大约是 1980 年，一个周六下午，拱门投资的创始人史蒂文·拉扎勒斯（Steven Lazarus）说动了一家保险公司的副主席。当时这位潜在有限合伙人正在打网球间隙小憩，一小时的会面后，他作出了 400 万美元的投资承诺。"我拿下了关键人物，从那时起，投资就滚滚而来，"拉扎勒斯说。[①]拱门投资为基金 I 筹到了 900 万美元。新基金更适合定位于大量小投资者，如高净值个人和家族理财会所。

当然，位列前四分之一的基金在募集基金时面临着合理分配的问题。在短暂的基金募集周期窗口中，投资超额问题十分明显——如何从所有找上门来的有限合伙人中进行选择并确保每个有限合伙人都能分到有意义的份额。这个问题是每个业绩平庸的人都乐意面临的问题！前面曾经提到，通常管理着数十亿资产的大型有限合伙人不会对持有前四分之一基金的微小份额感兴趣。即使这前四分之一基金在 10 年中让资本翻倍，对养老基金收益率的整体影响也是微乎其微。桶中的一滴变成两滴——仍然是微不足道的变化。所有有限合伙人都在等待前四分之一基金变得盆满钵满。当基金跻身于前四分之一热门基金时，基

---

① Robert Finkel and David Greising，*The Masters of Private Equity and Venture Capital*（New York：McGraw-Hill，2009），216.

金募集周期将变得越来越短，因为现有有限合伙人稳留不动，而新有限合伙人竞相进入。领先基金的有限合伙人不会频繁变动，相反，表现低于平均水平的公司却能在每个基金募集周期中诱骗到新有限合伙人。

赢得领投者：领先风险投资公司恩颐投资（New Enterprise Associates，NEA）创始人理查德·克拉姆里奇（Richard Kramlich）的经验

"那么，让我直说吧。你说的是让我们投资 100 万美元，对不对？"

克拉姆里奇："是的，先生。"

"你说不会告诉我们你要怎么投资，对不对？"

克拉姆里奇："是的，先生，没错。"

"你还告诉我们这笔钱 12 年不能变现，对不对？"

克拉姆里奇："是的。"

"你告诉我，你们团队没有业绩记录，也不能保证任何收益率，对不对？"

克拉姆里奇："是的，先生，没错。"

于是最后，这位有限合伙人说："好吧，如果你们都觉得冒这个风险没问题，我就支持你。"

这位有限合伙人对恩颐投资基金 I 投资了 100 万美元。

资料来源：C. Richard Kramlich，"Venture Capital Greats：A Conversation with C. Richard Kramlich，" interviewed by Mauree Jane Perry on August 31，2006，in San Francisco，California，National Venture Capital Association，Arlington，Virginia。

优秀的领投者可以介绍其他投资人，是强大的推荐人，并能大大提高你成功募集基金的机会。普通合伙人应该将早期工作的重点放在吸引这种重要人物上。但是找到这种愿意信任新手普通合伙人团队的人不是那么容易。

一旦领投者承诺投资，普通合伙人就应该继续吸引快速跟进投资者，最后，这些犹豫不决的后来者将在最终交割前进入。吸引这些投资者的唯一可靠方式就是有效沟通。

沟通、创造与保持动力

有效管理多种关系直至交割（此时投资方已准备好进行投资）的过程充满

了不确定性和挑战。成功的普通合伙人指出，他们会遵守一些简单原则：

◎ **沟通：**你会见的任何潜在投资者都希望知道你的基金募集进展。稳定、及时、有意义但不过度的沟通可以帮助普通合伙人持续与有限合伙人分享想法。

◎ **提供动力：**为有限合伙人提供动力的能力是一门艺术，就像推雪球下山并让它到达目的地时还保持完整。以下是一个同时尝试提供动力和沟通的例子："过去 90 天中，我们追加了 1 000 万美元投资承诺，使总承诺投资额增加到 2 500 万美元。投资者包括一个家族理财会所、多位高净值个人和一个战略公司投资者。"

以 .406 投资（.406 Ventures）基金 I 为例，该基金在困难的经济环境下吸引了 1.67 亿美元。"我们的基金中，约 90% 的投资来自于机构投资者。从首次交割到完成所有工作花了一年时间，从开始到结束共花了 18 个月。每一步都要接受有限合伙人的考察。我们做到了持之以恒并创造动力。这是繁重的工作，不适合脆弱的心脏，".406 投资的创始人之一兼董事总经理利亚姆·多诺霍（Liam Donohue）说。

或许你只是没有准备好做风险投资

让我们来看威廉·H·德雷珀三世（William H. Draper，Ⅲ）是怎样说服本来顾虑重重的潜在有限投资人下决心投资的。"或许你只是没有准备好做风险投资，"他与一位潜在有限合伙人讨论一笔 1 000 万美元的投资时说。"哦，不不不，"有限合伙人说。于是忽然之间，局势柳暗花明，他签署了协议。*这位有限合伙人承诺投资，德雷珀·盖瑟·安德森风险投资公司（Draper Gaither Anderson）甚至没有用完这 1 000 万美元。他们投资了 600 万美元，并将 7.5 亿美元收益返还给了开心的投资者。

---

*William H. Draper，Ⅲ，"Early Bay Area Venture Capitalists：Shaping the Economic and Business Landscape，" oral history conducted by Sally Smith Hughes in 2009，Regional Oral History Office，The Bancroft Library，University of California，Berkeley，2008，p.31.

宣布交割

方铸集团（Foundry Group）的基金 Ⅲ 与基金 Ⅱ 在团队、策略等方面很类似。汤森路透的记者马克·博斯莱特（Mark Boslet）称其为"剪切粘贴式"基金，因为基金 Ⅲ 的私募备忘录是从基金 Ⅱ 的文件"剪切粘贴"而来。方铸集团的董事总经理贾森·门德尔松（Jason Mendelson）更进一步，甚至逐字复制了基金Ⅱ的博客公告。

任何基金经理达到交割阶段都很容易——需要的不过是自我鞭笞、习惯被拒、迎难而上并最终找到一位领投者的能力。这种经历能让普通合伙人与创业者产生共鸣。通过初步估计，不到10%的首只基金达到了最终目标，而其他90%放弃了计划，尝试另谋他路。

当普通合伙人的目标是以客户为中心（相当于"有限合伙人能得到什么好处？"）且简明扼要时，有限合伙人的反应会积极得多。不妨提供中间道路条款。下一章将考察基金投资条款并帮你理解这些条款。

▶ "剪切粘贴式"基金：方铸集团宣布成功对基金Ⅲ交割

今天，我们很高兴地宣布我们的第三家基金，方铸集团2012年有限合伙基金（Foundry Venture Capital 2012，L.P）完成交割。这家基金的规模与我们的上一家基金相同：有限合伙人承诺投资2.25亿美元。我们很高兴能与一群优秀的投资者合作。

我们将继续致力于一直以来的工作：投资于美国各地的软件与IT业种子阶段和早期阶段投资机会。我们还将继续采取在投资生涯中对我们助益良多的主题投资策略。

我们十分期待与另一群优秀创业者和投资组合公司合作。

——贾森、瑞安（Ryan）、塞思（Seth）和布拉德（Brad）

另：请关注者注意，这与我们上一次刊登基金公告的博客帖子完全相同。）

资料来源：Jason Mendelson's blog，Foundry Group，www.foundrygroup.com/wp/2012/09/raising-our-third-fund-foundry-venture-capital-2012-l-p/。

第十三章

投资条款：有限合伙协议

"投资条款很重要，但很少是投资决策的主要动力。正如他们所言，投资条款永远不会让一家差公司变好，也不会让一家好公司失去吸引力。"

——凯莉·威廉斯（Kelly Williams），

GCM 格罗夫纳私人市场（GCM Grosvenor Private Markets）总裁

（母基金瑞士信贷集团定制基金投资小组前董事总经理兼总监）

典型的基金发行文件被称为私募备忘录（Private Placement Memorandum，PPM），它包括基金的投资策略，基金经理的背景和专长以及市场机会。基金有限合伙协议（Limited Partnership Agreement，LPA）中的法律条款介绍了基金的控制机制、管理、投资和收益分配。

重要条款

基金文件中通常包括重要条款的简要总结，如表 13.1 所示。

表 13.2 定义了投资者与基金经理充分协商后的条款。

表 13.3 显示了为实现投资者和基金经理的目标而规定的各种财务与治理条款。

表 13.1　重要基金条款

基金规模	1 亿美元
投资承诺	机构：最低 500 万美元 个人：100 万美元
投资规模	每笔初始投资约为 1 000 000 美元至 2 500 000 美元。对每家公司的最高投资金额为基金规模的 10%，即 10 000 000 美元
费用	2.5%，从第 5 年后每年减少 0.5%
行业重点	科技（企业、消费者、安全）与数字医疗
投资阶段	有可靠管理团队和商业可行性的种子阶段公司
地区重点	主要为硅谷
投资期限	10 年，基金将在前 3—4 年积极投资，并力求在第 6—8 年实现投资组合投资收益率
投资结构	已定价股权融资，附认股权证／折扣的有估值上限可转换票据
投资条款	预期为 1—4 年。根据投资阶段的不同，持有期可能长达 5—7 年甚至更长
投资组合构建与治理	目标投资组合为不同初创企业的组合，包括高风险初创企业（30%）、中等风险初创企业（40%）和低风险初创企业（30%）。通过参与董事会和与创始人积极沟通进行投资组合治理和管理

表 13.2　重点协商的基金条款

条款	定义
分成	投资者和基金经理享有的分红比例或"附带权益"。典型的附带权益分配比例为：80% 归投资者，20% 归基金经理
管理费	投资者向基金经理支付年费作为基金的经营费用。年费通常为承诺投资额的 2.5%，按季支付
瀑布式分配	收益的分享过程与流动
权益回拨	（存在超额利润的情况下）基金到期时从基金经理回拨超额利润的过程
核心基金管理人	找出核心基金管理人，即基金经理的投资团队。如果这些核心基金管理人离开基金或者无法履行职责，投资者就有权采取行动，包括停止投资
补偿	如果基金经理的资本发生亏损，基金投资者将向基金经理进行补偿
附加协议	一些机构投资者，如养老基金，经常要求通过附加协议获得额外权利。由于这些协议是按照具体情况起草的，因此被称为"附加协议"，表示它们附属于有限合伙协议

表 13.3　财务与治理条款

条款	目标
基金规模、投资期限、管理费、最小认购额、普通合伙人的投资承诺	介绍基本财务结构
投资削减、再投资、投资限制、违约、共同投资	介绍投资资本流动
普通合伙人投资委员会	确定如何进行投资
利润分配与亏损分担、分红、普通合伙人权益回拨	介绍收益如何从普通合伙人流回有限合伙人
核心基金管理人活动、投资期结束或暂停、"无过错离婚"[1]或罢免普通合伙人、过错终止或罢免普通合伙人、有限合伙人利益转移和撤资、报告、类似基金和后续基金、审计、有限合伙人咨询委员会（LPAC）	介绍基金的管理和治理
有限合伙人的责任、赔偿条款、员工福利计划的规定、公开披露事项、免税投资者、非美国投资者	这些条款规定了其他法律、税务和监管问题

基金财务条款

所有投资者都希望在基金条款中取得财务条款与控制条款的平衡。就财务条款而言，典型的协商内容包括：

管理费

◎ **比例：** 每年的管理费通常为承诺投资金额的 2.0%—2.5%。

◎ **久期：** 投资期（通常为五年）之后，管理费将逐年下降。基金经理应该规定管理费下限，以确保有充足资金进行投资组合管理、会计核算和税务处理，直至基金到期。

◎ **从多家基金收受管理费：** 投资者坚持认为，建立后续基金时，管理费应该降低。如果基金经理从投资组合公司得到任何报酬或管理费，管理费通常也会降低。如果基金经理正在管理某家基金，投资者通常会评估现有基金的投资期、承诺投资、管理费以及它对新基金管理费的影响。基金经理通常会在现有基金的投资达到 70% 时募集新基金。

如表 13.4 所示，在基金存续期间，可投资金额将随着管理费结构和管理费产生时间的变化而变化。

---

[1] 译者注：风险投资中，为了有效保障企业运作，有限合伙人可以采取"无过错离婚"条款解决与普通合伙人在未来合作中的矛盾。根据这种条款，即使普通合伙人无重大过错，只要有限合伙人丧失信心就会停止追加投资，以此激励普通合伙人。

表 13.4　基金管理费的变化　　　　　　　单位：%

	第 1—5 年	第 6 年	第 7 年	第 8 年	第 9 年	第 10 年	普通合伙人费用总计（百万美元）	可投资金额（百万美元）
情景 1	2.5	2.5	2.5	2.5	2.5	2.5	25.00	75.00
情景 2	2.5	2.25	1.75	1.5	1.25	1	20.25	79.75
情景 3	2.25	1.8	1.44	1.15	0.92	0.73	17.30	82.70
情景 4	2.5						12.50	87.50

在情景 1 中，管理费始终为承诺投资的 2.5%。这种普通合伙人梦寐以求的情况不太可能发生，但仍作为示例给出。

在情景 2 中，5 年（即投资期）后管理费下降了 10%。

在情景 3 中，管理费开始时为 2.25%，5 年后下降了 20%。

在情景 4 中，管理费在 5 年后下降为 0。这个例子很典型，摘自某位（政府资助）有限合伙人的基金私募备忘录。

科罗拉多州著名科技基金方铸集团（Foundry Group）的董事总经理塞思·莱文（Seth Levine）说："优秀合伙人（普通合伙人）将管理费视为以附带权益作为抵押的贷款。附带权益是根据基金全部价值而非扣除管理费以后的金额支付的。你获得的任何管理费实际上都是以未来业绩作为抵押的贷款。"[1]

普通合伙人的投资承诺

按照行业标准，普通合伙人对基金的投资最低为资本的 1%。因此，对于规模为 1 亿美元的基金，基金经理应该至少投资 100 万美元。然而，一些经理敢于进行更大手笔的投资，证明他们对自己相当有信心。查马斯·帕里哈皮提亚（Chamath Palihapitiya）募集规模为 3 亿美元的社交资本基金时，自己投资了6 000 万美元。[2]

附带权益与基于业绩的附带权益分配

附带权益分配比例的行业标准为 80/20，其中投资者获得利润的 80%，基金经理获得利润的 20%。一流基金经理的业绩已通过多家基金和经济周期得到证明，他们获得的附带权益可能高达 30%。然而，这种情况很少见，多数基金经理获得的附带权益比例仍为 20%。新兴基金经理常常会将附带权益降至 10% 以吸引投资者。这种做法很少能吸引投资者，也很少能加快筹资过程。多数机构

---

[1] 塞思·莱文（方铸集团）与作者的讨论，2010 年 12 月。

[2] Evelyn M. Rusli, "In Flip-Flops and Jeans, An Unconventional Venture Capitalist," Dealbook, *New York Times*, October 6, 2011, accessed on January 6, 2014, http://dealbook.nytimes.com/2011/10/06/in-flip-flops-and-jeans-the-unconventional-venture-capitalist/?_r=0.

投资者不在意这种让步，而且视其为离经叛道。有时，它甚至被视为基金经理实力弱的信号。

风险投资基金通常不提供优先收益率。这是私募股权基金的规范做法，它们的收益率通常为 8%。这种收益率通常被称为最低预期收益率，受投资期内资金成本的影响。

更重要的是，基金经理按照对自己有利的方式计算附带权益会导致有限合伙人心理不平衡。举例来说，根据机构有限合伙人协会（Institutional Limited Partners Association，ILPA）最佳实务，附带权益应该根据净利润而非总利润计算。换句话说，基金经理应该将管理费视为贷款。

另外，一项对 50 位机构投资者进行的调查表明，有限合伙人面临的最大问题是计算附带权益：应该按照交易逐笔计算附带权益还是从基金水平上计算附带权益？无须多言，有限合伙人更愿意从基金水平上计算附带权益，这让他们可以在分得附带权益前先收回投资。

⚑ 案例：附带权益的计算：净利润与总利润

为了说明净利润和总利润之间的区别，以下表为例：

基于净利润和总利润计算的附带权益

	净利润（百万美元）	总利润（百万美元）
利润	125	150
一般合伙人的附带权益为 20%	25	30
普通合伙人管理费 + 附带权益 =	50	55

假设规模为 1 亿美元的基金在 10 年期间的年管理费为 2.5%。通常，管理费会在投资期后逐渐下降，但是为了计算简单，我们假设费率固定。因此，支付给普通合伙人的费用为 2 500 万美元，剩余的可投资资本为 7 500 万美元。假设基金收益率为 1.5 亿美元。净利润和总利润的差异可能很大。有限合伙人认为根据总利润计算附带权益是不利的，尤其是对大型基金而言。

有几家基金采用了分级式附带权益。例如，当投资者的收益率为承诺投资的三倍以下时，实行 80/20 的分配比例，当投资者的收益率为承诺投资的三倍以上时，变为 70/30 的分配比例。这种基于业绩的门槛条件并非行业规范，但在硅谷等高度竞争的地区或小微型风险投资基金中会出现。

瀑布式分配

瀑布式分配规定了退出时的资本分配方式。如表 13.5 所示，行业规范做法是在基金经理分享利润前首先将本金返还给投资者（也被称为"100% 追补"）。

表 13.5　向投资者提供瀑布式分配

投资者 ABC：瀑布式分配 / 附带权益计算（根据有限合伙协议第 X.X（x）条）				
部分出售（公司名称）	投资者 ABC 按比例分配到的份额	所有有限合伙人	普通合伙人	总计
可分配现金	200			
资本收益率	100			
出售前的有限合伙人 / 普通合伙人分配比例 [A]	100			
出售后的有限合伙人 / 普通合伙人分配比例 [B]	80			
已支付 /（已收到）附带权益 [A-B]	20			

通常，分配按照下列金额和顺序进行：

1. 将相当于 100% 本金的可分配利润按照合伙人的出资比例对所有合伙人进行分配，直到合伙人获得的累计分配等于他们的出资总和；

2. 按照各自的总出资比例，将余额的（a）20% 分配给普通合伙人（"附带权益分配"），（b）80% 分配给有限合伙人。

投资者支持在收回全部投资后向基金经理分配附带权益。有些基金经理按交易逐笔分配附带权益，并在每次退出后分配利润。这将在未来变现最终投资时产生潜在问题。如果在基金水平上产生亏损，就会触发权益回拨，这时基金经理必须向投资者返还已获得的收益。

权益追回条款

权益追回是重点协商的条款之一，发生在基金经理需要将收益返还给投资者时。当基金早期已分配附带权益，之后又发生亏损时，权益回拨确保投资者可以在基金到期时获得整个投资组合利润的 80%。预测基金到期时整个投资组合将产生多少收益和基金将产生多少利润是不可能的。如果早期的成功被后期的失败抵消，对基金经理的分配就可能过多。因此，有限合伙人可以在最终变现时从基金经理"追回"短缺金额。

基金经理必须认真对权益追回可能性做出计划。"我认识的基金经理中，有些人不得不卖掉房子支付追回权益，"普罗比塔斯合伙（Probitas Partners）的凯利·德蓬（Kelly DePonte）说。"这是一柄悬在每个普通合伙人头上的达摩克利斯之剑。"[1]有限合伙人更愿意建立第三方托管账户，并结合所有基金经理／附带权益接受者提供的共同担保与多人担保。权益追回对税务处理的影响明显体现在，有限合伙人不应寻求追回普通合伙人对附带权益缴纳的所得税。

自然，没有哪方希望触发这项条款，但它是保护投资者的必要条款。托管账户通常是合适的中立方式，分配的部分款项被存入该账户以应对这种情况。基金经理本身需要订立合适的协议。如果追回责任由多个附带权益接受者共同承担，那么一个合伙人可能需要对其他合伙人承担连带责任。

基金治理条款

基金治理或控制条款通常由有限合伙人咨询委员会（Limited Partner Advisory Committee，LPAC）决定。该委员会通常包括基金的三至五位大投资者。平衡的有限合伙人咨询委员会代表不同投资规模或类型（养老基金、捐赠基金、高净值个人等）的投资者。管理着密歇根州和印第安纳州一家养老金的投资组合的鲍勃·克隆（Bob Clone）说："设计有限合伙人咨询委员会时，作为基金中最大的投资者之一，我们一直考虑最小投资者的利益。有时，我们坚持普通合伙人至少要邀请一位高净值个人代表参加有限合伙人咨询委员会。"

有限合伙人咨询委员会的职责包括，但不限于下列条款中的规定：

投资限制

投资者通过资本比例、地区和证券类型限制基金经理的能力。例如，基金经理对一家公司的投资不能超过基金承诺投资的 10%—15%，因为这是一项审慎的风险管理与风险降低策略。其他限制包括地区限制（如基金经理不能投资于美国或加拿大以外的投资组合公司）或证券类型限制。基金经理不能投资于上市证券。

在多个投资者采访中，受访者都谈到策略漂移（Strategy Drift）是一个小麻烦。策略漂移是指普通合伙人承诺投资于某个部门或阶段，但后来没有遵守已商定的策略。尽管多数协议允许用最多 10% 的资本进行这种"机会"投资，但当大量资本开始投向其他类别时，投资者便会开始感到不安。当导致策略漂移

---

① 凯利·德蓬（普罗比塔斯合伙公司）与作者的讨论，2010 年 8 月。

的力量来自于市场时，基金经理更容易得到有限合伙人咨询委员会的批准。当清洁科技部门开始失宠，而基金仍然受协议约束时，基金经理开始挑战投资底线。一位机构投资者评论道："如果你看到那些伪装成清洁科技的投资机会，你一定会很惊讶。"还有人说："当普通合伙人的最高收益率来自于'其他'投资类别而不是基本投资类别时，我们会感到很困扰。"

利益冲突

基金 Ⅲ 能对基金 Ⅱ 的投资组合公司投资吗？在什么情况下，投资将被提交给有限合伙人咨询委员会批准？基金经理经常发现自己被认为在谋私利。一些基金经理或许有其他收入来源，或者对部分投资组合公司或基金以外的公司进行了个人投资。这种潜在冲突行为需要得到批准或进行披露。

"核心基金管理人"条款

如果核心投资团队人员发生变化，投资者有权暂停对基金的投资或者终止基金。另一方面，基金经理希望维持基金运营或者投资活动。下面列出了一些协商内容：

◎ **谁是核心基金管理人？** 哪些合伙人对执行投资策略更重要？有限合伙人同意这种选择吗？投资者能辨别出核心基金管理人并且在他们不再管理基金时有足够候补人选是至关重要的。

◎ **这种条款的触发条件是什么？** 死亡、残疾和无法贡献适当时间通常是标准的触发条件。有限合伙人更愿意在发生触发事件后自动暂停投资，除非有限合伙人咨询委员会批准由其他人继续执行计划。

无过错离婚

投资者可以在没有任何特定原因或者双方都没有"犯错"的情况下终止与基金的关系。这当然会使权力的天平倾斜。根据合伙协议条款，基金可能就此解散，投资期可能就此终止，普通合伙人可能被别人代替。尽管有限合伙人很少触发这项条款，但当普通合伙人行为不当或违反规定时，这项条款就会发挥作用。普通合伙人出现税务 / 监管问题、严重犯罪、破产、疏忽和违反协议都会触发该条款。"按照我的经验，75%—80% 的有限合伙人投票通常就可以无过错终止基金，"普士高律师事务所（Proskauer Rose）的基金律师霍华德·贝伯（Howard Beber）说。

赔偿 / 注意标准

该条款免除了基金经理对任何作为或不作为的责任并可以防止发生法律诉讼，还包括欺诈、未尽诚信义务、重大过失、欺诈或故意渎职。

保密

某些投资者，例如，州养老基金和大学捐赠基金需要遵守美国信息自由法案（Freedom of Information Act，FOIA）的指引。美国信息自由法案是一项信息披露法规，它鼓励通过信息透明提高可信度。尽管各州的信息自由法案规定不同，但一般而言，在风险投资中，普通合伙人向公共事业有限合伙人报告的某些信息需要符合美国信息自由法案的要求。新闻记者可以根据信息自由法案向公共事业有限合伙人提出请求，然后发布敏感的基金或投资组合公司信息。迄今为止，许多州都修订了本州法律以保护投资组合公司信息，使其无须公开披露。普通合伙人还希望限制向公众披露基金对投资组合公司的投资详情，因为它们可能影响未来的融资或估值。该法案有多个修正案，包括限制向此类有限合伙人提供信息，或者在极端情况下禁止此类有限合伙人在未来参与基金。

其他条款包括：

◎ **估值：**有限合伙人咨询委员会遵循估值指引并判断投资组合公司价值是上涨还是下跌。

◎ **附加协议：**所有有限合伙人都是平等的，但一些有限合伙人比其他有限合伙人更平等。附加协议进一步明确或描述了普通合伙人与有限合伙人（高于标准条款且在标准条款以外）的具体协议。有限合伙人知道附加协议是常见的商业议题。为了避免对普通合伙人管理费的计算产生争议，一位有限合伙人在附加协议中要求："审计师已经审核并确认普通合伙人管理费计算正确。"

◎ **共同投资：**有限合伙人可以就共同投资权进行协商，以便能择优挑选投资机会并对有前途的公司追加投资。在这个过程中，有限合伙人还能了解普通合伙人如何选择机会、安排投资并作为董事增加价值。普通合伙人需要有效管理做出反应的过程和时间：有限合伙人很可能没有能力进行尽职调查、后续投资或者在安排的时间内做出反应。然而，如果有限合伙人能够为公司提供一些战略意见，双方就值得付出时间和精力。普通合伙人还需要小心谨慎，保证有限合伙人——尤其是具备行业知识的公司有限合伙人——进行的投资不会吓跑收购者并对退出机会或退出价值造成损害。

机构有限合伙人的目标

机构有限合伙人协会（Institutional Limited Partners Association，ILPA）代表240家机构，它们总共管理着超过1万亿美元私募股权资本。机构有限合伙人协会制定了基金经理最佳实务，其重点是利益一致性、治理和透明度：[1]

---

[1] ILPA，"Private Equity Principles 2.0，" accessed January 17，2011，http：//ilpa.org/wp-content/uploads/2011/01/ILPA-Private-Equity-Principles-2.0.pdf.

◎ **利益一致性：** 普通合伙人应该重点关注利益最大化而不只是管理费。

◎ **治理：** 基金经理应该进行控制并保持适当检查和制衡，时刻将投资者利益摆在首要位置。

◎ **透明度：** 基金经理应该共享财务业绩、管理费收入和收益率计算结果。

这些实务受表 13.6 中条款的管辖。

表 13.6　机构有限合伙人协会最佳实务与普通合伙人—有限合伙人条款总结的对比

动力	条款
有限合伙人（投资者）与普通合伙人（基金经理）之间的利益一致性：	
普通合伙人自身是否进行了投资？	普通合伙人的投资是否显著高于或低于行业标准？普通合伙人的投资与其净值相比如何？
管理费的结构适当吗？	建立后续基金时是否会调整管理费？投资期结束后如何调整管理费？
普通合伙人与有限合伙人的利益是否可能发生冲突？	普通合伙人能否以个人资本参与对优选机会的共同投资？这是否会在投资组合内产生基本冲突？正如一位有限合伙人的提问："为什么基金经理可以有附属利益（side bets）和其他收入？"
普通合伙人—有限合伙人的利润分享结构设计合理吗？	瀑布式分配条款与权益回拨条款
普通合伙人的管理团队成员是否都有追求成功的动力？	薪酬、普通合伙人团队内部的附带权益分配、经营基金的资源
投资策略是什么？	公司、部门、投资消耗速度、再投资、多个基金对同一个投资机会的投资
基金的治理与控制及其管理层	
存在有限合伙人咨询委员会吗？该委员会的任务和职责是什么？有限合伙人是否掌握充足信息？	有限合伙人咨询委员会的规模、职责和开会频率；报告、年会、估值指引
注意标准：普通合伙人会花大量时间专注于建立和管理投资组合吗？	管理基金是普通合伙人的主要工作吗？普通合伙人是否有其他收入、投资或利益？
有限合伙人是否有限制不利因素或退出合伙关系的选择权？	无过错离婚、核心基金管理人事件、核心基金管理人保险、投资期结束、有限合伙人利益转让、撤资
财务信息的透明度	
普通合伙人收入的透明度、投资组合质量	管理费与附带权益的计算、估值与财务信息、普通合伙人的其他相关信息、专有信息保护

身为加利福尼亚大学校董会（University of California Regents）的私募股权董事总经理，蒂莫西·雷克（Timothy Recker）管理着一个风险投资组合和多家私募股权基金。身为机构有限合伙人协会的前主席，他做了许多工作以确保双方利益一致。"机构有限合伙人协会致力于解决一些问题，使普通合伙人与有限合伙人的关系更牢固，"他说。[1]根据行业调查，多达 58% 的有限合伙人不会投资于不遵守机构有限合伙人协会指引的基金。

提供好处以吸引有限合伙人：双刃剑

一些普通合伙人会提供好处让基金对潜在有限合伙人更具吸引力，有些普通合伙人甚至试图创造紧迫感。

关于这种好处，利亚姆·多诺霍（Liam Donohue）举了一个形象的例子。"我们集中自身资本投资于五家公司，并以成本价将这五笔投资构成的投资组合提供给基金。有限合伙人感受到了我们抛出的绣球并意识到了我们的严肃认真。我们认为这笔代价很小。我们能证明自己了解如何建立符合投资策略的投资组合。有限合伙人知道，在基金销售文件中阐述投资策略很容易，但作为首只基金我们将其真正'先做后说'并贯彻到底，我们这种深思熟虑与经验老到，证明了我们可以将其付诸实施，"他说。[2]当投资组合公司之一，医疗保健分析公司健康会话（HealthDialog）以 7.75 亿美元出售时，有限合伙人在不到 7 个月里实现了 2 倍收益率。

这些好处也有结果不佳的例子，包括从之前的基金中提供没有实际进展的投资组合公司。在一个例子中，基金Ⅲ以成本价向有限合伙人提供了至少半打基金Ⅱ中的公司。这可能激怒现有的基金Ⅱ有限合伙人，因为他们承担了极高风险。未来的基金Ⅲ有限合伙人可能也会担心募集基金Ⅳ时他们将被如何对待。

最重要的投资条款

在达特茅斯大学塔克商学院（Dartmouth's Tuck School of Business）私募股权与创业中心进行的一项研究中，约 100 名普通合伙人和有限合伙人受邀对重点协商的投资条款进行排序。[3]普通合伙人和有限合伙人最关心的问题是基金的

① 蒂莫西·雷克与作者的讨论，2010 年 12 月。

② 利亚姆·多诺霍（.406 投资）与作者的讨论，2010 年 12 月。

③ Colin Blaydon and Fred Wainwright, Tuck School of Business at Dartmouth, "Limited Partnership Agreement Project: Results of GP and LP Survey," accessed January 17, 2011, http://mba.tuck.dartmouth.edu/pecenter/research/pdfs/LPA_survey_summary.pdf.

整体经济状况。有限合伙人通常会担心基金经理何时将自身利益置于有限合伙人利益之上。如表 13.7 所示，核心基金管理人条款、权益回拨条款和管理费条款是重点协商的条款。

表 13.7　有限合伙人和普通合伙人重点协议的条款（按优先顺序排列）

有限合伙人——重点协议的条款	普通合伙人——重点协议的条款
1. 核心基金管理人	1. 权益回拨
2. 瀑布式分配	2. 核心基金管理人
3. 管理费	3. 管理费
4. 权益追回	4. 附带权益
5. 附加协议	5. 附加协议
6. 赔偿金	6. 瀑布式分配
7. 附带权益	7. 赔偿金

附注：调查对象包括 97 位有限合伙人和 117 位普通合伙人。

　　了解核心有限合伙人协议（LPA）条款和协商内容有助于普通合伙人加速基金募集过程。投资者希望确保利益一致性。管理费分成和其他限制性契约保障了他们的投资并让普通合伙人将重点放在创造长期利润上。有限合伙人可能会规定补救措施，如核心基金管理人条款、有过错或无过错基金终止条款或者基金经理罢免条款。这些补救措施很少被执行，但它们是一种协商手段和安全保障。

　　选择有经验的基金律师制订适当的协商计划同样重要。"要明智地选择你的服务提供商——错误选择会毁掉你的前途，"瑞士信贷的凯莉·威廉斯（Kelly Williams）说。"我们看到了一些非常优秀的首只基金，但它们的法律顾问表现很差，于事无助。"[1]优秀律师清楚投资条款的市场趋势，了解吸引机构有限合伙人的价值，并据此为基金经理提供指导。在我们的例子中，一家规模超过 300 亿美元的机构投资者抱怨说，一家正在筹集基金Ⅳ的成熟风险投资基金选择了一位来自小城、对协商有限合伙人协议毫无经验的律师。"我们深感错愕，"这位有限合伙人说，"而且困惑——普通合伙人是想节省费用吗？我是说，这名

----

① 凯莉·威廉斯（瑞士信贷）与作者的讨论，2011 年 2 月。

没有经验的律师让我们十分愤怒。他们使用的术语不当，不了解市场标准……这对普通合伙人的影响很不好。实际上，现在我们考察有限合伙人协议的头一件事就是看它的法律顾问。如果这是一家有经验的公司，精通私募股权投资，就表明普通合伙人清楚他们在做什么。"[1]

而且如果需要，募资顾问可以（收取高昂费用）将你引荐给几位投资人。通常，募资顾问会受邀帮助基金完成剩余募资，后者可能已达到目标筹资额的70%。下一章将介绍募资顾问的职责。多数业内资深人士都认为，有限合伙人不会仅凭投资条款对基金进行投资（但如果投资条款对普通合伙人太有利，他们可能选择不投资），而是根据所有条件做出投资决策——团队、策略和过往业绩。正如一位投资者的评论："如果对方是一家收益率持续排在前四分之一的知名公司，我就会在多数条款上让步。"

---

[1] 管理着 300 亿美元资产的不愿透露姓名的机构有限合伙人与作者的讨论，2010 年 10 月。

Chapter Fourteen

募资顾问对募集基金的作用 |

第十四章

> "我不是预言家。我的职责是在曾经是墙的地方凿出窗户。"
>
> ——米歇尔·福柯（Michel Foucault）

募资顾问不仅为希望募集新基金的风险投资基金提供建议，还在与机构投资者、私募股权交易主要参与者的许多重要互动中担任经纪人。募资顾问可以扩大投资者基础并加速基金募集过程，因此经常担任顾问和参谋。新兴基金经理和成熟公司借助募资顾问接触新的机构投资者，为募集基金做好后勤保障。除了为基金介绍新机会，募资顾问还会影响基金条款并对市场条款和条件提供建议。

尽管最优秀的基金普遍不需要募资顾问，但机构投资者更愿意与募资顾问打交道。几家享有盛誉的募资顾问就能建立一套机构投资者关系网，并减少过程中的摩擦。在一家价值25亿美元的欧洲金融服务公司负责基金投资的伊戈尔·罗森布利特（Igor Rozenblit）说："许多风险投资经理不屑对我们的投资标准进行基本评估，只发给我们完全无关紧要的基金备忘录。这些东西会很快被扔进垃圾箱。"其他机构投资者同意这种观点。埃德加（Edgar）补充道："我们的基金备忘录来自世界各地——中国、印度、巴西——其中许多既没有用也不符合我们的投资策略。"

一些机构投资者强调，募资顾问在寻找投资机会的过程中至关重要。募资顾问能带来专业知识、业界人脉以及关于市场趋势的信息。他们将把基金经理募集基金时面临的阻力降至最低。

优秀的募资顾问会非常抢手，他们对合作机会高度挑剔。对于看中的基金，募资顾问会赌上声誉，投入大量时间以期在基金交割后获得回报。普罗比塔斯合伙（Probitas Partners）的合伙人凯利·德蓬（Kelly DePonte）是一位著名募资顾问，他说："我一年要审核600多份募资备忘录，只有少数几份达到标准。"德蓬的观点来自于他与全球主要机构投资者的交往，而这些机构投资者所做的决策动辄数十亿美元。图14.1给出了募资顾问期望基金经理具备的重要特征。

斯丹威治咨询公司（Stanwich Advisors）的合伙人奥古斯丁·"格斯"·朗（Augustine "Gus" Long）指出，优秀的募资顾问应该作为机构投资者的代理人。"如果我们对基金经理没有信心也不放心，我们就无法合作，"朗评论道。他在加入斯丹威治咨询公司之前，管理着一家规模为10亿美元的母基金（FoF）。罗森布利特同意，优秀的募资顾问可以对适合的公司产生重大影响："一流风险投资公司不需要募资顾问，而在另一个极端，有许多公司业绩太差，以至于募资顾问拒绝接触它们。处于二者之间的一些优秀风险投资公司可以从募资顾问中受益。"因此，具有过硬业绩记录和出色投资策略的新兴基金经理应该考虑雇用像德蓬或朗这样的募资顾问要让艰巨的基金募集过程更加轻松。

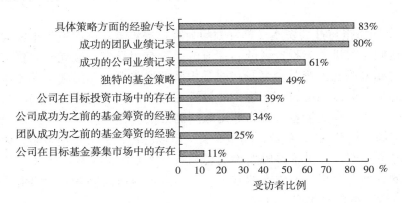

资料来源：Preqin。

图14.1 基金经理的特征

瑞士信贷和瑞士联合银行（UBS）等投资银行设有提供募资顾问服务的分支机构。这些全球性机构在许多办公地点开展经营，员工竭诚为私募股权客户处理多个账户，通过它们可以快速接触大量投资者。除了投资银行，还有其他专注于提供募资顾问服务的全球投资募资顾问与咨询机构。然而，与投资银行不同，这些大型独立机构通常只作为募资顾问经营。一些小型独立公司也提供募资顾问服务，它们的业务重点通常为某个部门或地区细分市场（如中东）或者精心挑选的投资者群体。它们还可能专门服务于特定类型的基金（如母基金和风险投资基金）。"瑞士信贷或瑞士联合银行这种大公司通常会发给机构投资者一本市场交易手册。你可以从中选择一些交易并咨询详情。优秀的募资顾问会进行广泛调研并认真倾听意见。此外，即使在与客户签约之前，他们就知道应该向谁推销，"为密歇根州和印第安纳州退休系统管理基金投资组合的鲍勃·克隆（Bob Clone）说。

募资顾问提供了市场情报与业界人脉

合适的募资顾问可以提供对市场趋势的见解、找出重要的机构投资者关系并完善投资策略/募资材料，因而能对募集基金过程产生重大影响。"我们花了大量时间准备基金材料、融资演讲和彩排以确保沟通的连贯性。争取到一小时与主要机构投资者的交流机会很难，但一旦你争取到这个机会，我们就保证基金经理能最充分地利用这段时间，"斯丹威治咨询公司（Stanwich Advisors）的格斯·朗（Gus Long）说。

凯利·德蓬（Kelly DePonte）指出了募资顾问为风险投资基金提供协助时的主要任务：

◎ **市场情报与社会资本：** 募资顾问为客户提供了联络渠道和牢固的人脉基础，但他们比写满著名投资者的名片或电话簿有用得多。最优秀的募资顾问不是静态的私募股权投资基金名录，而是积极的追踪者，他们观察人才流动、探查部门趋势，监测私募股权配置中的投资偏好。通过雇用募资顾问，基金可以提高基金募集效率而受益，因为募资顾问的方法目标明确，而不是依赖空洞的引导和市场营销计划。[1]募资顾问始终关注市场脉搏，完善长期策略，锻炼人脉直觉。募资顾问还提供了接触新投资者和新资本来源的途径。正如一位基金经理指出的，准备募集一家更大的基金时，你必须与新投资者——陌生人——交流，募资顾问可以简化这个过程。

⌐ 让我帮你自立

募资顾问让基金经理可以"聚焦（他们的）核心竞争力——交易能力。" 募资顾问让基金不必为冗长痛苦的基金募集过程分心——这是必要但通常具有周期性的步骤。"你每四年、五年、六年才募集一次基金，因此你无法做得像专家一样好，"道

---

[1] "What to Expect from a Placement Agent: Things You Should Know," Probitas Partners, accessed January 19, 2011.

格·纽豪斯（Doug Newhouse）说。他的基金被超额认购。*募资顾问是决定基金募集细节的重要战略家，这些细节包括目标基金规模、投资者对员工和专业背景的期望、选择合适法律团队和其他可能被忽略的初始阶段细节，甚至更有经验的基金经理或管理着多家基金的基金经理也可能忽略这些细节。他们还在市场营销中起到了不懈作用，就如何汇集大量不仅愿意投资而且具有资源在市场困难条件下投资的投资者给出建议。借助这些关系密切的人脉，他们对投资者市场的嗅觉往往比风险投资基金经理更敏锐。而且，募资顾问利用与投资者打交道时先行进行谈判还可以试探投资者的实力与不利条件，从而对发起基金的合适时机提出建议。更重要的是，募资顾问还能维持市场营销或募集基金的动力。通过在这些领域迅速行动，基金可以大大提高交割速度，避免失去动力而被面临许多机会的投资者认为不重要或不相关。

"募集基金是个按部就班的过程——首次会议的目标不是签署认购文件——而是进展到下一步，即现场尽职调查。对于一些机构投资者而言，这个过程需要三步，对于另一些机构投资者而言，这个过程需要 20 步——但你必须在每一步都做好准备。形式和表现不合适的合格团队可能让投资泡汤。有一些团队本应得到融资，但它们没有，因为它们不能有效交流自己的想法——这通常是准备过程中很艰难的一个环节，但也是我们最大的用武之地，"斯丹威治咨询公司的格斯·朗说。

*What to Expect from a Placement Agent：Things You Should Know，" Probitas Partners，as quoted in *The Definitive Guide to PE Fundraising*，PE Media.

◎ **对基金条款和趋势的指导：**最后，在进入市场之前，募资顾问会让基金经理随时了解最新的基金条款和条件，从而为风险投资基金提供价值。募资顾问清楚机构投资者对经济和法律趋势的需求，如瀑布式分配条款、无过错离婚条款、权益追回条款，等等。从他们与投资者的互动中，募资顾问可以预测投资市场将对基金条款和条件作出什么反应以及如何适应变化的经济和治理条款。对于风险投资基金经理而言，理想的募资顾问应该能为该基金找到适合其类型的市场。重点关注国际基金的募资顾问很少会帮助种子阶段的基金。除了熟悉投资行业，募资顾问还具备进行严格的尽职调查、准备市场营销和募集基金以及有效架起合伙人与投资者的桥梁的经验。[1]另一方面，随着机构投资者对所投资的基金越来越挑剔，募资顾问在帮助普通合伙人和有限合伙人顺畅沟通中的作用也愈加重要，尤其是对新兴基金而言。尽管许多有限合伙人都希望投资于安全且

---

[1] "A Guide to Private Equity Fund Placement Specialists，" Private Equity International（PEI）Media.

著名的基金，但如果有经验丰富的募资顾问肯做交易经纪人，他们也愿意投资于新基金。募资顾问对由业绩记录过硬的基金经理管理的新风险投资基金尤为有帮助。论坛资本（Forum Capital Partners）的董事总经理杰弗里·斯特恩（Jeffrey Stern）在评论普通合伙人与有限合伙人的交易时说，由经验丰富者管理的基金是"能让机构投资者动心"的基金，而"募资顾问的工作就是为投资者发现这些基金"——在正收益率和投资者的内在风险之间找到合适平衡。[①]

伊戈尔·罗森布利特（Igor Rozenblit）管理着一家希望投资于风险投资基金和私募股权基金、规模为 25 亿美元的欧洲金融服务公司，他经常与瑞士联合银行、瑞士信贷、瑞德集团（Lazard）和帕克希尔集团（Park Hill）等一流募资顾问互动，他说："一些基金经理可能不善于夸张的宣传，但这是募资顾问的看家本领。募资顾问通常会用各种溢美之词形容交易——最容易被多数机构投资者忽略的募资顾问老套宣传语包括'我们已经募集到了大约 2/3 的基金投资……或者这是迄今为止最热门的基金'以及'基金即将超额认购——我们明天就会交割。'"罗森布利特尖刻地指出，太滑头的募资顾问对基金有害，或者会使双方丧失信誉。"有一次，我们在宣布最终交割后一个月才交割——募资顾问很不高兴。"

道德挑战

在募资服务业中，政界内部人士经常滥用政治联盟、熟人和名人关系为投资者和基金做交易掮客，这令法律机构头疼不已。新泽西州投资委员会（New Jersey's Investment Council）的奥林·克雷默（Orin Kramer）将一些募资顾问评价为"与政界有关联的中介……他们并不真正从事金融业务，"这导致了许多尖锐的道德问题。[②]多家新闻媒体称，纽约州、新墨西哥州、佛罗里达州和马萨诸塞州的公民对养老基金的管理层和为投资者提供经纪服务时动用政治关系和为自己谋私利的募资顾问的投诉都有所上升。

例如，前纽约政治顾问、担任四方集团（Quadrangle Group LLC）募资顾问的亨利·莫里斯（Henry Morris）为洛杉矶消防队与警察局养老金（Los Angeles

---

① "Placement Agents Have Record Year as Private Equity Firms Fundraise，" December 12，2005.http：//www. sterlinglp.com/news/index_3d02e514.aspx.html accessed on December 12，2010

② Martin Z.Braun and Gillian Wee，"How Pension Placement Agent Exploited Political Ties（Update 1），" Bloomberg. com，May 18，2009，accessed January 19，2011，www.bloomberg.com/apps/news?pid=newsarchive&sid=atwTqj6Oj Y7U.

Department of Fire and Police Pensions）的投资基金介绍一笔 100 万美元的投资就收了 150 000 美元介绍费，令这家养老金震惊不已。在新墨西哥州，雇用马克·科雷拉（Marc Correra）[新墨西哥州州长比尔·理查森（Bill Richardson）支持者的儿子] 的公司从对该州捐赠基金和教师养老基金的投资中赚了 1 500 万美元。①

此类例子说明了前政客、选战操盘手和其他公务员如何插手风险投资业以及可能产生的法律问题。加利福尼亚州通过了一项限制使用募资顾问的法案，该法案要求向加州公务员退休基金（CalPERS）和加州教师退休基金（CalSTRS）——它们是加利福尼亚州的公共退休基金（管理的资产超过 2 740 亿美元）——募集投资的募资顾问注册为说客。这有效禁止了募资顾问从与州政府基金的投资交易中获得报酬。立法机构推进这项法案的缘由是一名前加州公务员退休基金董事向州投资经理收取了超过 4 700 万美元募资顾问费。②

还有一些私募股权基金，如凯雷集团（Carlyle），则深陷于"交钱办事"的回扣争议中。在纽约，首席检察官和证券交易委员会控告受雇于凯雷集团和其他许多公司的募资顾问汉克·莫里斯（Hank Morris）谋划向希望与该州养老基金做交易的投资公司收取回扣。管理着 850 亿美元并已从一家纽约养老基金筹集了超过 7 亿美元的凯雷为解决回扣丑闻支付了 2 000 万美元。③

一些募资顾问仍在给私募股权基金当雇佣兵。还有些募资顾问在这个时间约束严格、资本供求比率永远失调的行业中扮演合法角色，减少摩擦。买者当心，一旦售出概不负责——谨慎选择你的合作伙伴。

① Martin Z.Braun and Gillian Wee, "How Pension Placement Agent Exploited Political Ties（Update 1）," Bloomberg.com, May 18, 2009, accessed January 19, 2011, www.bloomberg.com/apps/news?pid=newsarchive&sid=atwTqj6OjY7U.
② Proskauer's Private Investment Practice Group, "United States: California Restricts Use of Placement Agents," Mondaq, October 11, 2010, [accessed January 19, 2011, www.mondaq.com/unitedstates/article.asp?articleid=112514.
③ John Carney, "Carlyle Will Pay $20 Million in Pension Fund Kickback Scandal Settlement," *Business Insider*, May 14, 2009, accessed on January 6, 2014, www.businessinsider.com/carlyle-will-pay-20-million-in-pension-fund-kickback-scandal-settlement-2009-5.

The Business of Venture Capital

如何成为一名成功的
风险投资人 （第二版）

决战金融职场实务指南-1

下篇

投　资

衡量风险投资是否成功的唯一指标就是业绩。能选出产生高收益率的理想公司是这行专业人士取得成功的首要因素。

投资过程——寻找机会、尽职调查、协商投资条款、发挥董事作用和支持创业者——很重要，但不是最重要的。投资者最关心的是强劲的财务收益。尽管寻找投资机会的能力与风险投资公司团队的专长和人脉有关，但风险投资公司是否乐于支持创业也是重要因素。独立而行为决断的投资者反应迅速，他们对创业者平等相待，因此能够吸引到投资良机。最终，强大的公司品牌将在这种基础上建立起来。

在尽职调查中，经验丰富的投资者是市场的学生；如果市场做好准备，他们将迅速作出决策并积极投资于初创企业以满足市场需求。管理团队、产品、特色和竞争都是重要特性，但最优秀的投资者很少考虑过多并且乐于接受不确定性。

水闸基金（Floodgate Fund）的迈克·梅普尔斯（Mike Maples）曾经投资于硅谷的部分主要科技初创企业。他经常在 10 分钟内完成尽职调查。"我们做过的最好的交易是我们最快下决定的交易——这对我来说有些违反直觉。当时和一位创业者开了 10 分钟会后，我就打断介绍，举手说我想投资。因为这家公司拥有充足干劲、真诚的创业者和广阔市场。"[1]

决定投资决策的五个一般标准是：

1. 管理团队是否有诚信和紧迫感？是否具备相应知识且能随机应变？
2. 是否找出了明确的市场痛点？是否建立了价值定位？
3. 主要风险是什么？计划如何降低风险？
4. 是否考虑了资本需求、效率和盈亏平衡？公司是否有来自其他来源的资金？
5. 这笔投资能否在理想时间表内创造目标收益率？

表 P2.1 详细介绍了投资时考虑的各种标准。并非所有标准都适合早期阶段公司。

担任初创企业董事的投资者的任务是在必要时支持首席执行官。在某些情况下，投资者董事能提供战略眼光、吸引客户和关键团队成员。如果这关系到下一轮筹资，首席执行官就会尤为重视投资者董事的角色。建立资金储备以进行后续投资很重要；然而最难的是知道何时放弃业绩不佳的公司。

---

[1] Tarang and Sheetal Shah, *Venture Capitalists at Work：How VCs Identify and Build Billion-Dollar Successes*（New York：Apress，2011）.

表 P2.1　尽职调查——主要标准

标准	定义	评论
	管理团队标准	
管理团队	准备充分、人才完备的团队，尽职尽责，易于指导	公司应已建成一支拥有销售、市场营销与产品开发技能的强大团队。由于每家公司都有特定的人才需求，因此需要考察每人的具体情况、背景和是否适合相应职位
内部系统	有效记录和管理财务、销售与经营系统	公司应该有完备的内部系统，例如（a）财务报告、控制和决策；（b）销售与市场营销系统；（c）产品开发路线图
整体目标	执行计划以实现目标。企业战略或方向没有实质变化	考察公司的产品路线图并评估季报和实际进展。尽管偏离计划的情况很常见，但应该确保公司在考虑后续融资之前按计划进展或提前完成计划
向投资者报告和与投资者沟通	按时提供月报、季报和年报。经常口头汇报最新进展或者举行会议	公司应让投资者通过报告、交流和最新资讯随时了解重要进展，这很重要
	财务标准	
收入	按计划或超过计划	考察收入和总利润率等财务目标考察利润率稳定性。这些指标应该和其他与资产负债表——以及现金流——相关的指标一并评估，以确保公司的财务稳定性
其他	无重大债务或应收款项；现金流充足	
	投资条款	
投资规模	足以帮助公司实现下一个目标	投资将整合为一笔大额投资的一部分这笔资金是否足以实现预定目标
定位	共同投资者或跟随者	与外部投资者组成辛迪加进行后续投资，作为减轻风险的机制
投资条款	逐笔投资具体协商	确保当前的投资条款适于确保目标收益率
额外资本需求	未来资本需求与实现盈亏平衡的路径明确	投资最好适合有利于公司发挥资本效率的环境。如果公司需要高额后续投资，这将增大风险
	减轻风险	
辛迪加投资者	来自当前投资者或新投资者的额外投资	评估各种风险减轻因素，例如（a）以溢价获得风险投资基金的专业投资（b）产品／订单需求增长；（c）多元化的客户基础
购买订单	有意义的现成订单	

在第二部分中，我们将研究寻找投资机会、进行尽职调查和组织投资的过程。作为董事，还应该考察投资后的投资组合增值阶段。最后，我们将考察退出途径。本部分最后一章深入探讨了人类心理学，即我们行为的内在偏差和弱点。

寻找投资机会 | 第十五章

> "我希望找到下一个脸谱网——当它的'马克·扎克伯格
> （Mark Zuckerberg）'还只是无名小卒时。"
>
> ——凯文·罗斯（Kevin Rose），谷歌投资[1]

　　凯文·罗斯是谷歌投资的合伙人，他在硅谷寻找机会的技艺让这门艺术更臻完美。当他发现手机支付公司斯夸尔（Square）正在筹资时，便联系了斯夸尔的创始人之一，杰克·多尔西（Jack Dorsey）。但投资金额已满，而且多尔西说斯夸尔不需要更多投资者。罗斯注意到斯夸尔没有提供产品视频演示。他快速拼接出一段产品演示视频并放给多尔西看，供他参考。这给多尔西留下了深刻印象，他回心转意，邀请罗斯参加本已满额的 A 轮投资。[2]

　　阿塞尔合伙公司（Accel Partners）的凯文·艾弗鲁西（Kevin Efrusy）位列福布斯最佳创投人排行榜前五名。毕竟，他为阿塞尔发现了脸谱网这个伟大的投资机会。艾弗鲁西曾经两度担任凯鹏华盈（Kleiner Perkins Caufield & Byers，KPCB）的入驻创业者，他加入阿塞尔时肩负的主要任务是——找到社交初创企业的下一颗新星。艾弗鲁西加入阿塞尔两年后，在寻找过程中发现了他的目标。为阿塞尔做研究工作的研究生钱智华（Chi-Hua Chien）将这家叫"脸谱网"

① J.O' Dell，"The Kevin Rose Reboot：Our First Look at Google's Newest VC，"VentureBeat，April 14，2013，accessed on January 6，2014，http：//venturebeat.com/2012/08/14/kevin-rose/view-all.

② Reid Hoffman and Ben Casnocha，*The Startup of You：Adapt to the Future，Invest in Yourself，and Transform Your Career*，（New York：Crown Business，2012），122.（见凯文的产品视频，网址为 www.youtube.com/watch?v=3BP5ax1qs5o.）

的公司推荐给艾弗鲁西，他始终没有放弃这个机会，直到其稳稳入彀。

"社交网络向来有污名，"[1]他在《脸谱网效应》（*The Facebook Effect*）中说。[2]脸谱网创建时有超过 20 个竞争者。它创建 6 个月前，竞争者之一朋友网（Friendster）从凯鹏华盈（KPCB）和巴特利投资（Battery Ventures）等一流风险投资公司筹得了 1 300 万美元。另外，搜索引擎巨头谷歌已经重新推出了奥库特（Orkut），另一家社交网络竞争对手。脸谱网创建之后不久，聚友网（MySpace）就宣称拥有近 500 万名用户。

这种竞争没有放慢艾弗鲁西的脚步——他坚持不懈地给这家初创企业打电话、发邮件——却总是被对方置之不理或拒绝。"我们会千方百计让它成为一家成功的公司，"艾弗鲁西曾经这样告诉马克·扎克伯格。但是脸谱网对接触风险投资人（VCs）不感兴趣。"他一直缠着我们，"脸谱网的一位高管回忆道。

最后，艾弗鲁西决定造访脸谱网的办公室，他走进了一个杂乱不堪的场所，前一晚酒会的垃圾丢得到处都是。一个人正在费劲地组装一张 DIY 桌子，血从他额头上渗出来。艾弗鲁西向正在啃玉米薄饼的扎克伯格承诺："周一来参加我们的合伙人会议。我们会在当天结束时给你投资条款清单，否则我们不会再与你联系了。"

整个周末，艾弗鲁西都在不停打电话，希望了解脸谱网现象的更多信息。周一早上 10 点，扎克伯格穿着人字拖鞋、短裤和 T 恤，带着两个助手出现在了阿塞尔的办公室。他们连幻灯片都没带。五天后，经过无数劝说和恳求，阿塞尔终于得以对交易前估值为 1 亿美元的脸谱网投资 1 270 万美元，持有脸谱网 15% 的股份。艾弗鲁西没有拿到董事席位。"这伤害了我的感情，"他说，"但是我理解。"

艾弗鲁西表现出了争取优秀投资机会所需的一切重要品质：迅速评估、积极接触、猎人般的不屈不挠。但重要的不仅仅是艾弗鲁西的品质——他所在的公司也很重要。阿塞尔合伙公司创建于 1983 年，管理着 60 亿美元，帮助创业者创建了 300 多家成功的革命性新公司。阿塞尔的合伙人吉姆·布雷耶（Jim Breyer）在多个投资人榜单中都高居前列。这家风险投资公司的品牌、业绩记录和吉姆·布雷耶的崇高声望（他稳坐"风险投资上帝"的交椅）形成了合力，这当然有助于达成投资。

---

[1] 译者注：主要指社交网络上的色情内容和网络暴力。

[2] David Kirkpatrick, *The Facebook Effect: The Inside Story of the Company That Is Connecting the World*（New York: Simon & Schuster, 2010）, 116-121. 写这部分内容时，我在很大程度上参考了这本书。

但更有意思的是阿塞尔合伙公司的创始人詹姆斯·斯沃茨（James Swartz）谈到投资新科技浪潮时一句颇有远见的话："老一辈——最好别挡路，如果你希望留下，就雇个年轻人，放手让他做。"[①]斯沃茨不知道，艾弗鲁西这个小伙子已经在为阿塞尔寻找下一笔大买卖了。

GGV 是一家规模为 10 亿美元，曾投资于阿里巴巴等中国大公司的风险投资基金，它的创始人之一哈尼·纳达（Hany Nada）对詹姆斯·斯沃茨的话表示赞同。"我 42 岁了，我发现最好让新一代人接手——他们比我更了解新兴科技趋势。"

⌐ 宿舍基金：找个年轻人，放手让他干

脸谱网、谷歌、微软、戴尔（Dell）、纳普斯特（Napster）——这些公司的创始人有什么共性？他们都是从一间宿舍起家的，它们的创始人都逃课。你如何找到这些机会？加入宿舍基金（Dorm Room Fund），这是一家由首轮资本（First Round Capital）提供资金支持，由学生经营为学生创业的风险投资基金。这家基金向学生创业者提供种子资本和专家指导，帮助他们在校园中创业。

宿舍基金的目标是成为需要资本的学生创业者的首选。这家基金创建于费城，现在与八家美国大学建立了联系，包括斯坦福大学（Stanford）、麻省理工学院（MIT）和普林斯顿大学（Princeton）。

首轮资本负责选择投资者团队，尽管这些学生来自于不同背景，但他们有相同的激情——帮助同学开公司。每支投资者团队都来自于学生创业者，他们进行尽职调查并管理校园交易。学生投资者团队每周开会，管理股权结构并作出投资决策，但他们不占董事会席位。最终签字权属于首轮资本。

首轮资本对每家大学基金投资 500 000 美元。平均投资规模为 20 000 美元，形式为无上限可转换票据，这种债务形式没有价值上限，可以在晚期阶段转换为股权。学生不用担心估值问题，可以专心于经营企业。除了融资，首轮资本的合伙人还提供咨询服务并举办投资理念培训班。如果有收益，它将拨回充实基金。首轮资本不会干预投资过程，只要经营合法而且不违反道德。它对于成立的企业类型也没有任何限制，尽管平均投资规模只有 20 000 美元，但成立的多数企业往往是科技初创企业。首轮资本在下一轮融资中不拥有排他权。学生可以自由与其他潜在投资者开展对话，尽管首轮资本欢迎他们在需要时前来洽谈。巧的是，首轮资本的董事总经理乔希·科佩尔曼

---

① James R. Swartz，interview by Mauree Jane Perry，"National Venture Capital Association Venture Capital Oral History Project，" 2006，accessed January 30，2011，http://digitalassets.lib.berkeley.edu/roho/ucb/text/swartz_james_donated.pdf.

（Josh Kopelman）也是在宿舍里开办他的首家公司的。

这家基金对于首轮资本和学生来说都是双赢。首轮资本与新企业建立了联系。同时，学生获得了首轮资本的资源，例如最佳招聘流程、顾问支持和接触媒体的机会。

除了资金，宿舍基金还为学生创业者提供驻企咨询师作为导师。在考察了 400 多家公司后，宿舍基金投资了 24 家公司。

资料来源：Brett Berson，VP of Platform，First Round Capital in discussions with the author.

尽管硅谷高度竞争的环境需要艾弗鲁西（Kevin Efrusy）这样的才能，而且不可否认，在寻找投资机会方面存在年龄优势，但也有不同的投资机会寻找方式。典型的投资机会隐藏在人际网络中——通过长期以来建立的人脉可以持续获得高质量的机会推荐。创业者或可信的同业投资者往往是质量最高、最可信赖的来源。其他来源包括孵化器和加速器、律师、天使投资人网络、银行和非银行金融机构以及技术转让办公室。图 15.1 显示了整体投资过程，它从寻找投资机会开始。表 15.1 详细介绍了这些选择。

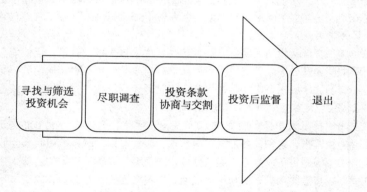

图 15.1　风险投资基金的投资过程

表 15.1　投资机会来源

来源	优点	缺点
加速器与孵化器 / 项目展示日	提供了大量待考察的机会。最适合种子投资者	过度拥挤——最优秀的初创企业早在展示日前已经得到融资。一些初创企业的价值可能迅速上升

续表

来源	优点	缺点
天使名录 / 交易撮合网站	提供了接触机会的渠道、没有地理障碍	刺激股票市场的从众心理
同业投资者 / 其他风险投资人	可信关系中的尽职调查更迅速	坏机会可能被当作好机会
律师、会计师和顾问	可以根据基金标准和适合度提供某种程度的事先筛选	买者自慎：所有每小时支付 300 美元的客户都会听到溢美之词！
银行 / 风险贷款提供者	可以减轻风险；银行 / 风险贷款提供者可能通过参与投资共担风险	高级贷款人对资产有优先留置权
连续创业者	推荐经过深思熟虑，能更好地了解投资者心态，坦承挑战	连续创业者可能不进行投资、不共担风险
经济开发 / 非营利专业人士	规模大，能接触更广阔的人脉	质量可能存疑
商业计划书竞赛与风险投资论坛	事先经过筛选和审查，可能是早期阶段投资者的优秀机会来源	当心为了参与和取胜而非创建企业而参赛的学生
大学技术转让办公室、联邦研究实验室	原石中蕴藏的钻石！可能需要投入时间制定企业战略和建立团队	当心正在寻求投入应用的技术
从公司剥离出来的实体	联合发展、共同投资的潜力	市场规模可能有限专利寿命可能有限

作为经验法则，投资者在投资任何一家公司之前都要考察大量机会。对于吉姆·布雷耶（Jim Brayer）和阿塞尔合伙公司（Accel Partners）来说，公司品牌吸引了许多机会。"我们每年要看上万份商业计划书，而我们只投资于大约十家公司，"他指出。[①]

以图 15.2 的统计数据为例，它代表了典型的投资比例。

---

① TechCrunch，"Jim Breyer：'We See 10 000 Media Business Plans a Year, and Invest in about Ten,'" November 19, 2011, accessed on October 2013，http: //techcrunch.com/2011/11/19/jim-breyer-media.

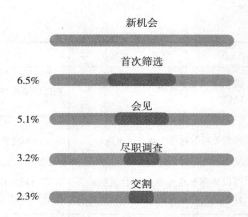

图 15.2　寻找机会、筛选机会和投资比率的典型情况

最优来源：人脉

在任何行业中，最重要的都是关系。但是在风险投资业中，关系能够成就或毁掉风险投资人。对于少数品牌悠久的风险投资公司而言，机会可能来自于大量纵横交织的关系：连续创业者、同业风险投资人、律师、投资银行家和服务提供商。方铸集团（Foundry Group）的布拉德·费尔德（Brad Feld）与星佳（Zynga）的创始人马克·平卡斯（Mark Pincus）有 15 年的交情。费尔德和合广投资（Union Square Venture）主导了这家初创企业的首轮投资，四年后，这家公司的估值超过了 50 亿美元。亿贝网（eBay）的创始人皮埃尔·奥米戴尔（Pierre Omidyar）也是一个例子。在寻找首轮投资时，奥米戴尔手中有一份投资条款清单，提供的估值至少比标杆资本（Benchmark Capital）高 2.5 倍，但他仍然接受了标杆资本给出的较低估值。皮埃尔认识布鲁斯·丹利夫（Bruce Dunlieve），他是标杆资本的普通合伙人（GP），曾经投资于皮埃尔之前的公司，皮埃尔信任他们的关系。多亏这种关系的优势与吸引力，标杆资本对亿贝网的 500 万美元投资获得了 25 亿美元的净收益。[1]

人脉在某些地区很起作用。"北加利福尼亚就明显以人脉为中心，很难用简单直接的方法找到高质量的投资机会，如参加会议，让对方在你的网站上提交资料。真正的好交易要通过人脉取得，因为这是个人脉高度发达、摩擦很低的社会，"克里斯通投资（Clearstone Venture Partners）的管理合伙人威廉·埃

---

[1] Randall E. Stross, *eBoys: The First Inside Account of Venture Capitalists at Work*（New York: Crown Business, 2000），216, 291.

尔克斯（William Elkus）说，他过去的成功投资包括贝宝（PayPal）和序幕（Overture）。①

对于其余风险投资人而言，寻找机会是个需要不断奔波的过程，这项工作经常被推给初级分析师：他们要参加行业会议、阅读各种出版物、联络公司高管以建立互信并进行尽职调查。一位风险投资人（VC）在墙上挂着一幅画像，画像叹息道："我吻过多少只青蛙？"

迦南合伙公司（Canaan Partners）的布伦特·阿伦斯（Brent Ahrens）总结道："这一行最重要的就是交易和现金流——如果你能做成高质量的交易或者从有限合伙人那里筹到钱，你就是好样的。"②

风险投资业要求不断磨炼寻找机会的能力。地区风险投资会议将公司介绍会与著名风险投资人的智慧结合起来。尽管在这种场合很难找到真正新颖和有突破意义的机会，但这是多数风险投资人的机会沃土。然而，如果你的投资机会主要来自于参加会议，那么有限合伙人很少会对它们感兴趣。有限合伙人通常希望了解你在寻找机会时是否有不公平优势或竞争威胁。做过十多年有限合伙人的克里斯·杜沃（Chris Douvos）说："一些著名基金拥有强大的人脉，新的普通合伙人很难照搬。这种人脉有显著优势——你能通过它实现创意、推出产品甚至策划适时退出。"③

◤ 当机会光顾有准备的头脑时

一天晚上，红杉资本（Sequoia Capital）的创始人丹·瓦伦丁（Don Valentine）在一家餐馆吃饭时见到史蒂夫·乔布斯和迈克·马尔库拉（Mike Markkula）在一起，他觉得他们在讨论什么，于是送给他们一瓶附了字条的葡萄酒，字条上写着："我正计划投资于苹果，别对这件事视而不见。"

之后不久，瓦伦丁对估值为 300 万美元的苹果公司投资了 150 000 美元。

资料来源：Michael Moritz, *Return to the Little Kingdom：Steve Jobs, The Creation of Apple and How It Changed the World*（New York：Overlook Press，2009），237.

---

① 威廉·埃尔克斯（克里斯通投资）与作者的讨论，2008 年 9 月。
② 布伦特·阿伦斯（迦南合伙公司）与作者的讨论，2008 年 9 月。
③ 克里斯·杜沃与作者的讨论，2010 年 12 月。

当一位成功创业者主动接触你并邀请你参与他的下一个重大项目时，你就达到目的了。这种方式的优点很明显。正如克里斯·里奇克（Chris Rizik）所言："你对创业者的吸引力如何？钱太多了，到处都是。"[1]人脉对于发现机会非常重要，因而建立人脉也很花时间。但太依赖别人也有缺点：最好的机会很少被分享。对于没有经验的新手而言，发现优秀机会的最好方式通常是走出去寻找。加速器、项目展示日和天使投资人脉都是寻找机会的好起点。

加速器与项目展示日

孵化器与加速器随着经济周期而兴衰。孵化器这个词常让人联想到这样一幅景象：带玻璃幕墙的高楼大厦中挤满年轻创业者，他们吃着披萨，嗜咖啡如命。加速器是孵化器的智能升级版，它们在世界每个角落蓬勃发展，带来了导师、小额种子资金并且不看重不动产。

据加速器数据库种子 DB（Seed-DB）称[2]，全世界有 170 多个加速器，近 3 000 家公司已经得到了约 27.3 亿美元融资。其中 5%（约 150 家）实现了退出，创造了 17.6 亿美元价值。换算为对这些公司的平均投资大致相当于 900 000 美元，平均退出规模为 1 000 万美元左右。

◤ 在寻找机会中获得优势：尊重每位创业者

"在我的 30 年投资经验中，最好的机会来自于我拒绝的一位创业者。他向我们的基金推荐了另一位创业者，我们对其进行了投资，而它成为了我们业绩最好的公司。我想，当我们拒绝的时候，必须深思熟虑。"

——杰克·阿伦斯（Jack Ahrens），提盖普投资（TGap Ventures）

在线风险投资市场：天使名录、起动网和投资俱乐部

一家硬件方面的初创企业让多个桑德希尔路上的风险投资人俯首听命。这家公司在起动网（Kickstarter）上推出产品后，每天能得到超过 20 000 美元的预订单。当该公司手握 300 万美元预订单时，风险投资人乞求能投资于这个机会

---

[1] 克里斯托弗·里齐克（复兴风险投资基金）与作者的讨论，2011 年 2 月。

[2] Seed-DB, Seed Accelerators, accessed on October 5, 2013, www.seed-db.com/accelerators.

或以其他形式参与。它的投资前估值升到了不可思议的高度。如果没有起动网，这家公司可能在任何风险投资会议上被人耻笑："我们不投资硬件！"正如马克·安德森（Marc Andreessen）指出的，软件正在通吃世界。

天使名录（Angel List）这种门户网站或许刚开始引起桑德希尔路上的风险投资公司的注意。当风险投资人的眼光只盯着桑德希尔路（或者硅谷，这取决于地理位置）时，方铸集团（Foundry Group），一家位于科罗拉多州博尔德的基金却是将这股浪潮视为机会的首批风险投资人之一，它推出了方铸天使（FG Angels）基金，通过天使名录组成了投资辛迪加。

天使名录每月处理多达 500 份投资机会推荐，投资额约为 1 000 万美元。这些金额在今天看来很少，但电子商务就是这样起步的：小额交易为大额交易建立信任。我们先是在网上买书，现在我们在网上买汽车、平板电视和更多商品。网上投资将沿袭类似的道路。

将品牌定位为在线风险投资基金的投资俱乐部（Funders Club）完成了 30 多笔投资。投资俱乐部的投资高度集中于硅谷的初创企业，并将自身定位为在线风险投资基金。尽管许多投资者利用这些门户网站不过是为了跟踪并发现更好的机会，这种在线模式正在获得青睐并将改变投资格局。

天使投资人

丰富的投资沃土为风险投资人、天使基金和附属型种子基金提供了早期接触投资的机会。全世界有 550 多个天使投资集团，[1]其中近 300 个位于美国。[2]天使投资集团由富人或高净值个人（HNWIs）组成，他们集中了资源和投资专长。天使投资人的目标通常是需要 10 万—100 万美元股权融资的早期阶段创业者。美国的活跃天使投资人多达 125 000 人。其中，10 000—15 000 名天使投资人据报道属于天使投资集团。[3]

◎ **数量：**一个平均规模的天使投资集团投资于大约 7 个机会，投资金额为 190 万美元。典型的天使投资集团由大约 42 人组成。[4]

◎ **阶段：**26% 的天使投资处于种子阶段和初创阶段，56% 处于后种子 / 初创投资阶段。

---

① 数据来自 www.angelsoft.net，一家管理天使投资人人脉的著名软件服务工具提供商。

② 统计数据来自 www.angelcapitalassociation.org。

③ 统计数据来自 www.angelcapitalassociation.org。

④ 统计数据来自 www.angelcapitalassociation.org。这是 2007 年的数据：尚未有大幅偏离这些投资范围的数据报告。当然，我们的这些统计中不包括超级天使投资人。

◎ **收益率：** [1]

- 天使投资在 3.5 年后的平均投资收益为初始投资的 2.6 倍——内部收益率（IRR）约为 27%。
- 52% 的退出收益低于天使投资人的投资。
- 7% 的退出收益超过投资的 10 倍，占总投资收益的 75%。

天使投资集团用于行政和管理的现金资源有限。在你与天使投资人集团建立关系时，请考虑以下因素。

◎ **了解天使投资人的整体运作过程和实力：**

- 天使投资人是否拥有好机会？
- 如何进行预筛选？由谁进行尽职调查？
- 每位天使投资人是用自己的钱投资还是集中投资并作为一个群体进行协商？[2]
- 标准投资条款是什么？他们偏好投资于哪些部门（如果有部门偏好的话）？天使投资人是否进行过后续投资？
- 是否与风险投资人进行过溢价融资或与风险投资人组成过辛迪加？是否进行过退出？

◎ **有限资源：** 天使投资人可供投资的资源有限，在几笔投资变为亏损冲销税款后，天使投资人可能很快丧失兴趣。活跃度的衡量指标是在过去 12 个月进行的投资数量。

◎ **有限的部门专长：** 如果天使投资人对某个部门有专长，那么这将是个好开始。确保你把时间花在有专业知识的人身上，并能分享他们的经验。

◎ **认识核心人物：** 每个天使投资集团都有核心人物——集团的核心或者财力最雄厚的人。在硅谷，这个人就是指罗恩·康韦（Ron Conway）。核心人物对于团队的持久性和凝聚力至关重要：许多天使投资人通常都会效仿核心人物的投资策略。核心人物进行很多投资，并且精于管理投资组合和风险。同样，你应该警惕消极的天使投资人和只看不买者：许多天使投资人都登记为会员，但并不活跃。例如，天使投资集团中 65% 的会员都是隐性天使投资人，这些人

---

[1] "Exits from 539 angels [who] have experienced 1 137 'exits'（acquisitions or Initial Public Offerings that provided positve returns，or firmclosures that led to negative returns）from their venture investments [between 1987 and2007]，with most exits occurring since 2004."Robert Wiltbank and Warren Boeker, *Returns to Angel Investors in Groups*（Lenexa，KS：Angel Capital Education Foundation，November 2007）。

[2] 管理良好的人脉拥有顺畅的决策与协商过程，通常由一位天使投资人代表管理。如果每位天使投资人都要决定自己的投资条款、投资金额等，对于投资者和创业者而言，这个过程可能充满挑战。

的净值足以进行投资，但从未做过投资。他们要么太忙，要么只是不感兴趣或者只看不买，以看其他创业者的笑话为乐。你应该想方设法避免和这些昧良心的魔鬼打交道。

◎ **标准化条款**：天使投资条款可能是非标准条款。在一项调查中，78% 的风险投资人称，天使投资人支持的公司对风险投资人没有吸引力的首要原因是过高而不现实的估价。58% 的受访者称，天使投资人的参与让公司失去了吸引力。天使投资人还让谈判变得复杂，而且风险投资人认为他们普遍缺少经验。[1]投机取巧的天使投资人还会将有损于双方长期利益的投资条款强加给创业者。在另一项研究中，证据显示天使投资对公司本身的存续有帮助，但对于公司能否获得后续融资并不重要。[2]尽管如此，至少 49% 的风险投资人都会与天使投资人共同投资于多数机会。[3]

◎ **投资组合的质量**：投资项目是否在朝着退出目标进展？检验投资效果的最终方法是风险投资人是否将在未来继续投资或者投资能否实现退出，而后者仍然是更好的结果。只有 45% 的天使投资集团与风险投资基金共同投资。正如我们之前所见，只有 7% 的投资机会能获得 10 倍于资本的收益，或者——按他们的说法——风险投资式收益率。

学术机构研究

据大学技术经理人协会（Association of University Technology Managers，AUTM）称，美国大学每年投资于研究的资金超过 600 亿美元，并创建约 600 家初创企业。[4]即使这些投资中有相当一部分投向基础研究，该数据也表明大学是提供投资机会的沃土。

谈到如何发掘大学机会，拱门投资（ARCH Venture Parthers）的罗伯特·"鲍勃"·内尔森（Robert "Bob" Nelsen）可能掌握了在大学实验室中发掘机会的艺术。当内尔森遇到福瑞德·哈金森肿瘤研究中心（Fred Hutchinson Cancer Research Center）的细胞生物学家马克·罗斯（Mark Roth）时，罗斯正

---

[1] Tony Stanco and Uto Akah，*Survey：The Relationship between Angels and Venture Capitalists in the Venture Industry*（2005），The survey was sent to 2，156 VCs and angels；14 percent responded.

[2] William R.Kerr，Josh Lerner，and Antoinette Schoar，"The Consequences of Entrepreneurial Finance：A Regression Discontinuity Analysis"（working paper No，10-086，Harvard Business School Entrepreneurial Management），March 16，2010.Available at SSRN：http：//ssrn.com/abstract=1574358.

[3] Tony Stanco and Uto Akah，*Survey*.

[4] 美国大学技术经理人协会 2011 年的数据。

在研究假死———一种通过切断氧气供应，诱导动物进入类似于冬眠状态的技术。多数风险投资人都会避开这种讨论。但内尔森没有，他和罗斯耐心合作了五年。拱门投资的创始人、现任荣誉董事总经理史蒂文·拉扎勒斯（Steven Lazarus）这样评价拱门投资的投资策略："这不是种子资本。在这个例子中，我们一开始就发现了科学原理，评估它是否具有商业潜力，然后围绕其建立一个商业实体———一切几乎都是从头开始。"[①]结果，伊卡里亚公司（Ikaria）成立了，并获得了来自拱门投资、文罗克投资（Venrock）和 5AM 投资（5AM Ventures）的初始投资。马克·罗斯，这位本可能被当作科学狂人而被轻易拒绝的科学家，在公司成立后继续他的研究并获得了麦克阿瑟天才奖（MacArthur Genius Award）。

在寻找机会中获得优势：如何实现大学初创企业的价值

奥塞治大学合伙公司（Osage University Partuers）曾与 50 多所大学合作，目的主要是获得每所大学的投资参与权。大学通常持有初创企业股份的 2%—10%。尽管大学可以在未来追加投资以保持参与权，但技术转让办公室很少真正行使这种权利。很简单，它们不是投资机构，它们关注的是商业化。这时就该奥塞治登场了。奥塞治的合伙人编制了 50 所一流大学的初创企业名录，这些大学授权这些初创企业使用技术，但没有对它们投资。奥塞治的发现令人震惊：这些初创企业的收益率高达 33%，优于许多风险投资基金的收益率。[②]合伙大学允许奥塞治投资于它们的初创企业，这有助于在奥塞治在后续融资回合中通过投资保持所有权比例不变。将投资权赋予奥塞治的回报是，大学可以分享该基金的部分利润，这些利润来自于从每家大学中剥离的成功公司。

科学很少转化为机会———商业人才是诸多要素中的关键。许多大学初创企业都因为创始团队缺乏商业头脑和紧迫感而屡栽跟头。

大学是创业人才的沃土。当天使投资人 K·拉姆·施里兰姆（K. Ram Shriram）在斯坦福大学的电梯中撞见两个年轻人———谢尔盖（Sergey）和拉里（Larry）———时，这纯属偶遇，但后来他成为了他们的第一个投资人，投资了 500 000 美元，"电梯游说（Elevator Pitch）"这个词随之诞生。谢尔盖·布林

---

① Robert Finkel and David Greising, *The Masters of Private Equity and Venture Capital*（New York：McGraw-Hill, 2009）.

② Damon Darlin, "It Came From Their Lab.But How to Take It to The Bank?" *The New York Times*, March 12, 2011.

（Sergey Brin）和拉里·佩奇（Larry Page）的初创企业谷歌将 K·拉姆·施里兰姆送上了福布斯亿万富翁排行榜。

公司研发

美国公司的研发（R&D）支出至少是大学研发支出的四倍。在美国，公司每年的研发投资超过 2 000 亿美元。据咨询公司博斯公司（Booz & Company）称，排名前 1 000 位的公司每年在全球投资 5 000 亿美元用于研发。[1]

尽管这些土壤看上去可能很肥沃，但多数研发投资是为了提高生产率和盈利能力。对于剥离最终得到风险投资支持的初创企业，公司既缺少专业知识，也缺乏动力。正因如此，公司受到了初创企业的威胁。公司往往不会将初创企业发扬光大，而是放弃有价值的知识产权。

Xerox 是谈到微软错过图形用户界面（Graphic User Interface，GUI）技术时常举的一个例子，这项技术后来被苹果公司商业化。当时，微软的创始人比尔·盖茨给史蒂夫·乔布斯打过一个著名电话："嗨，史蒂夫，你比我早闯进 Xerox 的商店抢走电视并不意味着之后我不会闯进来偷走音响。"[2]

另一个错过机会的例子是法玛西亚（Pharmacia）和普强（Upjohn）这两家制药业巨头的并购案。兼具科学知识和风险投资专长的风险投资促进人戴维·希尔（David Scheer）受命寻找被搁置但有发展或剥离潜力的项目。一种复合物吸引了戴维的注意。"Apo-I Milano 蛋白是其中最有意思的，"希尔回忆道。"我认为这个项目值得拥有一个平台，它将成为心血管领域的下一个前沿技术。"[3]希尔与立普妥（Lipitor）（世界上最成功的心血管药物）的发现者之一罗杰·牛顿（Roger Newton）合伙成立了艾斯帕莱恩治疗公司（Esperion Therapeutics）。五年后，艾斯帕莱恩上市并被辉瑞公司以 13 亿美元收购。领导该公司获得多轮风险投资并最终实现首次公开募股的首席运营官蒂莫西·梅勒本（Timothy Mayleben）说："每轮投资的每位投资者都获得了可观收益。"在生物科技部门，企业剥离的发生频率远远高于其他部门。尽管大公司是人才和专有技术的来源，但从大公司发展而来的初创企业和有价值的风险投资活动有限。在某些情况下，尤其是在制药部门，公司可能是丰富的机会来源。

① Barry Jaruzelski and Kevin Dehoff, "The Global Innovation 1000: How the Top Innovators Keep Winning," (*Booz & Company*, Issue 61, Winter 2010).

② Quoted in *Mac Week*, March 14, 1989.

③ 戴维·希尔（希尔公司）与作者的讨论，2008 年 8 月。"Cholesterol Champions," 访问于 2010 年 12 月 26 日，http://pharmexec.findpharma.com/pharmexec/article/articleDetail.jsp?id=109681.

展销会

展示前沿科技的展销会常常是投资机会的丰富来源。

硅谷风险投资公司恩颐投资（New Enterprise Associates，NEA）的丹尼尔·阿克塞尔森（Daniel Axelsen）说："展销会是寻找投资的理想地点。我经常参加信息安全会议，挤满工程师的房间中传出的喧闹声清晰可闻。企业领导和极客汇聚一堂，分享数据和信息。这种展会在投资者、创业者和大公司高管之间架起了桥梁。"苹果公司的早期投资者之一亚瑟·罗克（Arthur Rock）参加过新泽西的一次电脑展，当时没有真正的电脑可以展览，只有电脑部件。尽管其他摊位是空的，但苹果的摊位前却大排长龙。罗克回忆道："天啊，这里一定有什么好东西。"[①]

著名投资者走进展销会大厅，评点行业趋势和方向，会见科技思想领袖，寻找投资机会。已经达到一定水平或规模的初创企业常会在行业展销会上展示它们的商品。

有时，连续创业者（Serial Entrepreneur）会徜徉在这些大厅中，寻找下一个投资对象。威廉·H·德雷珀三世（William H. Draper，Ⅲ）就是这样发现半导体公司美商巨积（LSI Logic）的。飞兆半导体（Fairchild Semiconductor）当时的首席执行官威尔弗雷德·科里根（Wilfred Corrigan）正跃跃欲试打算创业。他在一次行业会展上遇到了德雷珀，并表示出开办一家新公司的愿望。德雷珀进行了投资，两年后，美商巨积上市。当时，它是纳斯达克最大的科技公司IPO。[②]

"各种因素共同作用——参加会议、聆听主旨演讲人的新创意、考察新产品都有助于我们了解这些聪明人试图解决的问题。我们会考虑这些问题，并确定哪些真正值得我们投资，"华登国际（Walden International）的陈立武（Lip-Bu Tan）说。"理论上，新市场不会有展会。我们的多数令人感兴趣的机会都来自于微型会议，会议上有三四十家厂商，我们是会议上唯一的风险投资公司，"门罗投资（Menlo Ventures）的约翰·耶尔夫（John Jarve）说。[③]

---

① Arthur Rock, interview by Sally Smith Hughes, 2008-2009, "Early Bay Area Venture Capitalists: Shaping the Economic and Business Land-scape," accessed January 30, 2011, http://digitalassets.lib.berkeley.edu/roho/ucb/text/rock_arthur.pdf.

② William H.Draper, Ⅲ, "Early Bay Area Venture Capitalists: Shaping the Economic and Business Landscape," oral history conducted by Sally Smith Hughes in 2009, Regional Oral History Office, The Bancroft Library, University of California, Berkeley, 2008. Accessed on July 3, 2010.

③ 约翰·耶尔夫（门罗投资）与作者的讨论，2008 年 9 月。

尽管参加展会是寻找机会的一种方式，但经常组织这种会议的蒂姆·奥赖利（Tim O'Reilly）是从与布赖斯·罗伯茨（Bryce Roberts）合伙募集风险投资基金开始寻找机会的。"蒂姆的眼光极为长远广阔，而且不仅如此。这在商人中非常罕有，"《Linux 杂志》（*Linux Journal*）如此形容创办过一系列科技与创新刊物与会展的蒂姆·奥赖利。[①]举办奥赖利传媒（O'Reilly Media）的首次开源活动后，奥赖利在全国一举成名，自此举办了各种主题峰会，包括 P2P 科技、网络服务、极客志愿活动和 Ajax[②]等。这些峰会在行业领袖之间建立了新纽带，提高了对科技问题的认识，并阐明了新兴科技的关键问题。当然，它们也是投资机会的沃土。奥赖利传媒将自身形容为"前沿发展的记录者与催化剂，熟悉真正重要的科技趋势，并放大创造未来的一流极客产生的'微弱信号'，促使他们的创意被采纳。"[③]有限合伙人克里斯·杜沃（Chris Douvos）说："蒂姆是科技领域的欧比旺·肯诺比（Obi-Wan Kenobi）[④]……他周围有绝佳的环境，创业者被这位精神领袖和他周围的环境所吸引。"[⑤]因此，当奥赖利和布赖斯·罗伯茨决定募集基金奥赖利科技投资（O'Reilly Alphatec Ventures，OATV）时，杜沃全力支持并进行了投资。OATV 具有显著的投资机会优势，它甚至在许多新机会没有成为机会之前就发现了它们。

风险投资人从展会上受益的主要方式是收集行业趋势和与思想领袖互动。不妨将这些展会当作教育课。说不定什么时候，就会有机会出现，成就一桩投资。

募资演讲

初创企业的募资演讲会和项目展示日在任何科技环境中都已成为常规环节。就像选美比赛一样，创业者在不到 10 分钟的时间内走过展台，风险投资人举出 5 分或 8 分的打分牌（"一位风险投资人告诉我，永远不要打出 10 分——这意味着我将被创业者缠住"），观众鼓掌，然后来到下一场募资演讲会。随着演讲会的进行，风险投资人将提供意见反馈。"听上去就像瑞士军刀，"他们这

---

① Doc Searls, "A Talk with Tim O'Reilly," *Linux Journal*, February 1, 2001, accessed February 1, 2011, www.linuxjournal.com/article/4467.

② 译者注：Ajax 即 "Asynchronous Javascript and XML"（异步 JavaScript 和 XML），是指一种创建交互式网页应用的网页开发技术。

③ "About O'Reilly," O'reilly Media, accessed January 28, 2011, http://orelly.com/about/.

④ 译者注：欧比旺·肯诺比（Obi-Wan Kenobi）是电影《星球大战》中的一个角色。身为绝地武士，他曾担任卢克·天行者的启蒙导师和阿纳金·天行者的教育者。他的一生富有传奇色彩，对帮助整个银河系渡过漫长的动荡时期功不可没。

⑤ 克里斯·杜沃（TIFF）与作者的讨论，2010 年 12 月。

样评论一个创意。瑞士军刀有 23 种甚至更多功能，很难操作。按照风险投资行话，这可以翻译为"你想做的事太多了——我们得集中精力。"在两分钟内连皮毛也很难说清的创业者抗议："我还有很多话要说……"但规则让他们不得不进入问答环节。"我对你希望改变世界的雄心深表敬佩，"一位风险投资人说。90 分钟后，风险投资人评委会分享他们的观察结果，创业者带着许多建议离开房间，却一分钱也没得到。但对于全国的风险投资人而言，这种活动是寻找机会的策略机制。它为创业者提供了与风险投资人见面并向他们推销的机会，尽管要面临重重压力。有专长或财力的风险投资人受邀参加这种评委会，创业者希望获得他们的关注和资本，不过二者的地位并不平等。然后，创业者将不停奔波于这种活动，以吸引风险投资人的关注。"一些人开始在小便池边对着我嚼舌根——出坏点子！"首标资本（FirstMark Capital）的里克·海茨曼（Rick Heitzmann）说（见图 15.3）。①

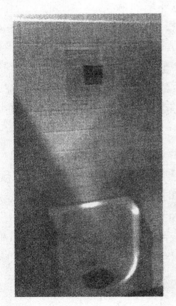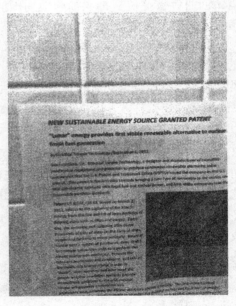

图 15.3　嘘……听说有家"月球"发电厂（摄自一次风险投资人活动的男卫生间）

---

① Robin Wauters，"Venture Capitalists Get Grilled（ and Pitched at Urinals ）at # *TCDisrupt*，" *TechCrunch*（ blog ），May 26，2010，accessed on December 12，2010，http：//techcrunch.com/2010/05/26/venture-capitalists-get-grilled-and-pitched-at-urinals-at-tcdisrupt.

对于可能在这些活动后跟踪并深入研究投资主题的投资者来说，这些活动提供了预筛选机会。不妨问问梅菲尔德基金（Mayfield Fund）的拉杰夫·巴特拉（Rajeev Batra），他参加了一个名叫"开发出下一个杀手级云应用，我们就给你 100 000 万美元"的评委会。著名客户关系管理（CRM）公司 Salesforce.com 组织的这项活动邀请了 40 家公司参加风险投资人评委会，评委会中有来自红杉资本（Sequoia Capital）、柏尚投资（Bessemer Venture Partners）等公司的著名风险投资人。这种募资演讲会是你建立风险投资人品牌以及找到下一个重大项目的理想机会。

竞赛：从 4 000 万美元的探月计划到 10 000 美元的商业计划书竞赛

有史以来最大的国际激励性大奖赛"谷歌探月 X 奖"（Google Lunar XPRIZE）旨在实现 1973 年以来人类未再尝试的事：安全着陆月球表面。这个大奖赛计划为这一代人创造新的"阿波罗"时刻，以 4 000 万美元的激励奖金鼓励人们持续进行月球探索。为了赢得这笔奖金，由私人公司研制的飞行器必须安全着陆月球表面，在月球表面、上空或下方航行 500 米，然后向地球发回两张"月球影像。"所有这些都必须在 2015 年 12 月 31 日前完成。比赛正在进行中！

在大约 20 家竞争 X 奖的团队中，没有几家能成为风险投资支持的初创企业。但实践证明，竞赛是激发创意并解决重大挑战、鼓励创新和提高生活水平的有效机制。

麦肯锡在 2009 年进行的一项关于商业计划书影响的调查指出："过去 10 年推出了多达 60 个奖项，新提供了近 2.5 亿美元奖金。大型奖项提供的总奖金是过去 10 年的三倍多，超过了 3.75 亿美元。奖金总计价值已经高达 10 亿—20 亿美元。"

对于全美商学院学生而言，参与并赢得商业计划书竞赛是一项荣誉。一些学生发现它还可以顺便赚点零钱。几家初创企业得到了资金并成功启动——多亏有这些竞赛。

星火资本（Spark Capital）的托德·达格里斯（Todd Dagres）指导一支团队参加麻省理工学院奖金为 50 000 美元的比赛时，发现了阿卡迈（Akamai）这个机会。当时在巴特利投资（Battery Ventures）工作的达格里斯投资于阿卡迈，这家公司后来成功上市。

当贾扬特·库尔卡尼（Jayant Kulkarni）和亚当·雷格尔曼（Adam Regelman）创办夸兹公司（Quartzy，一家致力于为科学实验室解决存货管理问题的公司）时，他们参与了奥林杯（Olin Cup）——华盛顿大学圣路易斯分校的商业计划书竞赛。赢得竞赛后，他们吸引到了两份投资条款清单，并很快完成了种子阶段交割。之后，夸兹公司又赢得了纽约的另一项商业计划书竞赛，并被 Y 组合器（Y Combinator）接纳。在科斯拉投资（Khosla Ventures）基思·拉布瓦（Keith Rabois）的主导下，这家公司获得了 A 轮投资。

对于埃比克微公司（Ambiq Micro）的创始人兼首席执行官斯科特·汉森（Scott Hanson）而言，赢得德丰杰—思科（DFJ-Cisco）全球大赛令他又惊又喜。他不可思议地摇摇头，"难以置信，"他与德丰杰投资（DFJ Ventures）的创始人蒂姆·德雷珀（Tim Draper）在硅谷中心对着照相机和电视摄像机摆姿势时说。当时汉森刚刚击败来自全球的 16 支队伍，赢得了 250 000 美元种子投资。颁奖 6 个月后，埃比克微公司获得了由德丰杰水星基金（DFJ Mercury）主投的240 万美元投资。该公司总共筹集到 2 000 多万美元，以开发下一代节能微控制器。将电话、电脑和其他电脑设备的能源消耗减少 5%—10% 的技术前景是让他获得青睐的关键因素。

德雷珀说，每份商业计划书都有取胜的实力，只选择其中一个是太难为人了。

电话推销

尽管这可能是分析师最痛苦的工作，但现在电话推销是在高度竞争的市场中寻找机会的必备方法。"我还没有真正开始做这项工作，但将来我们要打推销电话，每月至少要找到 25 个机会，"一家硅谷著名多阶段风险投资基金的一位分析师说。尽管一些风投基金发现电话推销是有益的策略，但另一些风投基金主要依赖于人脉。

我接触过的多数风险投资人都没有举出通过电话推销找到机会的杰出案例。实际上，多数人都只是耸耸肩，其中一人嘟囔道："我只是需要打这些电话……我的高级合伙人说它能锻炼我的性格，但它不过是浪费时间。我知道，如果打电话能找到机会，可真是个惊喜。"即使是传奇投资者亚瑟·罗克（Arthur Rock）也给 35 家公司打了推销电话——从航空公司到电池制造商——而所有公司都拒绝了他。[1]

---

① Arthur Rock, in an interview by Sally Smith Hughes, http://digitalassets.lib.berkeley.edu/roho/ucb/text/rock_arthur.pdf.

有得有失

正如有些风险投资人会成功一样，每位风险投资人都曾错过一些优秀的投资机会。

门罗投资（Menlo Ventures）的温基·加内桑（Venky Ganesan）回忆道："当时肖恩·帕克（Sean Parker）说：'温基，我要去波士顿见一位年轻的大学生，他希望开一家专门帮助大学生彼此联络的网站。这个网站叫脸谱网。你愿意见见这个人吗？'我说：'等等，大学生……从哈佛退学……目标为大学生的网站，这件事永远不会赚钱。'我每天都会想起那一刻。"[①]

首轮资本的得与失：推特和斯夸尔

"我是推特的第 247 名用户。我们曾是一家叫奥德奥（Odeo）的公司的投资人，这家公司由埃文·威廉斯（Evan Williams）创办（Twitter 的创始人之一），提供播客服务。我们参与了种子回合……当苹果公司推出播客平台时，埃文决定将钱返还给投资者，买回人心。然后，他开始投入这项工作，T-w-t-t-r。他不会发元音！……我们向他们提出一份投资条款清单——对这家投资前估值为 500 万美元的公司投资 500 000 美元（这意味着他的公司将持有该公司 10% 的股份）。埃文继续为其融资，三个月后，合广投资（Union Square Ventures）以 2 000 万美元的估价进行主投。这是我们对其估价的四倍……我们本来有机会参与的。在那轮投资中投资 500 000 美元……我的桌面上钉着一封电子邮件，上面说'谢谢，但对不起。'"

"这导致了我们最辉煌的成功之一……杰克·多尔西（Jack Dorsey）当时正在创建斯夸尔（Square）……我说'老兄，你得给我一个自我救赎的机会'，杰克在饭桌说'你认为这笔交易贵不贵？'（我说）'没问题，我们投了。'斯夸尔最后成为了首轮资本（First Round Capital）最辉煌的成功。"

——乔希·科佩尔曼（Josh Koppelman），First Round Capital

资料来源：Josh Koppelman at Upround Conference, San Francisco www.youtube.com/watch?v=CaX_2n9iAxI.

---

① Cromwell Schubarth, "New Menlo VC Venky Ganesan on Idolizing Warren Buffett and Avoiding 'The Social Network,'" *Business Review*, March 5, 2013, accessed on October 6, 2013, http: //businessreview.org/new-menlo-vc-venky-ganesan-on-idolizing-warren-buffett-and-avoiding-the-social-network.

柏尚投资（Bessemer Venture Partners）和 OVP 投资（OVP Venture Partners）等风险投资公司则错失良机，它们是"反投资组合"（anti-portfolio）的例子。柏尚投资的反投资组合列出了该公司错过的投资机会——它是为数不多能轻松看待这个事实的公司之一，这些机会包括谷歌、苹果和其他传奇式的大好投资机会。①

OVP 投资是一家位于俄勒冈州波特兰的风险投资公司，它错过了投资于亚马逊（Amazon.com）的机会。"如果你在这行干得足够久，就会有一些优秀交易找上门来。如果你在这行干得足够久，就会将一些优秀交易逐出门去。我们努力将发生这种遗憾的几率限制为每只基金一笔交易。"②OVP 的格里·兰格勒（Gerry Langeler）认为，"公开承认你会出错需要一种个性，一种许多风险投资公司都缺乏的个性……它表明你不是傲慢自大，对创业者颐指气使的人，"兰格勒写道。"做生意很有趣……你或许无法在多数时间开怀大笑，但如果你笑不起来，就应该换个工作了。"对于投资于 OVP 的有限合伙人，这种行为建立了"来自于直率与坦诚的可信度"。③

传奇投资人沃伦·巴菲特十分钦佩飞兆半导体（Fairchild Semicondactor）和英特尔的创始人之一鲍勃·诺伊斯（Bob Noyce）。巴菲特和诺伊斯同为格林内尔学院（Grinnell College）的理事受托人，但巴菲特拒绝了英特尔，他职业生涯中最大的投资机会。当涉及新科技公司时，巴菲特似乎"非常守旧"，并且长久以来对科技投资都持有偏见。④

文罗克投资（Venrock）的彼得·O. 克里斯普（Peter O. Crisp）也介绍了他错过的机会："纽约罗切斯特的一家小公司来找我们，但我们的一位初级员工看不到这个项目的未来……那家公司，哈罗伊德（Haloid），后来成为了施乐（Xerox）。"他们还拒绝了坦德姆（Tandem）、康柏（Compaq）和安进（Amgen）。⑤

拱门投资（ARCH Venture Partners）错过了网景（Netscape）——马克·安德森（Marc Andreessen）在芝加哥大学创建的一个小项目。据史蒂文·拉扎勒

① Bessemer Venture Partners, "Anti-Portfolio," Web page, accessed February 1, 2011, www.bvp.com/Portfolio/AntiPortfolio.aspx.

② OVP Venture Partners, "Deals Missed," Web page, accessed January 6, 2014, www.ovp.com/deals-missed.

③ Scott Duke Harris, "The Venture Deals That Got Away," *Mercury News*, August 10, 2008, accessed February 1, 2011, www.mercurynews.com/ci_10156479?nclick_check=1.

④ Alice Schroeder, *The Snowball: Warren Buffett and the Business of Life* (New York: Bantam Dell, 2008), 320.

⑤ Peter O.Crisp, in an interview by Carole Kolker, "Venture Capital Greats: A Conversation with Peter O.Crisp," October 21, 2008, accessed February 1, 2011, http://digitalassets.lib.berkeley.edu/roho/ucb/text/vcg-crisp.pdf.

斯（Steven Lazarus）称，这个机会本可以价值数十亿美元！"我们只是从未敲对门，"他说。最后，拱门投资决定雇用一位全职员工密切关注来自大学的技术以"确保我们下次不会错过这扇门"。[1]

迦南合伙公司（Canaan Partners）的迪帕克·卡姆拉（Deepak Kamra）在谈到他的遗憾时说："噢，天啊，我有太多遗憾了……这让我很沮丧。我在太阳微系统公司（Sun Microsystems）的一个朋友打电话来请我见施乐·帕克研究中心（Xerox PARC）的一名工程师，他有个创意，是设计一种芯片并增加某种协议以搭建今天我们熟知的路由器。宽带和网络流量的需求是强烈的市场信号，而他只要求 100 000 美元投资。我从来不做这么小额的交易，并告诉他从朋友和家人那里筹钱，等做出东西再来找我。"[2]后来这名工程师成为了瞻博网络（Juniper Networks）的创始人。他从当时在凯鹏华盈（KPCB）工作的维诺德·科斯拉（Vinod Khosla）那里获得了 100 000 美元。这家公司后来实现了首次公开募股，为科斯拉长长的成功投资名单添了一笔。瞻博网络滑出了卡姆拉的手心，因为它的创意太过超前。当然，这是每人每天都被成千上万机会淹没的泡沫时代。

凯鹏华盈错过了投资于威睿（VMWare）的机会[3]，因为它的定价太高了：按约翰·多尔（John Doerr）的说法，这是一个错误。德丰杰（Draper Fisher Jurvetson，DFJ）最初愿意投资于脸谱网，但最终还是放弃了（噢！），因为这家公司认为 1 亿美元的投资前估值太高了。[4]凯鹏华盈不想错过像脸谱网这样的机会，它对这家估值为 520 亿美元的公司投资了 3 800 万美元。[5]

德丰杰的蒂姆·德雷珀（Tim Draper）抓住了百度（中国版谷歌）、Skype 和 Hotmail 的机会，但拒绝了谷歌。"因为我们的投资组合中已经有了六家搜索引擎公司。"几家著名硅谷风险投资公司，如恩颐投资（NEA）和凯鹏华盈，投资于菲斯克汽车公司（Fisker Automotive），该公司消耗了超过 10 亿美元，如今岌岌可危，濒临破产。德丰杰支持了它的竞争对手特斯拉汽车（Tesla Motors），这家公司的股票现在已经上市。德丰杰错过了脸谱网，但在特斯拉

① Robert Finkel and David Greising，*The Masters of Private Equity and Venture Capital*，215.

② 迪帕克·卡姆拉（迦南合伙公司）与作者的讨论，2008 年 7 月。

③ 一家组建于 1998 年的虚拟化软件公司，现在是一家年收入超过 20 亿美元的上市公司。

④ David Kirkpatrick，*The Facebook Effect：The Inside Story of the Company That Is Connecting the World*（New York：Simon & Schuster，2010），120-122.

⑤ Scott Austin，"Kleiner Perkins Invested in Facebook at \$52 Billion Valuation，" *Wall Street Journal*，February 14，2011，accessed April 2，2011，http：//blogs.wsj.com/venturecapital/2011/02/14/kleiner-perkins-invests-in-facebook-at-52-billion-valuation.

上捞回一笔。

天使投资人 K·拉姆·施拉姆（K. Ram Shriram）几乎错过了投资于谷歌的机会，当时他拒绝了这家公司的创始人。"我告诉谢尔盖（Sergey）和拉里（Larry），搜索引擎的时代已经过去了。但我很乐意将你们介绍给愿意购买你们的技术的人。"[1]但是六个月后，拉姆·施拉姆注意到一个有趣的模式，并作为谷歌最初的天使投资人之一投资了 500 000 美元。

工程师兼雅达利电脑（Atari Computer）的创始人诺兰·布什内尔（Nolan Bushnell）则没有那么幸运。"我错过了用 50 000 美元买下三分之一苹果电脑股份的机会。"[2]2013 年，苹果公司的市值超过 4 500 亿美元。

寻找投资机会是基金投资策略的关键要素，而能否找到合适的投资机会也关系到基金的持久经营能力。有限合伙人渴望了解你在寻找机会时是否有不公平优势。当充足的资本随处可得时，为何创业者或辛迪加合伙人要给你打电话呢？

找准投资机会领域。如果你选错钓鱼的池塘，正如沃伦·巴菲特所言，你最后可能钓上的是一堆青蛙。任何普通合伙人都需要问："我能否找到在三至五年内增长 10 倍或创造 10 倍收益率的机会？"

如果你的人脉贫瘠，你吸引到的机会就将低于平均水准。"吸引最优机会的能力与公司品牌紧密相关——风险投资基金的光环，它是历史业绩的副产品。你以公司的声誉决定发起交易——这种过程具有递归性。你做的交易越好，声誉就越高，你就越容易找到愿意接触你的人。公司声誉取决于你能否成功地进行市场推销，但更重要的是，它从根本上取决于人的素质。这是许多动态变量的复杂组合，"克里斯通投资（Clearstone Venture Partners）的威廉·埃尔克斯（William Elkus）说。

独家关系（Proprietary Relationship）是每份基金文件都用滥了的一个词。有限合伙人对它深恶痛绝。使用这个词要做好自担风险的准备，只有当你能证实自己在寻找投资机会时拥有不公平优势时再用。"我很重视寻找投资机会，甚于重视风险投资人作为董事的附加价值，"密歇根大学捐赠基金会的首席投资官埃里克·伦德伯格（Erik Lundberg）说。[3]

[1] K.Ram Shriram, Keynote Speech, Michigan Growth Capital Symposium, University of Michigan, Ann Arbor, 2007.The full video can be found at iTunes: "Michigan Growth Capital Symposium 2007 Keynote Speaker—Ram Shriram, Founder Sherpalo Ventures."
[2] TechCrunchTV, AndrewKeen talks with Nolan Bushnell, Author of "Finding The Next Steve Jobs," www.youtube.com/watch?v=dWpu62yEpTI, accessed on January 2, 2014.
[3] 埃里克·伦德伯格（密歇根大学）与作者的讨论，2010 年 12 月。

优秀的风险投资人会系统跟踪好机会的来源。这种工作起初很艰难，但会获得长期回报。寻找机会的渠道与销售渠道并没有本质不同——如果它很窄，那么你迟早会遇到麻烦。跟踪工具也可有助于定期评估整体环境、错过机会的模式、强大的机会来源、关系动态等。在数据和分析处于决策核心的环境中，这种工具是必不可少的。

你吸引的机会标志着你的策略、品牌和人脉。正如高盛的第八条戒律所言："重要人物喜欢和其他重要人物做交易。你是其中之一吗？"[1]

正如我们将在下面的章节中看到的，寻找机会只是谜题的一小部分。协商投资条款与达成投资同等重要。正如一位普通合伙人妙语所言："如果寻找投资机会像约会，完成投资就像婚姻——它是一种承诺。"

---

[1] Charles D. Ellis，*The Partnership*：*The Making of Goldman Sachs*（New York：Penguin，2008），188.

第十六章

开展尽职调查的艺术

"康拉德（Conrad）是一个投机商……一个紧张的投机者……在他下赌注之前，他咨询了银行家、律师、建筑师、建筑承包商，以及所有愿意倾听，给他建议的办事员和速记员。他只希望投资完全安全、不用关注细节，并获得 30% 至 40% 的利润，所有权威人士都说，考虑到他身为先驱者的风险和远见，理应获得这么高的利润……"

——辛克莱·刘易斯（Sinclair Lewis），

《巴比特》（*Babbitt*）（1922）

多数风险投资人都同意，"考虑到他的风险和远见，这样一位先驱者理应获得 30% 至 40% 的利润，"但他们可能不一定同意康拉德的尽职调查风格。然而，风险投资中的尽职调查很少采用按部就班的方法，而往往是以很随意的方式进行。

尽职调查是评估投资机会——它的潜力和风险——的艺术。企业家兼风险投资人（VC）彼得·蒂尔（Peter Thiel）是贝宝（PayPal）和帕兰提尔（Palantir）等公司的创始人之一。"优秀的公司会做三件事。第一，它们创造价值。第二，它们能以有意义的方式存续。最后，他们至少能兑现部分自身创造的价值，"他指出。①据蒂尔称，可持续的初创企业能创造新事物，即从 0 到 1，而不是复制现有模式，即从 1 到 n。一旦它们提出新想法，目标就是快速垄断，并最终将这种垄断扩展到其他类似领域。

---

① Blake Masters，notes from Stanford class，Startup：CS183，as recorded by Blake Masters in Spring 2012，http：//blakemasters.com/post/20955341708/peter-thiels-cs183-startup-class-3-notes-essay.

找出能创造价值的公司并估计其持续性优势是尽职调查活动的核心。标杆资本（Benchmark Capital）的米奇·拉斯基（Mitch Lasky）说："我几乎不愿意使用'尽职调查'这个词，因为它暗示着某种缜密的套路——不如问，成功风险投资的特征是什么？"对于拉斯基而言，这些特征包括：

◎ **创业者素质：** 他们是否才华横溢、激情四射，是否具有真知灼见和勇气？即使他们以前从未做过类似事情，这些品质也很重要。

◎ **市场：** 这种机会能否打破现有格局，创造超高收益率？市场是否准备好接受这种产品？

注意，早期阶段投资者很少从估值或财务预测开始。"估值排在最后，"拉斯基说。财务预测呢？多数风险投资人，尤其是早期阶段投资者，很少进行财务预测。当然，理解以下重点很重要：完成主要目标或者达到盈亏平衡所需的资本，5 年收入预测或退出收益倍数。但是两个关键标准——管理和市场——的重要程度胜过财务因素。在文罗克（Venrock），每个机会都会被问到的基本问题是"这个机会有什么闪光点？"凯鹏华盈（KCPB）希望投资机会"拥有人才和不公平优势、风险明确、有成为王牌的实力"。[1]

沃伦·巴菲特用四条简单标准总结了他的尽职调查过程：[2]

1. 我能否了解它？巴菲特将"了解一笔生意"定义为"能合理评估 10 年后这家公司的发展"。[3]

2. 它是否有可持续的竞争优势？

3. 它的管理者是否有能力且诚实？

4. 价格是否合适？

如果它通过四条标准，巴菲特就会投资。

风险投资尽职调查集中于三个主要方面：管理、市场和技术。最好的机会通常是这三方面的合理组合。

---

① Viond Khosla, "The Enterpreneurial Roller Coaster...High Highs & Low Lows, " accessed February 6, 2011, www.khoslaventures.com/presentations/RCApr2003.ppt.

② Peter Bevelin, *Seeking Wisdom：From Darwin to Munger*（San Marino, CA：PCA Publications, 2007）, 220. Buffett mentioned these criteria at apress conference in 2001.

③ Warren Buffett, *The Essays of Warren Buffett：Lessons for Corporate America*, ed.Lawrence A.Cunningham, 2nd ed..（New York：L. Cunningham, 2008）.Buffett defines "understanding a business" as "we have a reasonable Probability of being able to assess where it will be in ten years."

尽职调查清单

表 16.1 的尽职调查清单可以用作评估机会和确定投资主题的大纲。

表 16.1　尽职调查清单

标准	描述
产品或服务	产品或服务的描述完整而准确。对产品或服务的需求很明显。发展阶段——样品阶段、首个客户阶段、多客户阶段——已经明确。包括发展路线图。
客户、收入与商业模式	客户价值定位可量化、水平高、可识别。市场需求已确立，客户急于行动。产品零售价以及总利润率和成本已明确。
市场规模	已估计出当前目标市场规模以及可满足的市场规模。市场庞大且正在增长，在某种程度上可以量化。
管理	核心团队成员有经营这类企业必需的专长与技术。招聘新人才的标准和招聘时间是否明确？团队是否存在显著空缺？
竞争者与竞争优势	产品或服务的特色和（或）价格优于竞争者。当前和未来的竞争是否明确？是否已经评估了弱点或显著障碍？
资本效率和价值创造	已绘出合理的目标事件图，包括价值驱动力、时间和资本需求。
财务	计划是否基于现实假设并有合理收益率？该计划是否包括对未来两三年的合理预测并对假设进行了说明？
退出假设	是否存在合理的退出时间框架？目标买家群体是否明确？

表 16.2 按阶段列出了公司的关键检查点。

风险投资人可以根据投资机会所处的阶段重点关注最重要的尽职调查标准。没有必要详细剖析种子阶段公司的财务状况。正如纳齐姆·尼古拉斯·塔利布（Nassim Nicholas Taleb）写到的："他们认为智慧就是关注重要的事（发现正确模式）；而在复杂的世界中，智慧在于忽略不重要的事（避免错误模式）。"[1]进行尽职调查的艺术是知道该问什么，更重要的是如何去问。尽职调查会议不是风险投资人对创业者颐指气使的拷问会。如果希腊哲学家苏格拉底进行尽职调查的话，每家公司都会打开一扇通往有无限可能的新世界的大门。

---

[1] Nessim Nicholas Taleb, *The Bed of Procrustes*：*Philosophical and Practical Aphorisms*（New York：Random House, 2010）, 78.

表 16.2 不同阶段尽职调查要考虑的关键问题

	种子阶段	早期阶段	成长阶段
管理	创始人的专长以及对市场痛点的理解是什么？管理层是否有能力在合适的时间放弃并吸引聪明人才？	根据市场需求，管理团队能否拿出样品并开发出商业产品？科技发展、销售和财务状况如何？	团队能否实现高增长、高利润？能否进行地区扩张？能否有效管理资源——人力和现金？董事会有何变化？
市场	市场是否有需求？市场是否在成长？市场是否会扩张以容纳突破性产品？	将目标市场从早期采用者市场拓展到主流市场的能力。	引来效仿者、竞争压力。
技术	知识产权评估。经营自由。实验室级数据。数据结果能否重复？	特色是什么？与市场需求是否一致？市场 / 客户级数据有哪些？数据结果能否多次重复？	考察配置效率和经营效率。你能否持续获得高质量数据，同时保持成本不变？
财务	这是歪打正着吗？寻找目标以及实现价值创造所需的资本。	测试定价是多少？收入假设和总利润率是多少？	利润侵蚀率为多少？提高或维持总利润率的能力如何？对以下过往财务数据进行详细评估：（1）利润表；（2）资产负债表；（3）现金流量表。

重要的是什么？骑师？马？还是市场？

多数风险投资人都认为，在投资机会中，骑师（管理）比其他标准重要。马（技术）是另一个因素。然而，也有人认为一个庞大而成长中的市场是首要标准。尽管这个问题还存在许多争论，但风险投资人逐渐倾向于认为应该将三者结合起来，这一切都始于成长中的市场。

苏格拉底进行尽职调查的方法

希腊哲学家苏格拉底会如何进行尽职调查呢？

如果按照苏格拉底的方法，尽职调查过程将没有特定形式：它是投资者与创始人之间的坦诚对话，双方都有责任就重大挑战、机会和目标达成一致。风险投资人经常提出问题，然后刨根问底，让风险暴露出来并找出创始人各种想法的形成基础。然而，优秀的风险投资人也会让创始人提问。挖掘风险的过程在互动中进行，对话无拘无束。幻灯片是障碍物，你应该探求真相而非为自己辩解或者太理想化，这会让你受益无穷。

双方都对其思想和信念负责。尽管了解事实很重要，但双方如何评估这些事实更重要。

这样做的风险很高。苏格拉底的尽职调查结果富有成果但令人不安。

双方都承认存在模糊性和不确定性；尽职调查不会产生明确结论，最多是一致认为"我们被黑暗包围"。"我不知道"是受欢迎的新鲜态度，如果坚持到底，可能得到令人惊奇的结果。

首先，这种方法的目标是让双方处于平等地位。风险投资人了解的信息不比创业者多。但多数创业者都认为风险投资人知道全部答案。是时候让风险投资人改变这种状况并创造公平环境了。

凯鹏华盈（KPCB）的约翰·多尔（John Doerr）主张以管理层价值为出发点，并将风险投资人视为光荣的招聘者。红杉资本（Sequoia Capital）的丹·瓦伦丁（Don Valentine）持相反观点。对于希望支持聪明人才的风险投资人——众所周知的一流团队与二流市场——瓦伦丁开玩笑地说："我会继续鼓励他们照那个方向走下去。"[1]瓦伦丁的观点是"给我一个有广阔市场的二流创意，我会找到最优秀的人才。但首先请给我市场"。[2]

传奇人物沃伦·巴菲特的评论也反映出选对市场很重要的理念。"优秀骑师骑上好马将疾驰如飞，但骑着瘸腿驽马就寸步难行。如果管理者在流沙中跑步，就永远不会进步。"[3]巴菲特继续指出，他之所以如此成功，是因为专注于找出自己能跨过的一英尺障碍，而不是试图一次跨过7英尺。[4]"市场就像上帝，自助者天亦助之，"巴菲特指出。[5]

但是人们如何找出市场方向呢？"优秀的风险投资人要做市场的学生：这种人能够察觉市场走向，也就是市场趋势。这其中可能蕴藏着机会——你必须找出它。这种信息不会只来自一个地方。作为风险投资人，会有许多聪明人来找你，你通常要倾听他们的想法，观察他们的行为并与之交流。如果你发现新动向并感知到市场趋势，下一步就是找出在新兴部门中担任新兴领导者的公司。你必须在机会变得明显之前抓住它，"星火资本（Spark Capital）的创始人和推

① Peter J. Tanous, *Investment Visionaries: Lessons in Creating Wealth from the World's Greatest Risk Takers* (Upper Saddle River, NJ: Prentice Hall, 2003), 79.

② 同上。

③ Warren Buffett, *The Essays of Warren Buffett*, 112.

④ Joseph Nocera, "Saint Warren of Omaha: It's Easier to Worship Warren Buffett Than It Is to Understand What Makes Him a Great Investor," *Money* (CNN Money Web site), July 1, 1998, http://money.cnn.com/magazines/moneymag/moneymag_archive/1998/07/01/244582/.

⑤ Mary Buffett and David Clark, *The Tao of Warren Buffett: Warren Buffett's Words of Wisdom—Quotations and Interpretations to Help Guide You to Billionaire Wealth and Enlightened Business Management* (New York: Simon & Schuster, 2006), 14.

特的投资人托德·达格里斯（Todd Dagres）说。

华登国际（Walden International）的陈立武（Lip-Bu Tan）同意。"你必须找到可以作为目标的大市场，并系统地寻找让你进入这个市场的机会。"[①]收集数据的正确方法是成为市场的学生——亲身实践。

著名研究公司发布的市场报告只适合用来预测宏观趋势。例如，市场研究公司 IDC 预测，到 2017 年，公共云支出将达到 1 070 亿美元。在早期阶段风险投资中，这种空中阁楼般的预测被创业者大肆传播。举个简单的例子，有四家研究公司预测了 iPad 的首年销量。iSuppli 公司预测为 710 万部；派杰（Piper Jaffray）预测为 550 万部。弗雷斯特研究公司（Forrester Research）更加保守，预测为 300 万部。考夫曼兄弟（Kauffman Brothers）的预测更少，为 250 万部。[②]事实是，苹果公司的 iPad 首年销量为惊人的 1 500 万部。[③]桑德希尔路的一位著名风险投资人告诉我，遇到这种空想数字时，他会礼貌地要求创业者跳到下一张幻灯片——毕竟，每个创业者都做着数十亿美元市场规模的梦。

⚐ 找准市场时机

"应该投资于在平庸年份开办公司且业绩不错的人，还是在好年景开办公司但业绩一般的人？

多数人会回答第一个。但学术研究的结果显示是第二个，因为它表明创始人能敏锐感知市场时机。" *

——格雷厄姆·斯潘塞（Graham Spencer），谷歌投资（Google Ventures）

"我从我最糟糕的投资中学到了什么？我们学到，我们从来没有因为科技问题而投资失败——投资失败都是因为市场问题。产品推出的时机和市场需求时机必须一致。在我们投资的 500 家公司中，我们关闭了至少 100 家公司，因为期望它们成功已经不再现实。" **

——丹·瓦伦丁（Don Valentine），红杉资本（Sequoia Capital）

*From Claire Cain Miller, "Google Ventures Stresses Science of Deal, Not Art of the Deal." *The New York Times*, June 23, 2013.

**Don Valentine speaking at Stanford Business School, accessed on January 2, 2014, www.youtube.com/watch?v=nKN-abRJMEw#t=368.

---

① 陈立武（华登国际）与作者的讨论，2009 年 12 月。
② Yukari Iwatani Kane, "First-Day Sales of Apple's iPad Fall Short of Sky-High Hopes," *Wall Street Journal*, April 6, 2010.
③ 史蒂夫·乔布斯，iPad 2 主旨演讲，2011 年 3 月 2 日。

阿塞尔合伙公司（Accel Partners）的创始人詹姆斯·R·斯沃茨（James R. Swartz）曾说，优秀的风险投资人能在 5 分钟内对机会做出评估："他们有很强的态势感知能力。他们走进任何类型的会议，都能在大约 5 分钟内搞清楚各方身份和行动，议题内容、要点以及进展……也就是说只要观察一下特定环境，就能非常合理地预测出它的发展轨迹。"[1]

合理的尽职调查过程有助于风险投资人找到投资机会最主要的风险和优点。在迷雾中探索时，尽职调查过程能提供一些答案，但并非全部答案：风险投资人需要适应某种程度的模糊性。如果你拥有全部答案，机会就不再存在了。

风险投资人应该警惕分析麻痹症并尊重创业者的时间，不要不断提出要求或者不相关的要求，而是应该问：这个机会最重要的三种风险是什么？我能否在有效解决这些风险的基础上做出投资决策？创业者尊重速度和决断力。当前，

▶ 风险投资的大数据方法

有些人认为，运气与直觉等传统因素对成功募集风险投资仍起着至关重要的作用。谷歌不相信这种投资模式。它的风险投资部门收集、核对并分析数据。谷歌在算法中使用的部分参数包括创业时间、创始人的过往成功记录和创业地点，如旧金山湾区等科技枢纽。

这种投资理念也有批评者，他们认为这种方法永远不会抓住硅谷的"吸引力"或"魔力。"另一方面，谷歌确信其数据驱动投资策略并坚持认为数据挖掘是它的核心实力之一。"如果你不能衡量和量化它，你怎么能指望开始研究解决方案呢？"谷歌投资的管理合伙人比尔·马里斯（Bill Maris）说。"我们能得到你能想象到的世界上最大的数据集合。弃之不用反而靠拍脑袋投资是很愚蠢的。"直觉仍然对投资决策有作用，甚至有时会否决数据建议的结果。"如果我们认为创始人很愚蠢，那么我们永远不会对他投资，即使所有数据都表明应该投资，"马里斯说。"我们应该对我们真正信任的创始人投资，即使数据说我们犯了错误。但这会让我们犹豫。"

资料来源：Claire Cain Miller, "Google Ventures Stresses Science of Deal, Not Art of the Deal," *The New York Times*, June 23, 2013.

---

[1] James R. Swartz, "Venture Capital Greats: A Conversation with James R.Swartz," interview by Mauree Jane Perry, 2006, accessed January 13, 2011, http://digitalassets.lib.berkeley.edu/roho/ucb/text/swartz_james_donated.pdf.

尽职调查不一定非得是一个冗长疲累的过程。正如陶氏风险投资（Dow Venture Capital）的吉姆·普隆卡（Jim Plonka）所言："对于任何机会，我都能在 14 天以内获得决策所需信息的 85%。"

在交易的科学与艺术之间，存在许多机会，它让保守者疑惑：谁会投资于这些公司？为什么？到底为什么？

谁会投资于说唱音乐和刮胡刀片？

作家兼编剧威廉·戈德曼（William Goldman）曾写道："没有人知道所有事，"这句话本来是指电影业不能预测哪部电影将取得票房成功。"不管是现在还是以前任何时候，没有人会知道票房将表现如何，哪怕是蛛丝马迹，"他写道。实际上，《夺宝奇兵》几乎被每家电影公司拒绝，因为它被认为"太夸张"或者"制作费用太高"。这部电影的预算约为 1 800 万美元。它的总票房超过 3.8 亿美元，获得了九项奥斯卡提名。这种例子还有很多。

有些非传统投资看上去就像这部电影，因为"太不合时宜"而被拒绝。也有一些公司成功赢得了风险投资，它们的产品有说唱歌词释义网站，引领新潮流的咖啡，还有营销手段巧妙的刮胡刀片。如果你认为这些投资不会改变世界，那么应该记住戈德曼的话：没有人知道什么会成功，什么会失败。

说唱精灵

说唱精灵（Rap Genius）是一家众筹说唱歌词释义网站，目标是通过注释为读者解释歌词的意思。说唱歌词充满了俚语、隐喻和隐晦的引用。在说唱精灵网站上阅读歌词的用户可以点击任何一行歌词，然后就会跳出一个解释歌词的注释窗口。以流行歌手埃米纳姆（Eminem）的歌"我就这样"（The Way I Am）的歌词为例。当你点击"我不是'超级男孩（N Sync）'"时，将会跳出一个有两段文字的注释窗口，解释超级男孩的历史，埃米纳姆不喜欢这个团体的原因，等等。这个网站还有"说唱 IQ"（Rap IQ）（对注释和建议的贡献者打分）和"说唱地图"（Rap Map）（使用谷歌地图显示歌词中提到的地点）等特色服务。这个网站有实名账户功能，著名说唱歌手可以自己注册来解释自己的歌词。安德森—霍罗威茨风险投资公司对说唱精灵投资了 1 500 万美元。尽管这家公司的合伙人本·霍罗威茨（Ben Horowitz）是狂热的说唱音乐爱好者，但让他们对这家网站感兴趣的不仅仅是说唱音乐。他说："关于知识的知识会逐渐变得比知识本身更重要。"

他们看到说唱精灵可以应用于新闻、诗歌、文学、宗教典籍、法律条文、科学论文和其他许多领域。例如，说唱精灵最近与一家烹饪网站合作，帮助读者为菜谱和烹调妙招加注释。当马克·安德森开发马赛克浏览器（Mosaic）（这种浏览器后来被商业化为网景）时，他预见到每个网页都应该有一个注释选项。虽然他当时没有继续实现这个目标，但说唱精灵将它变为了现实。

蓝瓶咖啡

蓝瓶咖啡（Blue Bottle Coffee）是一家特色咖啡零售商，最早它只服务于一个地区的顾客——湾区农贸市场，但后来迅速发展。是什么让蓝瓶咖啡有别于——比如说——星巴克？打个好理解的比方，蓝瓶咖啡也被誉为"咖啡中的苹果[①]"。因此，正如苹果有史蒂夫·乔布斯，蓝瓶咖啡也有创始人兼首席执行官詹姆斯·弗里曼（James Freeman），他重视美学，痴迷于质量，确保顾客每次都有愉快体验。这家公司只使用背阴生长、不喷洒杀虫剂的有机咖啡豆。为了让顾客享受咖啡的最佳口感和芳香，该公司确保咖啡在烘焙后48小时以内上桌。蓝瓶咖啡得名于中欧的首家咖啡馆——The Blue Bottle。

它的收入不仅来自于零售店，也来自于几家批发商和网络直销。蓝瓶咖啡获得了2 000万美元投资，主投者包括真实投资（True Ventures）、指数投资（Index Ventures）和创办了伦敦著名有机商店"天然鲜"（Fresh and Wild）的连续创业者。

让真实投资动心的是詹姆斯对细节的关注、他的远见和商业感觉。他们视其为咖啡新运动和"第三次浪潮"，和小啤酒厂的兴起类似，追求品质和独特体验的消费者开始转向品质优良、手工小作坊烘焙的咖啡。

一元剃须俱乐部

一元剃须俱乐部（Dollar Shave Club）是一家以销售可更换刀片起家的公司，它是市场营销教科书中经常提到的品牌力量的绝佳案例。一年前，当该公司的首席执行官兼创始人之一迈克尔·迪宾（Michael Dubin）在YouTube上传一段视频宣传他的公司时，他还不知道在前方等着他的是什么。随着这段视频迅速传播，他在两天内就获得了12 000份订单，甚至导致网站崩溃。一年半后，现在一元剃须俱乐部有200 000名订购会员。是的，这段超热门视频迄今为止浏览人次超过1 150万。

一元剃须俱乐部有几个独一无二的卖点，如价格和方便性。但是迄今为止，该品牌成功背后的主要原因是不断增加的忠诚用户，他们以使用一元剃须俱乐部的刀片为荣。令人毫不意外的是，迪宾有数字媒体和市场营销背景，曾为佳得乐（Gatorade）、耐克（Nike）和任天堂等客户工作。尽管他的公司提供订购

---

① 译者注：指苹果公司。

服务，但他不喜欢这个词，更喜欢把它视为"会员商务"。短期之内，迪宾就将这家有 30 名员工的威尼斯公司的业务范围扩展至刮胡刀之外。现在，它还出售刮胡膏和男用一次性纸巾。他的雄心是包揽所有浴室用品。

这家公司从硅谷的风险投资公司文罗克（Venrock）、凯鹏华盈（KPCB）、先驱投资（Forerunner Ventures）、安德森 - 霍罗威茨（Andreessen Horowitz）、夏斯塔投资（Shasta Ventures）、法利思投资（Felicis Ventures）、白星资本（White Star Capital）和其他公司筹得了 980 万美元。风险投资人期望这个品牌从刮胡刀公司成长为"网络最佳男性用品公司"。

当我们考察这些公司时，会浮现出一个简单的问题：风险投资人应该关心退出策略吗？尽管确定存在大量潜在买家并查明买家购买初创企业的原因很重要，但纠缠细节毫无用处。

在不断发展变化的环境中，技术和市场不断变迁，很难预测这两个向量会如何交叉。正如前风险投资人，现在的密歇根州州长里克·斯奈德（Rick Snyder）的一句名言："忘记退出策略吧，多数初创企业需要的是进入策略。"[1]

---

[1] 健康传媒（HealthMedia）创始人维克·斯特莱切（Vic Stretcher）援引里克·斯奈德的话。里克·斯奈德的风险投资基金阿瓦隆投资（Avalon Investments）曾对健康传媒进行领投，后者是一家健康医疗 IT 公司，后被强生公司（Johnson & Johnson）收购。

对管理团队进行尽职调查 | 第十七章

> "理性的人适应世界，不理性的人让世界适应自己。因此，一切进步都来自于不理性的人。"
>
> ——萧伯纳（George Bernard Shaw），
> 《致革命者的箴言》（*Maxims for Revolutionists*），1903 年

对团队进行尽职调查时，主观性往往会造成严重后果。然而，对管理团队进行的尽职调查难以避免主观性。强大的管理团队——即人们常说的"骑师"——的素质很难评估。留给风险投资人的时间往往很短。

评估无形素质

诚信、执行力、社交技能和吸引业绩优良团队的能力等素质难以快速评估。下面将分析风险投资中的这些素质。

诚信

关于如何选择骑师——高管，沃伦·巴菲特的观点可谓一语中的："有人曾说，招聘人才时应该考察三种素质：诚信、聪明和动力。如果他们不具备第一种素质，另两种素质就会毁掉你。想想看吧，这是千真万确的。如果你雇用了一个不诚实的人，你会真心希望他们愚笨又懒惰。"[1]

评估早期阶段初创企业的管理团队时，诚信是头等重要的。诚信可以归结为言语和行动上的诚实，它定义了人的气质。但评估这

---

[1] Jim Rasmussen，"Billionaire Talks Strategy with Students," *Omaba World-Herald*，January 2，1994，178.

种素质并不容易。风险投资人要花大量时间调查创业者的商业技能和专业知识。这个过程准确性差，而且需要征求参考意见——与过去和创业者交往过的人进行多次讨论。在这个过程中，人们通常可以发现创业者的思维模式。找出位于两极的人很容易——诚实能干的人和深陷肮脏交易的人。而总让你走眼的是处于中间位置的人——他们表面上遵守法律，但躲藏在一张由谎言和伪装编织而成的网下！正如巴菲特所言，这些人不诚实但很聪明，他们不仅能利用你，还能毁掉你！

安特留（Entellium）是华盛顿州西雅图的一家客户关系管理（CRM）工具开发商，它在成立后的八年中筹集了5 000万美元风险投资。但这家公司的首席执行官和首席财务官做假账的速度比筹集风险投资的速度快得多。他们连续三年将收入夸大了三倍。一位员工清理前员工的办公桌时偶然发现了实际收入数据，这项财务欺诈从而公诸于众。领投的风险投资基金已对安特留投资了1 900万美元。欺诈可能很少出现在风险投资领域，但一旦出现，就能毁掉投资者的声誉。

诚信和诚实是管理团队的基本素质，但很难评估。很容易做出的结论往往也很明显——团队有雄心、有技术、或者有商业头脑。但是如果你发现灰色操作的迹象，就要对投资三思而行了，不妨考虑放弃这个机会。提盖普投资（TGap Ventures）的皮特·法尔纳（Pete Farner）说："我用一个简单测试评估潜在投资对象的首席执行官——我会放心让他们照顾我的孩子吗？"这样的高标准能迅速剔除绝大部分乌合之众。

团队建设

除了诚信，还应该考察管理团队的哪些素质？"他们是否了解自己的局限和弱点？他们能否吸引一个团队，并最终招聘到自己的首席执行官，让他们代替自己？"华登国际（Walden International）的陈立武（Lip-Bu Tan）问。这些素质很基本但罕见：毕竟，人类讨厌不安全感。如果他们招进成就卓著的团队成员，就可能把自己比下去，或者被边缘化！弱小的创业者常常宁作鸡头，不为牛后。其实站在巨人肩膀上的人才是重要的人。

以共同发明晶体管而获得诺贝尔奖的威廉·肖克莱（William Shockley）为例。尽管肖克莱是一位出色的物理学家，但他不懂人际交往，其傲慢粗暴的行事风格让两位共同发明者与他分道扬镳。他的员工要接受测谎，他还会公开他们的薪水。他在贝尔实验室甚至得不到升迁。他去世时，与多数亲友已经完全断绝了关系，以至于他的子女是从报纸上得知他的死讯。[1]

---

[1] PBS, "William Shockley," accessed April 12, 2011, www.pbs.org/transistor/album1/shockley/shockley3.html.

肖克莱手下的八位研究人员——即"八叛徒"（Traitorous Eight）——辞职创办了飞兆半导体（Fairchild Semiconductor），他闻此只是在日记中写下"9月18日（周三）——团队辞职"。①

他的沟通技巧当然不会给人留下好印象。

除了是一位糟糕的管理者，肖克莱的演讲技巧也很蹩脚。他每次演讲无一不是语气单调地念着文采贫乏的稿件，并且无情地"大肆使用隐喻"。拉里·L·金（Larry L. King）这样形容肖克莱："他的演讲如此笨拙，以至于他连如何搭公车都讲不明白。"②

肖克莱的传记作者乔尔·舒尔金（Joel Shurkin）写道："如果肖克莱是更优秀的管理者，他会成为如今世界上最富有的人之一。他会与比尔·盖茨齐名。他是硅谷之父；他比世界上任何人都更清楚这些机器、这些晶体管的重要性；他知道他正在让世界发生变革；他知道如果自己的公司能控制晶体管的发展方向，他就会变得非常富有。遗憾的是，他是一位糟糕的管理者，永远也不会有这种机会。"③

显然，肖克莱没有能力建设团队——尽管他是一位出色的科技专家和诺贝尔奖得主，却无法克服自己的恐惧和不安全感。

投资者需要关注让创始人或核心管理团队能够吸引出色人才的素质。在初创企业的艰辛历程中，多数管理团队都将被替换，不管是出于选择还是纯粹的疲惫。你应该考虑一个简单问题：这个人是否足够诚实大胆，能在合适的时间换掉自己，甚至让自己成为多余的人？

执行能力：羊羔与猎豹

执行能力是指顺利完成任务的精妙艺术，它是最重要的管理层评估标准之一。在早期阶段公司中，执行能力可能只是"确定价值创造目标并运用最优资源实现该目标的能力"。在《纽约时报》畅销书《聘谁》（Who: The A Method for Hiring）中，作者杰夫·斯马特（Geoff Smart）问道："哪类首席执行官能为投资者赚钱？"④经常与风险投资打交道的斯马特成长于一个在早餐桌上讨论心理学的家庭。"我父亲是一位产业心理学家。因此我在一家风险投资公司实习

① Joel N. Shurkin, *Broken Genius: The Rise and Fall of William Shockley, Creator of the Electronic Age* (New York: Macmillan, 2008), 181.

② 同上, 251.

③ Joel Shurkin, www.pbs.org/transistor/album1/addlbios/shurkin.html, accessed February 6, 2011.

④ Geoff Smart and Randy Street, *Who: The A Method for Hiring* (New York: Bellantine Books, 2008), 160.

时，我问合伙人，风险投资人（VC）成功的必要条件是什么。他们说，完全在于管理，"他说。但是杰夫发现，尽管大家都强调管理，但没有明确的人才评估方法。"如果人才如此重要，为什么我们要花那么多时间做 Excel 模型或市场分析？"他问。但他们告诉斯马特，评价人才全凭直观感觉，没有准确的评价办法。"如果我没有心理学背景，我会照单全收那位风险投资人告诉我的一切。"①

为了评估首席执行官的素质，杰夫与芝加哥大学的著名创业与金融学者史蒂文·卡普兰（Steven Kaplan）组成团队。他们进行了一项迄今为止最大的首席执行官素质与财务业绩研究。结果惊人而富有争议。他们对获得私募股权（PE）支持的首席执行官进行了 313 次采访，从中收集并分析调查数据。进行评估时，他们将首席执行官评估结果与实际财务业绩配对。《华尔街日报》用半个版面介绍了这项成果。

斯马特指出，乐于听取反馈、具有强大倾听技能和尊重人才的首席执行官往往是投资者愿意投资的对象。"我称他们为'羊羔'，因为就像围着一圈吃草的羊群，这些首席执行官循规蹈矩，靠反馈和别人的指导生存，"他说。他得出结论，投资者喜欢羊羔，因为他们容易合作，而且有 57% 的成功概率。

但斯马特发现，理想的首席执行官是行动迅速、积极进取、工作努力、坚持不懈、制定高标准并要求人们对其负责的人。（他称其为"猎豹，"因为他们行动迅速而专注。）"在我们的研究中，猎豹 100% 会成功。这里没有四舍五入的误差。他们每个人都为投资者创造了巨大价值，"斯马特写道。②"情商很重要，但只有和执行力结合起来才管用。"③

史蒂文·卡普兰独立进行的研究也得出了相同结论。在名为"首席执行官的哪些特征和能力很重要？"的研究中，他评估了 30 多种个人特征、技能和能力。④惊人的是，研究表明，成功与团队技能无关，而招聘决策中却过于看重这种技能。只有首席执行官具备与执行力相关的技能时才谈得上成功。这项研究支持了吉姆·科林斯（Jim Collins）的"从优秀到卓越"（Good to Great）中关于第五级首席执行官的描绘，即他们有坚定不移的决心，具备强大动力而且工作勤勉。

---

① 杰夫·斯马特（Geoff Smart）与作者的讨论，2010 年 12 月。

② Smart and Street, *Who: The A Method for Hiring*, 161-162.

③ 同上，162.

④ Steven N.Kaplan, Mark M.Kiebanov, and Morten Sorensen, "Which CEO Characteristics and Abilities Matter?" (working paper no.14195, National Bureau of Economic Research) 2008, accessed February 7, 2011, www.nber.org/papers/w14195.pdf.

我们从这项研究和肖克莱的例子中得出的重要经验是，尽管技术很重要，但技术与短期目标和快速执行的结合才是关键。正如彼得·德鲁克（Peter Drucker）所言，效率高的管理者能在正确的时间"做正确的事"。[①]

如何评估骑师

对管理层进行尽职调查很容易；只需做好花两三百小时投入这项工作的准备。关于对首席执行官的尽职调查，不妨参考阿塞尔（Accel）、柏尚投资（Bessemer）、凯鹏华盈（KPCB）、格雷洛克（Grey Lock）、恩颐投资（NEA）、红杉资本（Sequoia）和梅菲尔德基金（Mayfield Fund）等著名公司的投资者分享的信息，看看他们是如何评估 86 家投资组合公司的管理团队的。[②]

例如，麦迪逊·迪尔伯恩投资（Madison Dearborn Partners）的威廉·汉克勒三世（William Hunckler，Ⅲ）在六个月内投入了 322 小时对管理层进行尽职调查。汉克勒花了 50 多小时翻阅九类参考资料，以对团队进行详细评估。杰夫·斯马特将这种方法形容为"机长法"，使用这种方法时，就像机长检查每个参数，以确保飞机可以安全飞行。汉克勒重点关注的是过往工作评估。斯马特说："这种方法符合常识，但真正使用这种方法的风险投资人不到 15%。"

阿塞尔合伙公司的恩格内·希尔（Engene Hill）也参与了这项研究，他说："正确评估管理团队并支持合适的管理人才决定了风险投资行业的成败。"[③]希尔的过往投资准确性让他排在了第 92 位。他总共花了 126 小时进行人力资本评价，系统性地尝试了各种方法。"他花了 21 小时与来自 11 个不同参考领域的人进行讨论。这在这项研究的所有风险投资人使用的参考领域数量中是最高的。他说，他的分析主要是基于'数据'而非感官知觉，"斯马特写道。[④]

评估人力资本的不同方式包括机长法、艺术评论法、海绵法和检察官法。在这些方法中，汉克勒使用的机长法得到的内部收益率中值为 80%。这种方法的特征是高度系统、有序地收集数据并对管理团队成员进行分析。

① Peter F. Drucker, *The Effective Executive*（New York: HarperCollins, 2002）, 1.
② Geoffrey H. Smart, "The Art and Science of Human Capital Valuation," 1998, accessed February 6, 2011, www.ghsmart.com/media/press/humam_capital.pdf.
③ 同上。
④ 同上。

相比之下，如图 17.1 所示，其他三种主要方法获得的内部收益率低于30%。机长法对人力资本评价的准确性接近 90%，而艺术评论法的准确性达到50% 就很幸运了。如果你是个艺术评论家，那么每选中两位首席执行官，其中之一就会彻底失败。红杉资本的创始人丹·瓦伦丁（Don Valentine）曾经说，如果你有 52% 的概率选出正确的管理者，他们就能为你建立一座丰碑。作者得出结论，这个案例的意义在于，直觉检验很好，但尽职调查清单法会避免飞机坠毁。

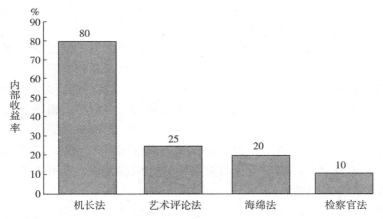

资料来源：Geoffrey H. Smart，"The Art and Science of Human Capital Valuation."

图 17.1　内部收益率与尽职调查风格

◎ **机长法：**这种评估首席执行官候选人的方法"类似于机长在起飞前评估飞机是否能安全起飞的方法"。这是效果最好的方法，但也很费时间和精力。

◎ **艺术评论法：**以艺术评论家的眼光观察一幅画，并在几分钟内得出"对作品价值的准确评估"。但在风险投资业中，艺术评论法可能效率很低，尤其是在评估人力资本时。他们"以为商业经验让他们能在极短时间内对人才做出准确评价——人力资本就像墙上挂的画一样一目了然，"斯马特写道。"艺术评论法大谈特谈直觉、第六感和'第一印象'。遗憾的是，它评估人力资本价值的准确性也很差，有时投资损失高达 100%。"

◎ **海绵法：**"海绵法和艺术评论法有类似之处，不过它在评估之前需要的数据比后者多一点。海绵法不进行人力资本需求分析，而是通过多种人力资本评估方法'吸收'数据——然后在心里综合这些信息。正如一块"海绵"，他'闲逛着就把尽职调查做了'。事实证明，海绵法的有效性和艺术评论法差不多。"

◎ **检察官法**："检察官法的特征就像检察官一样。"他们走进房间开始面谈时，会沉浸于戏剧性效果而不可自拔，如用拳头猛捶桌子，指着对方，挥动胳膊。根据这项研究，"他们会咄咄逼人地质问管理者，试图'从他们身上揪出真相'……检察官法的特征是'拷问'管理层了解的信息。这种方法的问题在于，检察官只是从现在的行为——管理者对问题的现场反应——中收集数据。而相比之下，过往行为更能预示出未来行为，"斯马特得出结论。这种方法是选择首席执行官最无效的方法之一，但最适合用于审讯监狱犯人。

风险投资人通常按照下列类别进行面谈：

◎ **工作样本**：这是最常用的面谈方法：通常，对于工作样本中的每笔投资，风险投资人要花 60 多个小时与管理层面谈。

在这些直接互动中，风险投资人将考察管理团队对不同商业问题的处理。它们被称为工作样本，因为它让风险投资人可以直接观察管理者如何第一时间思考和处理这些问题。风险投资人花在工作样本上的时间与早期阶段交易的人力资本估值准确性正相关，但与晚期阶段交易的人力资本估值准确性负相关。为什么会存在这种差异？因为在早期阶段投资中，这些讨论更深入、通常也更人性。而在晚期阶段投资中，管理者在投资银行家指导下作出正式陈述，这种陈述就像它冠冕堂皇的信息一样具有误导性。证据表明，光有工作样本不足以准确评估人力资本的价值。

◎ **参考面谈**："参考面谈是和观察过目标管理者行为的人进行讨论。参考面谈有几种可能来源：介绍人、上司、同事、同行、现任员工、供应商、客户、律师、会计、银行家或其他投资者。"

◎ **基于过往表现的面谈**："工作样本依赖于现在或'假想'行为，而基于过往表现的面谈依赖于过往行为。""这种方法"被斯马特评为一流面谈方法："它基于这样一种理念，即过往行为是未来行为的最佳预测指标。因此，在基于过往表现的面谈中，风险投资人将与管理者按时间顺序谈论他们的整个职业生涯历史。这种面谈形式是过去五年中产业心理学最有效的人才评估方法。"[1]

尽管这些尽职调查方法都已经过实践，但风险投资人最应该注意以下三条经验。

---

[1] Geoffrey H. Smart，"The Art and Science of Human Capital Valuation，"1998，accessed February 6，2011，www.ghsmart.com/media/press/human_capital.pdf.

团队尽职调查的艺术与科学中最重要的三条经验

风险投资人无法评估以下内容：

1. 缺乏一般管理／运营经验

2. 不能与他人顺利合作

3. 销售／市场营销技能

风险投资人给出的前三条聘用决策失误原因：

1. 追求速度：快速签署协议条款清单并完成交易。迫于竞争或共同投资人的压力而进行投资。

2. 晕轮效应：这位摇滚明星多了不起——他一定有出色的过往业绩或高超的技术！我们应该为参与这笔投资感到幸运。

3. 太多"厨师"：有多位辛迪加合伙人和其他团队成员，却没有主厨。

资料来源：Geoff Smart，"The Art and Science of Human Capital Valuation，"1998，accessed February 6，2011，www.ghsmart.com/media/press/human_capital.pdf.

风险投资人很少有足够时间了解申请者的能力和创意。最大的挑战是在短时间内评估无形因素。

还有其他一些人格测试，每种测试需要的信息和产生的结果都不同，所有测试的目标都是考察申请者的情商与智商。一些值得注意的指标包括迈尔斯 - 布里格斯类型指数（Myers-Briggs Type Indicator，MBTI）和卡利珀测试（Caliper Test）。

MBTI 是一种荣格（Jungian）人格测试，根据对象的关注重点以及如何分析信息、做出决策、进入外部世界将其分为 16 类。例如，ESTJ，即外向性（E）、感知（S）、思考（T）、判断（J），人才可以定义为："实际、现实、实事求是。决断，快速决策。有条不紊地组织项目和人力完成工作，专注于以最有效的方式获得结果。拥有一套清晰合理的标准，按部就班地遵守这些标准。坚定地执行计划。"[1]尽管 MBTI 的结果描绘出一幅蓝图，但它不能清晰说明拥有 ESTJ 素质的人是否适合成为风险投资人。

出于这种原因，一家中西部风险投资公司的高级合伙人丹·沃克（Don

---

[1] The Myers & Briggs Foundation，"The 16 MBTI®Types：ESTJ，"accessed April 12，2011，www.myersbriggs.org/my-mbti-personality-type/mbti-basics/the-16-mbti-types.asp.

Walker）几乎在所有招聘决策中都使用卡利珀测试。卡利珀认为，将个人兴趣与个人能力等同是一种有缺陷的方法。你面对着许多想成为首席执行官的人，但他们是否具备必要的能力？据卡利珀称，多数测试也容易作假。显然，如果你提出"我是一个负责任的人"这样的正误判断题，所有人选择"错误"的概率都将接近零。但是卡利珀测试的目的就是用更复杂的测试设计消除这些问题。此外，这种测试承认，某些职位的理想素质可能在其他职位上成为障碍：例如，冲动和原创力可能被认为是缺点或不稳定的证据。始终从整体而非局部评价一个人，不依赖过去经验作为主要标准是良好测试设计的两个主要特征，但卡利珀测试比其他方法更可靠的原因是它能将人才和职位相匹配。

卡利珀建立了四类、超过 25 项标准，以评估人才的影响力、建立关系、解决问题、做出决策的能力和组织力。这种测试将这些标准应用于具体职位，以确定最适合这些职位的人才。例如，管理者和销售人员需要不同程度的特定技能。卡利珀用"自我内驱力（Ego Drive）"这个词定义一个人说服他人并从成功说服他人中获得满足感所需的能力。这种测试还使用"自我强度（Ego Strength）"指一个人喜欢自己的程度。如果用另一种方式来描述，自我强度就是指一个人在其他人都说"不"时坚持前进的能力。这是一种强烈的自我意识：如果首席执行官能接受"不"作为答案，同时仍能毫不退缩地沿着正确方向前进，他就具有很高的自我强度。这样做不会损害自我形象，而会让优秀的领导者更渴望下一个机会。这是东山再起的关键。接受拒绝的人会很快丧失动力：他们害怕拒绝，认为最好不要再争取机会——结果他们反而会引来拒绝，或者更糟的是，潜在冲突。另一方面，"自我内驱力"，即伴随着强烈说服需求的说服能力能造就事业有成者。

卡利珀得出结论，只有动力不足以造就优秀的销售人员。为了成为优秀的高管，你需要有力结合这两条标准……强烈的自我意识和说服能力。

在这三种方法中，斯马特的方法可能更贴切、更有用，这是因为他具备风险投资从业背景。

⌐ 安德森 – 霍罗威茨风险投资公司选择首席执行官的艺术

安德森 - 霍罗威茨风险投资公司的本·霍罗威茨（Ben Horowitz）称，选择首席执行官的艺术可以总结为三个词：方向、执行和结果。

方向：首席执行官知道该做什么吗？

策略与决策：首席执行官是否随时知道该做什么？首席执行官的策略有没有故事可

讲——这家公司是否对世界有贡献？根据首席执行官的决策速度和质量，可以更准确地衡量首席执行官的水平。优秀的决策来自于集才智、逻辑和勇气于一体的首席执行官。

执行：首席执行官能否让公司按他（她）的设想运行？

执行和团队建设：一旦设定了目标，首席执行官是否有能力执行？霍罗威茨指出，这种能力可以让首席执行官拥有动力充沛的世界级人才。建立世界级团队并确保团队始终保持高质量非常重要。

有效经营公司：很少有首席执行官被评为最高分却无法取得成功，因为保持公司顺利运营需要的技能十分广泛，从组织设计到业绩管理、激励措施、沟通和其他所有方面。一个关键问题是："员工能否轻松完成工作？"

结果：面对一系列合适目标，首席执行官是否实现了理想结果？

是否制定了合适的目标？目标是否太低或太高？霍罗威茨警告说，不要为早期阶段公司制定目标，因为没有人真正知道机会的大小。最终，不同类型公司的机会大小和性质千差万别：这些公司有的是资本密集型，有的已经呈现出增长趋势并被市场接纳。如果首席执行官事先知道这些问题，将会在测试中表现得更好。

资料来源：Ben Horowitz,"How Andreessen Horowitz Evaluates CEOs," Ben's Blog（blog），May 10，2010，accessed February 6，2011，http：//bhorowitz.com/2010/05/30/how-andreessen-horowitz-evaluates-ceos/.

在多数风险投资支持的初创企业中，尽管吸引一流人才很重要，但团队稳定性完全是不可预测的。许多原因都会对一流人才造成干扰——工作节奏、工作压力、低薪资职位、未实现的目标——因此，风险投资人需要认识到，尽管管理团队很重要，但谁也无法预测何时团队会精疲力尽，陷入低谷——或者放弃！德丰杰投资（Draper Fisher Jurvetson）的创始人蒂姆·德雷珀（Tim Draper）曾经问一位创业者："如果这个创意无法实现，你会怎么做？"这位年轻创业者说："我会试着做点别的——或许去找一份工作。"蒂姆这时说："创业者从不轻言放弃。"每个风险投资人要面临的一个重大风险就是首席执行官拱手认负。

芝加哥大学商学院的教授史蒂文·N·卡普兰（Steven N. Kaplan）研究了 50 家在风险投资支持下从商业计划书发展为上市公司的公司，他发现这些公司的管理层人员流动率非常高。卡普兰得出结论，初创企业的投资者应该更重视马，也就是企业，而不是骑师。所有关于管理层质量的争论在早期阶段可能很重要，但它会迅速平息：只有 16% 的公司在首次公开募股时强调管理技能的重要性。创始人很快会在这个过程中消失：风险投资支持公司的创始人中，只有 49% 在首次公开募股时仍然留任。

卡普兰得出结论："人力资源很重要，但具体的人似乎没那么重要。非人力资产雄厚的企业耐久力也强。"[1] "在很早期阶段，保持公司凝聚力的是专利、库存和工艺。除非是早期初创企业，否则风险投资人应该把赌注押在马上。事实是，骑师总在变化，但马不会变化。"[2]

选择管理层与选择市场

"我认为选择优秀人才比选择优秀市场难得多，因为我们总能理解技术和市场。选择优秀人才的成功概率不到 50%，如果你的成功概率大于 52%，他们就应该为你立一座丰碑。" *

——丹·瓦伦丁（Don Valentine），红杉资本（Sequoia Capital）

*2011 年 10 月于斯坦福商学院的演讲，访问时间为 2014 年 1 月 2 日，页面地址为 https://www.youtube.com/watch?v=nKN-abRJMEw.

快速电动汽车、火箭飞船和火星殖民——你会投资于这家企业吗？

埃隆·马斯克（Elon Musk）出生在南非，是一位自学成才的电脑程序员，他在 12 岁时以约 500 美元的价格卖出了自己的第一款软件，一个叫"星际爆炸"（Blast Star）的太空游戏。他在沃顿商学院获得了艺术学士学位，并在宾夕法尼亚大学获得了物理学学士学位。他曾在斯坦福大学攻读应用物理学博士学位，但为实现创业梦想两天后就退学了。

他的第一家企业是 Zip2，这是一个在线发布媒体平台。创业之初非常艰难，他没有足够的钱。他将 Zip2 以 3.07 亿美元的价格卖给了康柏（compaq），自己赚了大约 2 200 万美元。他与别人共同创建了 X.com，这家网站提供金融服务和电子邮件支付服务，并最终演变为贝宝（PayPal）。亿贝（eBay）花 15 亿美元收购了贝宝，出售时马斯克是最大的股东，持股比例为 11.7%。

---

[1] Kaplan, Kiebanov, and Sorensen, "Which CEO Characteristics and Abilities Matter?"
[2] Steven N. Kaplan, "Bet on the Horse: Determining Success Factors of New Businesses," *Capital Ideas*, accessed February 6, 2011, www.chica gobooth.edu/capideas/dec05/1.aspx.

马斯克最后的开拓之举是创建了他的第三家公司 SpaceX，即太空探索技术公司（Space Exploration Technologies），这是一家高级火箭与太空船设计与制造公司，他自己投资了 1 亿美元。SpaceX 的最终目标是让人们能在另一个星球上生活。6 年后，SpaceX 将该公司的第一艘火箭猎鹰 1 号（Falcon 1）发射入轨，成本约为 700 万美元，这只有当时普遍成本的十分之一。马斯克说，他可以解决太空公司现有的低效问题，从而降低成本，如使用现代技术规避风险并消除多层分包。

SpaceX 获得了国家航空和航天局（NASA）的 16 亿美元合约，任务是分 12 次将猎鹰 9 号（Falcon 9）[1]火箭和龙飞船发射至国际空间站（一种可以居住的人造卫星）。四年后，这家公司的猎鹰 9 号 / 龙飞船创造了历史，因为它是第一家造访太空站的商业公司。

创始人基金（Founder's Fund）的基·豪尔瑞（Key Howery）是 SpaceX 的投资人，他指出："埃隆计划用余生来经营 SpaceX。他将花 10—20 年时间将人类送上火星。潜在投资者认为我们支持这家火箭公司是疯了，但我们已经跟踪了它 6 年。埃隆已经消除了许多风险，甚至自己投资了一亿美元。近期之内，同一领域中能与之竞争的公司很少。" *

马斯克还是特斯拉汽车（Tesla Motors）的首席执行官，这是一家生产电动汽车的上市公司。特斯拉也向戴姆勒和丰田出售电力火车。根据报告，马斯克持有特斯拉 32% 的股份，是美国最大的太阳能系统提供商太阳城（Solar City）最大的股东和董事会主席。

马斯克还发布了"超回路列车"的原型车，这是一种超音速空中旅行机，可以在 35 分钟内将旅客从旧金山运送到洛杉矶。它的预计最高时速为每小时 800 英里，比多数商用飞机都快。这种列车的目标是让长途旅行比其他任何旅行方式都便宜。目前接触他的风险投资人还不多。

*Tarang and Sheetal Shah，*Venture capitalists at Work*（New York：APress，2011）.

连续创业者与首次创业者

其他条件相同，如果风险投资支持的创业者成功使企业上市，那么他们的下一家企业成功概率将为 30%。[2]在啄食顺序中排在其后的是失败的创业者，他

---

① 译者注：猎鹰 9 号在 2015 年经历多次发射失败。

② Paul A. Gompers, Anna Kovner, Josh Lerner, and David Scharfstein, "Skill vs.Luck in Entrepreneurship and Venture Capital：Evidence from Serial Entreprenenrs," July 2006. Available at SSRN: http：//ssrn.com/abstract=933932.

们的下一家企业成功概率为 20%，首次创业者的成功概率为 18%。研究人员评估了成功原因，并指出成功的创业者知道如何在合适的时间创办企业——在市场变得拥挤之前动手。

把握市场时机的能力比技术的新奇性更重要。举例来说，1983 年创建的电脑初创企业中，52% 都已上市。相比之下，1985 年创建的同类企业中，只有 18% 上市。不到 24 个月里，成功概率小了 3 倍！有意思的是，能在首家初创企业中抓住市场时机的创业者也能在下一家初创企业中抓住市场时机。因此，创业者抓住市场时机的能力确实比其他因素更重要。能多次抓住市场周期的人的确是真正的聪明人：对于这些创业者而言，运气不再是影响因素。

然而，对成功的创业者而言，雄心可能会随着成功或年龄的增加而下降。更糟糕的是，他们还可能慢慢变得傲慢自大。

感召力如何？

苹果的早期投资者之一亚瑟·罗克（Arthur Rock）回忆起与史蒂夫·乔布斯和史蒂夫·沃兹尼亚克（Steve Wozniak）的一次见面：

乔布斯走进办公室，就像现在一样，穿着李维斯（Levi's），但当时这种穿着并不妥当。我记得他留着山羊胡子和唇须，头发很长——他在印度和一位古鲁（Guru）待了六个月，学习感悟生命，刚刚回来。我不太确定，但他看上去很久没洗澡了……而且他非常非常瘦，看着他会感到他真的不属于这里。另一方面，史蒂夫·沃兹尼亚克留着大胡子，一看就不像值得重金投资的人。[1]

尽管如此，罗克还是对苹果进行了投资，因为乔布斯口才很好。

软信号对我们的影响有多频繁？

哈佛商学院的一项研究发现，在竞争中取得成功的男性创业者比女性创业者多 60%。有吸引力的男性比长相普通的男性取得成功的比例高 36%。68% 的参与者选择投资于男性领导的企业，而只有 32% 的参与者选择投资于女性领导的企业。[2]

---

[1] Arthur Rock, interview by Sally Smith Hughes, 2008-2009, "Early Bay Area Venture Capitalists: Shaping the Economic and business Landscape," accessed February 6, 2011, http://digitalassets.lib.berkeley.edu/roho/ucb/text/rock_arthur.pdf.

[2] Alison Wood Brooks, Laura Huang, Sara Wood Kearney, and Fiona Murray, "Investors Prefer Entrepreneurial Ventures Pitched by Attractive Men," *Proceedings of the National Academy of Sciences of the United States of America* 111, no.10（March 11, 2014）.

基因检测可以代替尽职调查吗？

　　个性受基因的影响，尽管风险投资人尚未开始基于基因的尽职调查，但有些基因变体值得关注。商业领袖往往漫不经心、性格内向、脾气乖戾，如乔布斯。引发这种行为的基因包括导致冲动的 DRD2 变体和让人们寻求新鲜事物的 DRD4 变体。COMT 被称为"忧虑者基因变体"，它会促进人们承担风险的倾向。HTR2A 变体会提高毅力，MAOA 变体携带者具有反社会人格，他们描绘出一幅未来图景吸引别人跟随。最后，FAAH 变体会减少恐惧并提高对赚钱的反应。

　　资料来源：Scott Shane，*Born Entrepreneurs，Born Leaders—How Genes Affect your Work Life.*（New York：Oxford University Press；2010）.

　　麻省理工学院的两位研究人员桑迪·彭特兰（Sandy Pentland）和丹尼尔·奥古恩（Daniel Olguin）进行的另一项研究对商业计划书竞赛优胜者的预测准确率为 87%。[1]但是要知道，这些研究人员都没有读过商业计划书或听过他们的项目。那么他们的预测为何如此准确？彭特兰的方法是，从这些高管身上收集"诚实信号"。

　　诚实信号是指非语言线索——姿势、表情、语调。在《哈佛商业评论》的一次采访中，彭特兰说："成功者都富有活力。他们更爱说话，但也更爱倾听……让他们富有感召力的不仅是他们投射出的魅力，还有他们身上引发出的种种遐想。你的团队中吸纳越多这种有活力的进取型人才，团队业绩就会越好。"[2]彭特兰的研究并没有指出哪个项目最好——它只是指出谁会赢，与创意或项目的质量无关。风险投资人寻找的是活力与激情，"但他们也需要了解项目的本质，不要只被感召力左右，"他补充道。

进行背景调查的重要性

　　许多风险投资基金都会在投资前对潜在投资组合公司进行详细的尽职调查。对投资组合公司重要人员的背景调查通常是尽职调查分析的一部分。然而，尽

---

[1] Alex Pentland，"Defend Your Research：We Can Measure the Power of Charisma，" *Harvard Business Review*，January-February 2010，accessed February 7，2011，http：//hbr.org/2010/01/defend-your-research-we-can-measure-the-power-of-charisma/ar/1.

[2] 同上。

管背景调查会发现潜在投资组合公司管理者的部分问题，但有经验的专业人士进行的深入背景调查可以更详细地分析潜在投资组合公司的管理者，并验证他们对风险投资基金做的保证和陈述。

背景调查包括对潜在投资组合公司管理者进行详尽分析。这些调查将分析他们的工作履历、董事会任职经历、教育背景、社会活动、犯罪背景，有时还会调查他们的资产。尽管这种信息看上去过多，但这是尽职调查过程的必要成分，还能减少风险投资基金未来可能遇到的投资组合公司管理者问题。此外，对潜在投资组合公司进行深度背景调查而不是草率背景调查的原因还有很多。

最近的研究显示，约 50% 的求职者提供了虚假的职业证书，尽管虚假水平和程度大不相同。[1]此外，各种层次职位的求职者都存在虚假陈述现象，包括董事。

背景调查不仅能验证求职者提供的信息，还能了解他们的个性。例如，通过背景调查，可能发现某个求职者身陷多桩法律诉讼，曾经历过公司破产或个人破产，或者有吸毒嗜好或婚外恋。尽管背景调查中发现的某些信息可能属于非常私人的信息，但私人问题可能很快影响求职者胜任工作的能力，因而让投资组合公司乃至整个私募基金或风险投资基金的投资组合处于风险之中。

⚑ 没人问我是否犯过罪

一篇新闻报道披露史密森 - 威森持股公司（Smith & Wesson Holding Corporation）的主席詹姆斯·J·明德（James J. Minder）曾因多桩持枪抢劫和一桩抢劫银行案件而入狱 15 年，之后他被解雇了。明德坚称他没有掩盖自己的过去。相反，他声称史密森 - 威森持股公司的董事没有询问他的犯罪记录。如果对明德进行过背景调查，本应能避免这种尴尬事件，并能让公司更好地评估明德是否胜任这份工作。

资料来源："Smith & Wesson Chief Quits Over Crime." CNN Money.com，February 27，2004，http://money.cnn.com/2004/02/27/news/smith_wesson/.

尽管投资组合公司高管的丑闻看上去很少，但这往往是因为许多私募基金和风险投资基金不愿将这些丑闻公诸于众。实际上，即使是最成功的私募基金

---

[1] Patricia Sabatini，"Fibs on Resumes Commonplace，" *Pittsburgh Post-Gazette*，February 24，2006.

和风险投资基金也会碰到投资组合公司高管出问题的情况。

在另一个风险投资业的例子中，几位风险投资合伙人对某位候选首席执行官进行了长达 10 周的面试。就在签发最终聘用函之前，他们进行了一项背景调查。调查显示，这位首席执行官没有他声称拥有的哈佛大学 MBA 学位。风险投资基金只得重新开始首席执行官面试：如果在面试过程一开始就进行背景调查，本可以不用浪费 10 周的时间。

除了预先进行背景调查，经验丰富的调查人员还认为，私募基金和风险投资基金不应该只在招聘人才前进行背景调查，还应该在员工的整个就职期间定期进行背景调查。定期调查大大提高了防患于未然的可能性，并且有助于降低不道德的员工可能引起的损失。

你愿意在可乐里来点苍蝇吗？

以凯鹏华盈（KPCB）支持的一家投资组合公司及其首席执行官为例，这件事被管理合伙人汤姆·珀金斯（Tom Perkins）形容为他的职业生涯中"最奇异的事之一"。在一段成功的任期后，这家公司的首席执行官开始表现出妄想狂，声称他的办公室被放了窃听器，自己被跟踪。不久，珀金斯发现了首席执行官在吸食可卡因，这位首席执行官被开除了。然而到他被开除时，他已经对投资组合公司造成了严重损害，这家公司很快就倒闭了。

资料来源：Tom Perkins, Valley Boy: *The Education of Tom Perkins*（New York：Gotham Books，2007），137-138.

例如，一位经验丰富的调查人员提到了她的一桩经历，当时她发现国际刑警组织正在追缉一家微型初创企业的多位股东，因为他们是一桩海外欺诈案的嫌疑人。其中一个股东躲在瑞士，但他申请时提供的所有文件都显示他定居在美国。在另一个例子中，调查人员提醒风险投资合伙人注意，一家公司的创始人利用方便之机将资产转移至合伙人的配偶名下，以逃避缴纳联邦所得税。当时他因为欠缴税款而有多项资产被扣押。①

总之，背景调查是尽职调查过程的重要组成部分。尽管它们比简单的背景检查成本高，但背景调查可以获得重要信息，以免未来产生尴尬。

---

① Interview with Theresa Mack, CPA, CFF, CAMS, CFCI, PI of Cendrowski Corporate Advisors in Chicago, Illinois, and Bloomfield Hills, Michigan.

Chapter Eighteen

对管理层以外的因素进行尽职调查 | 第十八章

> "对日新月异的科技果断投资所需的信息并不存在……它需要通过快速、廉价、灵活地进军市场创造出来。"
>
> ——克莱顿·克里斯坦森（Clayton Christensen），
>
> 《创新者的窘境》（*The Innovator's Dilemma*）

评估市场

成功的投资者知道，市场上不缺好创意——但它们不一定是好的投资机会。更重要的是市场准备程度、接受程度和竞争动态。"我们不遗余力地了解市场趋势、与业内人士交流、了解最新消息并找出有意思的机会。如果你不能直接了解问题，就无法得出解决方案，"红杉资本（Sequoia Capital）的鲁洛夫·博特豪（Roelof Botha）说。[1]

评估市场时，大数据趋势与风险投资有共通之处。埃尔斯通（Ironstone）是一家用算法和大数据方法进行早期阶段投资的投资公司。该公司的数据显示，初创企业的创始团队只占预测价值的 12%，尽管多数投资者都视其为最重要的因素之一。在埃尔斯通的分析中，只有 20% 集中于初创企业本身，80% 关注的是初创企业进入的市场，他们说，原因在于初创企业可能改变方向，市场的预测力更高。[2] "考察市场概况及其变化趋势要靠谱得多。直觉不是选择下一笔重大投资的好方式，"埃尔斯通的托马斯·瑟斯顿（Thomas Thurston）说。

---

[1] Tarang and Sheetal Shah, *Venture Capitalists at Work: How VCs Identify and Build Billion-Dollar Successes*（New York: Apress, 2011）.

[2] Claire Cain Miller, "Google Ventures Stresses Science of Deal, Not Art of the Deal," *The New York Times*, June 23, 2013.

"我们研究出了突破性算法，它有助于找出并预测下一个重大机会。我们从投资项目本身获得了许多变量——我们不用再费力挖掘许多其他数据。我们会考察跨部门数据。模型是我们的基本工具，但我们尚未放弃其他传统形式的尽职调查。然而，是算法而非我们的感觉或感情决定了公司是否应该投资。"①

多数成功的投资都是从市场力量开始的。评估市场力量的部分方法包括：

◎ **市场是新兴市场、成熟市场还是分割市场？** 产品是否存在未满足的需求、被压抑的需求和潜在市场拉动力？市场对不同科技的采用率不同。

◎ **增长潜力如何？** 这个机会能否迅速获取大量市场份额？

◎ **这个机会的竞争优势如何？** 它是否可持续？它是否适应当前的竞争状态？

◎ **是否存在进入障碍？** 是否有经营自由？是否存在市场参与者结构？沃伦·巴菲特说："拖拉机出现后，当马就没意思了，汽车出现后，当马蹄铁匠就没意思了。"风险投资人需要提出的问题是"当这种产品推向市场时，谁最痛苦"？

硅谷的著名风险投资公司之一，门罗投资（Menlo Ventures）使用系统新兴市场选择法（Systematic Emerging Market Selection，SEMS）分析每笔投资。门罗公司用这种方法跟踪四个方面的表现：市场规模、团队、独特技术和产品发展阶段（试用阶段、出货阶段）。门罗公司得出结论，在这四方面中，市场规模和产品发展阶段最重要。老练的风险投资人就像冲浪者，是能发现浪潮并驾驭它们的弄潮儿。有时，优秀的冲浪者必须深入大海迎击大浪，而不是等待海浪袭来！

⬈ 当太过超前成为进入障碍：谷歌

天使投资人 K·拉姆·施拉姆（K. Ram Shriram）讲述了他与谷歌创始人谢尔盖·布林（Sergey Brin）和拉里·佩奇（Larry Page）初次见面的情形。当时他建议，由于搜索引擎时代已经开始退潮，他们应该将技术卖给雅虎、因特通（Inktomi）和莱科斯（Lycos）等现有的搜索引擎公司。布林和佩奇将他们的搜索引擎拿给现有的几家搜索引擎公司看，但没人想买他们的技术。他们给施拉姆打去电话说："没人想买我们……他们说我们的搜索引擎效率太高，因此会伤害他们现有的业务——它会让他们的横幅广告收入减半……"施拉姆立即签发了一张小额支票，领投首轮 500 000 美元天使投资。"我仍然不认为这会成功，"他说。他提醒道："你们要面对重重困难。"

---

① 托马斯·瑟斯顿在斯坦福商学院上的讲话，2011 年 10 月，页面访问于 2014 年 1 月 2 日，页面地址为 www.youtube.com/watch?v=xnIfVtsUp8Q。

评估创意或产品

对产品或技术进行尽职调查时，应该考虑下列因素：

◎ **主要价值定位**：简单地说，这种解决方案能否提供显著优势——显著到可以量化对当前解决方案的改进？它是否更快、更好、更廉价？北极星投资（Polaris Ventures）的特里·麦圭尔（Terry McGuire）说："我刚入行时，觉得每种科技都那么美妙——我的反应是'你可以对它投资，真的！'——但随着时间的流逝，我发现你需要合理的怀疑精神。相信世界会改变，但也提出必要的质疑。"①

⌜ 只能写 140 字的博客：谁会用它？

很早以前，当推特的网站崩溃三个小时后，热情的粉丝给办公室的工程师送来了自己家做的饼干，上面附着字条："我们知道你们正在努力工作让网站恢复。感谢你们所做的一切。"

——比詹·萨比特（Bijan Sabet），星火资本（Spark Capital），推特的早期投资者 *

人们奇怪，我们为何会投资于像推特这种轻浮无聊的网站。如果你去找风险投资合伙人，说推特的创始人发明了博客，但现在希望推出只能写 140 字的博客，我不知道它怎么才能让我赚钱，但创始人很有竞争力。这时人们会看着你，眼神好像在说："但它仍然只能写 140 个字甚至更少！对不对？" **

—迈克·梅普尔斯（MikeMaples），闸门基金（Floodgate Fund）

* 在风险投资阿尔法东部大会（Venture Alpha East）上的讲话，2013 年 4 月，马萨诸塞州波士顿

** Tarang and Sheetal Shah. *Venture Capitalists at Work：How VCs Identify and Build Billion-Dollar Success*（New York：Apress，2011）.

◎ **发展阶段**：创意处于什么发展阶段？它只是写在餐巾纸上的创意，还是在试运行阶段？它已经开始出货，还是已有了第一批顾客？

◎ **它能受到保护吗？** 其他参与者加入竞争有多容易？执行力重要吗？更优秀的执行力能带来更多的市场份额吗？还是说它是一种"秘密调料"，可以用

---

① 特里·麦圭尔（北极星投资）与作者的讨论，2011 年 1 月。

专利、工艺或知识产权在企业周围筑一道护城河？

◎ **市场接受度与采用率：**当新技术／产品试图进入市场时，可能会产生几种摩擦。挑战在于确认市场痛点以及采用这种技术或产品的原因，尽管这分析起来很困难。早期采用者——首批客户—的需求和大众市场是否一致？

◎ **成长潜力：**在前五年能实现多高的增长率？它与整个市场的规模相比如何？实现这种潜力的有效机制是什么？销售周期是多长？存在哪些分销渠道？

知识产权（IP）尽职调查还需要分析以下几点：

◎ 所有权、产权、权利转让契约和许可协议完备吗？

◎ 索偿权和保护范围（技术和地区）是什么？

◎ 避免侵权——核心知识产权是否涵盖公司主要产品？公司是否有经营自由？是否有阻碍性专利？

◎ 知识产权是否会在诉讼多发的环境中失效？是否存在可预见的威胁或未决诉讼？

综合考虑产品与创业者的素质很重要。在一项研究中，萨拉斯·萨拉斯瓦西（Saras Sarasvathy）指出，"从同一种产品中，创业者可以创建18家属于完全不同行业的公司！"[1]

正如法国作家安托万·德·圣埃克苏佩里（Antoine de Saint Exupery）所写："当一个人对着岩柱沉思，想象出一座教堂时，岩柱就不再是岩柱了。"[2]萨拉斯瓦西提出了效果逻辑理论（Theory of Effectuation），根据这种理论，既定的基础可以导致几种设想的结果。在任何创业环境中，这种基础都很有限：它们包括个人特质、专业知识和社交网络。没有精心设计好的计划——相反，不管计划如何，都会随着创业者发现新信息而不断更改。有经验的创业者知道，意外事件不是对路线的偏离，而是常态，人们正是从中了解如何开辟道路。

以商业计划书六次易稿的一家公司为例——最后定格在贝宝（Paypal）上。[3]该模型最初是为手持设备开发加密软件，在此基础上开发出用手持PDA转账的功能。这种商业模式最终的革命性一步是网络支付，它让快速交易成为可能，并成为处理网络支付的实用工具。创始人之一马克斯·列夫琴（Max Levchin）表现出一位典型一流创业者的活力与技术头脑，他走过几次错路，但通过提出正确

---

[1] Saras D.Sarasvathy, "What Makes Entrepreneurs Entrepreneurial?" accessed February 6, 2011, available at www.effectuation.org/paper/what-makes-entrepreneurs-entrepreneurial.

[2] Antoine de Saint Exupéry, *Flight to Arras*, trans.Lewis Galantiére（New York：Harcourt Brace, 1942）, 129.

[3] Jessica Livingston, *Founders at Work*：*Stories of Startups' Early Days*（New York：Apress, 2007）.This episode has been recreated based on PayPal founder Max Levchin's interview with Jessica Livingston.

问题不断修正这些错误步骤。开始，列夫琴与彼得·泰尔（Peter Theil）合作，这位对冲基金经理对列夫琴进行了初始投资，他的市场见解正好与列夫琴的技术头脑形成补充。泰尔认为市场对加密技术存在需求，并且这是个相对空白且少人了解的市场。"假设企业都将使用手持设备……作为基本交流手段。美国的每个创业者都会带着 Palm Pilot①或某种手持设备四处活动。"这个假设很准确，但时机不对——早了大约十年。"现在，每分钟都有数百万人渴望手持设备更安全，"列夫琴回忆道。但很快，他们就意识到市场尚未准备好。这是每个风险投资人害怕的噩梦——技术寻找市场。"它真的很酷，它运用了复杂的数学，它很安全，但没人真正需要它，"列夫琴说。惯性与改变方向以灵活适应市场需求的斗争有了丰厚回报。列夫琴开始就"我们能在 Palm Pilot 中储存什么真正有价值的东西？"和"我们为什么不在手持设备中存钱？"等问题展开实验。尽管多数风险投资人对这些问题很头疼，很快会把创业者拒之门外，但早期投资者对他们提供了支持，收益很可观。贝宝创办四年后，被亿贝以 15 亿美元收购。

商业模式

商业模式定义了创造价值和变成货币收入的方式。它简洁地解决了对象（目标客户）、方式（分销策略）、规模（总利润率）和速度（收入增长率）的问题。

公司的各种选择决定了其业务的与众不同之处，并确定了成本和总利润。形容商业模式的行话包括"砖头灰泥"模式、"刮胡刀"模式和"免费增值"模式，等等。

商业模式决定了满足客户需求的效率；因此，它对营业利润和营业成本有影响。以软件业为例，软件产品在销售时曾经用覆有收缩膜的塑料盒包装并附带操作手册。如今，云技术风行，光盘、安装或操作手册都已不是必需品。

然而，在公司的早期阶段，商业模式可能并不清晰。

在美国全国广播公司（NBC）对谷歌前首席执行官埃里克·施密特（Eric Schmidt）的采访中，他回忆起与拉里·佩（Larry Page）奇和谢尔盖·布林（Sergey Brin）的第一次会面以及之后他对谷歌商业模式提出的质疑。

拉里和谢尔盖坐在那里……在我看上去他们就像孩子。我全然没有看出这

---

① 译者注：Palm 公司推出的第二代掌上电脑。

家公司会成功，而且认为它的风险很高。我完全不理解广告业务，认为它是个笑话。我认为现金头寸有问题……他们永远不会赚到像他们说的那么多钱。我的第一反应是调查账簿以确认他们的生意合法……我要求看到有钱入账，以证明人们真的会为这些关键词广告付费……我无意中听到一位没有获得报告的顾客冲着销售主管大叫！我问谷歌的销售主管，他为什么冲你大叫，她说："你不明白，埃里克，他们的生意每天都需要现金，我们就是他们的生意。"忽然之间，我全明白了！他回忆道。[1]

施密特加入了谷歌，并帮助这家公司在三年后上市，当时谷歌的市值为 230 亿美元。当他离职时，谷歌的市值超过了 1 800 亿美元。

◤ 只是一群无所事事的小孩

问：你如何支持没有商业模式的初创企业？你如何让兴趣图钉（Pinterest）从零收入增长为价值 38 亿美元？

马克·安德森："公司可以分为两类。你可以猜猜我认为兴趣图钉是哪类。有些公司，人人都以为它们不知道如何赚钱，但它们实际上知道。这些公司有时扮成一群无所事事的小孩，假装它们不知道如何赚钱。它们这样做是因为它们能赚钱。它们不让别人知道它们能赚钱，因为这会引来更多竞争。脸谱网一直知道，领英（Linked In）一直知道，推特一直知道。"

"它们知道自身能提供有价值的产品，它们知道人们会为它掏钱。它们还没有做好销售准备，或者它们还没有销售能力，因此它们在某些方面按兵不动。但它们知道。它们充满自信，随着时间的流逝，我们发现它们是对的。"

"现在，还有一些公司真的没有任何想法。同样，它们真的什么也不知道。你需要对这些公司非常谨慎，因为谷歌就是这样一家起初不知道如何赚钱的公司。"

资料来源：Douglas Macmillan, "Andreessen: Bubble Believers 'Don't Know What They're Talking About'—Venture Capitalist Discuss the Current State of Tech Investing," *Wall Street Journal*, January 3, 2014.

推特曾经也是这类公司，它的商业模式不明确，但用户忠诚度很高。尽管存在市场需求和客户，但这家公司几年内都没赚到钱。星火资本（Spark

---

[1] "Inside the Mind of Google," 2010, CNBC Interview with Maria Bartiromo.

Capital）的托德·达格里斯（Todd Dagres）称，对它投资的原因很清楚："这个团队很棒，产品看上去也很有说服力。我们投资时，它吸引的主要是喜欢高科技的早期用户。我们认为，这种吸引力将从科技界扩展到一般大众，因此我们进行了投资。我们也很担心市场竞争，但当我们认定推特有潜力成为同类产品的领导者后就放心了。*我们投资时没有纠结于它能赚多少钱。我们相信，如果推特能建立一个庞大活跃的社群，它迟早会赚钱*"[①]，他评论道。推特在 2013 年上市时，年收入超过了 5 亿美元。

财务预测

在风险投资的极早期阶段，风险投资人很少就财务预测发生争论。相反，精明的风险投资人会检验实现价值拐点所需的假设和资本。"这笔融资将实现什么目标？你们多久才能实现正现金流（时间和资金）？"这些是科斯拉投资（Khosla Ventures）的团队会向所有创业者提出的问题。[②]随着风险投资基金发展成熟，到了 B 轮或者 C 轮阶段并开始产生收入，风险投资人才会更详细地分析财务预测。

最后，任何风险投资人都希望了解实现盈亏平衡所需的资本金额。从通过多轮融资留出资本用于未来投资的角度看，这很重要。但是当局者迷，期望得出准确预测是很愚蠢的。正如亚里士多德的名言："在对象性质允许的情况下，追求每类事物的精准性是有教养者的标志；显然，接受数学家的或然性推理与要求雄辩家提供科学证据同样愚蠢。"[③]

商业计划书重要吗？

风险投资人并不十分强调商业计划书，而是有效利用它了解企业的方方面面。商业计划书更像是简历——风险投资人用它来面试投资者，在这个例子中，就是与投资者见面。除此之外，它将变成可有可无，有时甚至完全无关的文件。"我并不十分关心商业计划书，"方铸集团（Foundry Group）的董事总经理布莱德·费尔德（Brad Feld）说。以亚瑟·罗克（Arthur Rock）为例：当他为英

---

① 托德·达格里斯（星火资本）与作者的讨论和电子邮件交流，2008 年和 2011 年。

② Khosla Ventures, "What We Look For: Main Fund—What Matters," Web site, accessed February 6, 2011, www.khoslaventures.com/khosla/main_fund_wm.html.

③ *Nichomachean Ethics*, Book I, passage 3, accessed February 9, 2011, http://classics.mit.edu/Aristotle/nicomachaen.mb.txt.

特尔筹集首轮资本时，他"自己撰写商业计划书，只有两页半，双倍行距，内容空若无物……通常我不写商业计划书——公司才写商业计划书。但在这种情况下，我感到投资者已经等在那里，我们需要做的就是给他们几页纸，让他们可以放在文件夹里"。[1]

在对100多家公司进行的一项有意思的研究中，研究人员得出结论"有商业计划书和没有商业计划书的新公司在业绩上没有差别。而人们对未来创业者提出最多的建议是，他们应该在创办新公司前写一份商业计划书。"[2]学校里教授关于商业计划书的课程，不同大学在商业计划书竞赛中互相竞争，而撰写商业计划书要花大约200小时。但除非未来的创业者需要从天使投资人或机构投资者那里筹集大量初创资本，否则他们没有必要撰写商业计划书，它只是一种不错的战略规划工具而已。

对于消极投资者而言，商业计划书是一个起点，初级分析师将对它进行评估，最终由高级合伙人讨论。然而，对于具备深入专业经验的投资者而言，商业计划书并不太重要。杰弗里·蒂蒙斯（Jeffry Timmons）有一句至理名言："商业计划书打印出来的那一刻就没用了。"[3]

---

[1] Arthur Rock，interview by Sally Smith Hughes，http：//digitalassets.lib.berkeley.edu/roho/ucb/text/rock_arthur.pdf.

[2] William D.Bygrave，Julian Lange，Aleksandar Mollov，Michael Pearlmutter，and Sunil Singh，"Pre-Startup Formal Business Plans and Post-Startup Performance：A Study of 116 New Ventures，" *Venture Capital Journal 9*，no.4（October 2007），accessed February 6，2011，http：//blog.guykawasaki.com/bygrave.doc.

[3] Jeffry Timmons and Stephen Spinelli，*New Venture Creation：Entrepreneurship for the 21st Century*，5th ed.（New York：McGraw Hill，1999），85.

Chapter Nineteen

构建投资交易 | 第十九章

"对于许多创业者而言，阅读投资条款清单并不比阅读最新一期联邦公报更有趣。多数律师会告诉你条款的含义，但不会告诉你对方将如何用这些条款压榨你，如何针对这些条款进行谈判，以及什么是'规范条款'。"

——马克·苏斯特尔（Mark Suster），

从创业者转型的风险投资人（VC）[①]

关于投资条款清单的讨论文章很多，包括对投资条款的逐行分析。逐行分析很有帮助，但它好比"只见树木，不见森林"，而森林才是至关重要的。投资条款清单包含大量法律术语。本章的目标是简明扼要地介绍投资条款清单，将重点放在有助于完成交易的重要条款上。

投资结构是介定投资者与公司之间资本流动的框架。

投资条款清单的精神

进行尽职调查后，投资者将提出一系列投资条款，据此进行交易。它的核心是，创业者和投资者就投资条款清单的以下基本精神达成一致：

◎ 投资机会和市场条件已经成熟，企业可以快速增长。

◎ 双方都提供独特的要素——技术和资本——以创造价值。

◎ 将这些要素结合到一起，有助于更快地催化和创造价值。

---

① Mark Suster，"Want to Know How VCs Calculate Valuation Differently from Founders?" *Both Sides of the Table*（blog），July 22, 2010, accessed January 2, 2014, www.bothsidesofthetable. com/2010/07/22/want-to-know-how-vcs-calculate-valuation-differently-from-founders.

◎ 双方都同意在一段时间内进行合作,最好直到成功退出才能将我们分开。

◎ 双方理解,令人满意的财务收益以及收益产生的时间对双方至关重要。

尽管双方可以确立这些宗旨,但他们之间可能仍存在一些意外的紧张或压力。

谈判中的压力点

任何谈判中都可能围绕经济因素或控制因素产生压力点。表 19.1 列出了这些压力点和解决它们的相关条款。

表 19.1 创业者和投资者的不同目标

	创业者的目标	风险投资人（VCs）的目标	解决问题的相关条款
进行投资时	估值最大化	降低估值；后续投资的潜力和目标收益率	每股价格和达到估值所需的投资金额
	实现并超过阶段目标的充足资本	资本效率；迅速实现盈亏平衡/财务独立	投资金额，收入的使用
	避免失去控制	一旦有达不到阶段目标的苗头就实施控制。确保团队、战略和愿景协调一致	雇用协议、创始人股票的权属、董事会结构、独立董事会席位的选择
	经营企业的自由。没有微观管理。	确保执行每个预先确定的目标	董事会与治理问题；基于目标的融资
投资与退出之间	投资者应根据需要协助未来融资、制定战略和维护客户关系	如果机会迅速增加，应保持所有权比例不变	优先购买权或优先拒绝权
	即使效率低下，也要保持控制并进行实验	如果成长停滞并成为"僵尸"类别，风险投资人应该有能力变现股权	反稀释、赎回或变现，领售权和追随权
退出时	可以选择提前退出以实现个人财务目标，或推迟/避免退出以实现自我需求（比如统治世界）	退出速度和价值最大化是至关重要的	赎回、股利、优先清算权和登记权

投资结构的类型包括债务、可转换贷款和优先股。最简单的投资形式是债务，它由某些基本参数控制,如本金、利率、担保品和还款计划。债务可以由资产和（或）应收账款等担保品担保,也可能是无担保的。无担保债务是准证券。在本章中,将介绍可转换票据和优先股的结构。优先股是风险投资中最常用的投资结构。

但设计投资结构时,核心是两个关键参数:经济性和控制。正如方铸集团（Foundry Group）的布拉德·费尔德（Brad Feld）指出的,如果我们关注重要的问题,投资条款清单就会变得很简单:

1. 所有权与经济性：以合适的价格购买有价值的公司股份是所有投资者的第一步。但多数精明的风险投资人都知道，尽管定价很重要，但投资机会的长期潜力以及其他投资条款也很重要。在某些投资（如价格暴跌的房地产）中，"你买入时就赚钱了"的理念可能是正确的。但对于风险投资而言，情况不一定如此。当投资机会可能提供数十亿美元的退出价值时，800 万美元或 1 000 万美元的投资前价值就不显得那么高了。对价值争论不休会在建立关系时产生过度紧张的气氛。

2. 治理权与控制权：这些权利也被形容为对投资的保护或控制，它们能降低风险，保护投资者免受不利情况的影响，因而可能放大有利因素。治理权是由董事会赋予的，通常由董事会任命首席执行官并批准年度计划、预算和重大商业决策。董事会由投资者控制，并制定某些保护性条款以确保管理层不会危害投资者的安全利益。

表 19.2 详细描述了各种投资条款。

表 19.2　重要投资协议条款总结：优先股

条款	含义	对投资者的重要性	主要的谈判内容
经济条款：影响投资者财务收益的条款			
估值	确定公司的价值	预测潜在的内部收益率	所有权比例，每股价格
优先清算权	当发生清算时进行瀑布式分配——谁最先获得分配，分配到多少金额	提高退出时的收益率，当退出价值减少时保护投资	收益倍数（1倍、2倍）、参与分配的优先清算权，有上限 / 无上限的优先清算权
反稀释	防止降价融资稀释投资者所有权	降低不利因素的影响 / 保护所有权	加权平均条款 / 完全棘轮条款
股利	允许投资者宣布派发股利	提高潜在收益率	百分比式股利，累积式 / 非累积式股利
赎回权 / 优先拒绝权（ROFR）	允许投资者在未来买入更多股份	如果投资机会发展壮大，允许提高所有权	决策的时间框架，按股份比例分配权利
赎回股份	允许投资者在一定时间以后赎回所有权 / 股份。确保投资者能够触发退出的时间和条件；领售权和追随权允许一方在另一方能够找到卖方时出售股份	允许退出；当公司的上升空间微乎其微时，赎回股份尤为重要。登记权取决于公司实力和公开市场状况	时期（年数），公允市场价值
登记权、在公开发行时转换为普通股，持有者附带登记权、领售权 / 跟随权、共同销售协议			这些是与退出相关的条款，精明的风险投资人不会浪费太多时间就这些样板条款进行谈判

设计投资协议条款以产生目标收益

良好的投资结构允许投资者翻倍追加投资并随着投资机会的进展增加投资——或者当投资机会消失时将风险降到最低。设计投资结构基本上是从估值开始，之后是优先清算权与优先反稀释权（用于保护所有权）、股利和优先拒绝权。这些条款的有效组合有助于投资者（a）确立所有者地位；（b）随着机会的发展增加所有权。让我们首先从估值的艺术开始。

估值方法与其他主观估值艺术

对脸谱网进行首笔投资的吉姆·布雷耶（Jim Breyer）评论道："它的价格太高了，但有时这是做成交易所必需的。"阿塞尔投资 1 270 万美元买下了 15% 的脸谱网股份，后者的投资前估值约为 1 亿美元，而脸谱网的价值在六年中增长了 50 倍。[1]回过头看，这个价格似乎并不太高。布雷耶应该庆幸他能够投资，因为多位投资者都错过了投资脸谱网的机会——这是 10 年以来最大的投资机会。

首轮资本（First Round Capital）的乔希·科佩尔曼（Josh Koppelman）就曾经因为价值争议而错失机会。"我们向推特提供了一份投资条款清单——对推特的投资前估值为 500 万美元，投资额为 500 000 美元。推特的创始人埃文·威廉斯（Evan Williams）继续为其融资。三个月后，合广投资（Union Square Ventuves）对推特估值 2 000 万美元，获得了领投权。我们本能分一杯羹的，但是我们当时认为这个估值太高了。"[2]

尽管估值对于创业者和投资者而言都是重要条款，但是没有哪种方法能计算种子阶段和早期阶段投资的价值。

价值是公司所处部门、阶段和地区的函数。科技类公司的估值通常比医疗设备公司或生物科技公司的估值更高。在硅谷这种竞争激烈的地区，估值可能快速飞涨。在缺少资本的地区，强大的初创企业很难得到它们应有的估值。

当估值数字被翻来覆去地讨论时，老练的风险投资人经常说："听起来蛮合理。"根据公司所处的阶段，可以通过粗略估计，计算净现值或分析可比交易得出公司价值。本章简要介绍不同的估值方法。不过，重点是早期阶段风险投资的主观估值艺术，而非利用公式的净现值（NPV）/贴现现金流（DCF）方法。

---

[1] David Kirkpatrick，*The Facebook Effect：The Inside Story of the Company That Is Connecting the World*（Now York：Simon & Schuster，2010）。
[2] 乔希·科佩尔曼在旭景风投大会（Upround Conference）上的讲话，旧金山，2013 年。

对早期阶段公司估值是个说不清道不明的过程——至多能被称为一种艺术。《估值的暗面》（*The Dark Side of Valuation*）的作者阿斯瓦思·达莫达兰（Aswath Damodaran）写道："不能否认，对年轻公司估值是最困难的挑战。一些因素——短暂而且信息贫乏的历史、经营亏损……和高破产概率——都会影响估值，人们试图用远期估值倍数结合人为规定的高贴现率避免不确定性。"[1]

⌐ 如何为英特尔估值：亚瑟·罗克的教训

一天，鲍勃·诺伊斯（Bob Noyce）给我打来电话，说："我们正在考虑离开飞兆半导体（Fairchild Semiconductor）创办一家公司，"我问他，他们认为办这家公司需要多少钱，他们说："250 万美元。"我说："好吧，我投资。"首先，我认为我们应该讨论投资条款——这家公司愿意给投资 250 万美元的投资者多少回报，我们同意五五分成。然后我说："好吧，这个忙我帮了，"并开始为它筹资。

资料来源：Arthur Rock, interview by Sally Smith Hughes, 2008-2009, "Early Bay Area Venture Capitalists: Shaping the Economic and Business Landscape," accessed February 10 2011, http://digitalassets.lib.berkeley.edu/roho/ucb/text/rock_arthur.pdf.

价值驱动力

结合价值驱动力与之前的尽职调查步骤，我们可以看到，按照优先顺序，满足以下各项标准时，定价通常会更高：

◎ 投资机会服务于有高增长潜力的积极型市场。

◎ 通过专利、市场份额或领导力，投资机会能建立竞争优势。

◎ 有强大的团队，或者按首轮资本（First Round Capital）的罗勃·哈伊斯（Rob Hayes）所说，有一部"执行机器"。

◎ 投资机会能带来较高的资本效率（需要较少资本即可实现财务独立）、收入和总利润。

◎ 可以在目标时间框架内实现有价值的退出。可以轻松拥有众多希望通过收购实现增长的买家。

---

[1] Aswath Damodaran, "Valuing Young, Start-Up and Growth Companies: Estimation Issues and Valuation Challenges," June 12, 2009, available at SSRN: http://ssrn.com/abstract=1418687.

◎ 地区供求动力：在硅谷等高度竞争的市场上，初创企业的估值会高得多。

◎ 最后，公开市场的状态、泡沫或超额资本供给通常会普遍提高估值并且影响强于上述所有标准。

简化的风险投资估值方法

哈佛商学院教授威廉·萨尔曼（William Sahlman）使用了以终为始的风险投资估值方法。以表 19.3 为例。假设你对一家种子阶段的公司投资了 800 000 美元，且所有权比例为 26%。这条经验法则十分适合对可比数据很少或不具分析意义的极早期公司估值。

根据一些数据，我们得知

通过收购变现的时间中值 =5.5 年

种子阶段的投资前估值中值 =230 万美元

种子阶段的投资金额中值 =800 000 美元

投资时的估算风险投资所有权比例 =26%

表 19.3　简化估值法的例子

情景	大获成功	表现中等	表现欠佳
退出时风险投资所有权的估计价值，假设从 26% 稀释	20%	5%	2%
内部收益率	106%	36%	4.5%
现金收益倍数	37.5	4.68	1.25

例如，为了创造 106% 的目标内部收益率（IRR），你需要保留 20% 的所有权。在另一种极端情况下，为了创造 36% 的内部收益率，你需要最低保留 5% 的所有权。

因此，这个简单方法让任何风险投资人都能评估如果保留所有权比例直至退出，投资机会能否在现实中实现目标内部收益率。

所有权保留比例取决于许多变量，并非所有变量都可预测。因此，进行价值谈判时，任何风险投资人都应该始终考虑下列三个变量：退出时间、退出时的所有权比例和目标内部收益率。下面将对这些变量进行详细分析。

1.退出时间：退出时间取决于多个因素，其中既有内部因素也有外部因素。

a.内部因素

Ⅰ.资源，包括管理团队质量和现金资源：管理团队的剧烈动荡、不可预见的现金耗用以及资金消耗率的变化都会显著影响退出的时间和价值。

 Ⅱ.执行并实现目标的能力。

 Ⅲ.策略与商业模式。

 Ⅳ.投资者推动退出的愿望：许多风险投资人需要将退出付诸实施，才能在未来成功筹资。

b.外部因素：

 Ⅰ.竞争威胁

 Ⅱ.收购者行业动态。

 Ⅲ.公开市场 / 宏观经济条件

2.退出时风险投资所有权的估计价值：退出时的所有权价值取决于创造的价值与资金消耗率的对比。所有风险投资人的目标都是尽量降低未来的股权稀释。非稀释性注资的常见来源包括：

a.战略关系：医药部门的公司经常签订联合发展协议。初创企业用独家经销权换取投资。

b.风险信贷：当脸谱网在筹集 1 270 万美元后希望再筹集 300 万美元时，西部技术投资（Western Technology Investment）提供了风险信贷。这种融资形式降低了初创企业的整体资本成本，并保留了当前所有者的所有权比例。风险信贷是某些类型的风险投资支持公司可以获得的混合型融资。风险信贷的风险较高，因此风险信贷提供者通常会要求提供担保、较高的收益率和认股权证以保证收益率令人满意。

c.联邦拨款与州拨款：公司可以选择申请拨款，但仅限于进行研发活动的科技密集型公司。小企业创新研究计划（Small Business Innovation Research，SBIR）和小企业科技转让计划（Small Business Technology Transfer，STTR）这两个联邦基金项目每年都提供拨款机会。尽管这些拨款机会取决于公司的融资能力而且竞争十分激烈，但多家初创企业都通过这种拨款获得了吸引力。

3.公司的退出价值：尽管可以推测退出价值，但正如多数风险投资人所言，应该关注价值创造，让退出顺其自然地发生。风险投资人通常会为每个机会确定最低内部收益率目标，比如 35%，并根据预测和退出概率，选择投资或者放弃这些机会。

总之，估值的经济意义可以归结为（1）尽量减少稀释；（2）最大化退出价值。一些风险投资人抛去所有这些担心，试图在早期阶段挤出尽可能多的所有权，也就是说，以最低的估值获得最多的所有权。但是这种方法可能会反噬你。

正如首标资本（FirstMark Capital）的董事总经理里克·海茨曼（Rick Heitzmann）所言："估值很重要，但是不能太强调它，否则会让人感到你锱铢必较——这就像婚姻，目标是保持大局观。创业者并非总是寻求最高的出价，而是选择最好的合作伙伴，我们发现，经验和人脉的结合比只出钱投资更能创造价值。"①

类似投资的可比价值（COMPS）

在可比估值法中，价值是由市场上的可比交易决定的。以表 19.4 为例，它显示了典型的价值范围。表中估计了收入和收购价格，因为这些信息是非公开的。该表还计算了平均收益倍数，它表示在这种情况下可以使用的收益倍数范围。

表 19.4　可比估值法样本（私人公司）　　　　　　　单位：美元

公司	收购价格	收购日期	估计收入	收益倍数
Tech Gizmo，美国	5.5 亿	2013 年 1 月	5 000 万	11 倍
Maps-R-Us，德国	2.25 亿	2012 年 7 月	2 800 万	8 倍
Gemini Global，美国	1.55 亿	2010 年 12 月	2 620 万	5.9 倍
Pantera Premier，西班牙	4 000 万	2011 年 6 月	200 万	20 倍

表 19.5 评估了各种上市公司。尽管可以获得它们的数据，但批评家认为，这种方法没有考虑几种风险，如科技风险、市场采用风险和流动性风险。此外，每家公司的增长率和总利润率都不同。

表 19.5　可比估值法样本（上市公司）

公司	连续十二个月的收入（百万美元）	连续十二个月的息税折旧摊销前利润（EBITDA）	市场价值（百万美元）	公司价值（百万美元）	公司价值（收入的 X 倍）	公司价值（息税前利润的 X 倍）
Gentoo	670	73	1 640	1 323	2.0	18.1
Soup Street Group	433	99	1 776	1 220	2.8	12.3
Avalon Innovations	1 229	144	4 440	3 660	2.9	31.6
Sapphire Technology	225	45	800	990	4.4	22.0

①里克·海茨曼（首标资本）与作者的讨论，2011 年 2 月。

尽管这种方法被广泛用于晚期阶段公司，但它也面临着挑战：

◎ **可比交易可能很多**：正如他们所言，当数据很多时，你可以得出任何想要的结论。根据创业者提供的可比交易得出的估值和根据投资者对数据集的挖掘得出的估值可能有天壤之别。

◎ **缺少透明度**：尽管唯一可得的数据是投资前估值，但这个数据无法详细刻画公司的实力和风险。例如，当某个投资机会的主要推动者是有经验的创业者时，估值将偏向正面。其他可能影响价值的因素包括技术质量及其对客户或现有合作伙伴的吸引力——这些因素不能从可比数据集中反映出来。

◎ **泡沫环境中的可比数据集可能产生旅鼠效应**[①]：2000 年，首轮投资前估值的中值为 800 万美元。2010 年，该数字跌至 400 万美元。

▷ 估值与取得所有权的艺术

早期阶段投资者很难预测出眼前的机会是否会发展壮大、获得动力并产生收益。一种经典的投资方法是小额投资，并取得所有权一席之地。"你买的是未来投资机会，"陶氏风险投资（Dow Venture Capital）的吉姆·普隆卡（Jim Plonka）说。如果公司开始成长，投资者可以通过在未来追加投资保持或提高所有权份额。

当 Hotmail 的创始人沙比尔·巴蒂亚（Sabeer Bhatia）向德丰杰投资（DFJ）介绍他的创意时，和多数创业者一样，他要的价格很低：只有 300 万美元。德丰杰投资和巴蒂亚都没有时间讨论可比交易、建立复杂的金融模型并精心设计出正确的"要价"。相反，德丰杰投资采用了传统方法，它买入这家公司的所有权并押上足够筹码。蒂姆·德雷珀（Tim Draper）问："你需要多少钱证明你能做成这件事——让在网上发电子邮件变为现实？"德雷珀要求出资 30 万美元获得该公司 30% 的股份；巴蒂亚没有同意，最后他们达成一致的条件是，德雷珀获得 15% 的股份，投资后估值为 200 万美元。德丰杰投资可以先进行小额投资并检验巴蒂亚的设想和团队才能。德丰杰投资在未来追加了投资，20 个月后，Hotmail 以将近 4 亿美元的价格被微软收购。

资料来源：Adapted from Jessica Livingston, *Founder at Work：Stories of Start-ups' Early Days*（Berkeley，CA：Apress，2007），20.

[①] 译者注：旅鼠效应（lemming effect）泛指在团体中盲目跟随的行为。这原本是描述旅鼠在恐慌时的集体跳海的自杀行为的传闻。

贴现现金流法

如果你拥有商学管理硕士学位，那么贴现现金流估值法可能早已扎根于脑海中。和多数高度学术性方法一样，贴现现金流法在许多方面都与早期阶段风险投资无关。例如，任何公司在早期阶段都不具备可比数据，剩下的只有靠预测。因此，我曾看到创业者凭空编出预测数据，并用大量贴现现金流模型进行精确估值——这是一种有益的练习——但价值终归是由交易决定的。优秀的模型加上几张 Excel 表会有帮助，但是如果做不成交易，这种理想主义有什么用呢？

为了用贴现现金流法计算公司价值，我们需要估计增长率——增长百分比和保持这种增长的年数。创业者和风险投资人对增长率的估计可能大相径庭。但这里假设双方对增长率的估计一致。

第二个变量是这段期间内可以获得的自由现金流（FCF）。当我们讨论初创企业和早期阶段公司时，自由现金流就像一个全新概念。

最后，我们设定一个贴现率——用这个贴现率将终值和自由现金流贴现回当前日期。你从帽子里拽出的兔子是净现值——这个公式是四个不同预测变量的结合：增长率、增长时期、现金流和资本成本。

当该说的都说了，该做的也都做了，你努力尝试确定现有资产的价值和未来的增长率，只不过这种方法适合更成熟的公司。

初创企业几乎没有收入、没有客户，有时还会产生经营亏损。即使是盈利的年轻公司，它们的历史也很短，而且多数年轻公司最初都依赖于私人资本和所有者积蓄，然后依赖于风险投资。因此，我们用来估计现金流、增长率和贴现率的许多标准方法要么不管用，要么得出的数字不现实。

此外，多数年轻公司破产率都很高，这进一步提高了估值难度。研究人员分析了 890 万家公司的生存率，发现只有 38% 的公司在五年后仍然生存。如表19.6 所示，该表显示了科技公司的生存率，它显著低于医疗服务公司的生存率。[1]实际上，至少三分之二的科技公司会在五年内破产，这一破产率高于医疗服务公司。因此，精明的风险投资人会在价值谈判中考虑这种生存率。

---

[1] Amy E. Knaup，"Survival and Longevity in the Business Employment Dynamics Data，" *Monthly Labor Review*（May 2005），50-56; Amy E. Knaup and M.C.Piazza，"Business Employment Dynamics Data：Survival and Longevity，" *Monthly Labor Review*（September 2007），3-10.

表 19.6　公司的生存率

部门	第 1 年（%）	第 5 年（%）	第 7 年（%）
健康服务	86	50	44
科技	81	31	25
金融活动	84	44	37
商业服务	82	38	31
所有公司	81	38	31

达莫达兰（Damodaran）建议，除了综合使用"业内成熟公司的数据和公司自身特征预测收入、利润和现金流"以外，我们还应该"根据破产概率对价值进行调整"。[①]他进一步指出，应该考虑退出时的收益倍数，而非当前的收益倍数。如果初创企业收入的复合年增长率（Compound Annual Growth Rate，CAGR）在 5 年后跌至 10%，那么收益倍数应该反映这个增长率，而不是早期的复合年增长率，如 50%。这将产生一个有意思的问题，除了收入，风险投资人还应该预测五年后的退出收益倍数。

尽管这种方法采用起来很难，但多数风险投资人都在考虑科技失败风险、管理层动荡、融资风险和非流动性溢价的同时使用经验法则判定价值。

正如一位风险投资人（VC）指出的，"我预期我的每家投资组合公司都将创造 10 倍甚至更高的收益，让整个基金实现价值——纠结于贴现率和估值方法无济于事。我优中选优并致力于使它们成为同类中最好的公司。"正如红杉资本（Sequoia Capital）的迈克尔·莫里茨（Michael Moritz）所言："我们这个行业是用一根小火柴棍点起一大丛篝火。"吉姆·布雷耶（Jim Breyer）成功地用他对脸谱网投资的 1 270 万美元实现了这个目标。

确定高风险（管理风险、市场风险、科技风险、后续融资风险）非流动证券的价值是一项需要摸索的活动。在投资的早期阶段，风险投资人已将估值过程练就为一种艺术，说好听点就是一种主观估值技术。对估值争论不休时，一些风险投资人会考虑使用一种综合方法，它结合了估值问题、变现倍数和弹性认股权证，但这样做可能会让法律结构和交易结构变得复杂。

对于多数风险投资人而言，产生收益的能力很重要。老练的投资者希望每笔投资都获得 10 倍甚至更高的收益率。"我希望每笔交易都能翻 10 倍，让我的基金赚大钱，"一位普通合伙人（GP）评论道。多数人都认为，估值虽然重

[①] Aswath Damodaran, "Valuing Young, Start-Up and Growth Companies."

要但不过是整个交易过程的一小部分。

下面考察估值以外的条款。可转换贷款（也被称为可转换票据）是一种简单而流行的投资工具，天使投资人和早期阶段投资者经常使用这种工具。

可转换贷款

可转换贷款一开始处于资产负债表上的高级地位，并在公司实现特定目标时下移，即转换为股权。可转换票据主要被用作公司早期阶段的风险缓解策略，它允许投资者在初创企业破产时主张资产索偿权。或者，票据持有者可以在某些条件下"赎回"票据，或者在特定触发条件下要求赎回票据。

在很难确定估值的情况下，使用可转换票据可以推迟到适当事件发生时再对股权定价。

影响可转换票据的关键参数是本金、利率和转换触发点。进行转换之后，将停止支付利息，在资产负债表上如实记录变化（从负债项下转移到股权项下）。典型的可转换票据条款包括：

◎ **利率：** 取决于投资者的风险偏好，利率从 3% 到 10% 不等，多数可转换票据通常会产生利息。

◎ **期限：** 典型期限为一年，但可转换票据的期限也可以为两年或更长。

◎ **转换触发点：** 在 A 轮融资中筹到预先确定的金额时转换为优先股。

◎ **提高收益率：** 投资者经常增加一些其他条款以提高收益率。

- **贴现率：** 例如，规定下一轮融资中股价有 20% 的折扣。

- **认股权证：** 认股权证作为一种有利诱因，有助于以较低价格买入更多股份，以提高所有权份额。

◎ **有上限的可转换票据：** 有上限的可转换票据为下一轮融资设定了价值上限；例如，上限为 250 万美元的投资前估值间接确定了下一轮融资的估值为 250 万美元。马克·苏斯特尔（Mark Suster）警告说："这是一把双刃剑，有上限的可转换票据也能伤害创业者。基本上，它规定的是最高价格而不是实际价格。例如：如果你通过可转换债券为投资前估值为 360 万美元的公司筹集了 400 000 美元，那么你的上限就是公司价值的 10%（400 000 美元 / 投资后估值 400 万美元）。但是下一轮融资的投资前估值可能实际为 200 万美元。你最好能争取到优先进行价格谈判的机会。并非总有这种机会，但有时会有。"[1]在这种情况

---

① Mark Suster，"Is Convertible Debt Preferable to Equity？" *Both Sides of the Table*（blog），August 30，2010，www.bothsidesofthetable.com/2010/08/30/is-convertible-debt-preferable-to-equity.

下，有上限票据有利于投资者。

以表 19.7 为例。假设每位投资者投资 100 000 美元。转换上限从 300 万美元稳步提高到 2 000 万美元。最后一位投资者进入时贴现率为 12%，但是没有上限。当 A 轮融资以 1 200 万美元的投资前估值、1.29 美元的实际股价交割时，可以看到转换上限的影响。只有投资者 1 和投资者 2 能从上限中受益。有意思的是，在下一轮价格谈判中获得折扣的投资者 4 也会受益。

表 19.7　有上限可转换票据的影响

投资者	上限（美元）	折扣（%）	可转换价格（美元）
投资者 1	3 000 000	0	0.46
投资者 2	5 000 000	0	0.77
投资者 3	20 000 000	0	1.29
投资者 4	无	12	1.14

过桥贷款

与可转换票据类似，发行过桥贷款是为了满足公司的短期需求。过桥贷款通常用于几轮融资之间，为公司的现有资金和未来融资架起了桥梁。它的条款类似于可转换票据。投资者对于不知通向何方的桥有戒心，因此可能规定阶梯型利率、认股权证或激励措施。因此，如果过桥事件没有按照预期发生，投资者将获得额外所有权。

⌐ 别搞砸了

彼得·蒂尔（Peter Thiel）曾因投资贝宝（Paypal）而大赚一笔，他也是脸谱网的首批天使投资人之一。他投资了 500 000 美元，这是一笔在脸谱网的用户达到 150 万时可以转换为股权的贷款。"别搞砸了，"蒂尔投资时对马克·扎克伯格说。

脸谱网没有达到 150 万用户的目标，但是蒂尔将贷款转换为股权，并加入了董事会。蒂尔的 500 000 美元让他获得了 10.2% 股权，这意味着该公司的价值为 490 万美元。六年后，脸谱网的价值增至约 500 亿美元。蒂尔的投资在六年中增长了 10 000 倍!

资料来源：Davide Kirkpatrick，*The Facebook Effect*（New York：Simon & Schuster，2010），p.89.

股权：优先股

组建公司时，创始人出资并拥有特定数量的股份。尽管成立公司时可能只有一类股票（通常是普通股），但当其他投资者进入时，情况可能会发生变化。

优先股是独立的一类股票，它享有优于普通股股东的控制权和财务权。前面的表 19.2 总结了投资协议中的这些不同内容。

如果优先股的价值增加，那么追加投资（如在有优先购买权的情况下追加投资）有助于投资者维持或巩固在成长公司中的所有权地位。如果优先股的价值下降，那么（通过管理层变更）实现控制的能力、（通过反稀释）降低不利情况的影响，以及尽量挽救残值的能力很重要。实际上，多数风险投资人都同意，如果投资机会岌岌可危，那么任何努力都无济于事。在任何投资组合中，都至少有三分之一的投资可能以核销坏账收场。

重点谈判要素

进行股权投资谈判时，应该重点关注以下重要因素：

◎ 投资时的价值或所有权比例
◎ 信息权／董事会席位
◎ 未来进行投资以保持所有权比例的能力
◎ 优先清算权

其他多数条款，如反稀释条款和登记权条款，都是非常标准的条款，因此最好优化这个过程。

认股权证

认股权证是以固定价格——执行价格——购买证券的权利。通常，认股权证与现有投资——如可转换票据或风险信贷等证券——一起发行。对于投资者而言，认股权证可以提高整体收益能力。投资者可以在未来机会成熟时增加所有权份额。

典型的认股权证包括以下条款：

◎ **投资比例或投资金额：**

- **投资比例：** 如果投资者发行了附带 10% 认股权证、金额为 500 000 美元的可转换票据，那么认股权证允许投资者在未来投资 50 000 美元。
- **投资金额：** 认股权证允许投资者购买价值 100 000 美元的股票。

◎ **执行价格：**

- **名义价值：** 例如，价值可能定为每股 0.001 美元。作为有利于投资者的条款，它允许投资者在未来某个时间增加所有权。
- **下一轮融资时的股价：** 作为有利于投资者的条款，它允许投资者翻倍追加投资或增加所有权比例。

◎ **期限：**

- **时间：** 期限可能是任何时长，例如，最长为 10 年；期限越长，对投资者越有利。
- **事件触发点：** 满足特定触发条件（如未来融资或价值创造目标）的事件会减少认股权证的期限。这种目标将降低整体流动性，对创始人产生影响。

弹性认股权证

新投资者进入时，价值争论是引发紧张的主要原因。创始人认为，公司价值应该尽可能高。创始人总认为自己的公司是个科技奇迹——在未来实现收入和增长预期只是时间问题。听过无数故事、投资过许多钱的风险投资人显然会对此持怀疑态度。

对于创投者投资（Venture Investors）的约翰·奈斯（John Neis）而言，答案很简单——采取中间道路。当托莫治疗（Tomo Therapies）的创始人找上门来讨论投资机会时，奈斯心动了。但是和多数风险投资人一样，他用合理的怀疑眼光审视这些财务预期。通常，买卖双方的较量很明显，双方都试图提前获取最大价值。然而这个例子不是如此——奈斯使用了弹性认股权证。

这种工具的道理很简单，风险投资基金的所有权随着创始人和创业者实现他们的预期与目标而减少。表 19.4 给出了一个代表性例子。这种模式精妙地平衡了所有权斗争，并能在创始人实现目标时提供充足回报。弹性认股权证将发放给创始人，后者在达到特定目标时就可以（以名义执行价格）行使这种权利。创始人将根据事先确定的公式购买更多普通股。在表 19.8 的例子中，如果创

表 19.8 弹性认股权证可能是解决估值纠纷和与业绩相关的挑战的有效方式

收入	2014 年	2015 年	2016 年
基本收入（万美元）	500	1 200	2 300
有利情况下的收入（万美元）	700	900	1 500
创始人在有利情况下实现目标时获得的额外股权（%）	3	5	8

始人认为他们能在 2014 年创造 3 000 万美元收入，而投资者认为他们更可能在 2014 年创造 2 300 万美元的收入，那么双方现在可以对价值互作让步，并保证当创始人实现目标价值时，投资者让渡一部分股权。

托莫治疗（纳斯达克代码：TOMO）商业化运营四年后的收入增至 2 亿美元。对于最大股东奈斯和创投者投资来说，这笔投资大赚了一笔——它获得了 10 倍甚至更高的收益率。约翰·奈斯以他一贯低调的风格说："托莫治疗的技术拯救了生命——将它投向市场是所有人的重要目标。财务收益一直是我们改变世界过程中的副产品。"

期权

股票期权的典型接受方是员工，认股权证的典型接受方是投资人，这是两者最基本的区别，除此以外，它们的原理或多或少都相同。重要的是让每个风险投资人了解期权对投资结构的影响。执行期权时，将稀释所有股东的所有权。员工股票期权是一种激励工具，目的是吸引和留住人才。激励性股票期权被用于供应商、咨询顾问，等等。我们需要考虑每种期权的税务影响，但是这超出了本书的范围。典型的期权协议包括以下内容：

◎ 股数
◎ 执行价格
◎ 期限与行权
◎ 回购条款

优先清算权

重要性仅次于估值的条款是优先清算权条款，前端投资（Upfront Ventures）的马克·苏斯特尔（Mark Suster）写道。[1]

优先清算权通常被视为让收益增色的机会，它是先于普通股股东获得收益的权利。这种优先权在清算公司资产时生效。清算发生在两种情况下：通过收购出售（如果售价合适，这应该是一个好结果），或者关闭公司（并称其为失败）。

从谈判的角度看，优先清算权有下列变量：

◎ **清算倍数：** 它被定义为投资金额的倍数，风险投资人规定了初始投资价值的倍数，如果将这个倍数定为一倍，那么基本上可以解释为投资者收回了投

---

[1] Mark Suster，"Want to Know How VC's Calculate Valuation?"

资。倍数是市场动态指标，尽管一倍在健康市场中是标准常态，但有时倍数会高达 10 倍。2010 年第三季度，85% 的交易倍数为一倍至两倍。

◎ **普通可转换优先清算权或非参与性优先清算权**：在非参与性优先清算权中，投资者的权利是由投资金额和股利（如果有的话）决定的。也就是说，投资者不能得到更多。在某些情况下，通过在实现特定目标时支付一笔与业绩挂钩的款项，投资者可以将优先股转换为普通股，从而获得更高收益。因此，风险投资人应该确保他们有权选择这两种情况中获益较高者。

◎ **参与性优先清算权（或者，像创业者所称的，双重分配权）**：在这种情况下，投资者首先收回投资金额、股利，然后是商定的倍数。双重分配发生在优先股股东将在视同为已转换的基础上与普通股股东共同享受收益。市场趋势表明，大约 50% 的交易属于这一类别。

◎ **有上限的参与性优先清算权**：发明这个词的应该是位聪明的创业者，它规定了投资者能获得的收益上限。通常的上限为初始投资金额的 2.5 倍。通常，大约 40% 的参与性交易有上限。

正如表 19.9 所示，优先清算权对收益率的影响很大，但它主要是在不利情况下对投资者的保护机制。当退出价值很高时，这种优先清算权不会对普通股股东或者内部收益率产生重大影响。

表 19.9　优先清算权及其对内部收益率和普通股股东的影响

单位：美元

	4 倍	2.5 倍无上限	2.5 倍有上限	1 倍
清算倍数（A）	3 600 000	2 250 000	2 250 000	900 000
股利（B）	216 000	216 000	216 000	216 000
余额［C= 收购价值 -（A）-（B）］	184 000	1 534 000	1 534 000	2 884 000
视同普通股（D=C 的 47%）	86 480	726 631	726 631	1 366 105
投资者获得的总价值（A+B+D）=	3 902 480	3 192 631	2 250 000	2 482 105
投资者的内部收益率	63%	52%	36%	40%
留给普通股股东的余额	97 520	807 369	1 750 000	1 517 895

假设：

◎ 公司收购价值 =400 万美元

◎ 投资 =900 000 美元

◎ 初始投资后的退出时间 =3 年

◎ 年非累计股利率为 8%

优先清算权在多轮融资中的堆叠

如果你是 A 轮投资者，B 轮投资者出现后将他的优先权堆叠到你之上，那么由于不同参与方（独立的两类参与方：优先股股东和普通股股东）的利益不一致，情况将变得更加复杂。方铸集团（Foundry Group）的布拉德·费尔（Brad Feld）德写道：

和许多与风险投资有关的问题一样，用于不同轮次股票的优先清算权的方法也不同（而且经常会毫无来由地变得过度复杂）。基本方法有两种：（1）后来的投资者将自己的优先权堆叠到其他人之上：B 轮的优先权排在第一，然后是 A 轮；或（2）不同轮次的地位相同（被称为权利平等……）因此 A 轮和 B 轮按比例享受优先权，直到优先权得到返还。方法的选择没有一定之规，它受相关投资者的谈判实力对比、公司通过其他渠道追加融资的能力、现有资本结构的经济变化和月相的影响。

较高的优先清算权 = 失去动力的创始人和员工[1]

额外的优先清算权只对投资者有益，减少了普通股股东，包括管理层和创始人的潜在收益。当努力工作创造价值的人们发现他们只能获得类似于普通工薪阶层的回报时，积极表现和创造高价值的欲望就会下降。布拉德·费尔德解释道："管理层和员工的优先清算权越高，管理层 / 员工股权的潜在价值越低。这里存在着微妙平衡，每种情况都要具体分析，但理性投资者希望在确保管理层和员工有'最大动力'的同时获得'最优价格'。显然，最后发生的将是一场谈判，它取决于公司所处阶段、谈判实力和现有资本结构，但是通常情况下，多数公司及其投资者将就这些条款达成合理妥协。"

保护创始人的一种良方可能是赋予创始人优先清算权。尽管它很少被使用，但它是解决创始人被完全抛弃这个问题的一种创造性方法。"为创始人创造附有特殊优先清算权的一类特殊普通股并不常见，但它是一种选择，为投资者提供了很高的灵活性和创造性，"律师乔纳森·格沃雷克（Jonathan Gworek）写道。格沃雷克推荐一种双赢方法，其中创始人的优先清算权为创始人创造了财务门槛，尤其是当他们在外部投资之前投入了大量资本时。这种条款允许创始人保留最低股权比例，即对创业者所创造价值的最低分配权。[2]

---

[1] Brad Feld, *Feld Thoughts* (blog).

[2] Jonathan D. Gworek, "The Making of a Winning Term Sheet: Understanding What Founders Want," Morse Barnes-Brown Pendleton PC, June 2007, accessed February 9, 2011, www.mbbp.com/resources/business/founder_termsheet.html.

主管达特茅斯大学塔克商学院（Tuck School of Business at Dartmouth）私募股权与创业中心的科林·布莱登（Colin Blaydon）教授和弗雷德·温赖特（Fred Wainwright）教授写道："风险降低机制被认为是适得其反的——它是'等马跑光再关上谷仓的门'。"布莱登和温赖特总结道："如今交易结构中参与特征仍然盛行，这表明风险投资业对投资组合公司的增长潜力信心降低，或者对风险的偏好降低。"此外，他们还指出，参与权"为后续融资回合的条款开创了先例"，而"为之前回合融资的风险投资人……现在不得不将辛苦赚得的部分价值转移给新投资者"。[①]这变成了一种因果报应，A轮投资者试图压榨创业者；而当B轮投资者进入时，他们也会照此行事。提盖普投资（TGap Ventures）的杰克·阿伦斯（Jack Ahrens）说："最好避免多重优先权和自作聪明的条款——它会把交易搞得一团糟，对任何人都没好处。"在早期投资阶段，越简单越好。"你押注的是市场和首席执行官——我们不要在还没有收入和产品时过分纠结于优先权这类法律术语，"首标资本（FirstMark Capital）的里克·海茨曼（Rick Heitzmann）说。[②]

以下是优先清算权的典型趋势。注意，这些趋势会随着市场条件变化。

◎ 平均40%的融资使用高级优先清算权。当达到C轮和D轮时，高级优先清算权也将增加，从30%（B轮）增至60%（E轮或更高）。通常，后来的投资者是风险厌恶者，希望在其他投资者之前退出，因此他们要求更高的优先权。

◎ 至少20%的融资有多重优先清算权。A轮融资中，多达85%的收益倍数为1—2倍，其余部分的收益倍数为2—5倍。在特定市场条件下，当资本供给下降时，或者当公司陷入困境时，将出现收益倍数高达5倍的优先清算权。

◎ 在A轮中，约50%的融资是参与性优先清算权。在这些参与性优先清算权中，约20%—50%没有上限。其余部分的上限为2—5倍。

反稀释保护

反稀释保护是一种逆境保护机制，它在公司被迫接受降价融资时保护现有投资者，此时的股价低于之前投资者支付的股价。现有投资者将得到额外股票，他们的头寸将根据降价融资回合的价格进行调整。普通股股东——通常是管理

---

① Colin Blaydon and Fred Wainwright, "It's Time to Do Away with Participating Preferred," *Venture Capital Journal*, July 2006, accessed February 11, 2011, http://mba.tuck.dartmouth.edu/pecenter/research/VCJ_July_2006.pdf.
② 里克·海茨曼与作者的讨论。

层和创始人——在这种情况下承受的伤害最大。对投资者有利的条款迫使管理团队保持价值，执行目标，并确保以有效及时的方式创造价值。然而，降价融资回合可能伴随着资金消耗率的变化（发生意外事件时）。不利的市场条件可能显著影响公司在未来筹集资本的能力。

反稀释条款可以分为三类：

1. 完全棘轮条款：一种对投资者有利的条款，它对普通股股东的影响最大。完全棘轮条款将所有之前出售的股票价格转换为本轮的股票价格，完全无视先前筹资金额或发行股数。

2. 广义加权平均条款：对公司有利的条款（真正对公司有利的条款等于无稀释条款），该条款对所有普通股股东的影响最小，因为它是基于未清偿股票（包括期权和认股权证）的加权平均价格。

3. 狭义加权平均条款：和广义加权平均条款相同，该条款消除了期权和认股权证，因此对普通股股东的影响较小。

规范条款是加权平均条款（不管是广义加权平均条款还是狭义加权平均条款），因此风险投资者最好走中间道路。

如表 19.10 所示，如果没有保护性条款，反稀释保护对 A 轮的影响将很大。"反稀释保护造成的额外所有权"说明了这一点。完全棘轮条款提供了最大额外所有权，而加权平均条款按比例降低所有权。注意，普通股股东的所有权将显著降低。

表 19.10　反稀释条款对所有权的影响

		完全棘轮条款（%）	广义加权平均条款(%)
	A 轮	B 轮	
B 轮优先		42.6	44.5
A 轮优先	47	17	17.8
由于反稀释保护条款产生的额外所有权		17	13.2
普通股	43	18.9	19.8
期权	10	4.4	4.6

在这个例子中，我们假设 A 轮的每股价格等于 9 美元，共出售 100 000 股 A 轮股票。我们还假设 A 轮筹集了 900 000 美元资金，B 轮的每股价格等于 4.5 美元，共有 250 000 股，筹资金额等于 1 125 000 美元。

参与过 200 多笔投资的弗兰克·德姆勒（Frank Demmler）指出，如果 A 轮的反稀释保护条款为普通股股东／管理层留下的所有权很少，B 轮投资者就会有所顾虑。通常，B 轮投资者会推动 A 轮投资者和管理层重新谈判，找到满意的中间道路。"结果是在多数情况下，彻底放弃完全棘轮反稀释保护条款，而可能接受加权平均条款。"[1]

为什么要对可能重新谈判的条款进行谈判呢？超过 90% 的融资回合使用加权平均反稀释条款。[2]这个比例随着资本供求条件的变化而稍有变化。最好始终坚持加权平均反稀释条款。

股利

尽管多数早期风险投资人都知道，董事会既不期望有股利，也不会宣布发放股利，但这个条款还是包括在投资条款清单中。对投资者有利的表述是寻求发放累积股利，以提高退出时的收益。数据趋势表明，约 40% 的 A 轮投资者希望获得累积股利。在某些年份中，多达 80% 的 A 轮投资者希望获得累积股利。

正如我们在表 19.11 中看到的，优先清算权加上反稀释条款显著影响了整体经济性。

表 19.11　重要经济条款与中间道路

经济条款	对投资者有利的条款	中间道路条款	对公司有利的条款
优先清算权	2 倍或更高，没有上限，参与性优先清算权	1 倍参与性优先清算权	没有优先清算权
反稀释优先权	完全棘轮条款	广义加权平均条款	无反稀释优先权或狭义加权平均条款
股利（无论董事会何时宣布、以何种方式宣布）	12% 的累积股利	8% 的非累积股利，无论董事会何时宣布、以何种方式宣布	无股利

资料来源：Adapted from Alex Wilmerding, Term Sheets & Valuations: An Inside Look at the Intricacies of Term Sheets & Valuations（Boston, MA: Aspatore Books, 2003）.

继续参与条款（Pay-to-Play）

通常，当多个投资者参与投资，例如，在 B 轮、C 轮或者之后的回合中进

---

[1] Frank Demmler, "Practical Implications of Anti-Dilution Protection," accessed February 10, 2011, www.andrew.cmu.edu/user/fdOn/54%20Practical%20Implications%20Anti-dilution%20excel.htm.

[2] 基于威尔默·黑尔—芬威克—韦斯特律师事务所（Wilmer Hale and Fenwick & West）进行的研究。

行投资时，该条款将会生效。该条款的目的是保持辛迪加的团结，并确保所有投资者继续参与未来回合的投资，尤其是当情况不利时。随着不同形式、规模和动机的风险投资基金加入辛迪加，基金 A 拥有的资源可能不及基金 B。或者，基金 A 对公司退出潜力、执行计划或商业策略的观点可能不同于基金 B。继续参与条款意味着，如果基金 A 不能在后续回合中追加投资，它就不能再参与。基金 A 被踢出了游戏场，它的所有权被转换为普通股，导致优先权和经济状况显著好转时的收益受损。

优先认购权 / 优先拒绝权

种子阶段和早期阶段投资者希望拥有优先拒绝权（Right of First Refual，ROFR）以确保他们能在有利情况下获得最大收益。于是，当公司准备增发证券时，优先认购权将属于现有股东。在某些情况下，优先拒绝权允许投资者购买任何创始人出售的股票。投资较少的早期阶段投资者可以使用这种策略，这样，当机会成熟时，他们就能增加所有权并利用有利情况获益。

基于目标的融资：风险降低或风险分散

阶段性融资用于种子阶段投资和早期阶段投资，主要目的是消除投资机会产生的风险。完成样品生产并拥有稳定客户是达到投资目标的两个典型例子。前面曾经提到，彼得·蒂尔（Peter Thiel）同意投资于脸谱网的前提条件是，用户达到一定数量后，他的票据可以转换为股权。脸谱网公司没有实现目标，但到了转换时间时，蒂尔没有犹豫不决。阶段性融资有助于激励团队提高业绩和快速行动，而创业者可以确保在达到目标时得到部分投资。但这有那么简单吗？

"基于目标的融资可能迫使管理层太早宣布胜利，或者更糟的是，让他们错过更好的机会——在发展阶段，目标可能将创始人推向错误方向，"提盖普投资（TGap Ventures）的杰克·阿伦斯（Jack Ahrens）说。如果你选择基于目标的融资，需要考虑一个基本问题：如果没有实现目标，你能否全身而退？

此外，你还应该警惕以下情况：

◎ **目标的定义**：避免模糊定义，并坚持可衡量的简单定义。不应该什么目标都想尝试，而要审慎确定这种技术应该实现的前三个重要功能。

◎ **实现目标需要的金额**：如果创业者编制了预算，风险投资人需要确保资源、金额和明细科目经过审查。在另一面，如果你缩减预算金额，就要准备好接受指责：创业者的一个常用借口是："我们实现不了目标，因为我们没有足够的钱启动。"

和多数条款一样，灵活、快速、简单都是成功开始的关键。

治理与控制：保护你的证券

在任何投资条款清单中，治理与控制的目的都是保护投资者的所有权利益。证券所有权可能由于内部业绩（不良业绩导致现金告急或估值降低）或者外部融资（降价融资回合、债务）问题而受到威胁。投资者希望通过治理和控制机制控制董事会，以管理这些状况。

以初创企业的 A 轮投资者为例，假设他拥有 47% 的股权，因此从控制的角度看是少数所有者。但特别投票权和优先权允许这种投资者对公司的关键事务施加控制。如表 19.12 所示，由董事会批准的典型事项包括：

◎ **高管与管理层的雇用、解聘和薪酬：**这些条款允许董事会选择首席执行官，必要的话，还可以在他们表现懈怠时换人。

◎ **股票期权项目：**如果没有建立期权池，股票期权项目会对所有股东产生稀释影响。建立期权池可能需要股东批准。如果建立了期权池，则由董事会批准授予重要高管期权。

表 19.12　重要的经济条款与中间道路

条款	含义	对投资者的重要性	重要谈判变量
治理条款：影响公司控制的条款 董事会构成	A 轮股东、普通股股东和独立股东的席位数量	允许控制和保护投资安全	董事会席位数量、在什么情况下董事会结构可以变化、优先股股东与其余股东的权利
由董事会批准的事项	董事会负责批准高管的聘用、雇佣协议和薪酬协议、股票期权的发行、年度营业计划、举借债务或签订超过特定财务限额的合约	为了保护所有权和股权，董事会负责批准可能影响公司经营或股权结构的重要商业决策	柏尚投资 (Bessemer Venture Partners) 的戴维·科万（David Cowan）说："只要公司没有亏损——也就是经营顺利——我就不太关心控制条款。"*
保护性条款	允许保护投资利益的安全	优先股股东负责批准与证券、董事会结构、兼并、赎回股票和修订公司章程条款有关的所有变化	多数条款都是标准条款，很少有风险投资人会对这些条款进行谈判。
聘用与管理层审查	保证管理团队始终将重点放在公司建设上	协调创始人与投资者的利益	聘用协议、股票行权、对共同出售的限制、建立期权池、核心管理人保险、竞业禁止条款

*Brad Feld, *"Term Sheet*: Liquidation Preference," *FeldThoughts*（blog）, January 4, 2005, www.feld.com/wp/archives/2005/01/term-sheet-liquidation-preference.html.

◎ **年度预算：**由于年度预算与公司方向和资金消耗率直接相关，因此所有重大预算项目通常须经过董事会批准。

◎ **债务：**任何有担保债务都需要抵押公司资产并可能消耗现金。在合适的成长环境下，风险投资支持的公司将举借债务。董事会负责批准债务以确保它与首席执行官/首席财务官的计划和业绩一致。

投资条款清单中包含保护性条款，它将减少对证券价值或优先权的影响：

◎ **所有权/股份：**发行股票将影响所有权并稀释现有所有者的所有权。此外，股票定价、筹资金额和投资者类型都需要得到现有投资者/董事会的批准。

◎ **兼并/收购和共同出售：**投资者和全体股东负责批准这类行动，因为它们会影响所有权和经济性。

◎ **公司登记证书、投票权和章程的变化：**公司结构的任何变化通常都须得到所有股东的批准，并会影响董事会的权力。

◎ **董事会或选举程序的变化：**新投资者进入时，通常由现董事会批准董事会结构的变化（增加董事席位、观察员）。投资者严密控制董事会的变化，尤其是在发展和成长的早期阶段。

与退出有关的条款

这些条款在出售公司时生效。由于上市的公司很少，因此精明的投资者不会投入太多时间和精力对这些条款斤斤计较。多数时候，它们被当作格式条款处理。这些条款的简要介绍如下。

赎回

某些风险投资人希望——比如，在第六年——将股票回售给公司并赎回其投资。当公司发展不温不火时，通常会触发该条款，因为对于投资者来说，它不会带来成功的退出。有些人刻薄地将其形容为"僵尸"。该条款表明投资更像是债务工具，而且投资者希望收回部分或全部投资。

领售权/追随权和共同出售协议

这些权利允许投资者将股东"拖曳"至退出阶段。当一定比例的股东希望卖掉公司，而另一群人（通常是创始人或普通股股东）拒绝卖掉公司时，就会出现领售情况。他们不愿出售公司的原因可能是价格不合适，或者是他们认为未来有更大更好的机会。投资者可能想放弃这种机会并选择实现眼下能获得的利益。领售权条款让投资者可以整体出售公司——如果有投资者不愿出售，就会阻碍退出，而这一条款让出售行为得以进行。在追随权条款（也被称为共同出售协议）中，创始人或管理层可以放弃或者找到愿意购买其股票的第三方。

追随权允许投资者追随创始人，也出售他们的股票。

公开募股时转换为普通股、登记权和附带登记权

一种罕见情况是，投资组合公司准备登记申请首次公开募股时，将所有证券都转换为一类：普通股。这种情况有助于股票定价和顺利出手。因此，已确立的优先权将消失。在《风险投资尽职调查》（*Venture Capital Due Diligence*）中，贾斯廷·坎普（Justin Camp）写道："可转换工具让投资者可以充分利用优先股提供的保护……直到不再需要它们，然后允许他们放弃这种保护。投资者行使登记权时，将催促公司登记股票或附带进行其他登记。一旦进行了登记，风险投资人就可以在公开市场上出售股票。"[1]投资者可以要求进行登记，尽管多种因素都会影响登记，这些因素主要包括收入、增长率和公开市场状态。附带登记权使公司有义务让投资者进行附带登记。

其他条款

这些条款既不属于经济类别，也不属于治理类别，但对协调投资者和管理层的利益很重要。

雇用条款

所有创始人和重要管理团队成员都应该执行雇用协议。协议中也包括其他重要条款，例如股票行权、对共同出售的限制、核心管理人保险和竞业禁止条款，以确保管理团队的目标与创造价值这一长期目标一致。

雇用协议明确列出了创始人或管理者的任务、责任和业绩目标。这些协议激励团队与公司并肩奋斗——尤其是在困难时刻——并创造价值。创始人的股票行权通常要经过积极谈判，以确保投资之后创始人能继续为公司增加价值。独立的股票期权计划通常在投资后制定，并在董事会的支持下接受管理。该计划决定了员工股票期权的变化趋势。如果员工离开公司，他执行期权的能力也将失效。

期权持有者可以在一段三至四年的时期中按季度行权。一般认为，在收购时加速行权适于用来奖励创造了价值的管理层。当创始人退出或被解雇时，行权争论会凸显出来。行权争论可能产生很大干扰，因此需要在雇用协议中解决这个问题。

我们可以从一种新角度看待对共同出售的限制，尤其是当创始人可以将其持有的大量股票在公司出售或首次公开募股前变现时。核心管理人保险条款是

---

[1] Justin J. Camp, *Venture Capital Due Diligence: A Guide to Making Smart Investment Choices and Increasing Your Portfolio Returns* (Hoboken, NJ: John Wiley and Sons, 2002), 140.

确保核心管理团队成员由于死亡或残疾而无法履职时保护投资者的方法。[1]美国某些州实施了竞业禁止条款，但不是所有州都实施竞业禁止条款。竞业禁止协议的期限（年数）和范围（地区、部门）需要进行精心协商。

投资条款清单中还规定了下列其他条款：

◎ **独占和限制出售条款：**该条款旨在确保创业者不会借机比较别家给出的投资条款清单以引起竞价或者寻找更好的投资条件。

◎ **交割日期和条件：**该条款帮助各方——尤其是双方的法律顾问——在特定日期完成交易并在交割前满足所有条件。

◎ **保密条款，媒体条款：**该条款旨在确保保密性，它基本上是对双方的禁止性条款，以避免做出任何不成熟的公开声明。

辛迪加投资

一项对2 000多笔风险投资交易的分析表明，投资于生物科技公司的辛迪加最多（60%的投资均为辛迪加投资），投资于软件公司的辛迪加最少（只有37%的投资为辛迪加投资）。辛迪加在种子阶段出现得最少，并在之后的阶段中逐渐增加。[2]风险使投资者抱团取暖，在资本密集型的生物科技部门，情况更是如此。

不管是寻找辛迪加投资者还是受邀成为辛迪加投资者，都适用一条简单原则：才智与财务能力的结合能带来更好的投资结果吗？邀请辛迪加投资者参与华登国际（Walden International）主导的投资机会时，陈立武（Lip-Bu-Tan）采用了情理结合的方法："我想找到优势互补的辛迪加投资者，这样董事会就将拥有更强的综合增值实力。我也很挑剔，因此以长远眼光而非短视眼光建设公司的核心理念很重要。互相尊重很重要，为公司寻找最佳解决方案的意愿也同样重要。我们不需要沽名钓誉者！"汤姆·珀金斯（Tom Perkins）为坦德姆电脑公司（Tandem Computer）募集首轮融资时，写下了他的经验之道："我向当地的所有潜在投资者展示了主要由我撰写的商业计划书，但一无所获……投资者拒绝的唯一理由是他们对该领域的公司存在普遍担忧……他们不理解我们实现的技术突破，以及竞争者模仿我们的成果和规避我们的专利有多困难……他们

① 尽管这可能看来不重要，但我意识到，至少出现过一次风险投资公司的创始人在车祸中身亡的先例。在另一个事件中，创始人卷入了离婚丑闻，他对公司的所有权被分摊，干扰了董事会、股东和公司的正常工作。
② Kara Swisher, "Series Seed Documents-With an Assist from Andreessen Horowitz-To Help Entrepreneurs With Legal Hairballs," All Things Digital（blog），March 1, 2010, http://allthingsd.com/20100301/series-seed-documents-with-a-big-assist-from-andreessen-horowitz-set-to-launch-to-help-entrepreneurs-with-legal-hairballs/.

是投资专家……他们可能有精明的财务头脑，但是对科技……没有信心，这些投资者依赖雇用的专家告诉他们如何思考。"①

风险投资人必须像考察新投资机会那样对彼此进行严格的尽职调查，但是还要加入几个其他参数：辛迪加投资者的动机是什么？这是真正的合伙关系吗？他们的利益一致吗？他们是否有承受震荡的能力？

理论上，如果对公司发展前景看好且需要资本帮助公司发展，小基金将邀请大基金参与，大基金可以在未来回合中领投。如果小基金邀请大基金成为辛迪加合伙人，将为两家基金创造双赢局面。小基金创造机会并作为大基金的助力。反过来，大基金可以在公司需要时进行大额投资。小基金需要考虑，如果投资机会的进展不尽如人意，反稀释条款和出资人参与交易条款将如何影响小基金。不同规模和阶段的基金对亏损的态度也不同。

"我花了15年时间挤进硅谷风险投资界的小圈子。我花了许多时间才获得与约翰·多尔（John Doerr）、普罗穆德·哈克（Promod Haque）和其他著名风险投资人共同投资的机会——你必须赢得他们的尊重，让他们认为你是一位能增加价值的合作伙伴，"陈立武说。

组成辛迪加时，你应该注意的事项包括小心选择合作伙伴。正如一位风险投资人指出的："糟糕的风险投资人还不如糟糕的首次创业者。"②你应该与信任的人组成辛迪加——你知道他们如何应对逆境。不平等的合伙关系会遇到许多挑战。正如一位风险投资人的评论："我希望我们的所有权平等，但如果红杉资本（Sequoia Capital）说他们想要75%的所有权，我们也乐于接受25%的所有权。"③

保持投资条款清单的简洁

种子投资常常强调少数重要参数，如投资金额和估值（以及投资者所有权比例）。为了清晰起见，谈判中也会提到其他条款，如优先清算权、反稀释、董事会席位和信息获取权，但它们不是谈判的重点。（见图19.1）

---

① Tom Perkins，*Valley Boy*：*The Education of Tom Perkins*（New York：Gotham Books，2007），112.
② Jeenifer M. Walske，Andrew Zacharakis，and Laurel Smith-Doerr，"Effects of Venture Capital Syndication Networks on Entrepreneurial Success，" Babson College Entrepreneurship Research Conference（BCERC）2007，Frontiers of Entrepreneurship Research 2007，available at SSRN：http：//ssrn.com/abstract=1060081.
③ 同上。

图 19.1 种子投资——越简单越好。只用一个小费罐
（摄自加利福尼亚州帕洛阿尔托的一家餐馆）

当硅谷的律师特德·王（Ted Wang）决定简化上百页的标准投资条款清单时，他首先引用了圣雄甘地（Mahatma Gandhi）的名言："开始他们无视你，而后他们嘲笑你，接着他们打击你，最终你将获得胜利。"王以他不常见的谦逊风格写道："我在引用这句圣人之言时很犹豫，当然，如何设计早期阶段投资与甘地（同样是一名律师）为之奋斗的权利比起来很可笑。即便如此，我仍认为这句话准确体现出简化早期阶段投资文件面临的境遇轮回。"[①]

他这样做的动机是："初创公司的律师面临着在交易中压低律师费的巨大压力，我们发现自己很难满足客户的'定价预期'，"王写道。他曾为脸谱网、碉堡箱（Dropbox）和推特等公司服务。[②]"结果是，这些小额 A 轮交易成了我

---

① Ted Wang，"Version 2.0 and Why Series Seed Documents Are Better Than Capped Convertible Notes，"*Series Seed*（blog），September 2，2010，www.seriesseed.com.

② Ted Wang，"Reinventing the Series A，"*VentureBeat*（blog），September 17，2007，http：//venturebeat.com/2007/09/17/reinventing-the-series-a.

们和客户都不愿看到的紧张关系的来源。"①

王的简化投资条款清单与种子阶段投资者息息相关，而且简明扼要。他删去了存在于投资条款清单上二三十年之久的语言，为此他或许需要抛弃许多固有观念。简化的投资条款清单总共大约30页，其中删去了反稀释条款、登记权和交割条件。此外，它还减少了完成投资所需的时间和费用。

"我们这样做的最主要原因是，我们认为在早期阶段，针对这些条款的争论会造成损害而且只能带来不信任，"马克·安德森（Mark Andreessen）说。"做天使投资的风险投资人在风险投资阶段应该像个风险投资人的样子，在天使投资阶段应该像个天使投资人的样子。当风险投资人在天使投资阶段像风险投资人一样做时，问题就来了。"②

以下是简单的种子轮投资条款清单③示例：

证券	公司的种子轮优先股
本轮投资金额：	1 000 000 美元
投资者：	基金名称和每家基金的投资金额
每股价格：	每股价格（"初始发行价"）以投资前估值 _____ 为基础，（含期权池，期权池占充分稀释的计划融资后公司资本的 __%）
优先清算权：	一倍原始发行价加上每股种子轮股票的已宣布未支付股利，收入余额支付给普通股股东。兼并、重组或类似交易视为清算
转换权：	种子轮优先股股东有权选择在任何时间将一股优先股转换为一股普通股（在股票分拆、发放股票股利和类似情况下需要按比例进行调整）
表决权：	表决时种子轮优先股股东视同于已将优先股转换为普通股，可与普通股股东一起就所有事务进行表决。需要经过多数种子轮股东批准的事项包括：（Ⅰ）优先股权利的不利变化；（Ⅱ）改变额定股数；（Ⅲ）授予新一轮优先股股东高于或与本轮优先股股东相同的权利；（Ⅳ）赎回或回购股份（除了依照公司以初始成本回购的权利赎回或回购股份的情况）；（Ⅴ）宣布或支付股利；（Ⅵ）变更董事人数；或（Ⅶ）清算或解散，包括控制权的改变

---

① Anthony Ha, "Ted Wang and Andreessen Horowitz Try to Reinvent the Seed Round," *VentureBeat*(blog), March 2, 2010, http: //Venturebeat.com/2010/03/02/series-seed-andreessen-horowitz.

② Kara Swisher, "Series Seed Documents—With an Assist from Andreessen Horowitz—To Help Entrepreneurs With Legal Hairballs," *All Things Digital* (blog), March 1, 2010, http: //allthingsd.com/20100301/series-seed-documents-with-a-big-assist-from-andreessen-horowitz-set-to-launch-to-help-entrepreneurs-with-legal-hairballs/. 最早同意使用种子轮文件的是马克·安德森的风险投资公司——安德森-霍罗威茨风险投资公司，之后超级天使投资人罗恩·康韦（Ron Conway）和首轮资本、软科技风投、真实投资、北极星投资、查尔斯河投资等风险投资公司纷纷效仿。

③ From Series Seed, developed by Fenwick & West, LLP, www.seriesseed.com.

续表

财务信息知情权：	投资金额至少为 ＿＿＿ 美元的投资者有权获得标准信息、稽核权和管理权证书
登记权：	投资者应该拥有标准登记权
参与权：	多数股东有权按比例认购公司今后发行的股票
董事会：	由多数普通股股东选出两位董事，投资者有权选举一位董事
费用：	公司为投资者报销费用（不超过 ＿＿）
未来权利：	种子轮优先股拥有与下一轮优先股相同的权利（根据经济条款进行适当调整）
创始人事项	每位创始人可以从参与公司事务起四年内行权。每位创始人应在交割前将所有相关知识产权提供给公司
交割日	本投资条款清单生效之日起 30 日内

　　王编写的这份投资条款清单很好地解决了传统投资条款清单动辄数百页因而过于烦琐的问题。这种模板更好而且降低了法律费用，尤其是对小型种子投资而言。

　　另外，威尔逊·桑西尼·古奇·罗沙迪律师事务所（Wilson Sonsini Goodrich and Rosati，WSGR）也开发出了一种根据在线调查问卷的输入信息／回复生成公司融资协议清单的网络工具。[①]

　　1954 年，著名的儿童小说作家罗阿尔德·达霍（Roald Daho）写了一本短篇小说《了不起的自动文法机》（*The Great Automatic Grammatizator*），在书中，一位机械专家断定语法规则遵循数学法则。于是他造出一台庞大的语法机——这台机器可以在 15 分钟内写出能获奖的小说。威尔逊·桑西尼·古奇·罗沙迪律师事务所已经开发出类似的机器——投资条款清单生成器，如果你需要，输入几项信息就能得到一份精美的投资条款清单。

　　威尔逊·桑西尼·古奇·罗沙迪律师事务所的投资条款清单生成器附有说明，对融资条款做了基本阐释和注解。一些公司内部用文件自动化工具来编写与初创企业和风险企业融资相关的文件，而投资条款清单生成器是这种工具的改良版。由于这种投资条款清单生成器的设计用途是考虑多种选择时的通用工具，因此适用范围相当广泛，并包括比个性化投资条款清单还丰富的大量细节。

---

① 见 www.wsgr.com/wsgr/display.aspx?sectionname=practice/termsheet.htm.

交割过程：签订投资条款清单之后

公司应该按照下列步骤批准投资：

◎ **董事会通过正式决议批准投资**

◎ **多数股东通过表决同意投资**

◎ **最终文件的执行：** 一旦执行投资条款清单，律师就会起草详细文件，包括：

- 股票购买协议或认购协议，包括认购细节、公司陈述与保证、董事会构成与表决事项
- 投资者权利协议（Investor Rights Agreement，IRA）包括信息知情权、优先认购权、登记权和肯定性条款与否定性条款[1]
- 肯定性条款（或公司应该采取的行为）包括保持公司的存续，缴纳税款、办理保险、遵守重要协议、维护账户、进入现场许可等内容
- 否定性条款（或公司应该避免的行为）包括变更业务范围、与相关方进行交易、进行投资、举借债务或金融负债等内容
- 修改公司登记证书，以允许确认新股东，并确保公司不会采取与优先股股东权利不一致的行为
- 向股东／投资者发行股东证

制定简单的投资条款清单是一门艺术，也是一门科学。其目标是把握内含于投资机会的风险，并创造一系列让投资者可以获得目标收益率的条件。在投资的极早期阶段，精明的投资者会小额投资并获得一席之地——随着机会增加，他们将追加投资。制定这些中间道路条款是审慎的做法。加入异常内容会对风险投资人不利。

通常，由领投者（投资金额最高者）负责制定投资条款。就像金本位规则一样——领投者有制定规则所需的黄金。其他辛迪加投资者有权选择——接受或不接受这些条款——但他们手中有分量的谈判砝码很少。预测未来融资金额时，现有股东有时会毫无来由地大幅提高估值。如果这种做法没有理由，将会产生对项目前景的错觉，并可能在长期产生更多损害而非收益。

每个可以重新谈判的问题都将被重新谈判。在 30% 的后续融资中，新投资者都会重新谈判在之前回合中确定的条款。最常被重新谈判的条款包括：（1）自动

---

[1] Justin J. Camp, *Venture Capital Due Dilingence*: *A Guide to Making Smart Investment Choices and Increasing Your Portfolio Returns*（Hoboken, NJ: John Wiley and Sons, 2002）, 167-173.

转换价格；（2）优先清算权；（3）赎回期限；（4）融资目标、行权条款或业绩基准。[1]

当发生后续融资时，通常由后续融资的新领投者确定价格和条款。风险投资业经常发生降价融资——公司经常无法实现目标，产生现金短缺。唯一重要的估值就是退出时的价值。

投资条款清单的整体理念可以用史蒂文·卡普兰（Steven Kaplan）和佩尔·斯特龙伯格（Per Stromberg）的话来总结："控制要素：董事会权利、表决权和清算权的分配方式应该使风险投资人能在公司表现糟糕时获得完全控制。随着公司的业绩改善，创业者可以保留控制权 / 获得更多控制权。如果公司的业绩非常好，风险投资人可以保留获得现金流的权利，但放弃多数控制权和清算权。"[2]

•

---

[1] Steven N.Kaplan and Per Stromberg, "Financial Contracting Theory Meets the Real World: An Empirical Analysis of Venture Capital Contracts"（CRSPworkingpaper513）, April26, 2000, accessedFebruary11, 2011, http://ssrn.com/abstract=218175.
[2] 同上。

董事会工作 | 第二十章

> "最大的持续刺激因素来自于在董事会会议室中对管理层高谈阔论、一点也不倾听管理层意见的共同投资者。"
> ——唐纳德·瓦伦丁（Donald Valentine），红杉资本创始人

在企业的故事中，通常只容得下一位英雄。当我们将目光投向勇敢的初创企业时，公司创始人或首席执行官被神化为梦想家，他们排除万难，将具有突破意义的创意变成现实。从这个意义上讲，首席执行官被形容为行业领袖，用强大的意志力组建起一支优秀的管理团队，不知疲倦地将创意打造成有形的企业。被形容为次要支持角色的是风险投资人（VC）。尽管风险投资人的角色较为边缘，但他们可能作出非常宝贵的重要贡献，例如，提供资本和融资——公司的命脉——和从人脉与社会关系中获取大量资源以指导公司经营与战略方向的能力。

给予创业者在专业管理者和战略指导的帮助下酝酿创意的机会，是将创意和产品快速推向市场的法宝。作为这种抢手资金的把关者，风险投资人的责任是在每个发展阶段提供金融资本和咨询帮助，包括担任董事。董事最基本的要求是尽到谨慎义务并忠于职守。在风险投资支持的公司中，这些职责还包括：

◎ 发现价值
◎ 创造价值
◎ 保持价值
◎ 通过退出／清算事件获取价值

没有哪本公司治理教科书能让人做好迎接董事会挑战的万全准

备。①不过，基本常识几乎不会变化。因此，本章的目标是帮你了解和理解董事会的议程与实务。

自我教育：为担任董事做好准备

在早期阶段公司中，业务、目标、挑战以及团队成员都很明显。这里所列要点的目的是带你进行自我定位和自我教育。除了全面了解公司的历史和发展，风险投资人还需要考虑以下内容：

◎ 对企业进行 360 度的全面了解，包括供应商、客户、竞争威胁和替代品。风险投资人需要了解现金周期以及其中的摩擦，这点至关重要。

◎ 了解公司的战略和重要目标。在接下来的 12 个月和接下来的三年中，你如何看待你对解决公司面临的问题和挑战所能做的贡献？（"是什么让首席执行官夜不能寐？我能帮什么忙？"）

◎ 确保你掌握影响公司战略的相关专业知识。准备好以规范持续的方式帮助公司解决挑战并满足公司的需求。

◎ 警惕与人才和金钱相关的挑战。是否需要扩充团队？现金头寸和资金消耗率是多少？下一个融资回合将发生在何时？

◎ 了解当前的董事会结构以及你如何适应这种结构。

◎ 董事会的外部挑战和内部挑战是什么？举例来说，它们包括：

- **外部挑战：** 遵守税法、民法、刑法和就业法，任何法律事务或股东行为。
- **内部挑战：** 董事之间的情绪与权力变化，过度频繁的董事或首席执行官人事变动、当前战略、产品开发和市场采用率挑战、资金消耗率和现金状况。

董事的任务与责任

众所周知，风险投资是过去十年帮助许多伟大公司启航的金融燃料，但人们不太熟悉的是风险投资人担任公司董事后的工作。除资金以外，他们还能为初创企业提供什么支持？他们如何使用投资实力吸引并赢得更多资本？他们如何招聘明星管理团队？他们如何去粗取精，挑选出最有潜力的公司？"董事的职责是证明商业计划书的可行性，"北海岸科技投资者（North Coast Technology

---

① 布拉德·费尔德和我合写过一本书叫《初创企业董事会》（*Startup Boards*）（威立出版社，Wiley）——一本了解初创企业董事会动态的必备指南。

Investors）的创始人林赛·阿斯佩格伦（Lindsay Aspegren）说，"你手上只有两个操纵杆：首席执行官和预算。"

董事会是风险投资人对公司未来成长发挥最大影响力的地方。通常，公司董事会由一群定期开会，对公司方向提供建议和指导的人组成。多数初创企业和年轻公司的风险投资人董事是根据他们对行业的影响力和知识选出的，目的是帮助公司在市场上打出知名度。因此，风险投资人董事的工作很多：他们需要吸引、招聘并留住优秀的管理团队和其他董事，指导并管理高管团队；提供管理团队专业范畴以外的咨询服务和专业知识；监督财务准则、法律法规和道德治理标准的遵守情况。方铸集团（Foundry Group）的董事总经理布莱德·费尔德（Brad Feld）指出了董事的简要职责："除了两种决策，我认为我们都是为公司的首席执行官工作。真正由我们所做的两种决策，一种是资本配置决策（我们是否希望继续为公司融资？），另一种是我们是否会继续支持首席执行官。"[1]

董事的主要职责

董事的主要职责可以归结为：

◎ **股东价值**：创造、保持并提高股东价值。

◎ **选择和评价首席执行官**：评价首席执行官的业绩、管理更换首席执行官期间的过渡工作、协助招聘、后续规划。

◎ **治理**：通过商业战略、金融、管理、市场知识和守法行为管理风险。

董事会成员的专长、特质和任务将随着公司成熟而改变。表 20.1 列出了公司发展过程中的最低特质要求。

表 20.1　董事的价值与特质

	种子与早期阶段	成长阶段	变现过程
管理层目标	产品开发	销售	增长率管理
公司的主要衡量指标	资金消耗率、启动时间	收入、盈亏平衡点	增长率、盈利能力和总利润率
管理团队特质的发展变化	科技/产品开发、知识产权	经营、销售与市场营销、财务、人力资源	管理、投资者关系、法律事务
董事应具备的最低特质	相关技术专长	商业/财务专长	比照上市公司进行公司治理

---

[1] 布拉德·费尔德（方铸集团）与作者的讨论，2010 年 12 月。

续表

	种子与早期阶段	成长阶段	变现过程
董事人数	三人	三至五人	七人以上
董事会文化	实验精神、培养能力与开放性	扩张	控制与效率
通过委员会进行治理	制定财务报告和财务指标门槛水平、重要法律文件与股东协议的批准	建立薪酬与审计委员会、任命正式董事会主席、完成额外财务与风险报告	任命首席董事、建立类似上市公司式的内部控制与实务规范、进行404条款规划
董事会在价值创造中的作用示例	提供接触科技精英的渠道、明确产品开发方针、吸引首批测试平台、评估/找出发展合作伙伴	对销售效率提出建议、提高吸引客户的速度、进行渠道合伙关系分析、建立有竞争力的定位、提供获取未来资本的渠道	坚持发展方针并制定监管与财务标准、实务规范与政策

资料来源：Adapted from Working Group on Director Accountability and Board Effectiveness, "A Simple Guide to the Basic Responsibilities of a VC-Backed Company Director," white paper, available at www.levp.com/news/whitepapers.shtml.

董事会工作的法律要求

《风险投资支持公司董事的基本职责》是董事职责与董事会效率工作小组（Working Group on Director Accountability and Board Effectiveness）编写的白皮书，[1]它概述了风险投资支持公司董事的责任与职责。董事的行为必须出于善意且始终符合公司的最大利益。下面将介绍诚信义务——关于董事与公司之间的信心与信任的法律关系。

诚信义务

谨慎义务：要求董事按照同等职位的普通人在类似环境下的正常行为谨慎行事。

要求董事：

◎ 获得他们认为按照常理作出决策所必需的信息

◎ 进行适当的质询

---

[1] Working Group on Director Accountability and Board Effectiveness, "The Basic Responsibilities of VC-backed Company Directors," 这本白皮书可以从以下网址获取：www.levp.com/news/whitepapers.sthml。它讨论了董事的职责和效率，由著名风险投资人组成的工作小组编写。

◎ 在获得充分信息的情况下做出善意决策

忠诚义务：要求董事的行为符合公司的最大利益，而不是董事或相关方的利益。当董事存在利益冲突时，通常会产生问题。

◎ 当董事或相关方与公司进行的交易中存在个人财务利益时（例如，风险投资人的董事身份和基金利益代表身份存在内在冲突时）

◎ 当董事攫取本应属于公司的机会时

◎ 当董事担任第三方公司的代表且第三方公司的目标与公司最大利益冲突时

◎ 董事放弃监督职责或者有非善意行为

非善意行为的例子包括：

◎ 由于故意或疏忽，没有付出足够时间履行必要职责

◎ 忽视已知风险

◎ 没有持续进行监管

非善意行为可能对董事造成严重不利后果，例如，由于违反谨慎义务而需要承担个人责任或者失去赔偿条款或保单的保护。通常，州公司法规定了相关交易和公司投资机会的处理程序，如要求完全披露和得到利益无关董事的批准。

保密与披露

董事需要保护所有信息，有时还要敦促管理层与股东分享所有重大信息。通常，新手首席执行官不知道信息的分享程度。谨慎的首席董事和首席顾问可以指导首席执行官。但需要遵守判断规则，以确保董事受到保护。

保密义务：忠诚义务的一部分。它要求董事对公司的非公开信息保守秘密。

披露义务：要求董事根据谨慎义务和忠诚义务采取合理步骤，以确保公司向股东提供与股东行为追求的目标相关的所有重大信息。

商业判断规则：该规则建立了一个前提，即在进行商业决策时，公司董事应在获得充分信息、善意且真诚相信该行为符合公司最佳利益的基础上采取行动。商业判断规则将举证责任转移给声称董事没有履行受托职责的原告，因此有助于保护董事，使其免于对原告所称的糟糕商业决策承担个人责任。如果参与决策的董事并非利益无关、在决策前没有进行适当的调查或者没有建立充分的监督机制，将失去该前提和商业判断规则提供的保护。

良好的公司治理类似于育儿——过于松懈的行为或事无巨细的微观管理都会培养出问题儿童。董事代表所有股东（不仅是他们的财务利益），他们的工作重点是找到合适的首席执行官，然后对他提供坚定支持。有了合适的首席执行官，批准重要战略方向就会变得更简单。

优秀的董事首先会摸清整体情况，然后投入工作。经验丰富的董事擅长"模式识别，"他们汲取不同初创企业的经验，以避免犯错。

多数风险投资新手都当不好董事。就像试图了解第一个孩子的初为人父母者一样，风险投资新手笨手笨脚，渴望展示他的聪明头脑（结果反而暴露了自己缺乏聪明头脑）。如果这位新人有 MBA 学历，老想把世界分为四象限，情况会更糟。风险投资新手的唯一训练场就是竞争残酷的商场，重要的是保持学习心态、谦逊态度和服务精神。你应该找到合适的首席执行官并倾己之力帮助他。创业者这样直率地形容新晋董事："他学会了如何当董事。我们付学费或者最小化价值损失。"①许多首席执行官开玩笑说，一些风险投资人董事表现得极有价值，是因为其他微观管理者正在幕后默默承担巨大痛苦。

有时，风险投资人帮不上首席执行官的忙。正如诺曼·麦克莱恩（Norman MacLean）在他的中篇小说《河流经过》（*A River Runs Through It*）中写到的："就是这样，我们很少能帮助任何人。可能是我们不知道该给什么部分，也可能是我们不愿意放弃自己的任何部分。多半情况是，人们需要的部分并不是我们想给予的部分。更经常的情况则是，我们没有人们需要的部分。就像镇子上的汽车用品商店店员常说的：'对不起，我们没有这种零件。'"

当董事具备能力和接受力时，他们应该和首席执行官一起制定价值创造目标。如果首席执行官正运行在目标和计划轨道上，帮助他们的最好方式通常是不干预。很多时候都是好心办坏事。

决定公司能否成功的因素数不胜数——但没有哪种因素像风险投资人董事的角色一样重要。根据初创企业的性质，其结构不应该是自上而下的层级结构。初创企业依靠的更多是团队合作而非上级控制，因此必须从基层入手进行管理。工作努力、适应力强，在公司成长的挑战中随时准备迎接并发现机会的董事是公司的宝贵资产。关键是有技巧地平衡不同人才的能力，专心于实现这个神奇的词：最大化股东价值。

---

① William D.Bygrave and Jeffry A.Timmons, *Venture Capital at the Crossroads*（Watertown, MA: Harvard Business Press 1992）, 220.

Chapter Twenty-one

董事会的文化、构成和培训 | 第二十一章

> "董事会主席声明是受到保护的——受迷宫般的庞大防御工程保护，它是如此复杂庞大，以至于几乎不可能发现它保护的究竟是什么。"
>
> ——罗伯特·珀西格（Robert Pirsig），《禅与摩托车维护艺术》
> （*Zen and the Art of Motorcycle Maintenance*）

　　假设风险投资支持公司的董事会有五名成员：三位投资者代表和两位管理团队成员。"优秀的董事会规模相对较小，通常由五至七个了解财务和技术的人组成，"迦南合伙公司（Canaan Partners）的塞思·鲁德尼克（Seth Rudnick）说。[①]尽管在公司早期发展阶段，董事会构成可能由大股东主导，但至关重要的是，董事会应由具备公司成长所需专长的人才构成。"董事会应该在销售、战略、行业技术和市场营销领域至少各有一位专家代表。这样，各有所长的人才都可以为公司做出贡献，首席执行官可以在需要时咨询不同专家，"首标资本（First Mark Capital）的里克·海茨曼（Rick Heitzmann）说。

　　尽管对董事会的培训很重要，但在多数风险支持公司中，它是以相当特别的方式进行的。培训对于确保董事理解自身职责并保持其工作日程与整体目标一致至关重要。董事的工作日程可能不同：投资者可能希望在不同时间退出，而管理团队可能希望让公司发展壮大。

[①] 塞思·鲁德尼克（迦南合伙公司）与作者的讨论，2008 年 9 月。

董事培训会：欢迎新董事

典型的培训会可能是与首席董事召开的一对一会议，包括下列内容：

◎ 介绍公司和管理层／当前董事会成员（如果有的话）

◎ 公司的主要目标和挑战

◎ 董事会的结构与目标

◎ 资料综述：手册、政策、评估材料和委员会材料

可以向新董事提供的培训资料有：

◎ 公司手册

- 公司概览／公司背景
- 管理团队与组织结构图
- 董事简历、名录与联系信息
- 财务报告与预测
- 资本结构表

◎ 董事会政策

◎ 执行

- 会议频率
- 成立委员会：审计委员会、薪酬委员会、治理委员会
- 决策程序
- 关于观察员职责的政策
- 法律责任
- 责任与保险范围、赔偿金、保密、利益冲突和解决方案

◎ 媒体与新闻政策

◎ 委员会

- 介绍（通常会成立审计委员会、治理委员会、薪酬委员会）
- 每个委员会的构成、主席、目标和职权

◎ 董事会的自我评估过程

- 每位董事的技能、知识和专长
- 在不同委员会的任职情况
- 出勤与业绩

建设更优秀的董事会文化

高效的董事会工作积极，董事们清楚自身的职责边界。董事会可以分为积极董事会、消极董事会和处于二者之间的董事会。尽管可以预见，早期阶段风

险投资基金的董事会是积极的，但一些董事可能比其他董事更积极。在五至七人组成的小型董事会中，每位董事都拥有很大权力，如果错误运用这种权力，就会干扰和破坏价值。

举例来说，正常董事会提倡的重要文化包括：

◎ **注重细节与宏观视角的结合：** 能够后退一步，通过细节综观全局。

◎ **提倡质询和异议：** 能够质疑管理层的假设且行为不带有威胁性和指责性。

◎ **避免纠缠细枝末节：** 能够通过整理提高信息质量，以及讨论关键问题而非租金和清洁服务这种无关事务。

◎ **信息流控制：** 能够少关注打包处理后的信息，留给开放讨论更多空间。

◎ **建立校园气氛：** 在互相尊重的气氛中促进坦诚讨论的个性；首席执行官感到挑战而不是威胁，并被视为团队的延伸。[1]

董事还可以分为特定类别——他们决定了董事会的动态变化。这些类别包括：

◎ 喜好以权压人的董事不断要求提高销售收入、降低资金消耗率，他们会产生恐惧文化。

◎ 另一个极端是对公司事务完全漠不关心的消极董事。风险投资人将这类人形容为"每次开会先问公司做了什么"。[2]这种过于松懈的董事永远不能增加价值而且会因为心不在焉而对公司造成损害。从不阅读董事会的资料信息或者不做会议准备是一回事；但不了解公司业务却是不可饶恕的，它就好比无法想起自己孩子的名字。

◎ 处于二者之间的是消极—积极型董事，他们的操纵行为可能对公司造成很大损害。

其他董事的经验与学识、董事之间的人际关系和董事会与首席执行官的互动决定了公司的基础风格。与所有关系一样，这张脆弱的网寿命有限。然而，董事之间互相尊重与信任的人际关系以及各位董事的精心准备、充沛精力和职业道德可以让这段关系的长度超过投资机会的期限。

各位董事和整个董事会的诚实自我评估至关重要——卖力邀功者和置身事外者都成不了公司的建设者，但是他们极有可能迅速将所有成功归功于自己。

风险投资人承认，不管投资结果如何，不同董事的人际关系——尤其在重大时期——可以在风险投资人和风险投资公司之间建立强大的关系。

---

① Allison Leopold Tilley, "Best Practices for the High Performance Bard," podcast, accessed January 30, 2011.
② 同上。

风险投资人（VC）董事帮助管理公司时容易犯许多错误。正如八月资本（August Capital）的安迪·拉帕波特（Andy Rappaport）指出的："优秀的董事会不一定办出优秀的公司，但糟糕的董事会将毁掉优秀的公司。"[1]效率低下的董事会有许多特征，但它们的基本缺陷是没有进行必要的自我检查以确保始终了解公司当前的需求。由精明的风险投资人组成的董事会能解决未来的严重危机。

起初，风险投资公司的动力来自于令人兴奋的创意或概念。这就像头脑发热的恋爱，满怀创意激情的创始人遇到了一位对投资和帮助他创业感兴趣的风险投资人。他们的合作动力主要来自于首席执行官的个人魅力、技术专长和执着专注的雄心。风险投资人提供稳定的财务靠山，即通过投资实现财务的稳定性。

八月资本的安迪·拉帕波特发现："首席执行官必须……专注于一件事，一组目标"，而风险投资人董事"喜欢从广阔视角看问题"，这对首席执行官的专注"是一种约束与平衡"。[2]

很少有首席执行官能从风险投资支持公司的种子阶段留到退出阶段。和任何关系一样，投资者和首席执行官对公司未来的设想和计划可能会变得不一致。哈佛商学院的诺姆·沃瑟曼（Noam Wasserman）将这种情况称为"成功悖论"，即在辛苦筹资的过程中，创始人—首席执行官"听凭自身由投资者摆布，这反而增加了自身留任的风险。"[3]

随着公司的成长，创始人—首席执行官的能力和公司所需能力之间的差距将扩大到令人不安的地步。风险投资人这时应该迅速抛弃一种不现实和浪漫的想法，即首席执行官"始终"赞赏对其优点和缺点直言不讳的积极互动方法。如果管理不当，首席执行官和风险投资人的关系裂痕可能很容易导致公司动荡。

按北西投资的波芒得·哈克（Promod Haque）的话说，风险投资公司董事会常犯的一个错误就是"因为担心业绩不佳的首席执行官对公司进行报复而不

---

[1] Dennis T.Jaffe and Paul N.Levensohn，"After the Term Sheet：How Venture Boards Influence the Success or Failure of Technology Companies，"November 2003，accessed January 30，2011，www.equitynet.com/media/pdf/How%20 Venture%20Boards%20Influence%20The%20Success%20or%20Failure%20of%20Technology%20Companies%20 (Dennis%20Jaffe,%20et%20al,%202003).pdf.

[2] 同上。

[3] Pascal N.Levensohn，"Rites of Passage：Managing CEO Transition in Venture-Backed Technology Companies，"January 2006，accessed January 30，2011，www.levp.com/news/whitepapers.shtml.

及时撤换掉他们"。①

董事还容易受管理层对信息的观点的影响,他们严重依赖首席执行官了解公司详情。任命首席执行官的风险投资人可能无法对管理层行为或决策提出不带感情色彩或不偏不倚的批评。这种依赖性快速成为破坏行为,并可能导致不透明和误解。

成为优秀的董事很简单,只要把重点放在股东价值最大化上。然而,糟糕的董事行为却五花八门。就像不正常的家庭一样,每个董事都有自己的怪癖和问题。但是只要存在信任与开放沟通的文化,董事会就会取得卓越成效。

建立可信的合伙关系

首席执行官是否了解每位董事的优势并利用这些资源?首席执行官是否感到有保障和安全,能够坦诚、及时地讨论问题?首席执行官是否能将任务有效分配给董事?"我真的很难适应董事工作,"布拉德·费尔德(Brad Feld)说。布拉德成立过公司,担任过董事会主席,并曾帮助一些公司上市。"我花了好一阵子才让自己适应作为投资者而不是公司经营者的角色。我的职责不是插手公司的一切事务,而是帮助公司取胜——我会向首席执行官提供反馈并为其工作。试图对首席执行官或创业者发号施令对任何风险投资人都没有好处。"

确保公开沟通渠道

董事之间需要公开频繁的沟通。董事犯的最大错误是想当然地认为董事会意见一致,不愿询问其他人是否同意。"我在四家公司当过董事,发现这种事总在发生,"帕斯卡尔·列文森(Pascal Levensohn)说。如果董事无法在董事会间隙就重大问题进行沟通,就可能导致意外状况和效率低下。一种常用的策略是"私下"讨论意外状况或者推迟到意见达成一致再做出决定。这种行为对公司发展有害,首席执行官很快就会意识到,危机已经迫在眉睫,而董事会还在众目睽睽下浪费时间。

《风险投资支持公司董事基本职责简明指南》(*A Simple Guide to the Basic Responsibilities of VC-Based Company Directors*)称,②管理层和董事会之间的开放政策同等重要。风险投资人可以分享他们在其他投资组合中获得的丰富经验,

① Pascal N.Levensohn, "Rites of Passage: Managing CEO Transition in Venture-Backed Technology Companies," January 2006, accessed January 30, 2011, www.levp.com/news/whitepapers.shtml.
② Woking Group on Director Accountability and Board Effectiveness, "A Simple Guide to the Basic Responsibilities of VC-Backed Company Directors," accessed January 31, 2011, www.nvca.org/index.php?option=com_docman&task=doc_download&gid=78&Itemid=93.

让公司受益，尤其是在重要的过渡时刻（如当公司考虑进行首次公开募股时）。风险投资人也可以对公司规划和薪酬结构提供建议。他们还可以作为首席执行官的顾问，指导他们如何发掘投资机会。这意味他们要接受各种咨询，甚至是在常规董事会议程之外。

正如布拉德·菲尔德所言，"某些投资组合公司的沟通节奏不同，可能每天都有沟通——甚至是一天多次沟通。一些人希望开会——当面沟通总是很有用，但我让创业者决定互动形式。"[1]

优秀的董事会邀请首席执行官、非风险投资人董事和其他董事（包括观察员）提出意见并欢迎这些意见。同行评审和自我评估有助于提高可信度和治理质量。注重实效的董事还会避免董事会阴谋和政治纠葛造成的干扰，将重点放在他们负责的经营目标上：促进公司的最大利益和最大化股东价值。

为建立高效和谐的董事会，董事需要培养强大的人际关系技能以管理团队发展和与管理层的关系；为了预测未来事件和进行棘手决策（通常是在缺少信息的情况下），董事需要培养模式识别技能；为了与财务利益不同的其他投资者合作以及管理董事会而不纠缠于琐事，董事需要积累合作经验；为了建立行业人脉，董事需要培养强大的人际交往技能；为了保持开放的沟通，董事需要培养对首席执行官和高管进行有力指导与亲身示范的技能。提高公司内部开放度的方法之一是让董事会在公司发展的关键节点举行董事旅行会议[2]。与其他董事会会议不同，在外部促进因素的帮助下，董事旅行会议可以用于解决悬而未决的重大问题。

避免自满

任何投资组合公司的风险投资人都应该了解公司在业内的竞争地位，以帮助公司保持灵敏性并打入市场。风险投资人应该了解最新的行业发展详情和当前的监管环境，监督公司遵守法律法规，了解公司发展过程中的治理要求。

协调所有股东与管理层的利益

任何公司的主要成员都包括各类股东、管理团队和董事会。如下一章所示，这些成员的利益可能随着时间推移、价值创造和资本需求而变化。

---

① 布拉德·费尔德（方铸集团）与作者的讨论，2010 年 12 月。
② 译者注：board retreats，也被译为董事会静思、董事会静修、董事会外训等。一般是指在远离公司办公场所的地方举行，会议气氛比较轻松的非正式性董事会。

向有限合伙人与风险投资公司负责的风险投资人

任何风险投资人都追求收益最大化，因此及时退出很重要。强劲的收益让风险投资人可以募集下一家基金并确保持久经营，或许还能获得更高的管理费并提升品牌地位。出现下列情况时，可能产生冲突。

1. 职业发展：风险投资人希望离开当前基金并投身于条件更诱人的新基金，从而快速培养所需的职业特质。

2. 募集基金：需要募集下一家基金，而目前的基金没有成功迹象。

3. 退出时机：风险投资人在近期内看不到公司的发展趋势或强大的退出价值。

4. 财务：该公司成为无底洞，风险投资人必须"退出"。"当公司快速成长或消亡时，一致性并不重要——你需要与夹在中间的投资组合公司达成一致，"布拉德·菲尔德（Brad Feld）说。

独立董事的重要性

独立董事的作用包括调和既得利益行为。"将打破平局的投票权交给一个不偏不倚的仲裁人可以让创业者和风险投资人的行为更合理，并减少任何一方控制董事会造成的机会主义"，布赖恩·布劳曼（Brian Broughman）写道。[1]

专家研究了 213 位风险投资人对 119 家公司的投资，发现在 25% 的公司中，风险投资人控制了董事会席位；在 14% 的公司中，创始人控制了董事会席位；在 61% 的公司中，风险投资人和创始人都没有控制董事会席位。[2]在这 61% 的公司中，独立董事作为仲裁人，帮助双方达成共同立场。

各种研究和案例评估表明，在多达 70% 的投资中，双方都了解独立董事。"从增加价值的角度看，接触独立思想领袖和高管对我们很重要，"陶氏化学的另类投资总监肯尼思·范黑尔（Kenneth Van Heel）说。[3]

引进独立董事是因为他们得到公司和投资者的共同尊重，他们的行为客观平衡，而且他们有崇高声誉。

---

[1] Broughman, Brian J., "The Role of Independent Directors in VC-Backed Firms," October 13, 2008, available at SSRN: http: //ssrn.com/abstract=1162372.

[2] Steven N.Kaplan and Per Johan Str□mberg, "Financial Contracting Theory Meets the Real World: An Empirical Analysis of Venture Capital Contracts," March 2000（CRSP working paper, No.513）, available at SSRN: http: // ssrn.com/abstract=218175 or doi: 10.2139/ssrn.218175.

[3] 肯尼思·范黑尔（陶氏化学养老基金）与作者的讨论，2009 年 12 月。

董事会的价值创造与评估

"许多风险投资人都有创造价值的秘籍。他们最后都会陷入苏格拉底模式——总是索取信息——不断追问和催促，但从不会转过身说——让我帮你解决问题吧。对于首席执行官而言，这是一件非常耗费时间的事，对于风险投资人而言，这是一种非常自私的行为。"
——布拉德·费尔德（Brad Feld），方铸集团（Foundry Group）[1]

为了确保你作为风险投资人属于董事会资产负债表中的"资产，"你必须了解公司的短期价值驱动力。早期阶段公司的直接价值驱动力可能是产品开发，它需要有敏锐的技术头脑。准备推出产品时，最重要的是找到测试平台或首批顾客。所有阶段都需要规避风险，同时还要面临竞争者或替代产品的持续威胁。随着公司的成长，获取金融资源和成长管理技术的能力日渐重要。最后，退出谈判要求具备协调所有利益相关者利益并确保获得积极结果的能力。多个变量会影响这种复杂的互动，包括公司所处阶段、现在和未来的董事会构成、技能组合、投资者协同性与偏好。

通常，风险投资人可以通过下列价值创造步骤支持早期阶段公司的首席执行官：

◎ 产品开发

◎ 销售与收入增长

◎ 提高利润率

"一流风险投资人（VCs）邀请你共同投资的唯一原因是你有

---

① 布拉德·费尔德（方铸集团）与作者的讨论。

增加价值的能力——它可能是你的专业知识或人脉。你必须赢得他们的尊重和信任，才能受邀参与未来交易，"华登国际（Walden International）的陈立武（Lip-Bu Tan）说。董事会成为了建立关系的场所。[1]风险投资人参与公司经营的方式决定了这些关系的强度。

普华永道对 350 多家得到种子融资或首轮融资的公司开展了一项研究。[2]以下是这项研究使用的三个价值创造指标：

1. 战略：市场规模、竞争地位和商业模式。
2. 资源：现金流、投资者贡献的价值和管理团队实力。
3. 业绩：产品开发、渠道 / 联盟和客户获取。

这项研究得出结论，成功进行首次公开募股的公司已经成功吸引客户、建立分销渠道、实现稳健现金流并且很早就占据了强大的竞争地位。另一方面，被收购的公司市场较小，循序渐进地开发产品、获取客户和开发渠道。

⌐ 价值创造

安德森 - 霍罗威茨风险投资公司有一支内部市场开发团队，他邀请财富 1 000 强公司——如耐克和斯普林特（Sprint）——开会，目的是让部分投资组合公司可以向其推销产品和发展商业关系。该公司每年要开 1 200 次这样的会议。

良好治理是通往价值创造的第一步

麦肯锡对 2 500 多名董事和高管进行的一项调查得出结论，机构投资者愿意对治理良好的公司股票支付 14% 的溢价。[3]另一方面，糟糕的治理将转化为失败的投资，甚至引起法律诉讼。

在不同的风险投资阶段，董事将在识别价值、增加价值、维持动力和规避风险等领域发挥作用。每个公司发展阶段都有独特的价值概念。研究公司需求与风险投资人专长的适合度时，首先需要研究基本动力：资本。风险投资人"购买"董事会席位，并运用其拥有的智力资本与社会资本为公司增加价值。

---

[1] 陈立武（华登国际）与作者的讨论，2008 年 12 月。

[2] PricewaterhouseCoopers, "Paths to Value," 2002. 《创造价值之路》研究分析了美国、欧洲和以色列的 350 多家在 1999 年至 2001 年得到种子或首轮私募融资的研发公司与服务密集型公司。

[3] McKinsey & Company, *The State of the Corporate Board, 2007: A McKinsey Global Survey*, accessed January 30, 2011. 这项调查的受访者共有 2 268 人，包括 825 位董事和高管。

⊳ 董事会最佳实务

采取以下做法有助于确保董事会的健康发展：

1. 制定列出会议频率的年度日程表，包括可以"深入讨论"、评估公司进展并制定今后 12 个月的路线图的年度战略会议。

2. 确保提前分发董事会资料。这些资料包括：

　a. 议程

　b. 上一次会议的记录

　c. 公司概况：主要重点是关键目标和进展。根据公司的阶段和发展，概况可能包括：

　　Ⅰ. 关键目标进展：尤其是未能按期达到目标的情况并制定对策。

　　Ⅱ. 产品开发：提供已完工样品、测试品、进行先导客户测试。

　　Ⅲ. 销售与市场营销：

　　　◎ 渠道

　　　◎ 实际销售额与预算

　　　◎ 总利润率

　　　◎ 竞争

　　　◎ 客户反馈

　　Ⅳ. 财务状况重点：提供现金头寸和资金消耗率，包括利润表、资产负债表和现金流量表。

　　Ⅴ. 包括需要考虑的任何重大事项。

　d. 解决方案

3. 秘书负责记录董事会会议内容。通常，会议记录是简明真实的记录，它简要记述了解决方案与结果。公司顾问负责协助确保会议记录的准确性。

4. 在与法律事务和收购相关的讨论中，可以参考董事会白皮书、会议记录和解决方案等资料。

首席执行官如何看待风险投资人的增值作用

一项非正式研究要求样本中的风险投资支持公司总裁和创始人评估风险投资人的贡献。[①]根据调查结果，风险投资人最重要的三项贡献为：

[①] Fred Dotzler，"What Do Venture Capitalists Really Do，and Where Do They Learn to Do It？" De Novo Ventures，accessed January 30，2011，www.denovovc.com/articles/2001_Dotzler.pf.

1. 提供资金、建议和引荐
2. 确定战略重点
3. 招聘与雇用高管——首席执行官和副总裁

风险投资人贡献最低的领域包括：

◎选择专业人才、法律、专利、会计

◎与其他公司的战略关系

◎对市场营销和管理提出实用建议

当风险投资人不具备创业背景时，他们通常很难对市场营销提出实用建议。"我遇到过这种情况，初级风险投资人过度迷信假设分析，要求首席执行官为没必要考虑的情况——比如陨石撞地球——作出准备，"首标资本的里克·海茨曼（Rick Heitzmann）说。

不干涉

在对 150 多名首席执行官进行的一项调查中，58% 的受访者称，他们希望与对创业者友善并有合作精神的风险投资公司合作……但他们担心风险投资公司进行太多干涉。只有 1% 的受访者认为风险投资公司的干涉是重要优点。①

资料来源：NVCA，Branding and Venture Capital：Research Preview，July 2013. Survey conducted by DeSantis Breindel.

另一项对 300 多家公司进行的调查发现，董事的最大价值是协助未来融资。据受访首席执行官称，缺少行业知识和投入时间不足是董事最大的两个弱点。法利思投资（Felicis Ven tures）的艾丁·森库特（Aydin Senkut）说："我认为董事可以从更战略性的方面为投资组合公司增加价值，而不仅是增加花在投资组合公司上的时间——例如，我们可以在真正重要的方面帮助创始人——通过人脉帮助公司实现退出或者招聘首席财务官等重要高管。有时只需一个 30 分钟的电话就能帮公司联系到这些重要资源，但它可以转换为巨大价值。"

---

① NVCA，Branding and Venture Capital：Research Preview，July 2013，survey conducted by DeSantis Breindel. http：//nvcatoday.nvca.org/index.php/nvca-study-explores-the-importance-of-brand-management-in-the-venture-capital-industry.html（Accessed on April 8，2014）.

作为价值驱动力的行业专长

行业专长、部门／领域专长——这些术语在风险投资业中的意义基本相同。一些风险投资人通过实践——创办公司——积累经验，而还有一些风险投资人通过观察——了解行业趋势并与业内专家讨论投资机会——积累经验。只要风险投资人能提供实际帮助，投资组合公司的首席执行官并不关心他们如何获得这些知识。

以柏尚投资（Bessemer Venture Partners）的戴维·科万（David Cowan）为例，他是网络安全专家，但他成功地将自己的专业知识扩展至其他领域。"多年来，柏尚已经对软件即服务（SaaS）[1]领域进行了若干投资。我们利用对该领域的投资和知识设计出独特指标，它们是重要的价值驱动力。我们向投资组合中的所有软件即服务公司提供这些指标，它有助于这些公司评估自身与其他软件即服务公司的业绩，"科万说。

作为价值驱动力的供销关系

任何风险投资支持的公司都需要快速接触潜在客户和供应商的渠道。有强大人际关系的风险投资人能减少这个过程中的摩擦。"在 A 轮投资的前 12 个月中，我与一家投资组合公司开了至少 15 次客户会议。快速接触决策者对初创企业很重要——从本质上讲，这能让你加快进入市场的时间。"陈立武（Lip-Bu Tan）强调，风险投资人应该在每个发展阶段——产品规划、客户获取、生产、组织发展——发挥作用。然而，风险投资新手可能会犯一个经典错误，就是过于深究。"我常犯的一个错误是，对销售渠道指手画脚，并质疑首席执行官销售产品的可能和时机。这让双方精疲力竭，而且很难产生积极结果。"相反，正如夏斯塔投资（Shasta Ventures）的拉维·莫汉（Ravi Mohan）的建议，风险投资人应该了解销售动态。"我想起我参加的第一次董事会，当时我希望审核销售管道。这是一个常见错误和一着臭棋。现在我将重点放在高水平季度目标上并了解销售周期、客户购买动机和这个过程中的摩擦，从而更好地为首席执行官服务。明智地利用董事会，让首席执行官从董事会付出的时间和智慧中受益是很重要的。"

作为价值驱动力的商业策略

"我投资的一家公司最初计划开发一种产品——我说服该公司的领导成立

---

[1] 译者注：软件即服务是一种通过互联网提供软件的模式，厂商将应用软件统一部署在自己的服务器上，客户可以根据自己的实际需求，通过互联网向厂商订购所需的应用软件服务，按订购的服务多少和时间长短向厂商支付费用，并通过互联网获得厂商提供的服务。（摘自百度百科：http://baike.baidu.com/view/369107.htm）

一家服务公司。显然，这种服务模式将有效运行并解决公司希望解决的问题，"星火资本（Spark Capital）的创始人托德·达格里斯（Todd Dagres）说。[1]托德在麻省理工学院奖金为 50 000 美元的商业计划书竞赛中认识了阿卡迈（Akamai）的创始人，当时这家公司尚处在萌芽阶段，其商业模式的许多关键方面都得益于托德的帮助。阿卡迈在夏威夷语中是"聪明"的意思，现在它是一家上市公司，收入超过 8 亿美元。

▷ 作为价值驱动力的工作成果：迦南合伙公司（Canaan Partners）的布伦特·阿伦斯（Brent Ahrens）

"在我的早期职业生涯中，一家投资组合公司的首席执行官曾咄咄逼人地对我说：'嘿，你以前什么时候干过这个？'我的回答很诚实——我以前没有经营过公司，但是请让我举一个具体例子。我介绍了我如何推销一种产品以及它如何有力地提升了销售额。"

布伦特·阿伦斯用实际案例和支持数字说明了他富有思想的方法，因而能与首席执行官建立牢固关系，为公司增加价值。显然，这是新董事获得首席执行官信任与尊重的最佳方式。

布拉德·费尔德（Brad Feld）说得很对："每位首席执行官和每家公司的需求都不同，不存在什么增值公式。具体情况要具体分析。"机构投资者顾问亚历克斯·班加什（Alex Bangash）说，渠道是由掌握的资源决定的，渠道重要无非是它能为投资组合提供价值。"你可以通过网络工具、会议和专门团队增加价值。渠道是独一无二的，但它的核心在任何情况下都相同——公司可以通过设计合伙人、增长黑客（growth hackers）[2]和招聘网络增加价值。"

美国公司董事协会（National Association of Corporate Directors，NACD）对300 多名参与者进行的私人公司治理调查得出结论，董事会有效性最薄弱的三个领域是董事教育与发展、董事会与董事评估和首席执行官继任规划。通常，风险投资支持的董事会几乎没有时间进行教育、发展和自我评估。

---

[1] 阿卡迈公司后来成为了一家全球互联网／网络公司。
[2] 译者注：增长黑客是科技初创企业常用的一种市场营销方法，它使用创造力、分析性思考和社交网络销售产品并获得知名度。（摘自维基百科：http://en.wikipedia.org/wiki/Growth_hacking）

董事会的自我评估

董事会的自我评估尽管很少发生，却至关重要。风险投资支持公司的董事会往往规模较小、互动性较高。因此，这些公司的董事会可能永远不会进行正式自我评估。不过，一些风险投资支持公司的首席执行官表示问题在于时间和注意力。在麦肯锡公司对 586 名公司董事进行的一项研究中，受访者指出，他们愿意多花一倍时间考虑战略问题，并至少花五倍时间用于人才管理。[1]

诸如"他学会了如何做一名董事。我们付学费，"或者"我的策略是尽量减少价值损失"[2]等言论显示出董事会面临的基本挑战。白皮书《风险投资支持董事基本职责简明指南》[3]建议在年度自我审核中采用下列标准：

◎ 做好准备
- 在开会前温习所有董事会资料。
- 注意公司面临的重要短期挑战和长期挑战。
- 与其他董事在会议间隙沟通。
- 及时、彻底地完成任务。

◎ 达成一致
- 在关键业绩指标和挑战上与其他董事和首席执行官达成一致。
- 确保其他董事与首席执行官达成一致并提供支持。
- 提出与业绩和冲突相关的问题，这些问题不应该被忽略或遮掩。

◎ 保持关注
- 出席所有董事会，认真思考议题，不接电话或电子邮件。

◎ 有所贡献
- 积极寻找协助首席执行官实现或超越目标的方式。首席执行官是董事会的核心，风险投资人的任务是支持他并尽可能留在幕后。

当时间是最重要的资源时，尤其是在早期阶段公司中，董事不会主动承担任何额外任务。这是证明领导力的机会。北海岸科技投资者（North Coast

---

[1] McKinsey Quarterly, February 2008 Survey on Governance. 在 586 个受访者中，有 378 家私人持股公司，因此它是与我们的讨论相关的样本。

[2] William D.Bygrave and Jeffry A.Timmons, *Venture Capital at the Crossroads*（Harvard Business Press，1992），220.

[3] Working Group on Director Accountability and Board Effectiveness, "A Simple Guide to the Basic Responsibilities of VC-Backed Company Directors," October 2007, www.nvca.org/indesx.php?option=com_docman&task=doc_download&gid=78&Itemid=93.

Technology Investors）的林赛·阿斯佩格伦（Lindsay Aspegren）说："身为董事，我们的任务是在瞬息万变的微观环境中作出决策。我们必须有效管理变化。我们不仅要理解这项工作，还要具备进行这项工作所需的技能和经验。我们这一行太强调初始阶段和交易，但不够强调投资后计划。"

董事会面临的挑战 | 第二十三章

> "造成问题的根本原因是在现代社会中，蠢人过分自信而聪明人充满疑惑。"
>
> ——伯特兰·罗素（Bertrand Russell）

当投资组合公司面临挑战时，风险投资支持公司的董事会将承受巨大压力。这些挑战表现为：

◎ **资源挑战**

- 销售增长低于预期。
- 现金头寸薄弱。

◎ **业绩挑战**

- 没有实现目标。
- 在预定时期或预算内没有完成价值创造步骤。
- 丢失重要客户或大客户。
- 核心高管或人才流失。
- 首席执行官更替。

◎ **基于市场的挑战 / 外部挑战**

- 受约束的市场条件影响销售或未来融资。
- 竞争对手打乱公司发展步伐。
- 与知识产权相关的问题导致意外状况。

亚瑟·罗克（Arthur Rock）辞去苹果董事职务，是因为他被史蒂夫·乔布斯表现出的厚颜无耻激怒了。"他们在你能想到的每种报纸上都打了两版广告，宣布他们准备推出 PowerPC，而我甚至不知道他们要生产这种东西——但这不重要——重要的是这会毁掉英特尔。毫不夸张地说——我就是这样认为的。当时，我就辞职不干了，"他说。①

帕斯卡尔·列文森（Pascal Levensohn）称，情感行为模式表现为多种形式，包括为给朋友留下深刻印象而进行的自我表现、为保住面子而采取的行为、利己行为和私人恩怨。不加抑制的情绪宣泄可能削弱董事追求股东最大利益的能力。独立外部董事在决定公司能否成功中可以起到关键作用。②

股东面临的挑战

不同优先权的多类股份彼此叠加，将变得错综复杂，因而跟踪每个主体的议程和经济利益可能变得很难。此外，尽管投资条款可能是静态的，但风险投资人及其基金的状况是动态的。

任何风险投资基金都有优先股，而管理层可能持有普通股。因此，如果管理层或普通股股东无法受益，关于退出的讨论难免受挫。在一些例子中，普通股股东成功通过谈判在同意出售公司之前获得了额外收益。一位创业者称，股票分拆只是因为风险投资人（VCs）担心股东可能就出售条款提起法律诉讼。在另一个例子中，由于风险投资人缺少控制董事会的能力，风险投资人进行了股票分拆以获取其他董事对出售公司的支持。③

与现金流相关的问题

如果资金消耗率太高，管理层就会被视为首犯。董事会和首席执行官对支出速度和优先支出可能产生意见分歧。当业绩平平时，退出时的现金分配优先权可能会导致双方关系紧张——例如，主要使投资者受益的应计股利是否应该优先于管理层业绩奖金发放？

与业绩相关的挑战

你是在花钱挽救沉没资本还是在促进增长？以尼昂公司（NEON）——拱门投资（ARCH Venture Partners）支持的一家医疗 IT 公司——为例。这家公司为医院开发了组织数据、提高交易速度的工具。它的目标市场从未形成，因为医院的 IT 协议尚未达到能最大化尼昂公司技术潜力的程度。任何向医院出售

---

① Arthur Rock, interview by Sally Smith Hughes, 2008-2009, "Early Bay Area Venture Capitalists: Shaping the Economic and Business Landscape," accessed January 30, 2011, http://digitalassets.lib.berkeley.edu/roho/ucb/text/rock_arthur.pdf.

② Pascal Levensohn, "The Problem of Emotion in Boardroom," *Directors and Boards*, Spring 1999.

③ Brian J. Broughman and Jesse M. Fried, "Renegotiation of Cash Flow Rights in the Sale of VC-Backed Firms," *Journal of Financial Economics*, Vol.95, pp. 384-399, 2010; UC Berkeley Public Law Research Paper No. 956243.Available at SSRN: http://ssrn.com/abstract=956243.

产品的 IT 公司都要注意销售周期，它可能长达 9 个月甚至更长。尼昂公司是拱门投资最大的投资之一，因此，合伙人投入了大量时间挽救这个投资机会。当投资机会尚未展露成功的曙光时，许多风险投资人都面临着这个难题。"技术必然有市场……我们只是还没找到它，"拱门投资的创始人史蒂文·拉扎勒斯（Steven Lazarus）回忆道。由于医院采用新技术的速度很缓慢，这家公司将目标市场转移到华尔街。它的技术非常适合速度更快的交易和信息传输，5 年后，该公司被收购前的收入增至 1.8 亿美元。[①]尽管存在市场挑战，拱门投资仍继续支持这家公司，它获得了回报。

不妨比较尼昂公司与已倒闭的网络杂货商网络货车（Webvan）——这家公司出售面包和蔬菜等杂货，它的破产被称为网络泡沫崩溃中最著名的破产案之一。该公司在 18 个月中花 10 亿美元建造了多个未来风格的仓库，承诺可在 30 分钟以内提供杂货。网络货车的投资者包括著名风险投资公司——红杉资本（Sequoia Capital）、标杆资本（Benchmark Capital）和其他几家风险投资公司。该公司还通过上市筹集了大约 5 亿美元（它的股票在几个月内从 30 美元跌到 6 美分）。它的高管或投资者没有任何超市经营经验——两年后，网络货车从一家有 4 500 名员工、市值 12 亿美元的公司变成了一家濒临清算的公司。"在线杂货商需要快速扩大规模的假设对亚马逊起效，但对其他商家没有起效，"高德纳公司（Gartner）[②]的分析师惠特·安德鲁（Whit Andrew）在网络货车破产时说。[③]他的预言成为了现实，2009 年，亚马逊让网络货车重获新生，并推出了"亚马逊生鲜"（AmazonFresh）。

每个案例的背后都存在业绩挑战。尼昂公司和网络货车都没能进入市场。然而，市场条件——网络繁荣与网络泡沫破灭——以及每家公司的资本需求（网络货车需要很多投资，而尼昂公司不需要）都是决策标准。不管原因是什么，网络货车的董事会面临的挑战都远远多于尼昂公司。

列文森投资（Levensohn Venture Partners）的创始人帕斯卡尔·列文森（Pascal Levensohn）说："存在串谋机会时，就可能出现这种挑战。"[④]多数风险投资人都不是专横跋扈者，他们希望提供支持，帮助公司成长，而这些风险

---

① Robert Finkel and David Greising, *The Masters of Private Equity and Venture Capital*（McGraw-Hill;First edition November 2009），216.

② 译者注：一家从事信息技术研究和咨询的美国公司。

③ "The greatest defunct Web sites and dotcom disasters，"CNET.2008-06-05.Archived from the original on 2008-06-07.Accessed March 21，2011，www.cnet.com/news/the-greatest-defunct-web-sites-and-dotcom-disasters/.

④ 帕斯卡尔·列文森（列文森投资）与作者的讨论，2010 年 8 月。

投资人很容易受到预先计划好的攻击。关于风险投资人董事面临的挑战，GCA
萨维恩（GCA Savvian）①的史蒂夫·弗莱彻（Steve Fletcher）的看法很现实。
"如果一家公司的高管真的开始欺骗别人，如果他们捏造发票或客户，审计师、
董事或投资银行将很难发现这种欺诈。首席执行官和首席财务官是公司里最重
要的高管。在现实中，他们是你的主要信息来源。"②在15—20名员工组成的
小公司中，董事会的主要互动对象是首席执行官和首席财务官。对任何风险投
资人而言，安特留（Entellium）的例子都是一个惨痛教训。

▶ 轻信的董事会和骗子首席执行官：5 000 万美元的教训

自：保罗·约翰斯顿（Paul Johnston）
致：皮特·索维克（Pete Solvik）；乔纳森·D·罗伯茨（Jonathan D. Roberts）
标题：辞职
乔纳森和皮特：

这是一封很难动笔的电子邮件，但帕里什（Parrish）和我现在都提出辞职。我们
都犯了个大错，向董事会提交了错误的收入报告。回想当初，我认为我们可以纠正错误，
修改报告，但我们没能做到。月收入被夸大了约 40 万美元……

由此，已经对这家公司投资了 5 000 万美元的风险投资人开始了一场悲惨噩梦。
西雅图公司安特留正在推动下一轮客户关系管理工具革命，这一变故让它如坐针毡。
安特留在短短四年中脱颖而出，获得了《商业周刊》和弗雷斯特研究公司（Forrester
Research）颁发的无数产品设计奖项并被授予"客户关系管理市场领导者"称号，最
后却以首席执行官保罗·约翰斯顿和首席财务官帕里什·琼斯（Parrish Jones）被捕而
收场。

这两人被控故意虚报收入数字以吸引风险投资。他们暗中串谋，另设了一套账目。
他们向安特留的董事会报告的公司收入为 520 万美元，而实际收入为 170 万美元左右。③
就像优秀运动员令人不解地服用类固醇一样，安特留的首席执行官和首席财务官不断夸大
公司业绩，直到它几乎成为空中楼阁。约翰斯顿和琼斯用假象迷惑了投资者，投资者出
于信任投资了 5 000 万美元。最大的风险投资基金之一损失了大约 1 900 万美元。④

---

① 译者注：一家日本投资银行。
② Constance Loizos, "Could It Happen to You?" *Venture Capital Journal*, November 1, 2008, accessed January 30, 2011, www.jphibbard.com/uploads/VCJ%2011-01-08.pdf.
③ Dan Richman, "Former CEO of Entellium Pleads Guilty to Wire Fraud," *Seattle Post-Intelligencer*, December 11, 2008, accessed January 30, 2011, www.seattlepi.com/business/391777_entellium12.html.
④ Kristie Heim, "Entellium CEO Pleads Guilty to Wire Fraud," *Seattle Times*, December 12, 2008, accessed January 30, 2011, http: //seaeeletimes.nwsource.com/html/businesstechnology/2008499215_entellium120.html.

◎ **消除盲点**。公司经营顺利或不顺利时都会产生盲点。负责起诉约翰逊和琼斯一案的美国助理检察官卡尔·布莱克斯通（Carl Blackstone）称安特留为一家"有真实产品和真实员工的合法公司，"唯一的不和谐之处就是收入被夸大，约翰斯顿从中获取了大约 140 万美元好处。[1]换言之，董事会没有看到表明账目可疑的明显警示信号。财务数字——甚至是约翰斯顿和琼斯夸大的数字——是合理的，它符合安特留这种稳健公司以及这个有活力的行业应有的表现。作为风险投资人，你可能很难质疑有魅力、有干劲的创始人和首席执行官，尤其是当财务数字看上去无可挑剔时！如果风险投资人学会聪明地质疑一切事实，就能避免被蒙蔽。定期对销售数据进行深入审核以深挖财务记录等保障手段有助于消除盲点。

◎ **定期进行审核，从而对工作保持合理的怀疑态度**。一项研究发现，在 1 170 位至少曾帮助一家投资组合公司上市的风险投资人中，196 人（11.07%）曾为一家有欺诈行为的首次公开募股公司融资，154 人（8.7%）曾为退出后犯有欺诈罪行的首次公开募股公司融资。[2]显然，支持安特留的风险投资人并不孤单。

◎ **支持核心管理者并增进信息沟通**。在安特留的例子中，如果能与公司管理团队建立更牢固的关系，本可以更早发现欺诈问题，因为共谋主要是在首席执行官和首席财务官之间进行的。"你总希望听到不属于管理团队，与管理团队没有直接利益的人的观点，"为风险投资人进行尽职调查的研究集团奎德南克集团（Quidnunc Group）的贾斯廷·希巴德（Justin Hibbard）说。[3]

◎ **内部审计**。你应该索要客户名单与订单金额，并对详细数字进行查证。遗憾的是，审计的额外成本可能很高。根据选择的审计师事务所和工作范围，每年的审计费用可能高达 50 000 美元，随着公司成长，审计成本也会快速增加。然而，作为一种保障手段，它能够保护投资、让人放心，因此是值得的。

尽管首席执行官对公司的成功很重要，但也需要对他进行检查和制衡。

首席执行官的交接

作家兼教授诺姆·沃瑟曼（Noam Wasserman）在他的著作《创始人的困境》（*The Founder's Dilemma*）[4]中写道："创业者每迈出一步都要在赚钱和管理企业之间进行选择。无法判定哪种更重要的人往往最后既赚不了大钱，也握

---

[1] Christie Heim，"Entellium CEO Pleads Guilty to Wire Fraud."

[2] Xuan Tian，Gregory F.Udell，and Xiaoyun Yu，"Disciplining Delegated Monitors：Evidence from Venture Capital，"January 23，2011.Availabie at SSRN：http：//ssrn.com/abstract=1746461.

[3] Constance Loizos，"Could It Happen to You?"

[4] *Harvard Business Review*，February 2008.

不住权力。"首席执行官的几种行为特征可以作为首席执行官可能换人的警告信号。帕斯卡尔·列文森（Pascal Levensohn）指出，这些警告信号包括首席执行官的以下行为：

◎ 拒绝董事会的意见并在错误的道路上一意孤行

◎ 经常缺席

◎ 对董事会防备而抗拒，对董事会质询置之不理

◎ 不积极告知董事会信息

◎ 推卸责任或对指责充耳不闻

如果忽略这些警告信号，可能会导致更严重的管理不善问题，例如，收入不足、业绩差距、无法按时实现购买目标或完成合同、员工大批离职。当首席执行官拒不放弃控制权时，公司价值通常会受到负面影响，如表 23.1 所示。

表 23.1 首席执行官同时放弃董事会控制权和首席执行官职位时对公司价值的影响

	对公司价值的影响比例（百万美元）N=230	对公司价值的影响比例（百万美元）N=219
放弃首席执行官职位和董事会控制权	6.5	9.5
只放弃首席执行官职位	5	7.2
只放弃董事会控制权	4.1	6.1
既保留首席执行官职位又保留董事会控制权	3.3	4.8

资料来源：Founder's Dilemma，Noam Wasserman。

首席执行官的交接管理

在所有风险投资支持的初创公司中，约三分之二的公司更换了创始时的首席执行官或高管，如表 23.1 所示。提出和管理高管交接是风险投资人董事最重要的决策之一。风险投资人董事和首席执行官通常在此时出现摩擦。当首席执行官通过招聘他信任的团队成员建立管理团队时，内部爆发矛盾的风险很高。随着视角的拓宽，风险投资人董事可能主张招入首席执行官圈子以外的人才。这种战略性招聘可能要求创始成员退出管理团队，转而担任更具支持性、咨询性的角色，这是个很困难的任务。

这种变更对双方都是挑战——在公司形成阶段，风险投资人为首席执行官提供指导，担任顾问，甚至开玩笑说自己是"公司心理医生"（corporate shrinks）。这种逐渐增强的关系导致人际关系日益深化，但是风险投资人需要意识到友情的后果。"我之前犯的错误之一，就是试图和创业者做朋友。你最终会了解到，你可能喜欢他们，钦佩他们……然后你会与他们走得太近，这会在某些方面约束你，"阿塞尔合伙公司（Accel Partners）的詹姆斯·斯沃茨（James Swartz）曾经说。[1]

表 23.2 显示了创始人在不同阶段的变化。管理这些变化的最佳方式是预测变化，监督显示公司领导层出现问题的早期信号，并在缺陷造成不可挽回的破坏之前快速果断地行动。实现这种目的的一种方法是双方建立具体的业绩预期。对首席执行官的年度业绩审核，包括管理团队反馈、董事会反馈和其他重要利益相关者的意见都是至关重要的。

表 23.2　各轮投资的首席执行官变化　　　　　　　　单位：%

	A 轮	B 轮	C 轮	D 轮
创始人仍然是首席执行官	75	62	48	39
第二任首席执行官	19	29	35	38
第三任或第三任以后的首席执行官	6	9	17	23

资料来源：Founder's Dilemma，Noam Wassermann。

除了价值创造，董事还在评估首席执行官业绩以及帮助寻找和招聘其他合适的管理团队成员中发挥着至关重要的作用。研究显示，在风险投资支持的公司中，管理层变动是常有的事，几乎一半的首席执行官都会离职。在公司的快速发展阶段，创始人无法保留首席执行官的职位——他们很难在瞬息万变的市场中管理人才、预算和技术。因此，风险投资人需要准备寻找和招聘重要管理人才。凯鹏华盈（KPCB）的约翰·多尔（John Doerr）自称为"光荣的招聘者"。标杆资本（Benchmark Capital）仍沿用将首席招聘官纳为完全合伙人的做法。莱昂纳德·伯塞克（Leonard Bosack）和他的妻子桑迪·勒纳（Sandy Lerner）成立了思科系统（Cisco Systems）。他们从红杉资本筹集到了 250 万美元的首笔 A 轮融资后，在思科的任期持续了四年。[2]

---

[1] James R. Swartz，interview by Mauree Jane Perry，2006，"National Venture Capital Association Venture Capital Oral History Project，" accessed January 30，2011，http://digitalassets.lib.berkeley.edu/roho/ucb/text/rock_arthur.pdf.
[2] Pete Carey，"A Start-up's True Tale：Often-Told Story of Cisco's Launch Leaves out the Drama，Intringue，" *Mercury News*，December 1，2001.

在风险投资业的行话中，更换管理层（change management）不是指管理变化（managing change），而是非常字面的意思，即更换管理团队的成员。"这是一个非常艰难而且容易出乱子的决策，"迦南合伙公司（Canaan Partners）的迪帕克·卡姆拉（Deepak Kamra）说。他补充道："假设首席执行官最终能实现预期目标要容易得多，因此我们不妨留住他。"

曾在门罗投资（Menlo Ventures）工作的托马斯·H·布雷特（Thomas H. Bredt）指出，他的一家投资组合公司有一位非常高效的首席执行官，他能打造出世界级的产品。"团队已经克服了产品风险，超越了我们的预期——首席执行官是一位优秀的工程师，他能将产品推向市场。在首次公开募股之后，我们都认为创始人更适合担任董事会主席。巩固首次公开募购后的公司地位需要完全不同的技能。"组织发展和管理、实现持久增长、捍卫竞争优势——所有这些都要公开接受分析师的检验——要求不同的能力素质。

正如约翰·肯尼思·加尔布雷思（John Kenneth Galbraith）所言："优秀创业者实际上可以比作雄性'意蜂'（epis mellifera）。他以自己的消亡为代价实现了理想。"[1]一开始管理产品开发的人很少能学会管理人才并最终学会管理首次公开募股后的公众预期。作为人类，涉及管理人才、产品和资本时，我们很少认识到自己的缺点和无能。

围绕这个主题进行沟通管理非常重要。最终作出撤换首席执行官的决定时，董事会和首席执行官还将同意向员工、客户、投资者和其他利益相关者提供明确信息，让每人都确信公司在交接期间的经营状况仍将持续完好。

交接管理最佳实务

尽管每笔投资一开始都假设团队将表现良好，但需要对交接工作制订计划时，风险投资人必须有效管理以下问题：

◎ 优先考虑建设公司需要的技能和经验。

◎ 征得董事会和现任首席执行官的支持。

◎ 提前为创始人安排新工作。如果首席执行官自己提出变更职位的要求，如表 23.3 所示，他们将担任其他高管职位并可以继续为公司增加价值。

◎ 寻找人才是优先事项。应该由一位董事负责此项工作。

◎ 选择说服者：通常，公司需要说服优秀的职位候选人接受这项工作。可以选派一位董事——说服者——与理想的候选人合作以拉近关系。

---

[1] John Kenneth Galbraith, *The New Industrial State*（Boston：Houghton Mifflin，1971）.

表 23.3　变更首席执行官的触发因素与首席执行官的交接　　　　单位：%

	转而担任首席技术官或首席服务官	担任其他同级高管职位	立即离开公司	担任较低层次的高管职位
更换首席执行官的触发因素＝董事会	26	25	37	13
更换首席执行官的触发因素＝创始人首席执行官	24	49	24	2

资料来源：*Founder's Dilemma*，Noam Wasserman。

◎ 确保创始人和新任首席执行官目标一致，制定有效的"不干涉"程序。

◎ 与新任首席执行官保持密切关系：为了确保平稳交接，在前几个月与首席执行官保持密切联系。避免在首席执行官到任后出现松懈。

正如托马斯·布雷特指出的，"迄今为止，风险投资人能为首席执行官提供的最大帮助是，教育和警告首席执行官——最好在进行投资前——职位变更是常事。"[1]

退出方法、退出时间和退出价值的协调

成功的风险投资人董事对退出策略有一致而清晰的理解，并且能强烈地感知公司何时成熟，何时走向衰败。如果公司无法实现目标，遭遇资源萎缩，或者面临竞争压力——退出方式和退出价值就可能受到严重影响。另一方面，在合适时间将公司出售给公司买家或者在证券交易所上市才能获得理想结果。

但是时机的把握对退出很重要，利益相关者的目标一致性也很重要。如果一位风险投资人面临着比其他投资者更快实现退出的压力，那么这种不一致性就可能减少退出价值。此外，如果首席执行官或管理团队不希望退出，投资者最后就会面临另一些挑战。

随着公司日渐成熟，单凭一个人很难——甚至不可能——掌握在每个阶段指导首席执行官并提高公司价值的所有必要技能。董事的增值能力可能会下降，他们需要让位于公司里更合适的同事。实际中很少发生这种情况——董事竭尽全力让自己的势力在公司中扎根，尤其是当公司开始快速发展时。只有在发生危机时，才会忍痛弃掉创始人董事。

---

[1] 托马斯·布雷特（门罗投资）与作者的讨论，2008 年 7 月。

挑战的核心在于尊崇英雄的摇滚明星文化——发生重大退出和回报时，风险投资人将成为明星。实现退出时，董事就像冲过万众瞩目的终点线的英雄，他们的履历也将因此而增色。但是为了换人而换人也可能带来挑战——公司可能丧失急需的人才。对新董事的教育以及新董事营造恰当氛围的能力至关重要。从宏观上看，更换首席执行官的挑战可能没那么严峻，但仍然利益攸关。

退出策略 | 第二十四章

"我得向你耳边讲句体己的话，
有买主的时候赶快卖去了吧；你不是到处都有销路的。"
——威廉·莎士比亚（William Shakespeare），
《皆大欢喜》，第三幕第五场

　　投资组合公司被收购或者股票上市；这是风险投资人举杯相庆、如释重负的珍贵时刻（但愿也是欢乐时刻）。投资回本，完成了一个完整周期——投资者通过卖出投资组合公司的股票"退出了投资"。

　　下面将介绍两种主要的退出选择——收购和首次公开募股（IPOs），以及某些炙手可热的科技公司考虑的一种新选择——私募股权交易所。

　　◎ **兼并与收购（并购或股份转让）：**兼并与收购是风险投资支持公司最常用的退出路径。它也被称为股份转让，指将投资组合公司卖给一家较大的公司。这种交易将使投资者获得收益，然后投资者将收益与有限合伙人分享。

　　◎ **首次公开募股：**首次公开募股是一种至高荣誉；投资者将公司在公共证券交易所挂牌并首次将私人持有的股票卖给公众。当然，很少有公司能证明自己已具备进行首次公开募股的增长潜力和价值。当公司具备这些条件后，需要遵守美国联邦监管机构证券交易委员会（SEC）规定的公开募股规章制度，以保证各方遵守诚信原则。一些风险投资人将公开募股当作融资而非退出。与收购相比，首次公开募股通常能为投资者提供更高的收益，如表 24.1 所示。

表 24.1 收益率：为什么首次公开募股更好

退出方式	观察到的数量	内部收益率中值（%）	内部收益率均值（%）	标准差
首次公开募股	108	58.39	123.42	207.97
股份转让	423	18.23	75.32	408.27

资料来源: Data from Center for Private Equity Research, Frankfurt. Period from 1971 to 2003. Carsten Bienz and Tore E. Leite, "A Pecking Order of Venture Capital Exits" (April 2008). Available at SSRN: http: //ssrn.com/abstract=916742.

◎ **私募股权交易所**：SharesPost 和 SecondMarket 应运而生，向热情的买家出售抢手初创企业的股票。毕竟，谁不想对脸谱网分一杯羹呢？

◎ **赎回股票**：还记得你协商过的赎回条款吗？——规定你可以像对待债务工具那样对待股票，并在五年后开始还款的条款？这从技术上讲是退出，但是没有哪位称职的风险投资人会公开谈论赎回问题。

是的，核销坏账从技术上讲也是退出，但本章不需要详细阐述这个问题。如图 24.1 所示，投资组合中的劣质公司毫无疑问总会成熟得更快。换言之，亏损也会发生更快。

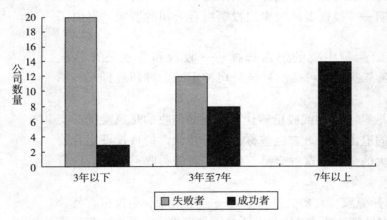

资料来源: Jeffry Timmons, *New Venture Creation*: *Entrepreneurship for the 21st Century*, 5th ed. (New York: McGraw Hill, 1999).

图 24.1 劣质公司的成熟速度快于优质公司

对普通合伙人（GPs）来说，系统性地跟踪亏损情况是一个好习惯。有限合伙人（LPs）肯定希望了解造成亏损的原因并从中汲取经验。毕竟，他们的目标是避免重复犯相同的错误，或者每次都犯新错误！每种退出方式都有自己的优点和缺点，如表 24.2 所示。

表 24.2 退出方法的优点与缺点

退出方法	优点	缺点
收购（股份转让）	速度快。 降低了监管挑战。（假设美国联邦交易委员会不干涉！） 与首次公开募股相比，估值可能较低，但正如许多风险投资人指出的，它的效率很高	需要买家才能做成交易。 在某些情况下，盈利能力付款计划可能超出了现有管理层或现有投资者的控制 创始人或其他股东不能保留部分所有权
在公共交易所上市或者首次公开募股	在更强劲的市场条件下能获得更高估值。可以使用股票收购。提升公司地位或士气。创始人可以保留部分所有权	公司需要获得高于平均水平的增长率。 过程中需要支付昂贵费用。 监管挑战与市场挑战
私募股权交易所	快速变现。估值较高	公司需要有高知名度和高需求。没有人希望投资于默默无闻的公司。价值由纯粹的泡沫和类似于公开市场的投机行为决定
赎回	能够至少收回部分投资，假设赎回时公司有部分现金	取决于公司赎回股份的能力以及其他资产负债表债务与董事会构成。用于赎回的支出可以在一段时间内摊销，以尽量降低对现金的影响，进而防止内部收益率下降

退出的先决条件

任何退出开始前都需要满足某些先决条件。表 24.3 讨论了这些条件。

表 24.3 退出的先决条件

退出的先决条件	有利条件	不利条件
价值驱动力	快速销售与扩张，市场领导地位与专有地位	增长缓慢、潜力有限。士气低迷。投资失败。失去价值
董事会与投资者的一致性	董事/投资者的退出时间与价值一致	最大的投资者希望快速实现收益——募资周期来了，我们需要实现目标内部收益率！你希望留下来！另一种情况是，最大的投资者（以及董事会主席）灰心丧气，希望卖掉这笔失败投资。另一方面，你是种子投资者，控制一部分股份。普通股股东希望阻止出售，因为 3 倍的优先清算权不会给他们留下任何好处

续表

退出的先决条件	有利条件	不利条件
董事会与管理层的一致性	董事会和首席执行官/创始人的退出时间与价值一致	投资者希望出售公司。首席执行官希望公司继续成长。投资者出售公司——郁闷的首席执行官最后出了书。多么古怪的世界！ 首席执行官希望出售公司——投资者希望继续持有并创造价值。对风险投资人（VCs）而言，这是不成熟的公司清算
市场需求	买家挤破了门。理想的竞价过程驱使价格和内部收益率达到历史新高。出售这家公司——并准备好募集下一家基金所需的私募备忘录？	没有市场需求，但我们想出售公司。雇用一家投资银行，编制账目并开始出售过程。没有借款也没有沉没现金头寸，尝试借入过桥贷款或者接受降价融资。18个月后，关闭公司
宏观条件	强劲的公开市场和经济条件	竞争、利润侵蚀、监管变化

利益相关者的利益一致性

不同利益相关者的利益一致性决定了退出过程是一路顺利还是急转直下。它涉及的内容包括：

◎ 每位董事（或许还有多个投资者）都有不同程度的动机和投资者偏好

◎ 创始人/首席执行官的动机

◎ 普通股股东的利益

当然，董事会的影响最大，但其他利益相关者在策划退出时的作用也很重要。以思科的一位高管为例，他在进行尽职调查时评估了目标公司管理团队的质量和特征。思科通过非正式方法与高管互动，以分析短期目标和长期目标。"我们寻找的是合适的文化、能力和领导风格。我们不关心生产车间中的产品……第二代和第三代产品只存在于他们的脑海中，"一位思科高管指出。[1]思科的首席执行官约翰·钱伯斯（John Chambers）列出了五条公司收购指南，包括"公司之间的气场必须吻合"，以及"全部四方——股东、员工、客户和商业伙伴——的长期共赢"。[2]如果目标公司的创始人和首席执行官不认为退出是成功，买家的尽职调查中将会体现这一点。当健康传媒（HealthMedia）的首席执行官特德·达科（Ted Dacko）准备将公司出售给强生公司时，他并不像担心

---

① David Mayer and Martin F. Kenney, "Economic Action Does Not Take Place in a Vacuum: Understanding Cisco's Acquisition and Development Strategy"（BRIE working paper 148）, September 2002.

② Glenn Rifkin, "Growth by Acquisition: The Case of Cisco Systems," *Strategy and Business* 7（Second Quarter, 1997）, accessed December 13, 2010, http://www.strategy-business.com/article/15617?gko=3ec0c.

团队文化那样担心退出价值。"我希望确保每人都理解退出战略并协同一致——确保我们没有任何消极抵抗行为，"他说。

我们花了很大力气才说服我们的董事——同时也是我们的投资者——接受诸多有助于打造美捷步（Zappos）品牌并让世界更美好的行动。董事们并不完全理解或相信品牌或文化这类东西，他们轻蔑地称其为"托尼（Tony）的社会实验"。红杉资本（Sequoia Capital）计划在五年后退出，不打算继续跟进。我差点就被董事会除名。我了解到，与股东和董事会达成一致非常重要。[1]

退出策略、退出价值和退出时间将随着公司的成熟而变化。风险投资人能强烈地感受到公司何时成熟或走向破产。如果公司没能完成未来融资、错过了目标、耗尽了创意和资源、市场萎缩或转移，那么重要的就是尽快停业而不是拖着等死。[2]相反，在正确时间出售公司或上市当然是理想的结果。时机非常关键。在公司成熟前退出可能导致价值被压低，更糟的情况是，没有买家愿意收购。如果出售得太晚，情况可能发生变化——潜在买家、市场条件和新的竞争都可能降低价值。标杆资本（Benchmark Capital）的米奇·拉斯基（Mitch Lasky）指出，退出机会窗口可能很狭窄。"你应该在 S 曲线上寻找增长形势和退出倍数对你有利的时机"，他说。如图 24.2 所示。

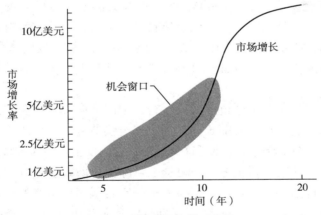

图 24.2　退出机会的 S 曲线

---

[1] Tony Hsieh（CEO，Zappos），*Delivering Happiness：A Path to Profits，Passion，and Purpose*（New York：Hachette Book Group，2010），pp.209-211. 托尼试图以 2 亿美元的价格购买红杉资本的股票，但最终美捷步以 12 亿美元的价格卖给了亚马逊。

[2] Paul Stavrand，"Best Practice Guide for Angel Groups—Post Investment Monitoring，" July 2007，accessed January 30，2011，www.angelcapitalassociation.org/Data/Documents/Resources/AngelCapitalEducation/ACEF_BEST_PRACTICES_Post_Investment.pdf.

退出价值的一致性：再赚几百万如何？

风险投资人应在适当的时间公开讨论具体的退出价值，以确保和不同利益相关者达成一致。例如，不同的投资者心目中的价值可能存在冲突。这样的例子很多，比如一位风险投资人（VC）可能从这家公司赚到 1 亿美元就很高兴，而另一位风险投资人希望至少赚到 3 亿美元。[1]如果优先清算权开始生效并影响普通股股东，接下来就会发生不愉快的情况，如拖延表决过程，更糟的是引发法律诉讼。

对于任何风险投资人（以及有限合伙人）而言，投资退出基本上都是预料之内的事情。然而，多达 30% 的风险投资支持公司仍然赖在投资组合中或者无声无息地倒闭。

精明的风险投资人不一定以过早退出为目标，相反，他们致力于建设为客户创造价值、财务稳健的公司。这种公司永远都有许多退出选择，而且永远不用看市场脸色。其他退出选择，例如，将公司卖给一家私募股权集团或者赎回股票也是类似的情况。

二级市场

私募股权交易所（如 SecondMarket 和 SharesPost）为私人投资者提供了流动性。过去，私人公司的员工不能出售自己的股份，但是多亏有私募股权交易所和二级市场，如今提前变现已经成为可能。毕竟，风险投资基金是 10 年期封闭式基金。最后，在不适合首次公开募股的经济环境中，二级市场提供了一种变现途径。

私募股权交易所通常通过中间商运行，中间商向卖家或公司购买股票，并积极寻找买家，这个过程可能长达几周——与快节奏的交易市场完全不同步。SecondMarket 和 SharesPost 简化了这个过程，它们推出了拍卖式系统，使市场出清过程正规化，让它变得更方便、更透明。除了风险投资人，天使投资人和私人公司的高管也是潜在用户。"这些人不一定希望卖出持有的全部公司股份，但是希望变现一定金额的股票。"[2]早期投资者尤其热衷于合法转手 / 退出这种

① Working Group on Director Accountability and Board Effectiveness, "A Simple Guide to the Basic Responsibilities of VC-Backed Compay Directors, " www.nvca.org/index.php?option=com_docman&task=doc_download&gid=78&Itemid=93.

② Benjamin F. Kuo, "Interview with Greg Brogger, SharesPost, " June 17, 2009, socaltech.com, accessed February 11, 2011, www.socaltech.com/interview_with_greg_brogger_sharespost/s-0022276.html.

变现部分收益的方式。阿塞尔合伙公司（Accel Partners）卖出了约 15% 的所持脸谱网股票，它们在二级市场上的价值超过 5 亿美元。[1]尽管这些股票交易的交易量只相当于纽约证券交易所或纳斯达克等公共交易所交易量的很小部分，但私募交易所为风险投资人提供了亟需的第三种退出选择。

分析死亡原因

在医院和住院医师培训中，会举行分析发病率与死亡率（M&M）的会议。外科医生和住院医师在会上坦诚地讨论复杂病例和死亡病例。学生通常会出席这些会议，因为这是难得的学习机会。进行手术的住院医师介绍病例总结、既往病史、体检结果、化验结果和造影图像。介绍完病例后，与会者将进行讨论。他们提出的问题包括为什么用某种方法治疗病例。其他外科医生经常会插话，分享他们的观点和他们从类似病例中学到的经验。通常，医生们会就原本能否防止并发症达成一致。这种诚实可靠的交流通常可以防止在未来重复犯相同的错误并拯救生命。这种会议上可能争论气氛很浓，但目标不在于责备或惩罚任何人。每个与会者都能从错误中学到经验。这种会议的重点是教育、提高医疗质量和挽救生命。

分析初创企业失败原因时，风险投资人可以从这种模式中学习。他们或许可以挽救有限合伙人的部分资本并防止一再犯相同的错误。

SharesPost 和 SecondMarket 这两家公司提供服务的方法截然不同，它们的模式还在继续发展变化。SharesPost 通过电子公告栏联系买卖双方。公告栏中显示了网站上的每家私人公司，发布规则是"最高出价显示在买方列表顶端，卖方则相反"。[2]然后，希望买卖股票的双方访问公告栏，找到最具吸引力的买价和卖价——这个过程被称为"价格发现"。[3]尽管对于希望出售股票的卖家没有限制，但是买方通常必须拥有大量投资资产和证券交易委员会规则 D 要求具备的经验。SharesPost 收取基本的网站用户费，收入与股票是否售出无关。SecondMarket 使用更传统的经纪商—交易商模式，监督交易并收取 2%—5% 的佣金，金额取决于具体交易，并由买卖双方平均分担。[4]SharesPost 使用

① Pui-Wing Tam and Geoffrey Fowler，"Hot Trade in Private Shares of Facebook." *The Wall Street Journal*，December 2010.
② Benjamin F.Kuo，"Interview with Greg Brogger，SharesPost."
③ Rafe Needleman，"SharesPost Lets You Buy the Un-buyable." CNet，June 30，2009.
④ 同上.

干涉程度更低的公告栏挂牌系统，而 SecondMarket 就像交易大厅，经纪商等候在侧翼。卖方使用在线公告栏挂出它们的股票。SecondMarket 根据买方过去的交易或者他们感兴趣的交易的类型和金额对买方评级。评级最高的买方将接到 SecondMarket 客户代表的电话并开始议价过程。和 SharesPost 类似，SecondMarket 会对资料进行分类，但也收取佣金。SecondMarket 的首席执行官巴里·西尔伯特（Barry Silbert）自豪地说这种方式体现了"华尔街 3.0"——意为"利用科技进行透明交易，让这个体系重拾信任"。[1]

在线私人股票交易的普及让公司承担了批准大量交易的责任，并带来了一大群日程各异的股东。这种交易方式也影响了员工斗志并导致员工卖出股票和离职等干扰行为。现在，公司允许员工和其他利益相关者在狭窄时段中出售股票。SecondMarket 估计，将出现 30 至 40 笔公司组织的大型"邀请制"早期投资者与员工股票受控交易，高于一年前的 10—15 笔。根据《华尔街日报》的报道[2]，一些公司试图控制首次公开募股前的交易，因为在线交易会导致股价的投机性波动，影响公司的员工股权激励，并且过于广泛地散布私人持股公司的信息。在部分最受欢迎的私人科技公司首次公开募股前，个人投资者常常不得购买其股票，而机构投资者是有优先地位的买家。

任何投资者都应该欢迎这些模式，因为它们将风险投资交易的摩擦降到最低，而且持有的股票无须被套牢 10 年之久。正如一位有限合伙人的评论，私募股权交易所有显著的平滑 J 曲线效果。

[1] Kathryn Glass, "Building a SecondMarket to Make Way for Wall Street 3.0." *Fox Business*, July 16, 2010.
[2] Yuliya Chernova, "Trading Pre-IPO Shares Gets Trickier—Investors Wanting to Get in Early on the Next Twitter Find a Tougher Path," *The Wall Street Journal*, October 29, 2013.

Chapter Twenty-five

收购：主要的退出途径 |

第二十五章

"战斗和伤痕对商人来说是家常便饭。但只有最后能赚到钱时，战斗才有意义，如果我能赚到钱而不用战斗，那就更好了。"
——伊萨克·阿西莫夫（Issac Asimov），《基地》（*Foundation*）

　　一项研究调查了 11 500 家在 1995 年至 2008 年筹资的风险投资支持公司，发现 65.21% 的公司通过首次公开募股（IPO）或并购（M&A）退出。在这个样本中，绝大多数退出为收购，只有 9.61% 的公司通过上市退出。[①]

　　如图 25.1 所示，收购比例显然高于上市比例。

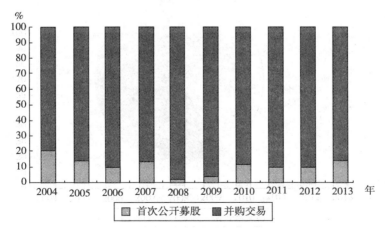

资料来源：NVCA.

图 25.1　风险投资支持公司的变现事件

[①] Xuan Tian, Gregory F. Udell, and Xiaoyun Yu, "Disciplining Delegated Monitors: Evidence from Venture Capital," January 23, 2011, available at SSRN: http://ssrn.com/abstract=1746461.

由于速度快，效率高，面临的监管挑战少，多数风险投资支持公司都更喜欢选择收购作为退出方式。收购为大公司提供了亟需的增长和扩张机会。图25.2 显示了风险投资支持公司首次公开募股时的销售收入中值。

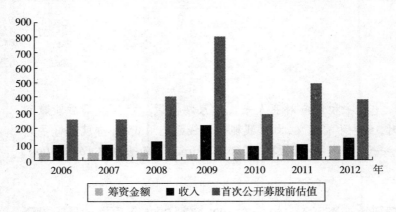

资料来源：Preqin。

图 25.2　首次公开募股时的销售收入中值

如图 25.3 所示，只有约 10% 的收购的收益率超过 10 倍。

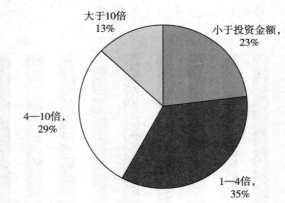

资料来源：NVCA，退出数据（2010—2013 年）。

图 25.3　收购交易的退出范围

七年中，IBM 收购了 70 家公司，花了大约 140 亿美元。[①]IBM 通过现有全球销售网络促销这些新收购的产品，因此估计在每次收购后的前两年，收入将

---

① 2002 年至 2007 年。

增加近 50%，在接下来三年，收入平均增长率将超过 10%。[①]

　　根据大致估计，思科在 15 年中收购了 120 多家公司——平均每年收购 8—12 家公司。在 8 年中收购的前 71 家公司[②]平均价格约为 3.5 亿美元。同一时期内，思科的销售收入上涨到原来的 35 倍以上，从 6.5 亿美元增至 220 亿美元，2011 年该公司 40% 的收入直接来自于这些并购交易。[③]2009 年，思科的收入超过 360 亿美元，市值约为 1 500 亿美元。

　　谷歌已经收购了 131 家公司[④]，平均每年收购 10 家公司。对谷歌而言，科技动力开启了新的收入来源。收购语义应用公司（Applied Semantics）帮助谷歌开发出文字广告网 AdSense，现在它已经成为价值数十亿美元的收入源泉。安迪·鲁宾（Andy Rubin）的初创企业安卓公司（Android Inc.）被谷歌抢购，由此开发出现在的领先智能手机操作系统。[⑤]

　　不管是垂直收购还是水平收购，收购都被视为谷歌、IBM 和思科等大公司的最快扩张方式。这种多元化战略可以增加公司收入与利润，促进在新市场上的增长，通常还能抵御竞争。风险投资支持公司是强大的收购候选者，因为它们"提供了稳定的收入 / 客户基础和专有技术，盈利能力强而且易于接受公允价值标准，具有独特而可捍卫的市场地位，并雇用了强大的管理团队"。[⑥]对于大公司，尤其是现金多、收入停滞、增长潜力有限的大公司，收购是其增长战略的核心部分。

　　如表 25.1 所示，收购的核心动力如下：

　　◎ **提高收入与利润：**正如之前讨论的，思科的销售收入从 6.5 亿美元增至 220 亿美元，是原来的 35 倍，近 40% 的收入直接来自于这些收购。

　　◎ **经营协同效应：**大公司希望通过寻找充实价值链的协同公司降低成本、提高收入和盈利能力。

　　● 垂直协同效应：垂直协同效应发生在收购方垂直移动时——沿着价值链

---

① Marc Goedhart，Tim Koller，and David Wessels，"The Five Types of Successful Acquisitions，"*McKinsey Quarterly*，July 2010，accessed February 10，2011，www.mckinseyquarterly.com/The_five_types_of_successful_acquisitions_2635.

② 1993 年至 2001 年。

③ David Mayer and Martin F. Kenney，"Economic Action Does Not Take Place in a Vacuum，"（BRIE working paper 148），September 2002.

④ 2001 年至 2013 年。

⑤ Amir Efrati，"Google Cranks Up M&A Machine，"*Wall Street Journal*，March 5，2011.

⑥ Montgomery & Co.，"The Return of M&A：An Outlook for the Venture Industry，"June 2009，accessed February 10，2011.

表 25.1 退出动力

收购方	出售方
通过接触新产品、地区市场实现增长、增加收入	有利的市场／宏观经济条件
经营协同效应并通过分散化降低风险	财务权衡；创造终值与现值需要的时间与资本
加速创新、最小化研发风险	投资者流动性
接触人才（或人才收购）	无法筹资以促进有机增长
行业合并	降低增长速度
防御／竞争	保持竞争压力的能力 利润侵蚀 降低增长速度 知识产权状况

或供应链向上或向下移动。它也被称为前向一体化或后向一体化，例子包括惠普通过收购 3PAR 进军云计算市场，或者思科通过收购网讯公司（Webex）将网络设备和网络语音协议业务扩展到网页展示工具。

- 水平协同效应：水平协同效应发生在收购方收购类似领域的另一家公司时，如甲骨文（Oracle）收购太阳微系统公司（Sun MicroSystems）。
- 通过产品多元化增加收入：搜索引擎谷歌通过收购在线视频库 YouTube 进军网络视频市场以获取广告收入。亚马逊通过收购 Diapers.com 和美捷步（Zappos）扩展了产品种类。曾投资于多家初创科技企业的投资者里奇·莱万多夫（Rich Levandov）说："风险投资是关于不对称信息和价值的行业——你了解买家不了解的信息，你拥有买家想要——而且现在就想要——的东西，"他说。他的一家投资组合公司是投资为 200 万美元、没有收入的初创企业。但是五位买家竞相将其价格炒到了 4 000 万美元。另一个不对称信息的例子是门票汇（StubHub）。"在门票汇之前，投资者对二级票务市场的观点模糊而混乱。我们能为市场双方创造价值，因此收入与增长也水到渠成。这是一种好模式。"这家公司利润可观，总投资为 1 500 万美元。"最好被收购而不是出售，我们的生存环境就是如此。"当亿贝（eBay）来接洽时，海茨曼（Heitzmann）礼貌地拒绝了："我们不希望出售，但是如果你非常想买，就出个价吧。"最终，门票汇卖出了 3.1 亿美元。
- ◎ 地区开拓：进入一个新地区，当进入国际市场时，也指跨国交易。

◎ **粉碎潜在威胁：**

- 苹果收购了基于云的网络流媒体音乐服务公司啦啦（Lala），并在几个月后将其关闭。啦啦的用户愤怒了，而苹果收购啦啦只是为了关掉它，因为苹果不喜欢价格侵蚀——啦啦对每首音乐只收 10 美分，而苹果的 iTunes 音乐商店对每首音乐收取 99 美分。①

- 谷歌收购了易邮（reMail），一个流行的 iPhone 应用程序，它提供"极速"全文本搜索服务。之后，易邮很快就从 iTunes 应用商店下架，谁也不知道易邮的未来会如何。正如 TechCrunch 的 M·G·西格勒（M. G. Siegler）预测的："谷歌只是想干掉 iPhone 上最好的电子邮件应用程序之一——它比 iPhone 预装的电子邮件应用程序好得多。"

经营协同效应？提高收入？千真万确！

这是公司被收购的真实原因。

沃伦·巴菲特将收购的三个主要动力形容为：动物本能（不要只是站着不动，做点什么。买下一家公司）；越大越好（自我膨胀。越大型的收购越好）；对并购后的整合盲目乐观（一切都会顺利——如果不顺利，我们损失的只是股东资本）。巴菲特写道："我们怀疑——通常是心照不宣地怀疑——这三种动机单独或共同造成了高溢价收购。领导者、公司等方面很少缺乏动物精神，他们通常乐于积极行动和迎接挑战。"

"其他孩子都有，我呢？"

当首席执行官被咨询师鼓动做交易时，他的反应就像被父亲鼓励过正常性生活的青少年一样。这不是他需要的鼓励。几年前，我的一位首席执行官朋友——必须说，他是开玩笑的——无意中道出了许多大型交易的症结。这个朋友经营着一家财产险 - 意外险公司，他向董事们解释为何他希望收购一家寿险公司。谈了一堆没有说服力的经济与战略收购理由后，他忽然丢掉了讲稿，带着调皮的神色说："啊，伙计们，因为其他孩子都有。"

我的规模更大……

多数组织——不管是公司还是其他机构——都会衡量自身，被别人衡量，并且更是用规模这把尺度来决定管理者的薪酬。（随便问哪位《财富》500 强公司的经理，这个名次都一定是按销售收入排的，他可能甚至不知道公司的盈利能力排第几位。）

---

① Eliot Van Buskirk，"Apple Kills Lala Music Service，"April 30，2010，accessed February 21，2011，www.wired.com/2010/04/apple-kills-lala-music-service.

怀着希望亲吻青蛙……

许多经理显然太沉迷于小时候的一个童话故事：囚禁在青蛙身体中的英俊王子被美丽公主的一吻解救出来。因此，他们确信自己的"管理之吻"将为公司 T（收购目标）带来盈利奇迹。这种乐观主义很重要。如果没有这种乐观精神，公司 A（收购公司）的股东凭什么希望以 2 倍的收购价格买下 T 公司的股权，而不是以股票市场价格直接自己购买呢？换言之，投资者总有可能以青蛙的价格买到青蛙。如果投资者是有钱的公主，希望花双倍价格获得吻青蛙的权利，那么这个吻最好能引爆奇迹。我们看过许多吻，但很少看到奇迹。然而，许多管理者"公主"都对吻的未来潜力保有坚定信心——即使公司后院已经堆满及膝深的死青蛙。

资料来源：www.berkshirehathaway.com/letters/1994.html，页面访问时间为 2011 年 3 月 5 日。

如果收购提供了有效的收益创造机制，那么普通合伙人凭什么论断这些自高自大、盲目行动和过度乐观等人类谬行呢？当上市公司的现金堆积成山时，收购的动物本能仍将继续。

出售过程

如果董事会决定出售公司，那么这个过程将从试水开始，如图 25.4 所示。

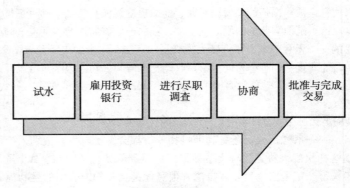

图 25.4　出售过程

第一步：试水

考虑出售的公司通常会雇用一家"卖方"投资银行，及时、有效地监督公司的出售过程。投资银行通常将收取占交易金额 4%—7% 的费用以及一笔定金。

在这个阶段，公司将邀请投资银行制定合同条款和时间安排，并证明其行业知识和人脉。随着这些讨论继续，效率低下的投资银行渴望接受任务，但它们收取大额定金后并不能提供价值。低水平的策略包括：给出过高估价以招揽生意，最后却将交易结果不理想的责任推给买方。另一方面，最优秀的投资银行可能不愿意接受任务或者出售公司，除非他们认为这个机会对收购者有足够吸引力，如果他们认为这个机会有吸引力，可能会给出一个较低价格，以尽快促成交易。公司应该在投资银行行业专长、费用结构、目标价值范围和目标时间安排之间寻求适当的平衡。

公司董事会找到了解特定部门和市场条件下的挑战和机会的投资银行。投资银行能够评估市场、找到潜在买家，了解潜在障碍和买家拒绝理由。在决定公司售价时，投资银行可以通过分析公司的长期前景和当前财务状况进行公允的价值评估。除了提供这些财务咨询服务，投资银行还可以找到潜在买家，征询报价、审核提案、帮助公司选择最有吸引力的候选买家，并参与相关方面的协商。

有时，公司的价值和知名度非常高，以至于不需要投资银行。以海茨曼（Heitzmann）将门票汇（StubHub）出售给亿贝（eBay）的方法为例："我们精心打造的董事会将触角伸向了潜在买方市场。他们通常在这方面都有一两个熟人——这正是首次创业者所欠缺的——这就是我们发挥作用的地方。我们的四位董事之一在亿贝有人脉，交易就是这样开始的，"他说。

方铸集团（Foundry Group）的布拉德·费尔德（Brad Feld）说，投资银行还让风险投资人形成了一定惰性。"在多数情况下，有投资银行参与，价格就会下降，"风险投资人林赛·阿斯佩格伦（Lindsay Aspegren）说。林赛曾在高盛工作，有超过 10 年的科技初创企业投资经验。

许多买家也认为小型投资银行不可信，如果这个过程不成功，公司就会受到损害——它可能被作为残次品对待。

第二步：规范流程——雇用投资银行

在这个阶段，董事会将雇用一家投资银行，后者在下列框架内开展工作：

◎ **流程指标与时间安排：**投资银行将制定估值方针，确定潜在收购方范围，以及流程步骤 / 时间安排。

◎ **演示资料：**编写信息摘要、幻灯片和相关信息备忘录。

◎ **首次接触：**此时，投资银行家将向收购方群发电子邮件，邮件中用信息摘要的形式向收购方提供高级信息。摘要的篇幅通常为一两页，主要强调科技、收入和增长潜力。信息摘要不会披露公司名称，只提供一些要点，吸引买方签订保密协议。

◎ **筛选对公司感兴趣的对象：**一旦找出对公司感兴趣的对象并签署了保密协议，就将对这些对象进行预筛选。这个步骤或许有些模糊，因为预筛选旨在去掉只想获得信息而无法说清流程、动机和标准的对象。要当心只看不买者。布拉德·费尔德警告说，在这个过程中可能有许多家公司表示出兴趣。"大公司的企业发展人员可能只是想从创业者身上获取信息，或者总是忙着做自己的工作。他们可能没有钱，只是在浪费创业者的时间。我们见过许多只看不买者，消除这些噪音对我们的创业者有利——我们很了解天生的收购者，时机到来时，我们会毫不犹豫地联系他们。"在预筛选阶段之后，公司也会选择自己协商出售条款，而不愿投资银行过多参与。许多中介机构更愿意根据协商内容提供关于不同可能结果的建议——成熟的投资银行很少断言哪种方式优于其他方式。最终决策取决于公司。

◎ 找到合适的买家后，双方将开始这个过程的第二阶段。

- **执行意向书：**意向书（Letter of Intent，LOI）是双方之间建立的某种承诺，即勤勉、及时地完成计划。意向书的内容包括：
- 排他条款：卖方只与一方打交道。该条款有利于买方。
- 保密条款：该条款保护卖方信息。这是必要条款，它不影响经济条款。
- 确定宽泛的交易条件。
  - ◆ 尽职调查
  - ◆ 交割条件
  - ◆ 员工事务
- 提出时间安排建议

◎ 买方可以选择提供非约束性意向书，这是一把双刃剑。此外，效力弱但有约束性的意向书对卖方的意义不大。

◎ 一旦执行了意向书，买方将意识到谈判优势由此开始。其他合适对象通常会在这时离开，而买卖双方的互动将变得频繁紧密。卖方需要确保意向书有足够力量保护价值并尽快完成尽职调查。

第三步：进行尽职调查

大公司和买方顾问会进行深入的尽职调查。卖方会设立收藏相关资料的数据室，这些资料包括：

◎ **公司记录：**公司登记证书、公司章程、董事会会议记录、股东名录。

◎ **商业记录：**购买协议、销售协议、供给协议、研究协议、特许权与分销协议和政府合同等所有合同资料、所有资产与知识产权清单。

◎ **财务记录：** 所有财务报表、应收款项、贷款与股权协议、税收记录。所有募资备忘录的副本、投资计划和股权金额。

◎ **员工记录：** 所有员工协议、顾问协议、期权计划与福利（养老金、医疗）的详情。

◎ **法律文件：** 法律诉讼、未决诉讼或预期诉讼的详情。

第四步：谈判／组织交易

出售过程中的常见谈判内容除了价值，还包括：

◎ 资产收购与股权收购：

- 多数收购是资产收购。这种方式消除了卖方由于出售购买股票而承担的未知任何负债或或有负债。资产可以选择（"你保留桌子和电话，我们保留知识产权和客户"）和提取折旧，因而可以节税。

- 在股权收购中，买方可能承担卖方产生的净营业亏损（Net Operating Losses，NOLs），从而减少买方的应纳税款并增加价值。另一方面，买方也可能承担所有已知或未知债务。是的，这些旧桌子和旧电话也是交易的一部分。

◎ 现金交易、部分现金部分股票交易，或完全股票交易：

- 完全现金交易对卖方和风险投资人更有利。买方可以通过外部融资完成这种交易。

- 股票交易让卖方可以获得长期经济优势，成为股东并享有由此带来的好处。

◎ 获利能力付款和第三方托管：买方可能认为公司价值在于执行某些能产生收入和现金流或利润的订单。此外，买方还可能确定具体的获利能力付款目标。提盖普投资（TGap Ventures）的杰克·阿伦斯（Jack Ahrens）希望最小化获利能力付款："公司基本上将被收购方控制，资源——人才和现金——也是如此。如果动机发生变化，形势将很快变得不利。"风险投资人建议，获利能力付款约占价值的 15% 是可接受的，具体根据部门而定。制药部门的获利能力付款比例变化非常大，并取决于药物开发阶段。第三方托管比例从 5% 到 15% 不等，当买方希望获得保护免受意外事件或或有事件的威胁时，将对保护时期（12个月至 24 个月）进行协商。

◎ 其他条款如下：

- 目标公司作出的陈述与保证。
- 员工的去留。
- 员工期权，如行权计划与加速行权。

● 目标公司提供的赔偿。

第五步：批准与交割

董事会和股东负责批准交易。交割是指律师和主要利益相关者在规定日期执行最终协议的过程。尽管以前人们会亲身来到现场——通常是律师办公室——交割，但如今许多交易都是在虚拟场所完成的。毕竟，如果可以扫描签名、转账资金，我们就没必要开全体大会了。

收购方前来接洽时的考虑因素

正如他们所言，公司总是被收购，从未被出售。以下是潜在收购方接洽时应该考虑的几点：

◎ 科技公司希望收购创新型初创企业，因为大公司无法快速创新。

◎ 公司收购或人才收购是招聘高水平人才的策略。

◎ 尽管价格很重要，但价格很少是收购时的主要考虑因素。多位风险投资人证实，在许多谈判中，完成交易时的价格实际上都翻了番。这并非没有作秀和情绪因素，但坚守立场并熟稔游戏规则的卖方最后会赚大钱。

◎ 最后，收购是上市公司实现增长的主要机制。

买方收购过程

尽管大公司寻求特色、产品或技术，但首选可能是内部开发。微软、谷歌或雅虎这种公司的首席技术官（CTO）都会认定他的团队能够内部开发产品，并且快速、省钱地完成这项工作。然而，大公司在自力更生还是购买之间进行选择时，并不会优先考虑首席技术官自信不自信。增加收入的潜力、竞争动态、财务实力和市场时机才是要考虑的因素。通常，这正是首席财务官和公司开发团队展示聪明才智的时候。从根本上，每位首席执行官都希望用充裕现金打造一个更大的帝国，展示出亚瑟王般的英勇力量。沃伦·巴菲特的名言放在这里很合适："有件事是肯定的：如果首席执行官热衷于某桩愚蠢的收购，那么他的内部员工和外部顾问都会提出预测，证明他的想法合理。只有在童话中，才有人告诉国王他没穿衣服。"

不管动机是什么——技术、市场，还是自高自大——目标公司和风险投资人都会从这种行为中受益。搜索过程从收购方建立具体标准，缩窄潜在目标范围开始。

除了科技和市场契合度，搜索标准还可能包括：

◎ **交易规模：** 以谷歌为例，该公司历史上收购了许多价格低于 3 000 万美元的公司。例子包括现在更名为 Adsense 的 Adscape（2 300 万美元）、Blogger 与 WritePost，后两者的价格据称都在 1 000 万美元到 2 000 万美元之间。

◎ **地理位置：** 众所周知，思科的业务重点是硅谷地区。约翰·钱伯斯（John Chambers）曾在收购策略中表明"地理相邻很重要。如果新收购的公司位置靠近思科，互动就更方便"。[1]位置也是其他无形因素的动力——例如，高朋（Groupon）的创始人曾担心这家中西部公司的文化是否能与谷歌相容！

但是信息流动是双向的，收购公司的过程不一定循序渐进。许多大公司在收购中都依赖人脉。例如，思科的许多高管都担任初创企业的董事 / 顾问。这种关系能让公司了解重要的科技发展。投资者还发现，人脉是出售公司和持续创造收益的绝佳机制。

大公司还会让销售团队注意威胁其地位的新竞争者。思科非常依赖于销售团队观察科技的最新进展。

当然，风险投资人也是重要的信息来源。在思科进行的各种收购中，红杉资本（Sequoia Capital）——最初投资于思科的公司之一——曾经至少投资于其中 12 家公司。[2]红杉资本还是 YouTube 的投资者，后者被它的早期投资组合公司之一——谷歌——收购。一项研究显示，多数风险投资人凭直觉知道——当一位共同的风险投资人将收购方和目标方联系到一起时，就可能发生收购。[3]

大鱼吃小鱼

收购很少按之前介绍的简易五步骤进行，之后也很少有拥抱和气氛友好的晚宴。通常，人们互相威胁、彻夜难眠、烦恼不安，挥臂发泄。这是一场贪婪、恐惧与渴望胜利的风暴。代价非常高昂。

当经营 Diapers.com 的公司奎德思（Quidisi）在几年中的销售额达到 3 亿美元时，亚马逊盯上了它。在一次介绍午宴上，一位亚马逊高管不怀好意地告知奎德思的创始人，他们准备开始出售尿不湿了。这家公司应该考虑卖给亚马逊。

奎德思已经向硅谷的著名风险投资人筹集了超过 5 000 万美元。创始人没有马上

---

[1] Glenn Rifkin，"Growth by Acquisition." April 1，1997，www.strategybusiness .com/article/15617?pg=all.

[2] David Mayer and Martin F. Kenney，"Economic Action Does Not Take Place in a Vacuum."

[3] Paul A. Gompers and Yuhai Xuan，"Bridge Building in Venture Capital-Backed Acquisitions，"（AFA 2009 San Francisco Meetings Paper），February 1，2009，available at SSRN：http：//ssrn.com/abstact=1102504.

答应，几个月后，他们发现了古怪——亚马逊的尿不湿价格降低了30%。奎德思试着改变了价格，果然：亚马逊的跟踪机器人监视到了，该公司也改变了价格。对于奎德思来说，这种降价幅度影响了增长，并开始侵蚀利润率。更糟的是，他们筹集更多股权资本的能力或者首次公开募股的能力也比以往下降了。

同时，沃尔玛也提出了收购奎德思的意向，并出价4.5亿美元。奎德思的创始人飞到西雅图与亚马逊的董事会主席兼首席执行官杰夫·贝索斯（Jeff Bezos）讨论亚马逊的收购意向。为了趁热打铁，当天早上亚马逊宣布推出一项叫"亚马逊妈妈"（Amazon Mom）的服务，提供30%的折扣并免运费。当奎德思将这些促销手段计入尿不湿销售成本时，亚马逊已做好仅尿不湿业务在三个月中亏损1亿美元的准备。亚马逊的收入约为340亿美元，贝索斯希望能以划算的价格收购奎德思。他也不希望让天平倾向沃尔玛，后者的收入超过4 000亿美元。亚马逊的5.4亿美元出价在48小时内有效，尽管奎德思暂时接受了这个出价，但沃尔玛的出价加到了6亿美元。亚马逊的高管让奎德思知道，贝索斯是一个狂热的竞争者，如果他将公司卖给沃尔玛，亚马逊将会启动"热核反应"，将尿布价格降至零。许多"亚马逊妈妈"将争相抢购免费尿布。这个行动收到了效果，奎德思卖给了亚马逊，主要是出于恐惧。

资料来源：Brad Stone，"The Secrets of Bezos，" *Bloomberg Businessweek*，October 2013.

发生与收购相关的讨论时，风险投资人将指出他们对股东所负的责任是最大化所有股东的收益。因此，在某些情况下，有必要聘请投资银行家。投资银行家的目标是提升价格或者进行拍卖。硅谷风险投资公司恩颐投资（New Enterprise Associates，NEA）的丹尼尔·阿克塞尔森（Daniel Axelsen）曾作为投资银行家为著名科技公司进行财务与战略分析。他在著名投资银行夸特利（Qatalyst）工作时，曾参与出售3PAR（一家与戴尔激烈竞拍后被惠普收购的数据存储与系统公司）等上市公司。"公司和董事会对所有股东负有最大化价值的受托责任。这个过程就像一盘三维象棋，"阿克塞尔森说。投资银行在这个过程中的任务是将价格在几周内从11.5亿美元推升到24亿美元。根据公开记录，发生了下列事件：

◎ 戴尔宣布，公司将以近11.5亿美元的交易价值收购3PAR。

◎ 一周后，惠普（HP）宣布，它已经向3PAR提出了比戴尔高33%的收购价，即15亿美元。

◎ 三天后，3PAR称，公司接受了戴尔修正后的报价，16亿美元。

◎ 一天后，双方都重新提交报价，惠普的报价超过20亿美元。一周后，惠普将报价提高到 24 亿美元，而戴尔拒绝修正报价。惠普完成了收购。

如果谷歌希望购买一家公司，某些竞争者——比如微软——肯定乐于加入竞争。前面曾经提到，谷歌曾以 9 亿美元收购聚友网（MySpace）的股份，之后微软很快以 3 亿美元收购脸谱网的股份。投资银行知道谁是兴趣方，谁在寻找合适的收购机会。他们可以快速促成不同收购者的收购意向并与不同买方周旋，将所有时间用在尽可能提高价格上。当一位合适买家签署意向书时，这种狂热活动将达到高潮。有时，买方会提出"独家锁定期"条款锁定交易，这样收购目标就无法沉迷于上述行为。"独家锁定过程困难得多，而且不一定获得最好的结果，"曾在夸特利合伙公司（Qatalyst Partners）工作的丹尼尔·阿克塞尔森说。

买方的尽职调查过程将按阶段进行。买方的主要目标是确保技术和团队适合现有环境。因此，尽管产品、收入和市场是有形的，但并购后一体化的软挑战也同样重要。例如，思科与收购目标的管理团队制订了短期与长期联合行动计划，利用收购目标的管理团队评估文化、管理质量和领导风格。他们寻找软线索：是否有人的话语权高于其他人？是否有人对其他人的话不以为然？思科与重要人物直接谈判，了解他们的收购后意向，同时坚持让员工放弃加速行权的权利，以确保他们在收购后仍然留任。

公司价值不是最重要的谈判内容。[1]一位思科的高管评论道："收购不是财务意义上的——*我们进行收购不是因为我们能做一笔划算的买卖*——它是战略意义上的，*能够帮助我们公司朝着正确的方向成长*。"[2]当买方希望进行战略收购时，价格就不再按倍数计算，但可能非常高。

"作为风险投资人，你的目标是了解战略买家的世界，"北海岸科技投资者（North Coast Technology Investors）的林赛·阿斯佩格伦（Lindsay Aspegren）说。对大公司而言，实现有效一体化是关键，否则整个收购注定失败。思科有多达 60 位员工管理一体化后的过程。该公司任命了一位一体化总监，在公布并购后 30 日内，人力资源团队将为一体化团队制订薪酬计划，因此这些人才不用担心不确定性，从而留在公司中专心创造价值。

---

① David Mayer and Martin F.Kenney, "Economic Action Does Not Take Place in a Vacuum."
② 同上。语出首席战略官迈克尔·沃尔皮（Michael Volpi）。

交易杀手

收购方放弃机会的原因通常有多种，但最重要的交易破裂原因通常是利益和财务条款无法达成一致。对投资者而言，主要的交易破裂原因是退出价值，而年轻的首席执行官可能认为价值 3 000 万美元的人才收购要约很有吸引力。

了解买方动机至关重要。买方的收购动力通常决定了收购的价值、交易速度和条款与条件。

初创企业的首席执行官常会低估高质量档案资料的重要性，确保随时更新所有档案资料是董事会和投资者的责任。重大合约、资本结构表、知识产权安排，甚至是及时缴纳税款都可能在这个过程中刺激交易。

如果 17 个月内实现 17 倍收益率，我就跳《马卡丽娜》

交换链接（Link Exchange）是一家在线横幅广告交易公司，微软看中了该公司的技术和客户而将其收购。红杉资本对交换链接进行投资后，托尼·谢（Tony Hsieh）邀请红杉资本（Sequoia Capital）的迈克尔·莫里茨（Michael Moritz）与该公司的六名员工共同出席启动会议。进行介绍后，团队决定他们希望"一致行动，"有人拿出了一台手提音响。他们开始鼓掌、欢呼……当歌曲《马卡丽娜》（Macarena）响起时，莫里茨跳起了舞，就像任何优秀风险投资人会做的那样。"我认为言语无法准确形容看着莫里茨被迫跳马卡丽娜的感觉。它是当天最奇怪的景象之一，"谢写道。"我因为笑得太厉害而泪流不止。"

红杉资本投资 300 万美元的 17 个月后，微软以 2.65 亿美元收购了交换链接。莫里茨获得了 5 000 万美元——和他 17 个月前的初始投资相比，收益率高达 17 倍。是时候再放《马卡丽娜》了……轮到莫里茨笑了。

资料来源：Adapted from Tony Hsieh，Delivering Happiness：*A Path to Profits*，*Passion*，*and Purpose*（New York：Hachette Book Group，2010），45-46.

首次公开募股 | 第二十六章

> "画布不是一片空白。它充满了你想象中要填满的东西。我的艺术是如此概念化，我不仅无法叙述，也无法展示。我能做的只有在画布上签上名字，试着把它卖出去。"
>
> ——贾罗德·金茨（Jarod Kintz），作家

首次宣布在公共交易所发行普通股或者"上市"，对风险投资支持公司来说是一种特殊荣誉。它通常标志着公司时代的到来，因此创业者将其视为成功的象征。但上市面临的监管与市场复杂性也很明显，这些因素显著影响了首次公开募股（IPO）的形势。

十年前，对于实现季度盈利、拥有优秀的董事会和管理团队，年收入在 3 000 万美元至 5 000 万美元之间的公司，首次公开募股是可以企及的。在网络泡沫破灭之后，只有年收入超过 1.5 亿美元，更大、更成熟的公司才被视为合适的上市对象。这种情况加上监管挑战，延长了公司的首次公开募股时间线。

如果公司准备就绪，市场条件也有利，上市当然是更好的选择，因为多数收购不会产生上市的超高收益率。由于准备上市的公司会受到市场低迷和监管的影响，因此投资者获得的投资收益可能更多地来自于收购而不是公开募股。因此，收购成为有效快速的退出选择。

当一家公司决定在美国申请首次公开募股时，它将在证券交易委员会（SEC）进行证券登记，以备向公众出售。从公司角度看，这是公司长期战略计划的顶峰。而创业者优先考虑的是利用公开股票市场吸引更多投资者，从而增加资本来源。

收益与成本是多方面的。首次公开募股的优点很明显，包括能够获得资本、知名度和声誉，有利于未来收购其他公司（部分用股

票支付），享有股票、可转换债券和廉价银行贷款等多种融资机会，以及提高流动性。[1]首次公开募股的成本也不应被忽略：它会让公司丧失经营隐私，面临更多竞争，需要披露高管薪酬、重大交易和客户，股东将面临业绩压力和实现市场预期的压力，定期向投资者和股东提交报告的过程中需要耗费大量时间进行公关，以及需要遵守监管要求。1980年至2010年的三十年间，风险投资支持的首次公开募股只占所有首次公开募股的35%。[2]

首次公开募股过程：漫长曲折的道路

首次公开募股过程可以分为不同阶段，其中，真正实现首次公开募股被视为复杂结构转型的重大里程碑。根据《安永上市指南》（*Ernst & Young's Guide to Going Public*），首次公开募股主要有三个阶段：[3]

1. 计划阶段。在这个阶段，公司需要投入大量精力进行准备，包括进行可行性研究、检查公司准备情况、财务状况以及市场。

2. 执行阶段。在这个阶段，公司要建立合适的管理团队和顾问团队；评估财务基础设施与会计、税务、经营和信息技术流程和系统；确定公司结构和治理；管理投资者关系与公司沟通战略和计划。

3. 最后是实现阶段。在这个阶段，股票获得定价，完成首次公开募股交易。

预备阶段发生在首次公开募股之前大约一两年，此时公司要做功课，评估首次公开募股的准备程度：

◎ **撰写有说服力的商业计划书**。商业计划书应该是一份长期计划，涵盖首次公开募股前后24个月至36个月，目的是提供尽早根植于公司中的清晰路线图。

◎ **用基准衡量投资组合公司的业绩**。在决定上市之前，公司需要监督业绩、跟踪增长率、销售业绩、盈利能力和市场份额。公司还应该用其他基准衡量自身，如确保产品和服务定义明确，评估公司在不同市场利益相关者（例如，客户、分析师和投资银行）之中的声誉。除了财务状况，声誉和品牌也是在公开市场上展现公司实力的重要无形资产。

---

[1] KPMG, LLP, *Going Public*, accessed February 11, 2011, www.kpmg.com/Ca/en/IssuesAndInsights/ArticlesPublications/Documents/Going%20Public.pdf; *Ernst & Young*, *Ernst & Young's Guide to Going Public*：*Lessons from the Leaders*, accessed February 11, 2011.

[2] Jay R.Ritter, Cordell Professor of Finance, University of Florida, *Initial Public Offerings*：*1980-2010*, *Tables Updatedthrough2010*, as of January 2011.

[3] Ernst & Young, *Ernst & Young's Guide to Going Public*.

◎ **这家公司准备好上市了吗?** 令人信服的业绩记录以及一份说明首次公开募股资金如何促进增长的计划是关键。公司能否实现增长? 提高利润? 管理团队需要填补哪些经营上市公司所需的专业缺口? 还有,公司是否有适宜的预算制度并能提供月度与季度财务信息? 能否透明地向股东报告投资者关系状态和公司结构? 在一项对全球机构投资者进行的调查中,受访者对导致首次公开募股成功的非财务因素进行了排序。[①]按照优先顺序,排在前面的分别是:

- 管理团队的信誉与经验
- 公司战略的质量与执行
- 品牌实力与市场地位
- 经营效率
- 公司治理实务

考察 1980 年至 2010 年超过 7 500 家公司的首次公开募股情况,可以发现这些公司的寿命中值为 8 年。三十年间,最低的寿命中值为 5 年,最高的寿命中值为 15 年。[②]

在这个需要深刻反思的阶段之后就是第二个阶段,公司将在这个阶段开始实际准备首次公开募股。

首次公开募股的步骤

完成首次公开募股的准备程度评估后,就可以按图 26.1 所示的步骤开始首次公开募股。这些步骤包括选择承销商、进行路演和需求评估。

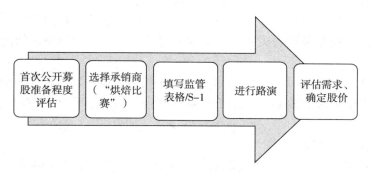

图 26.1 首次公开募股的步骤

---

① Ernst & Young,*Ernst & Young's Guide to Going Public*.

② Jay R. Ritter,*Initial Public Offerings*.

以谷歌的首次公开募股路线图为例。为了遵守证券交易委员会的规定，谷歌必须考虑披露其财务信息。谷歌发现，自己已有超过 500 名股东，必须在从年底起 120 天内申报财务报表。谷歌面临三种选择：一是向部分股东回购股票，二是公开报告财务信息而不出售股票，三是上市。谷歌必须在下午 2 点前提交财务信息，在这个最后期限前三小时，也就是上午 11 点，该公司宣布它将上市。[1]

在申请首次公开募股之前，谷歌意识到不论是纳斯达克还是纽约证券交易所都不愿意挂牌交易谷歌的股票，因为它缺少三名董事。准备首次公开募股的公司尤其应该注意建立独立强大、拥有多方面专长——从行业人脉、科技知识、企业发展到收购和财务分析——的公司董事会。谷歌很快增加了三位重量级董事——斯坦福大学校长、英特尔总裁和基因泰克（Genentech）的首席执行官。

"烘焙比赛"

投资银行竞争股票发行业务的过程被称为"选美竞赛"或"烘焙比赛"。投资银行向公司董事会提交证书以及它们对市场状况和挑战的看法。

雇用投资银行与承销商

每位风险承担者都要在他们愿意以规定溢价接受的总风险下方签名，据说这就是"承销商"这个词的出处。从某个方面讲，现实情况仍然是如此。承销商辛迪加将新股票推向市场。每个承销商都要承担出售规定股票份额的责任和风险。

承销商或投资银行受雇代表公司向投资者筹资。这是向投资者销售新发行证券（如普通股）的一种方式。通常由银行辛迪加（主承销商）承销交易，这意味着它们承担了分销证券的风险。承销商的收入来自于它们向发行人支付的价格与它们向投资者或购买部分证券的经纪自营商收取的价格之间的价差（承销价差）。

谷歌最后有 31 家承销商——这是一个很长的名单，显示出中间商的热切心理。几家承销商最后放弃了。瑞士信贷和摩根士丹利最后将名字写进了 S-1 表格。

填报 S-1/ 招股说明书

任何希望上市的公司都需要填报一份法律文件，即提交给证券交易委员会的招股说明书。登记过程分为两个部分，在这个过程中需要填写表格 S-1。第一部分是招股说明书，它是向投资者披露信息的主要文件，详细说明了公司

---

[1] 宣布时间为 2004 年 4 月 29 日。

的经营和财务状况。第二部分是向证券交易委员会提交的补充信息（合同副本等）。一旦证券交易委员会批准了公司的登记表，就将向投资者公布最终招股说明书。

招股说明书看上去很像商业计划书，它包括公司的财务历史和成长战略、募股细节以及关于公司管理层的信息。它还概述了行业竞争状况以及投资者希望提前了解的其他风险因素。总之，招股说明书提供了投资者决定是否参与首次公开募股所需的一切信息。初步招股说明书也被称为"红头招股书"，因为它的封面使用了红色墨水，这表示某些信息——包括价格和募股规模——可能会发生变化。

静默期开始

一旦公司在证券交易委员会登记初步招股说明书，静默期就将开始。公司不得发布招股说明书中不包含的信息。这段时期将从首次公开募股，也就是股票开始交易之后持续 25 天。

谢尔盖·布林（Sergey Brin）和拉里·佩奇（Larry Page）在谷歌首次公开募股时做了几件出格事，其中之一，接受《花花公子》的采访差点让他们在静默期内违反证券交易委员会的规定。在谷歌庆祝首次公开募股之前一周，证券交易委员会听说了这次大约五个月前就开始筹划的采访。最终，这次采访作为附录 B 完整收录在 S-1 招股说明书中。由于一项没有道理的证券交易委员会规则，《花花公子》丢掉了原本计划好的独家采访报道，而媒体则像深夜喜剧演员一样幸灾乐祸，火上浇油。首席执行官埃里克·施密特（Eric Schmidt）语带嘲讽地说，这是一篇毫无新意的文章，"要补充的是，它连张图都没有。"[1]

路演：我们又来到了哪座城市？

谷歌不必在路演上纠结，因为它决定采用荷兰式拍卖将股票卖给公众。但是承销商通常会安排在国内开数十次会议。首席执行官及其团队——通常是首席财务官和其他重要高管——将参加这些会议，并将商业计划书提交给机构投资者：共同基金、捐赠基金或养老基金。在这些会议上，承销商试图估计对首次公开募股的兴趣水平，这有助于作出股票定价决策。

建立投资者购股意愿档案是承销商根据机构投资者的需求决定首次公开募股价格的过程。承销商接受基金经理的订单，订单上显示了他们希望购买的股票数量和愿意支付的价格，承销商据此建立投资者购股意愿档案。投资意愿建档人是管理承销商或主承销商，它负责维护或管理新发售股票的档案。通常，

---

[1] Eric Schmidt, "Google's CEO on the Enduring Lessons of a Quirky IPO," *Harvard Business Review*, May 2010.

投资意愿建档人决定了交易总规模。[1]

路演之后，公司将印制最终募股说明书，将其分发给潜在投资者，并在证券交易委员会备案。

需求火爆还是遇冷？

完成所有路演后，如果机构需求疲软，承销商将建议搁置发行，让它冷却，并寄希望于有一天它能重新回暖。

并非终局，而是融资事件

安永称，大约70%的初创公司会在实现首次公开募股前破产，多数成功进行首次公开募股的公司至少要花大约五年进行转型。[2]一旦上市，这些公司必须与其他首次公开募股的股票竞争。只有8%的股票在价值和公允市场价值上有与市场同行竞争的实力。[3]

私人公司转型为上市公司是一个艰巨的过程，它需要从商业角度到法律角度对市场与产品、价值链活动、基础设施（如商业信息系统、薪酬、计划和冗余资产）、治理与管理结构和其他商业要素进行大量战略规划和成本收益分析。[4]这个过程本身的时长——从决定上市到首次公开募股交易结束之日——差异很大。影响时长的因素有多种，如过程规划是否合理、公司在市场上的定位是否合适、管理团队和顾问的能力以及公司控制范围以外的因素，如市场条件和当前监管环境。[5]

找准市场时机

研究人员指出，当公开市场条件有利时，有经验的风险投资人（VCs）将很快获得优势。在评估了20年中的40 000多笔交易后，保罗·冈珀斯（Paul Gompers）、安娜·科夫纳（Anna Kovner）、乔希·勒纳（Josh Lerner）和戴维·沙尔夫斯泰因（David Scharfstein）得出结论，专业化风险投资机构的投资

---

[1] Investopedia, definition of Book Runner, accessed February 21, 2011, www.investopedia.com/terms/b/bookrunner.asp.

[2] Ernst & Young, *Ernst & Young's Guide to Going Public*.

[3] Roman Binder, Patrick Steiner, and Jonathan Woetzel, "A New Way to Measure IPO Success," *McKinsey Quarterly*, January 2002, accessed February 11, 2011.

[4] KPMG, LLP, *Going Public*.

[5] 同上。Ernst & Young, *Ernst & Young's Guide to Going Public*.

不仅更成功，而且在环境变化时没有发生明显贬值。[①]

首次公开募股抑价与荷兰式拍卖

首次公开募股可以为投资者创造强劲收益，如图 26.2 所示。但是首次公开募股可能产生高达 15% 的抑价，这是因为承销商与机构投资者之间存在过于密切的关系。

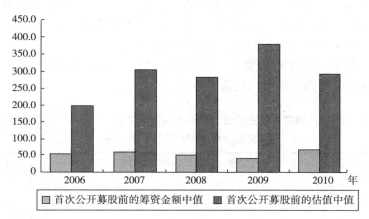

资料来源：Dow Jones Venture Source。

图 26.2 首次公开募股趋势

为首次公开募股定价时，目标应该是确定适当的发行价，这个价格应该低到能刺激对股票的兴趣，但是也应该高到能为公司筹集充足资本。在决定最优价格的过程中，承销商（辛迪加）通常会安排机构领投者的股票购买承诺。

为了平衡投资者和发行公司的需求，传统上投资银行会尽量把首日股票交易价格定在高出发行价格约 15% 的水平上。[②]这是一件好礼物，它有利于承销商（发行公司付钱）及其机构投资者朋友——这个关系密切的圈子可能包揽了下一个投资机会，从而大家都能利益均沾。

承销商声称首次公开募股的初始抑价有助于在股票开始首次公开交易时增加市场对股票的兴趣。但是实际上，这些机构投资者朋友立即获得 15% 的账面

① Paul A. Gompers, Anna Kovner, Josh Lerner, and David Scharfstein, "Venture Capital Investment Cycles：The Impact of Public Markets"（NBER working paper series，vol.w11385，May 2005，available at SSRN：http：//ssrn.com/abstract=731040.

② Frontline，PBS，"An IPO Primer，" accessed February 22，2011，www.pbs.org/wgbh/pages/frontline/shows/dotcon/thinking/primer.html.

盈利。这产生了"留在桌面上的钱"（money left on the table）——这些钱对于公司来说是资本亏损，因为如果股票定价较高，它们本该归公司所有。公司始终以为承销商代表它的利益，但是实际上承销商只想快点完成交易——毕竟，成本是由公司承担的。

杰伊·里特（Jay Ritter）教授称，美国在 50 年中的首次公开募股平均抑价幅度为 16.8%。这相当于公司放弃了超过 1 250 亿美元。首次公开募股的定价也是一个世界现象。在中国，抑价更严重，1990 年至 2010 年的平均抑价幅度为 137.4%。相比之下，英国 1959 年至 2009 年的平均抑价幅度为 16.3%。在多数其他国家中，首次公开募股抑价的平均值都超过 20%。①

表 26.1 简要介绍了几个例子，其中抑价或泡沫市场条件导致财富立即从公司转移到首次公开募股的机构投资者手中。

表 26.1　"留在桌子上的钱"：承销商使这些财富立即从公司转移到首次公开募股的机构投资者手中

公司	首次公开募股发行价	首日收盘价	股数	留在桌子上的钱
威睿（VMWare）	29 美元	51 美元	33 000 000	7.26 亿美元
阿卡迈科技 (Akamai Technologies)	26 美元	145.1 美元	9 000 000	10.72 亿美元
高盛	53 美元	70.3 美元	55 200 000	9.59 亿美元
黑石集团（Blackstone Group）	31 美元	35.6 美元	13 333 300	6.22 亿美元

资料来源：Prof. Jay R. Ritter，University of Florida，"Money Left on the Table in IPOs"。

⬐ 一切都很好……即使领英放弃了 1.3 亿美元

投资银行家将领英（LinkedIn）的股价定为 45 美元，尽管它本能卖到 90 美元，媒体认为，这实际上从领英骗走了超过 1.3 亿美元。开盘日当天，股价跳升至 94.25 美元，价格上涨幅度超过 100%。

《纽约时报》指出，尽管"首次公开募股之后价格小幅'跳升'没有问题，"但如此巨大的股价升幅表明"实际上，领英被投资银行骗了。"

《纽约时报》的乔·诺切拉（Joe Nocera）指出，"事实是，股票在首个交易日的价格翻了一倍多——深谙市场脉搏的投资银行家绝对知道会发生什么——这意味着本

① Steven M. Davidoff，"Why I.P.O.'s Get Underpriced，" *The New York Times*，May 27，2011.

来应该归领英的数亿美元落入了摩根士丹利和美林希望讨好的投资者手中。我担保，这些投资者中，多数都会在第二天早盘大涨时卖掉股票。这是你在华尔街上赚得最容易的钱。"

还有人认为，首次公开募股定价是高知人士博弈的缩影，没有哪种方法能估计出供求关系。

资料来源：The New York Times and the Wire。

溢价危险是风险投资人的一个重要考虑因素。如果向公众出售股票的价格高于市场愿意支付的价格，承销商就难以兑现出售股票的承诺。即使它们卖出了所有发行的股票，如果股票价值在首个交易日下跌，也可能丧失销路，从而损失更多价值。这可能引发不满，因此多数公司宁肯接受 15% 的抑价亏损。

信息不对称：首次公开募股抑价的斗傻理论

哈佛商学院的凯文·罗克（Kevin Rock）指出，首次公开募股价格是可以观察到的，并不对应着不可观察的特定需求水平。就像单边市场一样，买方仍然不知道谁愿意以规定股价购买股票，发行价会被整体接受还是被部分接受。消息灵通的投资者有机会根据他们掌握的信息竞买"错误定价"的证券从而获利。通过这种方式，消息灵通的投资者研究资产价值的辛勤努力得到了补偿，并有助于发现如何配置资本最优。消息匮乏的投资者与消息灵通的投资者竞争，发行人最终必须为他们的劣势补偿优势的一方。换言之，谁更傻，谁付钱。但是我们需要傻瓜，这样聪明人才能赚钱。

"然而，承销商需要消息匮乏的投资者出价，因为信息灵通的投资者数量不够。为了解决这个问题，承销商将重新确定首次公开募股的价格，招徕这些投资者并确保信息匮乏的投资者出价。结果就是抑价，"教授史蒂文·达维多夫（Steven Davidoff）写道。[1]如果投资银行只招徕聪明的买家，优势就会蒸发：为了使价格上涨，你需要大量傻瓜和贪婪者。达维多夫写道："当投资银行能将更多股票分配给消息灵通的投资者时，抑价现象就将减少，因为吸引消息匮乏的投资者所需的补偿降低了。当人们可以更自由地获得关于发行人的信息，从

---

[1] Steven M. Davidoff, "Why I.P.O.'s Get Underpriced," *The New York Times*, May 27, 2011.

而消息匮乏投资者的劣势减少时，抑价现象就会减少。"[1]

荷兰式拍卖：消除价格暴涨和中间商

从任何一个方面看，谷歌都是一家非传统公司——甚至连它的首次公开募股也被当作案例研究。谷歌的首席执行官埃里克·施密特（Eric Schmidt）不喜欢这种价格暴涨——15%的价格升幅应该属于公司——并提倡进行荷兰式拍卖。"我知道这听上去就像无稽之谈，但是当我们收到一位上年纪的女士来信，问她为什么不能像股票经纪人那样从首次公开募股中赚钱以后，我们果断决定进行荷兰式拍卖。我们认为她说得很对，这个体系应该体现出基本的公平，"他说道。[2]

荷兰式拍卖的目的是尽量降低承销商确定的极端抑价。在荷兰式拍卖中，人们可以登录经纪账户并竞买一定数量（如500股）或者一定金额（如1 000美元）的股票。拍卖结束后，公司将确定价格，各位竞买者将分配到一定数量或金额的股票。"我们喜欢这种方法，因为它与我们卖广告的拍卖式业务模式一致——它对我们有强烈的直观吸引力，"谷歌的首席执行官埃里克·施密特说。[3]

这种拍卖使本应支付给承销商辛迪加的大笔费用受到威胁。考虑首次公开募股方式时，谷歌有31家承销商，但是它抛弃了传统做法。尽管谷歌不是第一家使用荷兰式拍卖的公司，但是之前没有如此规模的公司敢这样做。尽管采用了荷兰式拍卖，谷歌的股价仍然在首个交易日上升了17%。华尔街愤怒了——它感到被当时最大的首次公开募股之一拒之门外。"别买这只撞运气的新股，"《商业周刊》称。《华尔街日报》刊登了一篇封面报道："谷歌的首次公开募股充斥着错误计算和狂妄自大。"恼怒的承销商积极阻止机构投资者购买谷歌的股票，希望借此惩罚谷歌，降低对谷歌股票的需求并压低其初始价格。但是对于谷歌而言，成功的首次公开募股就是一般投资者而不一定是大型机构最终从抑价中受益的首次公开募股。

首次公开募股之后：风险投资人是否应继续参与？

在首次公开募股的狂喜和激动之后，在公司骄傲地发布股票发行公告之后，

---

① Steven M. Davidoff, "Why I.P.O.'s Get Underpriced," *The New York Times*, May 27, 2011.
② Eric Schmidt, "Google's CEO on the Enduring Lessons of a Quirky IPO."
③ 同上。

一个问题随之而来：风险投资人是否应该继续参与上市公司的事务？成功的首次公开募股是一次融资而非公司长期成功的保证。当分析师和股东热切关注证券交易所的股价波动时，首席执行官面临着持续实现利润和增长的压力。这给风险投资人出了一道有趣的难题：我应该留下来帮助首席执行官走向成功，还是应该将受托责任交给有限合伙人（LPs）并转而帮助下一家投资组合公司？答案并不简单。华登国际（Walden International）的陈立武（Lip-Bu Tan）说："我认为，风险投资人在公司上市后退出董事会是个巨大的错误。这正是首席执行官最需要帮助的时候。当一家上市公司非常难——首席执行官被公众关注，为了生存努力实现季度盈利，而你可以用风险投资人的技术和专长帮助首席执行官和公司成为稳定强大的公司。"①

迦南合伙公司（Canaan Partners）的塞思·鲁德尼克（Seth Rudnick）至少帮助六家公司实现了首次公开募股，他的观点不同。"作为一位风险投资人，你要考察许多指标：什么对公司最好？你为投资者实现的内部收益率是多少？公司的其他投资者得到了什么好处？这些都是非常复杂的决策。坦率讲，在迦南合伙公司，我们强烈敦促所有上市公司合伙人退出董事会，这样你就只用做投资者要做的决策而不是董事要做的决策，"他说。"我认为你变得过于复杂了，你知道，你爱上了这家公司，你想留下来，你想参与，但是现在的情况有很大不同。"②

对于方铸集团（Foundry Group）的布拉德·费尔德（Brad Feld）来说，做出选择很容易。"忘记你的自负，有限合伙人让你怎么做你就怎么做，"他说。③为上市公司工作的风险投资人职责重大。他需要编写报告、披露信息、上保险、关注内部交易问题——公司的竞争环境将发生很大变化。公司业绩、广告宣传和责任风险等因素是希望留任上市公司董事的风险投资人考虑的主要因素。身为万众瞩目的对象，上市公司有强烈动机避免任何会对股价造成不利影响的负面宣传。透明及时地披露财务报表——不管是年报还是季报——都可以让投资者和分析师保持对公司的信心。

当公司上市时，有限合伙人经常对风险投资人施加压力，让其将股票出售收回投资。尽管这些压力取决于有限合伙人—普通合伙人条款，但是投资者都急切希望获得流动性，尤其是在进行长期投资之后。另一方面，风险投资人可

---

① 陈立武（华登国际）与作者的讨论，2008 年 8 月。
② 塞思·鲁德尼克（迦南合伙公司）与作者的讨论，2008 年 8 月。
③ 布拉德·费尔德（方铸集团）与作者的讨论，2010 年 12 月。

能认为这些股票有潜在价值，股价可能上升。对某些风险投资人来说，内部收益率和他们的职业生涯也利益攸关。出售股票的时机和决策是一个持久不息的争议话题。旗帜资本（FLAG Capital）是一家管理着超过60亿美元的母基金，该公司的黛安娜·弗雷泽（Diana Frazier）指出："有两家风险投资基金对谷歌进行过大额投资。一家基金在首次公开募股时将股票出售，另一家公司持有股票的时间则长得多。不用猜就知道谁赚的钱更多。"

尽管首次公开募股是所有退出的至高目标，但二级市场出售和私募交易所也在发展。由于这些退出选择，早期投资者和创始人可以享受到部分流动性。

↖ 仔细选择有限合伙人

"我们希望让免税机构担任有限合伙人。这是为了避免陷入为缴纳税款而出售证券等困境——我们的有限合伙人都是免税机构，如美国和欧洲的基金会。"

——唐·瓦伦丁（Don Valentine），红杉资本（Sequoia Captial）

资料来源：Don Valentine，"Target Big Markets，"www.youtube.com/watch?v=nKN-abRJMEw#t=368.

人类心理学 | 第二十七章

> "据说人是理性动物。我一生都在寻找支持这种说法的证据。"
>
> ——伯特兰·罗素（Bertrand Russel）

每位风险投资人都应该从人类行为中学习。我们是万灵之长，我们的行为无法完全用逻辑解释。做出投资决策时，可能出现一些挑战，这主要是因为人类心理和情绪的随机性。

让我们从戴维·麦克兰尼（David McRaney）在他的著作《你没那么聪明》（*You Are Not So Smart*）中的观察开始。他在书中指出了我们欺骗自己的 48 种方法。但是为简洁起见，让我们将重点放在与风险投资相关的方面。

情绪与逻辑

在任何投资决策中，风险投资人都创造了繁复的逻辑迷宫以降低风险或者证明行为的合理性；但是作为人类，我们部分受情绪的控制。或者大部分受情绪的支配，如果你开始挖掘表面下的真相。我们往往凭喜好忽略一些可能性，经常依赖于直觉。比如当机立断和一见钟情：你一开口就征服了我。我们会一直在一起。在工作中，我们因为喜欢某人而大显身手。我们希望给人留下好印象或者被人喜欢。我们也希望获得回报，心情愉悦。研究显示，识别风险时，我们的大脑习惯于根据直觉做出反应。在乔纳·莱勒（Jonah Lehrer）的著作《我们如何做决定》（*How We Decide*）中，他指出，"我们的最佳决定是感觉和推理的精妙组合——这种精妙组合取决于所处的环境。"保持健康情绪没有问题，但是学习人类行为时，我们需要承认，有时不一定是逻辑起作用。"没有情绪的介入，选择一种观点变得极为困难。我们会无休止地钻研变量、在无休止的计算中权衡利弊，"麦克兰尼写道。[1]因此，在决定不合理推算的情况下，发挥作用的就可能是情绪——而不是逻辑。

互惠、责任与人情

在经典的人类心理学著作《影响力——科学与实践》（*Influence—Science and Practice*）中，作者罗伯特·恰尔迪尼（Robert Cialdini）写道，互惠是最广泛、最基本的人类文化规范之一。简单地说，互惠就是交易：如果某人祝你生日快乐，你也应该祝他生日快乐。节日贺卡、请客吃饭、政治交易（政客投票赞成某些议案只是因为其他政客也支持过他的议案）都是互惠的例子。说客擅长此道。在这方面制药公司尤为臭名昭著，它们以无辜病患为代价讨好医生：著名医生可以被聘为顾问或者报销夏威夷度假费用，只要他们记得多开药。这甚至扩展到国际援助领域。为什么这与风险投资有关？

多数风险投资人（VCs）都有关系户，这些关系户通常是在理念、知性上一致的投资者。这种投资者经常组成辛迪加进行投资，或共同受益或共同亏损。如果风险投资人向你"推荐"或者把你"拉进"一笔交易，互惠仪式就开始了。它将编出一张人情之网，而你不一定想置身其中。这种人情变化可能会深深地影响决策和收益，尤其是当大鱼和小鱼——一家数十亿美元的基金和一家小基金——共同投资时。最好的解药是确保这段关系真正值得信任，并得到强大法律框架的支持。

自大的风险投资人：为什么我要吃你的剩饭？

风险投资人倾向于彼此竞争，而这种竞争通常是无意识的。Y 组合器（全球领先的加速器公司之一）的创始人保罗·格雷厄姆（Paul Graham）写道："一段时间以前，一家著名风险投资公司向我们提供种子资金的一家初创企业提供了 A 轮融资。然后他们得知一家与之竞争的风险投资公司也感兴趣。他们十分担心自己竞争不过那家公司，于是给了这家初创企业一份所谓的'爆炸性投资条款清单'。"爆炸性投资条款清单对时间敏感，它迫使创始人在短期内作出决策，通常对他们不利。格雷厄姆请这家公司搞清楚竞争公司不投资时它

---

[1]麦克兰尼描述的是一个脑癌患者的病例，他丧失了情绪反应，精神完全受损，不能做出任何决定。

是否还将投资。他们看似不经思考地给出了否定答案。"既然他们这样说，那他们的决定有什么理性基础？如果他们认为这家初创企业值得投资，其他风险投资人如何想有什么关系？当然，投资于能找到的最好机会是他们对有限合伙人的职责；如果其他风险投资人不愿意投资，他们应该很高兴，因为这意味着这些风险投资人错过了一个好机会。但是，他们的决定当然没有理性基础。他们只是不能忍受吃竞争者剩饭的想法。"①

从众性（或群体思维）

在群体中，我们喜欢从众而不是独立行动。一次次的研究表明，我们的行为在群体中会发生显著变化。这或许可以解释为何有些投资者在一对一会议上说的是一套，但当他们在群体中时又改变了观点。群体力量发挥了作用，他们不想被视为叛徒。从众性是人类的本能行为；实际上，它被视为在部落中生存下来的必要条件。麦克兰尼指出，就像在餐桌上取悦所有人的愿望一样，我们拥有强烈而无意识的从众欲望。但是要当心另一方面，从众性可能导致的黑暗面。安然公司的崩溃——拥有超过 600 亿美元资产的上市公司的破产——就是一个充斥着从众心理，没有人敢于质疑的绝佳例子。安然公司甚至拖垮了安达信（Arthur Andersen），世界五大审计师与会计师事务所之一。它的股东亏损了 110 亿美元，首席执行官锒铛入狱。合作增加了欺诈行为，这就是从众性的黑暗面。如果你看到餐桌上都是跟随群体思维的人和懦弱者，那么请举起你的手问："我们的意见一致是因为不想得罪别人？还是大家都认为这是个好决定？"

群体力量的另一个有趣方面是，它能降低决策的质量，丹·阿雷利（Dan Ariely）在他的著作《不诚实的（诚实）真相》（*The (Honest) Truth about Dishonesty*）中写道。大型机构和政府中常会发生这种现象：它被称为官僚主义，人们用最小公分母法做出决定。没有人被开除，大家都是好好先生，但是什么事也做不成。在初创企业中很少出现这种挑战，但是要小心。

风险投资业中的摇滚明星

摇滚乐队 U2 的主唱博诺（Bono）是一位风险投资人。他是一家硅谷风险投资基金高地风险投资公司（Elevation Partners）的董事总经理兼创始人之一。

---

① Paul Graham，"The Hacker's Guide to Investors，" April 2007，www.paulgraham.com/guidetoinvestors.html.

尽管我们没在初创企业董事会中见到过这样的明星，但猜测董事会有了这样一位明星会变成什么样却很有意思。不妨想象，博诺走进房间，坐下来，摘下墨镜，说："我们真的应该放弃 iOS，转向安卓。"大家一片齐声叫好后，问道：'现在能给我们签名、合影和拥抱了吗？'"

"我们常常在无意识中被看上去喜欢、赞同或表扬我们的人或者外形有魅力的人吸引，"罗伯特·恰尔迪尼（Robert Cialdini）写道。这被称为相似性、依从性、联盟与合作。这种心理上的细微差别常常让一个董事比别人更具说服力，创造出晕轮效应。这些人类行为的特点在风险投资中可能尤为麻烦。尽管我们不能避免这种行为，但我们需要识别它，并确保能有效处理这种行为。当一位董事夸张地将另一位风险投资人奉为半神时，要小心别随便迎合。他们正在搭建群体思维的舞台。

炒作过度的人脉不像你想的那么有用

风险投资人可能在领英（LinkedIn）上有 1 000 多个联系人，但人类大脑只能与大约 150 个联系人保持关系。高于这个数字的只是一堆数据而已。研究表明，我们的大脑容量决定了"活跃"人脉的数量，我们保持这些关系才是有意义的。我们的前额叶皮质只能处理大约 150 个联系人的信息。注意，作家马尔科姆·格拉德韦尔（Malcolm Gladwell）在《引爆点》（Tipping Point）中指出，当公司规模增长到 150 人以上时，生产率就会下降。[①]在人脉中，信息与活动的润滑剂——相约一起喝啤酒、远足或游玩——保持人脉顺利运转。此时，熟人之间保持良性互惠关系，人脉"有活力"。但是如果我们试图扩展人脉而不认真培养它，在人脉中施加影响和互惠的能力就会崩溃。最重要的是，不要相信自己能利用 1 000 多个领英联系人：把期望放低。

我们是复杂的情绪生物，每个人都被不同的动力和不安全感所驱使。你的投资决策和投资主题是根据独立真实的分析和事实决定的吗？正如著名创业者兼投资者彼得·蒂尔（Peter Thiel）指出的，"人类在认知上严重偏向于近期考虑。风险投资人也不例外。"[②]或者就像麦克兰尼指出的，人们错误地认为我们会计算风险或回报并且总是选择在最小化亏损的同时最大化收益。事实是，我们依赖情绪告诉我们孰好孰坏，过于高估回报，而且倾向于坚持第一印象。

① Malcolm Gladwell，*The Tipping Point：How Little Things Can Make a Big Difference*（New York：Little，Brown and Company，2000）。

② Peter Thiel，Stanford CS183 Class Startup，as recorded by Blake Masters，http：//blakemasters.com/post/22271192791/peter-thiels-cs183-startup-class-8-notes-essay accessed on January 2，2014.

"你还在这儿？"1986 年的著名喜剧电影《春天不是读书天》（*Ferris Bueller's Day Off*）最后一幕中，主人公困惑地问道。迷迷糊糊的费里斯（Ferris）拖着脚步走到镜头前，告诉观众："都结束了。回家吧。"然后他走远了，留下最后的转身一瞥，声音久久回荡："走吧"，他轻轻挥手。

现在，看到本书这里的你已经全面了解风险投资业的内部结构。现在，你已经有了一张成为风险投资家的路线图。"走吧"，费里斯说。

但是等等！不要这么着急！这本书虽然已经很全面，但只是给出如何成为风险投资家的路线图的诸多书籍之一，而没有哪本书真正追问过一个更难的问题：为什么？

毕竟，作为风险投资基金的机构投资者，我无时无刻都清楚自己已经签订了一段流动性差、透明度低、难以退出的合伙关系，这段关系的时间长度通常两倍于美国人婚姻关系的平均存续时间。我投资的人几乎已经变得和投资的东西一样重要。毕竟，我与实际资产隔了一层。你投资于公司，但是我投资于你。

实际上，当我考虑投资于一家基金时，我会采用以四个方面为重点的独门评估过程：人才、策略、投资组合和业绩记录。在这些方面中，业绩记录的指导意义最小，因为它通常是滞后指标，不是领先指标（我要指出，这是一种不寻常的观点，因为常识认为赢家会重复取胜）。另一方面，现有投资组合中包含了现有的人才和策略。只有了解投资组合的一手信息，才能让投资者和策略产生合力。

但是了解人才成为了最大的挑战。他们的动机是什么？他们担心什么？他们如何定义成功？他们如何从失败中学习？他们愿意承担什么风险？哪些风险是超出底线的？他们的规则是什么？他们何时会打破规则？等等……

此外，人们的行为印记会随着个人成长和职业生活或私人生活——尽管当你管理我托付你的钱时，已经没什么隐私了——中发生的不同事情而逐渐变化，而衡量一个人是否具备成功所需的条件也很难。顺便说一句，哪怕只是了解一个人也是艰巨的任务；你还要考虑合伙人团队互动的交叉影响，对合伙关系进行"软"评估几乎也是不可能完成的任务。

但是，我们要尽力而为。

这里蕴藏着风险投资业的魔力精髓。漫无头绪地思考这些问题多年以后，我终于发现了一个哲学概念，它提供了人才评估过程的组织原则：幸福。现在，它看起来就像个说出口就贬值了一半的高深词汇，但它却是个重要思想。亚里士多德关于人类快乐的理论就产生于这个词，但幸福本身的内涵比快乐丰富得多。一个更贴切的翻译是"人类繁荣"。在缺少上下文的情况下，人类繁荣是一个不完整的概念，这时就要用到"高尚"这个词。高尚的首要定义是杰出，但对高尚的深层理解包括实现某个目的或功能的概念，也就是说，做最好的你。

当风险投资业在过去几年萎缩时，许多"后进先出"的年轻人排着队来找我。由于这些后进先出者往往是公司里最年轻的人，因此当基金没能实现合伙人预期，必须削减薪金时，他们是最先被扫地出门的人。让我惊讶的一件事是，1999 年到 2000 年，有如此多的年轻风险投资人入行，因为它是斯坦福骄子们的理想职业目标，这就像我从大学或商学院毕业时的理想职业目标是投资银行或咨询公司一样。然而，你能明显感到他们深怀不满；这十几年分外艰难，赢得投资并不像他们想象的那么容易。对于许多人而言，这都是一段令人沮丧的旅程。他们身心俱疲，生活得一点都不幸福。

当然，活力充沛的求职者如今还有许多令人满意的优秀职业可以选择，而认为风险投资业是"金饭碗"的想法夸大了现实。尽管在棒球场上，非凡"成功"的定义是每三次击球中就击中一次，但风险投资人通常将成功定义为在一代公司中找出最优秀的那一家。而发生这种情况的概率微乎其微。风险投资业暂时的报酬可能很高，但还有其他许多更有机会实现个人成就的优秀谋生方式。

这就是幸福的意义所在。风险投资的辉煌时刻可能会有很高的回报，但等待投资组合公司出现并成为游戏规则改变者的艰难过程可能旷日持久而令人精疲力尽。这个过程很考验人的耐心，人们被迫拷问自己的内心："我完成自己的目标了吗？我做到最好了吗？"如果这些问题的答案是肯定的，那么你就离成功不远了。相反，否定的答案可能令人陷入苦恼，尤其是当你对自己、股东承诺坚持到底时。让我们同舟共济吧。

风险投资是一种耗时耗力的活动，它更像一种生活方式而不是一种职业。快乐与成功紧密相联，而忧愁和挫折会增加压力并降低效率。逐渐地，这些负面感情将无孔不入，威胁你的生活。因此，在你遵照费里斯的建议"走开"之前，应该深入思考你要走什么样的路，用本书中的知识武装自己。为了你自己、客户（创业者）和股东（有限合伙人），你应该反躬自省，争取自己独一无二的幸福。

应该承认，苏格拉底说得很对：真正的智慧是知道自己一无所知。你应该摆脱那种认为自己比谁都聪明的自负，专注于你独一无二的智慧。抛弃伪装，真诚相待。创业者会欣赏这一点，潜在投资者也会为他们不用费力撕开厚厚的伪装而感到欣慰。

——金融分析师，克里斯"超级有限合伙人"·杜沃（Chris "SuperLP" Douvos）

加利福尼亚州帕洛阿尔托（Palo Alto，California）